# 经济法

### （第五版）

Economic Law

Fifth Edition

**胡智强** 编著

清华大学出版社
北京

**图书在版编目(CIP)数据**

经济法/胡智强编著. —5 版. —北京:清华大学出版社,2021.8

ISBN 978-7-302-58743-9

Ⅰ.①经…  Ⅱ.①胡…  Ⅲ.①经济法—中国—高等学校—教材  Ⅳ.①D922.29

中国版本图书馆 CIP 数据核字(2021)第 139883 号

责任编辑:李文彬

封面设计:傅瑞学

责任校对:赵丽敏

责任印制:丛怀宇

出版发行:清华大学出版社

网　　　址:http://www.tup.com.cn,http://www.wqbook.com

地　　　址:北京清华大学学研大厦 A 座　　邮　　编:100084

社　总　机:010-62770175　　　　　　　　邮　　购:010-62786544

投稿与读者服务:010-62776969,c-service@tup.tsinghua.edu.cn

质量反馈:010-62772015,zhiliang@tup.tsinghua.edu.cn

印　装　者:三河市吉祥印务有限公司

经　　　销:全国新华书店

开　　　本:170mm×240mm　　印　张:25　　　　字　　数:503 千字

版　　　次:2011 年 6 月第 1 版　　2021 年 8 月第 5 版　印　次:2021 年 8 月第1次印刷

定　　　价:79.00 元

产品编号:090420-01

# 第五版前言

　　经济法是有中国特色的社会主义法律体系的重要组成部分,在实施全面依法治国战略,完善和发展中国特色社会主义制度,推进国家治理体系和治理能力现代化过程中起到越来越重要的作用。教育部"高等教育面向 21 世纪教学内容和课程体系改革计划",就已经将经济法列为财经类和管理类专业的核心课程。

　　本教材自首版面世以来,受到社会各界尤其是广大青年学生的喜爱,本次修订已经是第五版。在现今高校科研和教学的考评体系中,教材在业绩评价体系里显然不会获得太大的权重。但是,若能够以此为立德树人和法学教育事业作出应有的贡献,无疑是编著者感到十分高兴的事情,这也是余愿意持续努力,不断完善的动力所在。

　　本次修订的目标是:构建符合经管理类专业特色和课程层次多样化需要的经济法体系结构,强化教学与实践功能。修订中充分考虑非法学专业学生的专业定位和能力要求,以学习和掌握中国特色社会主义法律体系最新立法文本为归依,将丰富的经济法知识精准、优化,不涉及经济法各个领域存在的复杂学术争论,也不对繁杂的世界各国经济法知识和法律条文进行比较法研究。

　　本次修订突出以下五个方面的内容:第一,以习近平法治思想引领经济法治建设,作为贯穿全书的基本遵循,坚持贯彻中国特色社会主义法治理论。第二,落实《法治中国建设规划(2020—2025 年)》的总体要求,进一步提升整个教材体系的系统性,突出重点,对教材的逻辑结构进行了微调。第三,以《中华人民共和国民法典》的颁布和实施为契机,对全书全部章节与民法典有关的内容进行了更新。第四,注重法律知识与条文的及时性,全书所有章节涉及的立法均以最新颁布或修订的法律法规为依据。第五,注意补齐短板,及时跟进研究数字经济、互联网金融、人工智能、大数据涉外法治相关法律制度,反垄断法、外商投资法,对外贸易法等很多章节的内容全部重新撰写。第六,作者增加经济法(第五版)PPT,老师可以通过扫码,下载教学所需要的 PPT 教案,方便教学活动。

　　同时,还增加了教学案例 20 个,读者可以通过扫码,详细学习相关内容。

　　由于编著者的水平等种种原因所限,书中难免有各种疏漏,恳请读者们指教,以便改正。

胡智强

2021 年 2 月 18 日

# 第四版前言

经济法是有中国特色的社会主义法律体系的重要组成部分,我国经济社会发展的进程是伴随经济法制不断完善的进程,也是经济法发挥自己独具魅力的作用推动经济社会发展的进程。学习经济法已经成为人们维护自身权益、适应市场经济进程的必备技能。正因为如此,教育部"高等教育面向 21 世纪教学内容和课程体系改革计划"将经济法列为财经类和管理类专业的核心课程。

为了使高校非法律类专业的学生能更好地学习经济法,我们组织全国部分高等院校的法学专业优秀的教学骨干教师编写了这本经济法教材,编写团队由多年从事经济法教学和研究的教授、博士生导师和一批在经济学科各个方向有专门研究的副教授(博士)构成,保证了教材的高质量和适用性。

本教材编写内容按照教育部对本科生所要掌握的教学内容和学习要求来编写,我们在编写中努力构建一个符合财经类和管理类专业特色和课程层次多样化需要的最佳经济法体系结构,以达到最优的教学功能。面对内容极为繁杂的经济法知识,我们充分考虑非法学专业学生的专业定位和能力要求,理论上以"必需、够用"为度,尽可能采取经济法学科的通说理论,对理论知识精写,压缩篇幅,将基本理论知识讲透,避免在内容中加入个人学术专著的思想,也没有涉及经济法各个领域存在的复杂学术争论。

本教材第一版由胡智强、颜运秋担任主编,王艳丽、赵建国担任副主编。自第二版起,由胡智强完成全部的修订工作。全书的逻辑结构依次为:经济法基础理论、基本民事法律制度、市场主体法律制度、微观规制法律制度、宏观调控法律制度和经济纠纷解决法律制度。由于体例和篇幅所限,教材中引用了大量的学界研究成果没有一一指明,谨在此一并表示感谢。

本书是第四版,根据前三版出版多年来经济法领域最新的立法动态和研究成果,以及教材在使用过程中存在的问题进行了相应的修订和完善。本次修订的主要内容为:经济法基础理论、反不正当竞争法、审计法、会计法、公司法、财政法、预算法、票据法、合同法、反垄断法、知识产权法、著作权法和商标权法等。

在逻辑结构上除了维持大的板块结构不变外,进行了微调。将国有资产法、银行法、财政法和审计会计法依次排列,其内在依据是现代国家审计已经具备了国家治理的宏观机能,国有资产、银行、财政和国有资产等均为审计监督的对象。

由于编著者的水平等种种原因所限,书中难免有各种疏漏,恳请读者和大家指教,以便改正。

胡智强

2018 年 1 月 18 日

# 教学案例二维码索引

# 目　　录

# 第1章　经济法基础理论

**本章导读**

经济法具有全局性、经济性、强制性和政策性特征,涉及的调整对象包括宏观调控关系、微观规制关系、国家投资关系和涉外经济关系。

经济法律关系的内容由经济权利和经济义务构成,包括国家在宏观调控、微观规制、国家投资和涉外经济关系领域进行法律干预的过程中产生的各种各样的法律关系,经济法律行为是经济法律关系产生、发展、变化的重要原因之一。经济法责任是经济法国家意志的体现,为实现经济法的价值目标提供强制性保障。

**关键术语**

经济法　法律行为　法律关系　法律责任　宏观调控

## 第1节　经济法概述

## 一、经济法的概念与发展

### 1. 经济法的概念

经济法是指调整现代国家为了实现社会整体利益,通过法律对市场进行干预①而形成的经济关系的法律规范的总称。经济法在发展过程中产生过很多关于经济法的定义,如李昌麒、杨紫烜、刘文华、漆多俊等教授均有关于经济法定义的论述,并以此为基础构成了不同的经济法学术流派。经过多年的研究和互动,关于经济法的概念已经取得了一些基本共识,即:第一,经济法调整的是具有全局性和社会公共性的经济关系,而不是市场主体之间的微观经济关系。② 任何一个法律部门,无论多么重

---

① 有的经济法学者称之为"调整""规制"或"规整"等,其含义虽各有侧重,但核心思想是一致的,即公权力以一定方式介入市场,从而影响市场的结构和运行机制。

② 如市场非正常波动与危机、投资增长速度快、贸易顺差、市场流动性、产业调整振兴、结构性物价波动以及保障性住房供给等均属于具有社会整体利益性质的经济关系。由于市场机制逐步发达,平等市场主体之间的经济关系如契约关系等,应加强民商法角度的调整,经济法不予调整。但是,考虑到使用对象,本教材的篇章结构中仍然包含了部分本属于民商法的内容,如合同法、物权法。另一方面,以国家利益为本位的行政主体与行政相对人之间的关系,应由行政法调整。

要,都有自己的边界。经济法并不调整一切经济关系,只是调整特定经济关系的法。经济法虽然是一个非常重要的法律门类,但它并不是调整所有的经济关系和经济行为。在法律体系中,民商法和行政法等法律门类同样调整一定的经济关系,各有其不可替代的职能和作用。经济法所调整的经济关系典型、集中地体现在宏观调控、市场规制和国家投资的过程和领域之中。第二,经济法体现的是现代社会国家通过法律对市场进行的干预。在以市场为基础的社会中,遵循意思自治并保护市场主体自由、平等的民商法精神是国家制度的基础。通过法定机制和程序对市场进行必要的强制性干预或控制,以维护经济安全、秩序是国家制度中不可或缺的内容。第三,国家对市场的干预的目标是实现社会整体利益,而不是国家利益或微观市场主体(自然人或厂商)的利益。第四,经济法在实现国家对经济的调整时可以采用多元化、日渐丰富的手段,金融、税收、投资、公平交易、反垄断和贸易管制等是各国目前常见的调控手段。

**2. 经济法的产生和发展**

"经济法"作为一个语词的出现很早,法国空想社会主义者摩莱里(Morelly)和德萨米(Dezamy)分别在《自然法典》(1755年)和《公有法典》(1842年)中提及该概念,认为经济法是"分配法"。尽管与现代法学意义上的经济法有质的差别,但是,其包含了国家控制经济的思想因子。

现代意义的经济法是19世纪末20世纪初随着市场经济从自由竞争阶段进入到垄断阶段才产生的,并随着第一次世界大战和20世纪30年代的大危机而逐渐发展起来的。美国1890年通过的规范垄断行为的《谢尔曼法》、德国1896年通过的规范不正当竞争行为的《反不正当竞争法》等是经济法产生初期重要的立法。此外,德国和日本在第一次世界大战期间所产生的一系列"战时统制法",以及美国在1929年大萧条以后所产生的反垄断法和"危机对策法"都是经济法领域的重要立法。其中德国1919年的《煤炭经济法》是世界上首部以经济法命名的法律。从20世纪初开始,德国和日本等大陆法系国家经济法立法数量众多,为了加强立法并对经济法实践进行总结,出现了形式多样的关于经济法的研究成果,①经济法被视为一个独立的法律部门。在美国和英国等英美法系国家一般不强调"经济法"名称,但存在大量以反垄断法和危机对策法为主要内容的实质意义上的经济法。

苏联和东欧等社会主义国家对经济法是否是一个独立的法律部门说法不一,但均有大量的经济法立法,个别国家还从形式上寻求经济法律体系的独立和完整。如1964年的《捷克斯洛伐克社会主义共和国经济法典》。但是,这些社会主义国家的经济法与今天人们关于经济法的理解有很大的差别,其不具备前述经济法概念的几个

---

① 这在德国和日本表现得尤为明显,出现了很多经济法方面的研究成果,如1922年德国的鲁姆夫撰写的《经济法的概念》、阿努斯鲍姆撰写的《德国新经济法》、杰·海德曼撰写的《经济法基础》,1923年,汉·哥特施密特的《帝国经济法》。1924年,日本学者孙田秀春的论文《劳动法与经济法的关系》,这些研究不仅提出了现代意义上的经济法含义,还揭示了经济法产生的客观必然性和演变规律。

基本要素。这些也不是市场经济,而是计划经济,国家借助国家强制力直接对全社会的财产所有、经济建设、财产经营和全方位的管理(干预)。

在我国,经济法是随着 20 世纪 70 年代末改革开放事业的不断发展而产生和发展起来的。1979—1992 年是我国经济法产生时期,从传统的计划经济进入有计划的商品经济,开始重视市场机制和价值规律的作用,开始了经济法立法。这一时期我国没有建立市场经济体制,包括经济法在内的整个法律体系不健全。1993 年市场经济写入宪法,经济法在国家经济社会发展方面所起到的作用日益明显,产生为数众多的经济法学说和大量的经济法立法。目前,经济法已经成为中国特色社会主义法律体系中一个独立、重要的法律部门。在我国,经济法是市场与政府(意思自治与国家干预)的关系,是反映经济发展的基本矛盾。

## 二、经济法的调整对象与特征

### 1. 经济法的调整对象

法的调整对象是社会生活中具备特定共性特征的社会关系,经过长期法律实践的选择,调整特定社会关系的同质法律规范共同构成一个法律部门。在现代市场经济条件下国家的经济调控职能已经成为国家生活中最为重要的职能之一,现代国家为了实现社会整体利益而对市场进行干预过程中形成的经济关系为经济法的调整对象,①根据其产生的领域和特征可以具体分为以下几个方面:

(1) 宏观调控关系。国家依法对社会总供给和总需求、货币供给总量和对外贸易平衡等国民经济活动进行干预而发生的经济关系。为了克服市场经济的盲目性,限制其负作用,需要国家"有形之手"进行宏观调控,弥补市场缺陷,调适经济总量与结构,优化资源配置,实现整体经济的平稳运行,促进经济持续、稳定协调增长。

(2) 微观规制关系。国家在促进市场发展过程中,为了加强市场管理,创造平等竞争的市场条件,维护公平有序的市场竞争秩序,对市场主体及其行为进行干预而发生的经济关系。微观规制法主要以反垄断和反不正当竞争为核心,此外,还包括对市场主体的组织及其活动进行干预,如市场准入与退出机制(如破产法)、市场主体形态设定、会计、审计、产品质量、计量法和许可证等方面的法律制度。

(3) 国家投资关系。国家在动用财政力量和国有资产参与经济活动而形成的经济关系。我国的国家投资关系应放在社会主义和市场经济这两大背景下进行梳理和整合。国家参与经济活动是国家履行宏观调控职能的必然结果,世界各国在经济实践中一般通过直接参与市场经营活动,实现宏观经济目的。国家参与的经济活动往往集中在高风险、高投入、基础性行业以及一些公用企业领域里。在中国国家参与经

---

① 考虑到本教材的适用对象,我们把主要是调整平等主体间发生的经济关系的法律规范,如直接界定市场要素,全面规制市场交易活动的合同法等也包括在教材的体系之中。

济活动的另一个极为重要的原因是,在计划经济体制下,我国积累起来的巨大国有资产是国家参与经济活动的基础。这些国有资产一方面在市场经济条件下本身具有逐利性,必须通过参与经济活动实现保值增值;另一方面,国有资产参与经济活动体现我国经济制度和社会制度的社会主义性质,具有政治性。

(4)涉外经济关系。国家在管理涉外经济关系过程中发生的各种经济关系。涉外经济关系既有宏观性、全局性的,也有微观的、局部的,既有由国外经济主体参与国内经济活动而形成的经济关系,也有国内经济主体参与国外经济活动而形成的经济关系。涉外经济关系一般采取与国内不同的方法加以干预,这在经济法的学习和研究中需要特别注意。涉外经济关系是经济法的重要领域,这是由当前顺应世界经济全球化与维护国家经济安全的必然结果。中国如何更加娴熟与巧妙地运用国家干预,积极、主动、有效地参与世界经济活动,并维护自身经济社会安全是我国经济法学者面临的艰巨任务。

经济法所调整的四类经济关系都是由市场经济体系的特点所决定的,现代市场经济是一个极其复杂的机制和运行过程,不可避免地会出现"市场缺陷",现代社会市场存在的缺陷主要是市场功能障碍、市场唯利性、市场运行的被动性和滞后性,这些缺陷单纯依靠市场经济的自然发展与演变难以治愈。因此,需要国家从不同的角度进行干预。经济法的四类调整对象构成一个主从分明、有机统一的整体,宏观调控居核心与灵魂地位,其他关系服从于宏观调控。在国家干预经济中,任何一个领域都或多或少会受到宏观调控因素的渗透与影响,这是由经济法的社会本位特性所决定的。

经济法在调整四类经济关系中形成的各类经济法规范构成多层次、内在和谐统一的整体,形成经济法体系。从宏观调控的角度来看,世界各国主要运用财税、金融、价格三类经济手段进行宏观调控,分别是财税法、金融法、价格法等宏观调控法体系。从市场规制的角度来看,各国主要通过竞争政策、消费者政策和市场主体规制来进行直接的市场规制,就构成了反垄断法、反不正当竞争法、消费者保护法,它们和一些领域特别监管法(银行监管、证券监管、保险监管、能源监管等)以及公司法、合伙法、独资法等市场主体法律制度共同构成市场规制法体系。

**2. 经济法的特征**

除了一般法律具有的普遍特征之外,经济法具有自己的个性特征,表现在:(1)全局性。国家在任何一个经济领域进行的干预都具有"宏观性"和"整体性",这正是经济法的精髓,也是经济法有别于民商法的特质之所在。(2)经济性。从法律内容上讲,经济法与国家经济基础的关系更为直接,其干预具有更强的经济目的。(3)强制性。经济法在干预经济的过程中体现了国家意志,具有很强的强制性色彩。(4)政策性。经济法的干预是为了应对市场体制运行的缺陷,具有突发性和危机性,往往需要在现有的法律规则之外诉求于经济政策。国家经济公共政策具有更强的指导性,甚至直接成为经济法的渊源和行动依据,使经济法的调整具有传统法律部门所没有的更强的灵活性、针对性、方向性、不稳定性和非程序性色彩。(5)经济法的形式特征表现在经济法是一系列单行经济法律规范的总称,而没有统一的经济法典,这是由经济法调整对象的多样性、复杂性、开放性和危机应对性所决定的。

新时代全面推进依法治国总目标是建设中国特色社会主义法治体系、建设社会主义法治国家,发展中国特色社会主义法治理论,经济法理论是其中重要的组成部分。经济法应当加强新时代经济法基础理论研究,坚持贯彻创新、协调、绿色、开放、共享的新发展理念,解决重大现实法律问题,构建新型政商关系,使市场在资源配置中起决定性作用,更好发挥政府作用,推动新型工业化、信息化、城镇化、农业现代化同步发展,主动参与和推动经济全球化进程,发展更高层次的开放型经济,不断壮大我国经济实力和综合国力。

### 三、经济法的渊源

经济法的渊源是指经济法规范的存在和表现形式,明确经济法的渊源有助于更全面地理解和完善经济法的体系,更好地实现国家对经济的干预,也有助于经济法案件的裁判,从而更好地推进国家的法治。经济法的正式渊源是指立法机关依照法定程序制定的法律文件,或立法机关认可的有权机关依法定程序制定的规范。其主要渊源包括以下几类:

#### 1. 宪法

我国《宪法》第 15 条规定,"国家实行社会主义市场经济。国家加强经济立法,完善宏观调控",对于经济法特别是宏观调控法就具有整体上的指导意义。宪法中有关财政、预算、税收、金融、计划等领域的规定就是某些经济法领域直接的立法依据。在其他国家的宪法里,关于反垄断、保护公平竞争等许多方面的规定都是经济法的重要渊源。

#### 2. 法律

法律是全国人大及其常务委员会制定的规范性文件,效力仅次于宪法。由于经济法的调整涉及国民的基本权利,需要通过法律的形式加以保护。我国《立法法》第 8 条规定,"基本经济制度以及财政、税收、海关、金融和外贸的基本制度"只能制定法律,经济法对这些重要领域进行调整时的立法,成为经济法的非常重要的渊源。《预算法》《企业所得税法》《个人所得税法》《政府采购法》《会计法》《中国人民银行法》《商业银行法》《证券法》《保险法》《价格法》《中小企业促进法》《反垄断法》《反不正当竞争法》《消费者权益保护法》《产品质量法》和《广告法》等均属此类。它们构成了经济法的主体和核心部分。

#### 3. 行政法规

行政法规是我国最高行政机关国务院根据宪法和法律,或者根据国家立法机关的授权决定,依法制定的规范性文件,效力仅次于宪法和法律。[①] 由于中央政府是进

---

① 根据我国《行政法规制定程序条例》的规定,行政法规的名称一般为"条例",也可以称"规定""办法"等。

行宏观调控和市场规制的重要主体,因此,大量的经济法规范实际上是由国务院制定的。例如,在税收领域,与所开征的各个税种相对应,我国有诸如《增值税暂行条例》《消费税暂行条例》《营业税暂行条例》《资源税暂行条例》《车船税暂行条例》等十几个税收暂行条例。由此可见,税法的主要渊源,不是税收法律,而是税收法规。同时,经济法领域大量的法律需要国务院以"实施条例"的形式进一步具体化,其重要形式就是相关法律的如《预算法实施条例》《企业所得税法实施条例》,等等。由于许多法律规定得比较原则,因而这些"实施条例"在经济法的实施方面发挥着非常重要的作用。从数量上看,经济法方面的行政法规是更为大量。由于我国正处于改革、转型时期,在许多情况下,往往需要先制定行政法规,待条件成熟后再制定法律,因此,行政法规在经济法的许多领域扮演着重要角色。

### 4. 部门规章

国务院所属的各部、委、行、署以及具有行政管理职能的直属机构是部门规章的制定主体,其中一些是进行市场干预的法定部门。在许多情况下,部门规章的内容更专业、细致,及时地体现了国家的经济政策和社会政策。为了更好地进行宏观调控和市场规制,多个部门还经常协调联合发布部门规章,以更好地解决经济和社会生活中突出的热点问题和难点问题。如对房地产市场、证券市场等领域的调控以及对市场价格秩序的整顿等,其作用也更为直接而具体。

### 5. 地方性法规

省、自治区、直辖市以及较大的市的人大及其常委会依据本地具体情况,可以依法制定地方性法规。地方性法规不得违反上位法,它主要是对相关宏观调控法和市场规制法等经济法制度的具体落实,实施的范围具有局限性和差异性。各地在宏观调控和市场规制等许多领域已经制定了不少地方性法规,具有很好的针对性。[①] 但从全国范围来看,由于我国大量法律充分考虑了地方的差异性,为建立统一的市场、统一的法制,不宜盲目地扩大地方性法规的数量。

### 6. 司法解释

依据《立法法》的规定,最高人民法院根据法定条件和程序制定的具体应用法律的解释,以及最高人民法院审判委员会讨论通过的相关规范性文件,也属于司法解释,是经济法的渊源。在我国,特别要关注大量存在的体现中国特色的经济法渊源,如十八届三中全会《中共中央关于全面深化改革若干大问题的决定》《关于构建更加完善的要素市场化配置体制机制的意见》《最高人民法院 国家发展和改革委员会关于为新时代加快完善社会主义市场经济体制提供司法服务和保障的意见》等。从制度发生学的角度来看,这些规范性文件在形式上虽然不是严格意义上的法律规范,但是会领先、指导、规范很多经济法律制度,需要深入地梳理和归纳。

---

① 如在北京、河北、贵州等地制定的《反不正当竞争条例》,山东、山西、四川和湖南等地制定的《消费者权益保护条例》,等等。

案例 1

# 第 2 节　法律行为制度

## 一、法律行为概述

法律行为一词源于德国民法典，萨维尼给出的定义是"行为人创设其意欲的法律关系而从事的意思表示行为"，该定义为大多数法学家接受。意思表示是法律行为不可缺少的核心构成要素，当事人必须要能够自主作出意思表示，并依法在当事人之间产生拘束力，从而按照当事人的意思安排他们之间的权利义务关系。法律行为最初是一个民法上的概念，现如今，已经被广泛用于法理学和各个部门法领域，成为法律思维的一个工具性的基础概念。

## 二、民事法律行为

### 1. 民事法律行为概述

我国《民法通则》并未直接采用"法律行为"这一概念，而是采用了"民事法律行为"和"民事行为"两个概念。在制度设计上规定民事法律行为是合法的行为，《民法通则》第 54 条规定："民事法律行为是公民或者法人设立、变更、终止民事权利和民事义务的合法行为。"

### 2. 民事法律行为的特征

民事法律行为的特征是：以意思表示为要素，以设立、变更、终止民事权利和民事义务为目的，必须是合法行为。民事法律行为可以采取书面形式、口头形式或者其他形式。法律规定是特定形式的，应当依照法律规定。

### 3. 民事法律行为有效的要件

民事法律行为有效的实质要件为：(1)行为人具有相应的民事行为能力。(2)行为人的意思表示真实。民事法律行为是以意思表示为构成要素的行为，因此，它要求行为人的意思表示必须真实，即行为人的意思表示须是自愿的、意思表示须是真实的。(3)内容不违反法律或者社会公共利益。欠缺生效要件的民事行为是无效民事行为，自始确定不具有法律约束力。无效民事行为包括：无民事行为能力人实施的；限制民事行为能力人依法不能独立实施的；一方以欺诈、胁迫的手段或者乘人之危，使对方在违背真实意思的情况下所为的；恶意串通，损害国家、集体或者第三人利益的；违反法律或者社会公共利益的；经济合同违反国家指令性计划的；以合法形式掩盖非法目的的。

### 4. 可变更、可撤销民事行为

以下四类行为属于可变更、可撤销民事行为：行为人对行为内容有重大误解；

显失公平;乘人之危;欺诈、胁迫。被撤销的民事行为从行为开始起无效。民事行为被确认为无效或者被撤销后,当事人因该行为取得的财产,应当返还给受损失的一方。如果是当事人双方恶意串通,实施民事行为损害国家、集体或者第三人利益的,应当追缴双方取得的财产,收归国家、集体所有或者返还第三人。有过错的一方应当赔偿对方因此所受的损失,双方都有过错的,应当各自承担相应的责任。

### 5. 代理

民事法律行为可以由本人完成,也可以由他人代为完成,由此产生了代理法律制度。我国《民法通则》规定,民事法律行为可以通过代理完成,但依照法律规定或者按照双方当事人约定应当由本人实施的民事法律行为,不得代理。[①] 代理是指代理人在代理权限内以被代理人的名义与第三人实施法律行为,由此产生的法律后果由被代理人承担的法律制度。代理制度有效扩大了民事法律活动的范围和可能性,促进了民事权利的实现。代理包括三种形式:(1)委托代理,又称意定代理,即代理人依照被代理人授权进行的代理。(2)法定代理,即根据法律直接规定而产生代理权的代理,如父母对未成年子女的代理。(3)指定代理,即代理人依照有关机关的指定而进行的代理。代理的基本特征是:代理行为必须是具有法律意义的行为;代理人在代理权限内独立为意思表示;代理人以被代理人的名义为民事法律行为;被代理人对代理人的代理行为承担民事责任。

代理权是代理制度的核心,代理人进行代理必须有代理权,代理权产生的依据为当事人授权、法律规定或有权机关的指定。在委托代理中,授权委托书是代理证书。授权委托书应载明代理人姓名、代理的事项和权限、有效期限和委托日期,并由被代理人签名或盖章。法律规定授权委托书需要公证或认证的,必须经过公证机关公证或有关机关证明。在法定代理中,代理人的身份证明文件就是代理证书。在指定代理中,有关机关的指定书就是代理证书。无代理权而以他人的名义为法律行为称为无权代理,产生无权代理的原因很多,如未经授权、代理行为超越代理权限的范围中超越部分的代理、原代理权已消灭等。无权代理如经被代理人追认时有追溯力,代理即自始有效;如未经被代理人追认,则无权代理人应自己承担法律后果。未经追认的无权代理行为所造成的损害,由无权代理人承担赔偿责任。

代理权的滥用指代理人利用代理权损害被代理人的利益,滥用代理权的情况有:代理人与第三人恶意串通损害被代理人利益;[②]代理人和被代理人明知代理事项违法的行为;代理人以被代理人名义与自己进行民事活动的行为(自己代理);同一代理人代理双方当事人进行同一项民事活动的行为(双方代理)。

---

[①]    如婚姻登记、遗嘱设立、具有人身性质的债务履行,等等。

[②]    此种情形下,代理人应当承担民事责任,第三人和代理人负连带责任。

### 三、经济法律行为

经济法律行为是指能够发生经济法上效果的干预市场的行为。

经济法律行为除具有社会性、法律性和目的性等法律行为的一般特征之外，还具有自身的特征：(1)寻求实质公平。国家为实现政策目的而积极干预市场，使得经济法律行为从形式到内容与民事法律行为都有重大区别。民事法律行为的当事人地位平等，享有独立、平等的法律人格，不承认身份和权力的特权，法律保障当事人的真实意思表示得以实现。[①] 平等原则集中反映了民事法律关系的本质特征，是民事法律关系区别于其他法律关系的主要标志。经济法律行为强调实质公平，[②]包含三个基本特征：首先，结合主体的身份分配权利和义务；其次，在平等分配基本权利和自由的基础上对不同身份的人进行差别对待，使弱者获得较多的权利，强者负担较多的义务；最后，对自由特别是竞争自由和契约自由作出适当限制。(2)体现国家意志。经济法律行为的目的在于通过实现特定的经济政策目标或经济运行战略，因此，必须在特定情况下以国家意志限制市场主体的权利和意思自治，为社会经济的协调发展和稳定运行创造良好的经济秩序。(3)追求合理性。市场是一个复杂、动态的运行过程，市场失灵表现在市场机制和体系的各个环节和方面，体现国家干预市场的经济法律行为因此就具有多样性、灵活性和针对性。无论是宏观调控行为还是市场规制行为，都应当掌握市场运行的规律，在市场失灵的时间和环节进行适度、适时、合理的干预，达成最佳干预效果，有效促进市场机制的运行是现代经济法律行为的理想目标。

## 第 3 节　法律关系制度

### 一、法律关系概述

法律关系是根据法律规范产生的、以主体之间的权利与义务关系的形式表现出来的社会关系。法律关系具有以下特点：

#### 1. 法律关系是意志性关系

法律关系是特定社会的人们根据经济基础的需要通过法律规范有目的、有意识地建立的一种社会关系，它体现国家意志和行为人的意志。国家意志性体现在国家对法律关系的强制保障。具体法律关系的形成需要特定法律主体的参与，有些法律

---

① 契约行为是民事法律行为的典型表现，突出地体现了民事法律行为的形式正义特点。

② 实质公平是在新历史条件下对形式平等的扬弃和发展，它根据主体身份的差异来决定权利义务的分配，达到结果的平等。

关系(如多数民事法律关系)的产生与变更要通过法律规范所体现的国家意志和法律关系参加者的个人意志相互一致。还有很多法律关系(如行政法律关系和经济法律关系等)基于行政命令产生和变更而产生。

**2. 法律关系以法律规范为前提**

法律关系是一种思想性社会关系,它根据法律规范而建立,没有相应的法律规范就不可能形成相应的法律关系。

不同的法律规范决定了相应的法律关系具有不同的性质和特征,如民事法律关系和经济法律关系就是分别根据民事法律规范和经济法律规范而形成的、性质上具有很大差异的两类不同的法律关系。[①]

**3. 法律关系以权利义务为内容**

法律关系将法律规范中的抽象权利义务规定具体化为现实的权利义务关系,当人们的行为符合按照法律规范设定的行为模式时,就形成了特定主体之间的权利义务关系。

## 二、法律关系的构成

法律关系由主体、内容和客体三个要素构成。

**1. 法律关系主体**

法律关系主体是法律关系的参加者,即在法律关系中,一定权利的享有者和一定义务的承担者。我国法律关系的主体包括以下几类:[②]

公民(自然人)——指中国公民,也指居住在中国境内或在境内活动的外国公民和无国籍人。自然人或家庭可以以个体工商户的名义从事工商经营行为。《民法总则》第57条对此作了规定。

法人和非法人组织,法人主要包括各种机关法人(立法机关、行政机关和司法机关等)、事业单位法人、社会团体法人(政党和社会团体)和企业法人。非法人组织是指不具备法人特征的各类主体,我国民事诉讼法和行政诉讼法均规定了它们的当事人资格。各国有不同的分类,在我国,包括从事经营活动的非法人组织,如合伙企业、不具备法人资格的中外合作经营企业、外资企业、乡村镇办企业、校办工厂等。不从事经营活动的公益性非法人组织,如党政军机关设立的办事机构、社会团体企业筹建机构和外国企业在我国境内注册批准设立的常驻代表机构等。

国家,在特殊情况下,国家可以作为一个整体成为法律关系主体,例如,国家作为

---

①　在法学专业的教学内容和逻辑结构中,前者属于民商法,后者属于经济法,两者具有十分鲜明的区别。本书考虑到使用对象的需要,在遵循这种区分的同时,适当予以兼容,这在第3章、第7章和第11章的内容安排上尤为明显。

②　农村承包经营户是我国特定历史时期独有的、独占、特殊的民事法律关系主体,《民法总则》等民事法律对此有明确规定。

主权者是国际公法关系的主体,可以成为外贸关系中的债权人或债务人。在国内法上,国家作为法律关系主体的地位比较特殊,既不同于一般公民,也不同于法人。国家可以直接以自己的名义参与国内的法律关系(如发行国库券),但在多数情况下则由国家机关或授权的组织作为代表参加法律关系。

公民和法人要能够成为法律关系的主体,享有权利和承担义务,就必须具有权利能力和行为能力,即具有法律关系主体构成的资格。权利能力是指能够参与一定的法律关系,依法享有一定权利和承担一定义务的法律资格。它是法律关系主体实际取得权利、承担义务的前提条件。行为能力是指法律关系主体能够通过自己的行为实际取得权利和履行义务的能力。公民的行为能力由法律予以规定,世界各国的法律一般都把本国公民划分为完全行为能力人、限制行为能力人和无行为能力人。我国《民法总则》同样对此进行了规定。

社会组织作为法律关系的主体也具有权利能力与行为能力,一般而言,法人的权利能力自法人成立时产生,至法人解体时消灭,其范围是由法人成立的宗旨和业务范围决定的。法人组织的行为能力与公民的行为能力不同,表现在:第一,公民的行为能力有完全与不完全之分,而法人的行为能力总是有限的,由其成立宗旨和业务范围所决定。第二,公民的行为能力和权利能力并不是同时存在的,法人的行为能力和权利能力却是同时产生和同时消灭的。

**2. 法律关系的内容——权利和义务**

权利是指法律所保护的利益和资格,表现为权利主体可以依法为或不为一定的行为,要求权利相对人为或不为一定的行为。义务人指人们必须履行的某种责任,必须为或不为一定的行为。权利和义务是法律调整社会关系的特有机制,也是法律关系的核心。权利和义务紧密相连,权利与义务的关系概括为:总体数量上的等值关系,功能上的互补关系,运行中的制约关系。

**3. 法律关系的客体**

法律关系客体是指法律关系主体之间的权利和义务所指向的对象。法律关系客体是一个历史的概念,随着社会历史的不断发展,其范围和形式、类型也在不断地变化,有不断扩大和增多的趋势。一般有以下几类:(1)物。法律意义上的物是指受法律关系主体支配、能满足主体生产和生活需要的客观实体。物作为法律关系客体须具备以下条件:第一,应得到法律之认可;①第二,应为人类所认识和控制。(2)人

---

① 　在我国,大部分天然物和生产物可以成为法律关系的客体,法律禁止以下几种物成为一定法律关系的客体:a.人类公共之物或国家专有之物,如海洋、山川、水流、空气;b.文物;c.军事设施、武器;d.危害人类之物(如毒品、假药、淫秽书籍、淫秽音像制品等)。物如何成为一定法律关系的客体,取决于特定法律的具体规定。

身。现代社会人身在一定范围内成为法律关系的客体。① (3)人格利益。如公民和组织的姓名或名称、公民的肖像、名誉等。(4)智力成果。

经济法律关系是一种重要的法律关系,国家在宏观调控、微观规制、国家投资和涉外经济关系领域进行法律干预的过程中会产生各种各样的经济法律关系。经济法律关系的主体一般包括经济决策主体、经济管理主体、经济活动主体。经济法律关系的客体一般为物、行为、智力成果和经济信息;经济法律关系的内容由经济权利和经济义务构成。

### 三、法律关系的变动原因——法律事实

法律关系处在不断地生成、变更和消灭的运动过程之中,法律关系的变动需要具备一定的条件。法律规范和法律事实是最主要的两个条件,法律规范是法律关系形成、变更和消灭的法律依据,法律事实是法律规范与法律关系联系的中介,它使得法律规范所规定的权利和义务关系转变为现实的法律关系。

法律事实是法律规范所规定的,能够引起法律关系产生、变更和消灭的客观现象。依是否以人们的意志为转移作标准,可以将法律事实大体上分为两类,即法律事件和法律行为。法律事件是法律规范规定的、不以当事人的意志力为转移而引起法律关系形成、变更或消灭的客观事实。法律事件又分为社会事件和自然事件两种。法律行为同样是能够引起法律关系形成、变更和消灭的法律事实。同一个法律事实可以引起多种法律关系的产生、变更和消灭。数个法律事实所构成的一个相关的整体——"事实构成",可以引起同一个法律关系的产生、变更或消灭。

## 第4节　法律责任制度

### 一、法律责任概述

#### 1. 法律责任的含义与构成

法律责任是指因违反了法定义务或契约义务或不当行使法律权利(权力)而产生的不利后果。构成法律责任必须具备的各种条件是法律责任的构成要件,它是判定

---

① 各国对此均有禁止性规定,如活人的整个身体不能作为物权、债权和继承权的客体,禁止任何人(包括本人)将其作为"物"参与有偿的经济法律活动,不得转让或买卖。禁止滥用人身包括对自己和他人人身非法强行行使权利。随着现代科技和医学的发展,输血、植皮、器官移植、精子提取等现象大量出现,产生了相应的交易活动和一系列需要深入研究的法律问题。张文显主编:《法理学》,117页,北京,高等教育出版社,北京大学出版社,1999。

行为人承担法律责任的分析标准,包括:主体、过错、违法行为、损害事实和因果关系五个方面。法律责任主体是指违反法定或约定义务而承担法律责任的主体。过错是主体违反法定或约定义务时的主观故意或者过失心理状态。违法行为是指违反法定义务、超越界限行使权利与权力以及侵权行为的总称,一般认为违法行为包括犯罪行为和一般违法行为。损害事实即违法或违约行为造成的损失和伤害,包括人身、财产、精神方面的损失和伤害。因果关系即违法或违约行为与损害之间的必然联系。

**2. 法律责任的归责与免责**

法律责任归责是指对违法行为所引起的法律责任进行判断、确认、归结的活动。现代法治社会的归责一般必须遵循以下法律原则:(1)责任法定原则。按照法律事先规定的性质、范围、程度、期限、方式追究违法者的责任;排除无法律依据的责任,在一般情况下排除对行为人有害的追溯。(2)因果联系原则。将行为与危害或损害结果之间的因果联系作为认定法律责任的重要依据。(3)责任相称原则。法律责任的性质、轻重和种类与违法行为的性质和损害以及行为人主观恶性相适应。(4)责任自负原则。违法行为人应当对自己的违法行为负责,反对株连或变相株连,保证责任人受到法律追究和无责任者不受法律追究。

法律责任的免责是指对违法行为所引起的法律责任进行确认、缓减以及免除的活动。行为人实施了违法行为就应当承担法律责任,但由于法律的特别规定,可以部分或全部免除其法律责任,不实际承担法律责任。免责的条件和方式可以分为:时效免责、不诉免责、自首与立功免责、有效补救免责、协议免责或意定免责、自助免责[①]、人道主义免责。[②]

**3. 法律责任的分类**

法律责任可以有不同的分类方法,根据主观过错在法律责任中的地位,可以把法律分为过错责任、无过错责任和公平责任。根据违法行为所违反的法律的性质,可以把法律责任分为民事责任、行政责任、刑事责任和违宪责任。

## 二、经济法律责任

**1. 经济法律责任概述**

经济法主体的法律责任,简称经济法责任,是经济法主体因实施了违反经济法的规定而应承担的法律后果。经济法主体在行使职权或权利,实施调制行为或对策行为的过程中,违反了法定的职责和义务,必须依法承担经济法责任。但必须指出的

---

　①　自助免责是对自助行为所引起的法律责任的减轻或免除。自助行为是指权利人为保护自己的权利,在情势紧迫而又不能及时请求国家机关予以救助的情况下,对他人的财产或自由施加法律或公共道德所认可的扣押、拘束或其他相应措施的行为。

　②　在权利相对人没有能力履行责任或全部责任的情况下,有关的国家机关或权利主体可以出于人道主义考虑,免除或部分免除有责主体的法律责任。

是,由于经济法是一个新兴的法律部门,其内容广,各部分之间有较大的差异。因此,和一些传统的法律部门相比,经济法责任体系表现出一定程度的不确定性。经济法责任的形式、类型和本质还需要深入研究。

**2. 经济法责任的分类**

经济法主体的法律责任,可以依据不同的标准,作出不同的分类,根据经济法主体违反的经济法的法律部门的不同,可以将经济法责任分为两类:违反宏观调控法的责任和违反市场规制法的责任。依据违反的具体法律部门的不同,还可以作进一步的划分。例如,违反宏观调控法的责任可以分为财政法律责任、税收法律责任、金融法律责任、计划法律责任等,同时,每类责任又可以再作出进一步的细分。例如,财政法律责任可以再分为预算法律责任、国债法律责任等;金融法律责任可以再分为银行法律责任、证券法律责任等。上述各类责任是违反相应的调控法律制度而应承担的违法后果,与传统的行政责任或民事责任是不同的。

依据法律主体的标准,根据违法主体的不同,可以将经济法责任分为调控主体和规制主体的法律责任,以及接受调控和规制的主体的法律责任,等等,这些新的责任形式无疑需要加强研究。

**3. 经济法责任的特点**

第一,主体的特殊性。因为经济法上的调控或规制行为一般具有抽象性和普遍性,因此,我国现行立法对调控机关或规制主体本身的责任一般不直接作出规定,而是通过对调控主体或规制主体的相关工作人员的行政责任甚至是刑事责任的规定来体现。

经济法主体和责任存在的差异也决定了追究责任方式存在很大差异。在市场规制法领域,规制主体的责任一般可以通过司法途径实现追究。在宏观调控法领域,由于调控主体的行为属于抽象行为,在现行制度上还不具有可诉性,难以通过司法途径追究其责任。

第二,责任内容的综合性。经济法主体的违法行为可能同时侵害当事人利益和社会整体公益,因此,经济法责任具有很强的综合性。[①]

第三,责任形态的多样性。经济法责任既可能是赔偿性责任(或称补偿性责任),也可能是惩罚性责任;既可能是经济性责任或称财产性责任,也可能是非经济性责任或称非财产性责任。经济法领域还具有一些较为独特的责任形式,如国家赔偿、超额赔偿、实际履行、信用减等、[②]资格减免、[③]引咎辞职,等等。

---

① 我国《消费者权益保护法》中的双倍赔偿制度、美国的反托拉斯法律制度中的三倍赔偿制度和我国《食品安全法》中的十倍赔偿制度等。经济法学界普遍认为,惩罚性赔偿是经济法比较有特色的一种责任形式,反映了人类法律责任制度方面的创新发展。

② 由于市场经济通常被称为"信用经济",法律降低某类主体的信用等级是一种较重的惩罚,在普遍实行的信誉评估制度、纳税信息公告制度、各种"黑名单"制度等相关制度中都涉及信用减等。

③ 国家可以通过对经济法主体的资格减损或免除来追究其法律责任。

案例 2

# 第 5 节　经济纠纷的解决

## 一、经济纠纷的解决方式

经济纠纷是指经济法律关系主体之间因经济权利和经济义务的矛盾而引起的争议,包括平等主体之间涉及经济内容的纠纷和公民、法人或者其他组织作为行政管理相对人与行政机关之间因行政管理所发生的涉及经济内容的纠纷。

在市场经济条件下,经济纠纷的产生具有必然性,为了保护当事人的合法权益,维持社会经济秩序,必须及时加以解决。经济纠纷解决方式包括自力救济、社会救济和公力救济。自力救济,是指发生经济纠纷的主体依靠自身的力量,解决纠纷,没有第三者协助或主持纠纷的解决,其典型方式就是和解等。社会救济,是指依靠社会力量(第三者)来解决纠纷的方式,如调解和仲裁等。社会救济主要是基于纠纷主体的合意,请求第三者协助或主持纠纷的解决。公力救济是指利用国家公权力解决经济纠纷,典型方式包括民事诉讼、行政复议、行政诉讼等。经济纠纷的解决机制经历了由自力救济到公力救济的发展过程,现在已经发展成为一个多元化的纠纷解决体系。

### 1. 和解

和解是纠纷双方以相互说服、讨价还价等方法,相互妥协,以达成解决纠纷的合意或协议。由于和解是纠纷主体自行解决纠纷,所以,因和解而达成的解决纠纷的协议,其性质相当于契约,对于纠纷双方具有契约上的约束力。

### 2. 调解

调解是指第三者依据一定的社会规范包括习惯、道德、法律规范等,在纠纷主体之间沟通信息,摆事实明道理,促成纠纷主体相互谅解和妥协,从而达成纠纷解决的合意。我国现有的调解形式主要有：法院调解、仲裁调解、人民调解、行政调解和其他社会团体组织的调解等。

### 3. 仲裁

仲裁,又称公断,是指纠纷双方在纠纷发生前或者纠纷发生后,达成协议或者根据有关法律规定,将经济争议交给中立的民间组织进行审理,并作出裁决以约束纠纷双方的一种解决纠纷机制。

### 4. 民事诉讼

民事诉讼是指法院、当事人以及其他诉讼参与人,依据民事诉讼法和适用民事实体法等解决民事案件的过程中,所进行的各种诉讼活动以及由此而产生的各种法律关系的总和。通过诉讼来解决当事人之间的民商事经济纠纷,都适用民事诉讼法的规定。

**5. 行政复议**

行政复议是指公民、法人或者其他组织不服行政主体作出的具体行政行为,认为行政主体的具体行政行为侵犯了其合法权益,依法向法定的行政复议机关提出复议申请,行政复议机关依法对该具体行政行为进行合法性、适当性审查,并作出行政复议决定的行政行为。行政复议是公民,法人或其他组织通过行政救济途径,解决行政争议的一种方法。

**6. 行政诉讼**

行政诉讼是指公民、法人或者其他组织认为行政机关和行政机关工作人员的具体行政行为侵犯其合法权益,依法向人民法院提起诉讼,由人民法院依法进行判决的诉讼制度。

当公民、法人或者其他组织认为行政机关的具体行政行为侵犯其合法权益时,具体选择哪种方式,不仅与纠纷的性质有关,也取决于法律的不同规定:有的可以直接向法院起诉,或者先申请行政复议、对行政复议决定不服的再行起诉;有的则只能先申请行政复议,对行政复议决定不服的,才能提起行政诉讼;还有的则只能通过行政复议的方式加以解决,由行政机关对纠纷作出最终裁决。以下本书择要予以说明。

## 二、经济仲裁法律制度

### (一)经济仲裁概述

**1. 经济仲裁的概念**

经济仲裁是指经济纠纷当事人在自愿的基础上达成协议,将纠纷提交非司法机构的第三者审理,第三者就经济纠纷作出对争议各方均有拘束力的裁决的一种解决纠纷的制度。

仲裁法是调整仲裁活动中仲裁组织、仲裁员、仲裁参与人权利、义务关系的法律规范的总称。仲裁法有广义和狭义之分。狭义的仲裁法,仅指《中华人民共和国仲裁法》(以下简称《仲裁法》),该法于 1994 年 8 月 31 日第八届全国人民代表大会常务委员会第九次会议通过,2009 年 8 月 27 日第十一届全国人民代表大会常务委员会第十次会议修订;广义的仲裁法还包括所有涉及仲裁制度的法律规范。

**2. 经济仲裁的范围**

我国《仲裁法》第 2 条规定,平等主体的公民、法人和其他组织之间发生的合同纠纷和其他财产权益纠纷,可以仲裁。合同纠纷是指当事人因履行各类合同而产生的纠纷,包括各类民事合同纠纷、知识产权纠纷、期货和证券交易纠纷、票据纠纷和海商纠纷等,还包括涉外、涉港、澳、台的经济纠纷,以及涉及国际贸易、国际代理、国际投资、国际技术合作等方面的纠纷。其他财产权益纠纷,主要是指由侵权行为引发的纠纷,例如产品质量责任和知识产权领域的侵权行为引发的纠纷等。《仲裁法》第 3 条和第 77 条还规定了不属于经济仲裁的范围:婚姻、收养、监护、扶养、继承纠纷;依法应当由行政机关处理的行政争议;劳动争议和农业集体经济组织内部的农业承包合同纠纷的仲裁。该类仲裁由其他法律另行规定。

### 3. 仲裁时效

仲裁时效是指当事人向仲裁委员会请求仲裁的法定期限,当事人在此期限内不向仲裁委员会申请仲裁的,即丧失通过仲裁保护其财产权益的权利。《仲裁法》对仲裁时效作了两种原则规定:一种是有关法律对仲裁时效有专门规定的,适用其规定;另一种是法律对仲裁时效没有规定的,适用诉讼时效的规定。

### 4. 经济仲裁的特征

(1)自愿性。经济仲裁以双方当事人自愿为前提。选择仲裁形式解决争议,应在订立合同时写明仲裁条款,或事后达成书面的仲裁协议。仲裁条款中要特别写清楚所选定的仲裁委员会名称。

(2)独立性。仲裁不实行级别管辖和地域管辖。仲裁委员会由当事人协议选定,不受涉案标的、地域的限制,仲裁委员会依法独立办案,不受任何行政机关、社会团体和个人的干涉。

(3)自主性和保密性。仲裁程序有较大的自主性,如当事人可以依法选定仲裁员和申请仲裁员回避;可以约定仲裁程序;仲裁中可以和解和自愿调解等。仲裁不公开进行,包括申请、受理、仲裁情况不公开报道,仲裁开庭不允许旁听,裁决不向社会公布等,这是仲裁制度的一大特点,参与仲裁的仲裁员、书记员、翻译、鉴定人、勘验人等都负有保密的责任。当然,双方当事人协议公开的除外。

(4)强制性。仲裁裁决一经作出,即具有法律约束力,当事人一方不履行仲裁裁决,另一方可依法向人民法院申请执行,受申请的人民法院应当执行。

#### (二)仲裁的基本原则

我国仲裁的基本原则主要有:

### 1. 自愿原则

当事人采用仲裁方式解决纠纷,应当双方自愿,达成仲裁协议。没有仲裁协议,一方申请仲裁的,仲裁委员会不予受理。

### 2. 以事实为根据,以法律为准绳原则

坚持以事实为依据,以法律为准绳,在法律没有规定或者规定不完备的情况下,仲裁庭可以按照公平合理的一般原则,以及交易习惯来解决纠纷。

### 3. 独立仲裁原则

仲裁机构不依附于任何机关而独立存在,仲裁活动依法独立进行,不受任何行政机关、社会团体和个人的干涉。

**4. 一裁终局制度**

仲裁庭作出的仲裁裁决,为终局裁决。仲裁裁决作出后,当事人就同一纠纷再申请仲裁或向人民法院起诉的,仲裁委员会或者人民法院不予受理。

**5. 司法监督原则**

人民法院既对仲裁裁决予以执行,同时,又对仲裁进行必要的监督。人民法院对仲裁的监督实行事后监督原则,一般在裁决作出后,方可进入监督程序。法院的监督,表现在两个方面:一是撤销仲裁裁决,二是对仲裁裁决不予执行。以对仲裁作必要的制约。

(三) 仲裁机构

仲裁机构是指通过仲裁方式为解决双方民事争议而作出裁决的工作机构。它包括:

**1. 仲裁委员会**

仲裁委员会可以在直辖市和省、自治区人民政府所在地的市设立,也可以根据需要在其他设区的市设立,不按行政区划层层设立。仲裁委员会由可以设立仲裁委员会的市的人民政府组织有关部门和商会统一组建。根据《仲裁法》的有关规定,仲裁委员会应当具备下列条件:有自己的名称、住所和章程;有必要的财产;有该委员会的组成人员;有聘任的仲裁员。

**2. 中国仲裁协会**

中国仲裁协会,是仲裁委员会的自律性组织,是社会团体法人。全国各个仲裁委员会都是中国仲裁协会的会员。仲裁协会的章程由全国会员大会制定。中国仲裁协会的职能是,根据章程对仲裁委员会及其组成人员、仲裁员的违纪行为进行监督。同时,中国仲裁协会还担负着制定仲裁规则的任务。但其本身并不直接办理仲裁案件。

**3. 仲裁员与仲裁庭**

仲裁委员会应当从公道正派的人员中聘任仲裁员,这些人员还应当同时符合下列条件之一:(1)从事仲裁工作满 8 年的;(2)从事律师工作满 8 年的;(3)曾任审判员满 8 年的;(4)从事法律研究、教学工作并具有高级职称的;(5)具有法律知识、从事经济贸易等专业工作并具有高级职称或者具有同等专业水平的。

具体仲裁案件的审理,并不直接由仲裁委员会承担,而是由仲裁委员会中的仲裁员组成仲裁庭来进行审理。仲裁庭是对某一争议案件进行具体审理的组织,但不是常设机构。

(四) 仲裁协议

**1. 仲裁协议的概念**

仲裁协议是双方当事人自愿将其发生的或可能发生的争议,提交仲裁解决的共同意思表示。仲裁协议是民商事仲裁的前提,其内容应当包括以下三个要素,缺一不可。第一,有明确的请求仲裁的意思表示。第二,有具体约定的提请仲裁的事项。第三,有选定的仲裁委员会。

当事人在仲裁协议中必须约定向何地、何仲裁机构申请仲裁。

**2. 仲裁协议的类型**

仲裁协议可以是仲裁条款、仲裁协议书或者其他文件中包含的仲裁协议。

根据我国仲裁法的规定,仲裁协议在下列情形下无效:(1)以口头方式订立的;(2)约定的仲裁事项超出法律规定的仲裁范围;(3)无民事行为能力人或者限制民事行为能力人订立的仲裁协议;(4)一方采取胁迫手段,迫使对方订立仲裁协议的;(5)仲裁协议对仲裁事项没有约定或约定不明确,或者仲裁协议对仲裁委员会没有约定或者约定不明确,当事人对此又达不成补充协议的。

当事人对仲裁协议的效力产生异议时,应交由仲裁机构或法院认定。仲裁机构在受理申请时,应首先认定仲裁协议是否有效,若协议有效,则继续进行仲裁程序,直至作出裁决。反之,仲裁机构应驳回仲裁申请。当事人对仲裁协议的效力有异议的,根据仲裁法规定,可以请求仲裁委员会作出决定,或者请求人民法院作出裁定。①

(五)仲裁程序

**1. 申请与受理**

当事人申请仲裁的条件是:(1)有仲裁协议;(2)有具体的仲裁请求和事实、理由;(3)属于仲裁委员会受理范围。

申请与受理过程中的主要事项包括:(1)仲裁委员会 5 日内决定是否受理。(2)申请人和被申请人选择仲裁员。(3)被申请人收到仲裁申请书副本后,应当在仲裁委员会规定的期限内,向仲裁委员会提交答辩书,可以承认或者反驳仲裁请求,也有权提出反请求。仲裁委员会收到答辩书后,应当在仲裁规则规定的期限内,将答辩书副本送达申请人。被申请人未提交答辩书的,不影响仲裁程序的进行。(4)当事人达成仲裁协议,一方向人民法院起诉时未声明有仲裁协议,人民法院受理后,另一方在首次开庭前提交仲裁协议的,人民法院应当驳回起诉,但仲裁协议无效的除外;另一方在首次开庭前未对人民法院受理该案提出异议的,视为放弃仲裁协议,人民法院应当继续审理。这一做法的理由是:一般认为既然仲裁的管辖权来源于当事人的合意授权,当事人当然可以合意变更之前的仲裁协议,继而认为在该条规定的情况下,另一方当事人已经以自己的沉默,表明了放弃之前仲裁协议的意思。(5)申请财产保全。一方当事人因另一方当事人的行为或者其他原因,可能使仲裁委员会的裁决不能执行或者难以执行的,可以申请财产保全,当事人申请财产保全的,仲裁委员会应当将当事人的申请,依照《民事诉讼法》第 201 条、第 257 条的规定,提交有管辖权的

---

①　1998 年最高人民法院《关于确认仲裁协议效力几个问题的批复》第 3 条规定:"当事人对仲裁协议效力有异议,一方当事人申请仲裁机构确认仲裁协议效力,另一方当事人请求人民法院确认仲裁协议无效,如果仲裁机构先于人民法院接受申请并已作出决定,人民法院不予受理;如果仲裁机构接受申请后尚未作出决定,人民法院应予受理,同时通知仲裁机构终止仲裁。"

人民法院,由该法院执行财产保全措施。

**2. 组成仲裁庭**

仲裁庭分为合议制和独任制两种形式。仲裁员有下列情形之一的,必须回避,当事人也有权提出回避申请:(1)本案当事人或者当事人、代理人的近亲属;(2)与本案有利害关系;(3)与本案当事人、代理人有其他关系,可能影响公正仲裁的;(4)私自会见当事人、代理人,或者接受当事人、代理人的请客送礼的。

对仲裁员的回避申请,应当在首次开庭前提出。当事人应当通过书面方式提出回避申请,说明理由,并提供相应证据。回避事由在首次开庭后知道的,可以在最后一次开庭终结前提出。

**3. 开庭与裁决**

仲裁庭成员确定后,仲裁庭即告成立。仲裁是开庭审理还是进行书面审理,由当事人自己决定。开庭审理采取不公开的方式进行,除非当事人协议公开审理,但涉及国家秘密的除外。开庭审理主要经过以下几个阶段:通知当事人开庭日期、仲裁庭调查、仲裁庭辩论、和解与调解。当事人申请仲裁后,可以和解和调解。仲裁和解后,可以撤回申请的方式结案,也可以根据和解协议制作裁决书的方式结案;调解达成协议后,仲裁庭应制作调解书,或根据协议结果制作裁决书。调解书与裁决书具有同等的法律效力。

仲裁裁决是指在仲裁过程中或者在案件审理后,由仲裁委员会对当事人双方的民事权利义务作出的具有法律约束力的决定。仲裁庭裁决按多数人的意见作出。仲裁庭不能形成多数意见时,裁决应当按照首席仲裁员的意见作出。仲裁庭作出裁决应制作裁决书。裁决书内容包括:仲裁请求、争议事实、裁决理由、裁决结果、仲裁费用的负担和裁决日期。当事人双方协议不写明争议事实和裁决理由的,可以不写入裁决书。裁决书由仲裁员签名,并加盖仲裁委员会印章。对裁决持不同意见的仲裁员,可以签名,也可以不签名。作出仲裁裁决书的日期,即为仲裁裁决生效的日期,当事人应当依据仲裁裁决书自动履行。

**(六)申请撤销裁决**

当事人有权申请撤销裁决,是当事人通过法院对仲裁进行的必要制约。

**1. 申请条件**

(1)提出申请的主体必须是当事人。法律规定,提出申请撤销仲裁裁决的主体必须是当事人,包括仲裁申请人和被申请人。(2)必须在规定的期限内提出申请。当事人申请撤销裁决的,应当自收到裁决书之日起 6 个月内提出。超过法律规定的期限,人民法院不再受理当事人撤销仲裁裁决的申请。(3)必须向有关人民法院提出申请。当事人提出撤销仲裁裁决的申请,必须向仲裁委员会所在地的中级人民法院提出。向其他人民法院提出的,人民法院不予受理。(4)申请的理由:必须有证据证明裁决有法律规定的情形。

**2. 申请的理由**

当事人提出证据证明仲裁裁决有下列情形之一的,可以向仲裁委员会所在地的中级人民法院申请撤销裁决。(1)没有仲裁协议的;(2)仲裁事项不属于仲裁协议的范围,或者仲裁委员会无权仲裁的;(3)仲裁庭的组成或者仲裁的程序违反法定程序的。仲裁的程序违反法定程序,主要是指没有将仲裁庭的组成情况、仲裁开庭的时间、地点等事项通知当事人,当事人在仲裁开庭中未能陈述、辩论等情形;(4)裁决所依据的证据是伪造的;(5)对方当事人隐瞒了足以影响公正裁决的证据;(6)仲裁员在仲裁该案时有索贿受贿、徇私舞弊、枉法裁决行为的。

人民法院认为仲裁裁决违背社会公共利益,应当裁定撤销。

(七) 仲裁裁决执行

仲裁裁决执行是指当仲裁一方当事人不能自觉履行仲裁裁决要求其承担的义务时,另一方当事人可申请法院执行仲裁裁决,法院依照法定程序,强制被执行人履行仲裁裁决所确定的义务。

仲裁裁决的执行由被执行人住所地或者被执行的财产所在地的人民法院管辖,若裁决由我国涉外仲裁机构作出,则是由被申请人住所地或者财产所在地的中级人民法院管辖。仲裁裁决执行的申请,必须在法定期限内提出。超出期限申请执行,法院将驳回其申请,不予执行。申请执行的期间为 2 年。

经人民法院组成合议庭审查核实,裁定不予执行仲裁裁决的情形有:(1)当事人在合同中没有订有仲裁条款或者事后没有达成书面仲裁协议的;(2)裁决的事项不属于仲裁协议的范围或者仲裁机构无权仲裁的;(3)仲裁庭的组成或者仲裁的程序违反法定程序的;(4)认定事实的主要证据不足的;(5)适用法律确有错误的;(6)仲裁员在仲裁该案时有贪污受贿、徇私舞弊、枉法裁决行为的。

人民法院认定执行该裁决违背社会公共利益的,应当裁定不予执行。

(八) 涉外经济仲裁

涉外经济仲裁是指由我国仲裁机构对于具有涉外因素的纠纷所进行的仲裁活动。所谓"涉外因素"主要是指在我国特定的仲裁机构受理的仲裁案件中,发生争议的主体一方或双方是外国的公司、企业、经济组织或公民;或者争议的标的物在国外;或者争议的行为发生在国外等。仲裁实践中,对涉及华侨及香港、澳门、台湾同胞之间,或者其同外国主体之间的案件,比照涉外仲裁案件处理。

我国涉外仲裁机构,由中国国际商会(亦称中国国际贸易促进委员会)组织设立。目前,我国有两个全国性的民间常设涉外仲裁机构,它们是:中国国际经济贸易仲裁委员会和中国海事仲裁委员会。前者主要受理国际经济贸易方面的争议案件;后者主要受理海上船舶互相救助报酬、海上船舶碰撞、海上船舶租赁与代理、海上船舶运输及保险等方面的争议案件。

涉外仲裁的当事人应当在仲裁协议中,约定适用哪个国家的法律解决纠纷。适用法律的选择,涉及程序法和实体法两个方面。在程序法上,一般都适用仲裁机构所在地国家的法律。在实体法的适用选择上,仲裁庭和当事人应遵照以下几个原则:(1)当事人意思自治原则。(2)最密切联系原则。(3)适用国际公约和国际惯例原则。

## 三、民事诉讼法律制度

我国的审判体系由民事、行政、刑事三大审判制度构成,行政审判和刑事审判制度的任务是解决"民告官"和实现"国家追诉犯罪",通过诉讼方式解决平等主体之间的经济纠纷,就只能适用我国的民事诉讼法律制度。

从广义上来说,经济纠纷案件,其性质可能是民事的、行政的,甚至是刑事的(如国家司法赔偿)。若对具体的经济纠纷案件进行审判,则分别适用民事诉讼法、行政诉讼法等,而非"经济诉讼法"。20世纪50年代,由于国家实行高度集中的计划经济形式以及法律制度不完备等原因,我国只是把经济纠纷案件作为民事案件的一部分。1983年全国各级法院根据当时新修订的《中华人民共和国人民法院组织法》,设立了经济审判庭,专门负责审理经济纠纷、经济犯罪和涉外经济案件。2000年8月,最高人民法院作出改革:取消原来的经济审判庭,改经济审判庭为民事审判庭,建立大民事审判新格局,设立四个民事审判庭,即专门审理婚姻家庭、人身权利和房产合同纠纷的民事审判第一庭;审理法人之间、法人与其他经济组织之间的各类合同及侵权纠纷的民事审判第二庭;审理著作权、商标权、专利权、技术合同等知识产权案件的民事审判第三庭;专门审理海事海商案件的民事审判第四庭。它们在审理各类经济纠纷案件时,均适用民事诉讼法。

(一)民事诉讼概述

诉讼是指国家司法机关和案件当事人及其他诉讼参与人共同参与的,为解决当事人之间的争议或纠纷,而依照法定程序进行的一系列审判活动。民事诉讼是指人民法院在双方当事人和其他诉讼参与人的参加下,审理和解决民事案件的活动,以及由这些活动中所产生的诉讼法律关系的总和。国家对民商事案件采取"不告不理"的原则,不强制要求当事人把民商事案件交给法院审理,只有在当事人向法院主动请求审理的情况下,法院才能受理案件,并启动民事诉讼程序。

《中华人民共和国民事诉讼法》在1991年4月9日第七届全国人民代表大会第四次会议上通过,2007年10月28日第十届全国人代会常务委员会第三十次会议《关于修改〈中华人民共和国民事诉讼法〉的决定》进行了修正,自2008年4月1日起施行。2012年8月31日,第十一届全国人代会常务委员会第二十八次会议通过关于修改《中华人民共和国民事诉讼法》的决定,自2013年1月1日起施行。

(二)诉讼时效

**1.诉讼时效的概念**

诉讼时效是指对在法定期间内不行使权利的权利人,使其丧失在诉讼中的胜诉权的法律制度。诉讼时效制度的意义在于,督促权利人及时行使权利,对怠于行使权利者进行制裁,从而使权利义务关系确定化。诉讼时效包括如下要素:(1)权利人不行使权利;(2)权利人不行使权利的状态,在法律规定的权利行使期限内始终不间断地持续;(3)导致一定法律效果的发生,即权利人丧失请求法院实现其权利的胜诉权。

**2. 诉讼时效种类**

诉讼时效包括:第一,普通诉讼时效,是指由民事基本法统一规定、普遍适用于法律未作特殊诉讼时效规定的各种民事法律关系的时效。除特别法另有规定外,所有的民事法律关系皆适用普通时效。《民法通则》第135条规定普通诉讼时效的期间为2年。

第二,特别诉讼时效,指由民事基本法或特别法就某些民事法律关系规定的短于或长于普通诉讼时效期间的时效。适用1年特别诉讼时效期间的民事法律关系包括:身体受到伤害要求赔偿的;出售质量不合格的商品未声明的;延付或者拒付租金的;寄存财物被丢失或者损毁的。适用4年特别诉讼时效期间的民事法律关系为:国际货物买卖合同和技术进出口合同争议。

第三,权利的最长保护期限。权利人不知或不应当知道自己的权利已被侵害,自权利被侵害之日起经过20年的,其权利也失去法律的强制性保护。

**3. 诉讼时效的起算**

诉讼时效的起算是指确定诉讼时效期间开始的时间点的方法。诉讼时效期间从权利人知道或者应当知道其权利被侵害时起计算。诉讼时效的起算以权利人之权利客观上受到了侵害且权利人主观上已知晓其权利被侵害的事实为构成要件。权利人主观上误以为自己的权利受到了侵害,而事实上其权利并未受到侵害的,不能使诉讼时效期间开始起算。

**4. 诉讼时效的中止、中断和延长**

(1)诉讼时效中止,指在诉讼时效进行中,因发生一定的法定事由使权利人不能行使请求权,故暂时停止计算诉讼时效期间,待阻碍时效进行的法定事由消除后,继续进行诉讼时效期间的计算。中止的法定事由包括不可抗力和其他障碍。其他障碍为概括性规定,主要包括:权利人为无行为能力人、限制行为能力人而无法定代理人或法定代理人已死亡或丧失行为能力;继承开始后,没有确定继承人或遗产管理人;其他构成行使权利之障碍的事由,这些事由将由法官以自由裁量权决定之。诉讼时效可以中止的时间,为诉讼时效期间的最后6个月。诉讼时效中止后,中止的期间不计入时效期间内,待中止事由消除后,时效期间继续进行,与中止前已经过的时效期间合并计入总的时效期间。

(2)诉讼时效的中断。诉讼时效中断,是指在诉讼时效进行期间,因发生一定的法定事由使已经过的时效期间统归无效,待时效中断的事由消除后诉讼时效期间重新起算。中断的法定事由包括:权利人提起诉讼;权利人主张权利;义务人认诺等。

诉讼时效中止与中断的区别:第一,发生的事由不同:中止的法定事由出自当事人的主观意志所不能决定的事实;中断的法定事由为当事人的主观意志所能左右的事实。第二,发生的时间不同:中止只能发生在时效期间的最后 6 个月内;中断可发生于时效期间内的任何时间。第三,法律效果不同:中止的法律效果为,不将中止事由发生的时间计入时效期间,中止事由发生前后经过的时效期间合并计算为总的时效期间;而中断的法律效果为,于中断事由发生后,已经经过的时效期间全部作废,重新开始起算时效期间。

### 5. 诉讼时效的延长

通常情况下,权利人在诉讼时效期间内不行使权利,于时效期间届满后,向法院要求保护权利的,法院不予支持。但有特殊情况的,法院可以延长时效期间。是否构成必须使诉讼时效期间延长的特殊情况,由法官的自由裁量权予以确定。

### (三) 财产保全和先予执行

财产保全和先予执行都属于民事诉讼的保障制度,财产保全之目的在于保障将来生效法律文书内容的实现;先予执行之目的在于在紧急情况下,使权利人的权利提前实现或部分提前实现。这两项制度,对于有效保护当事人的合法权益,保障民事诉讼活动的正常进行和生效裁判的顺利执行,树立司法救济的权威,都具有重要的意义。

### 1. 财产保全

财产保全是指法院在诉讼过程中或者诉讼开始前,因具备法定事由,为了保障将来的生效判决得以顺利执行,保护利害关系人或者当事人的合法权益,对案件有关财产采取的强制措施。对情况紧急的,人民法院接受申请后,必须在 48 小时内作出裁定;裁定采取财产保全措施的,应当立即开始执行。财产保全包括诉讼财产保全和诉前财产保全两种:

诉讼财产保全是指法院在案件受理后,判决作出前,为了保证判决得到执行,对当事人的财产或者争议的标的物采取的强制措施。诉讼财产保全的前提是,因当事人一方的行为或者其他原因,使判决不能执行或者难以执行。所谓"当事人一方的行为",是指当事人一方擅自将争议的标的物出卖、转移、隐匿、毁损、挥霍或者抽逃资金等逃避履行义务的行为;所谓"其他原因",是指当事人行为以外的客观自然因素,如物品变质腐烂等。诉讼财产保全的时间,是法院受理案件以后,作出判决以前。具体包括第一审程序、第二审程序和再审程序。对当事人不服一审判决提出上诉的案件,在第二审法院接到案件之前,必须采取财产保全措施的,由第一审法院依当事人申请或依职权采取。第一审法院制作的财产保全裁定,应及时报送第二审法院。

诉前财产保全是指当事人尚未起诉,为了及时保护利害关系人的合法权益,根据申请对争议有关财产采取的强制措施。诉前保全应当符合以下条件:第一,必须是情况紧急。如果等到法院受理案件以后才采取保全措施,将会使申请人的合法权益受到难以弥补的损害。第二,必须由利害关系人向有管辖权的法院提出申请。利害关系人是认为自己的民事权益受到侵犯或与他人发生争议的人,诉前保全强调利害关系人的申请,法院不依职权主动采取。利害关系人应当向财产所在地的法院申请。第三,必须提供担保。诉前财产保全是发生在诉讼开始之前,申请人是否提起诉讼,是否真正享有实体权利,都是处于不确定状态。为了防止诉前财产保全可能出现错误,法律要求申请人必须提供担保。否则,法院应当驳回申请。

**2. 先予执行**

先予执行是指法院在作出判决前,为了解决权利人的生活或者生产经营急需,裁定义务人履行一定义务的诉讼制度。先予执行是有条件的,这些条件是:(1)当事人之间权利义务关系明确。先予执行,实质上是在判决确定前实现未来判决中的部分实体权利。因此,先予执行必须以当事人之间权利义务关系明确为前提。(2)申请人的生活或者生产经营确实困难,迫切需要先予执行。否则,就会影响其生活或生产经营的正常进行。(3)被申请人有履行能力。先予执行要求义务人履行一定民事义务,客观上以被申请人有履行能力为基础。如果被申请人没有给付能力,即使裁定先予执行,也没有实际意义。

(四)审判回避制度

审判回避制度是指审判人员具有法定情形,必须回避,不参与案件审理的制度。回避可以采取自行回避与申请回避的方式。所谓法定情形是指法律规定禁止审判人员参加对案件审理的情形。回避制度是保证案件获得公正审理的制度。在法定范围内的审判人员,如果具备以下情形之一的,应当回避:(1)是本案当事人或者当事人的近亲属;(2)与本案有其他直接利害关系;(3)担任过本案的证人、鉴定人、辩护人、诉讼代理人的;(4)与本案当事人有其他关系,可能影响公正处理案件的。

(五)民事诉讼的基本原则

《中华人民共和国民事诉讼法》第一章规定了我国民事诉讼的基本原则,包括:当事人诉讼权利平等原则、同等原则和对等原则、法院调解自愿和合法的原则、辩论原则和处分原则。

(六)民事案件的管辖

我国的人民法院分为四级:最高人民法院、高级人民法院、中级人民法院、基层人民法院。人民法院对民事诉讼的主管和管辖,是划定民事审判权作用的范围和划分民事诉讼受案范围的两个方面。法院主管指法院受理、审判民事案件的权限范围。管辖是指各级法院之间和同级法院之间受理第一审民事案件的分工和权限。法律规定,人民法院在其管辖范围内对具体案件行使审判权,称为管辖权。

民事诉讼法规定,管辖分为级别管辖、地域管辖、裁定管辖三类。

**1. 级别管辖**

级别管辖指按照案件的性质、影响范围和繁简程度,划分上下级法院之间受理第一审民事案件的分工和权限。民事诉讼法规定：(1)基层人民法院管辖除法律另有规定以外的所有第一审民事案件；(2)中级人民法院管辖三类第一审民事案件：一是重大涉外案件；二是在本辖区有重大影响案件；三是最高人民法院确定由中级人民法院管辖的海事、专利、重大港澳台和金额大的经济案件；(3)高级人民法院管辖在本辖区内有重大影响的第一审民事案件，审理不服中级人民法院判决的上诉案件；(4)最高人民法院管辖在全国有重大影响和认为应当由最高人民法院审理的两类案件。

### 2. 地域管辖

地域管辖是按照人民法院的辖区和民事案件的隶属关系划分的诉讼管辖。地域管辖有以下几种：

(1)一般地域管辖。根据当事人所在地与法院辖区的隶属关系来确定诉讼管辖。一般地域管辖的通行做法是实行"原告就被告"原则，即以被告住所地作为确定管辖的标准，公民提起诉讼，由被告住所地人民法院管辖。目的在于抑制原告滥用起诉权和有利于法院传唤被告、物证保全和判决执行。

(2)特殊地域管辖。以引起诉讼的法律事实所在地或诉讼标的所在地为标准来确定诉讼管辖。例如，因合同纠纷提起诉讼，由被告住所地或者合同履行地法院管辖。因侵权行为提起诉讼，由侵权行为地或者被告住所地法院管辖。

(3)专属管辖。专属管辖是指法律规定某些特殊类型的案件，专门由专属所在地的法院管辖。属于专属管辖的诉讼有三类：因不动产纠纷、因港口作业发生纠纷和因继承遗产纠纷提起的诉讼。

(4)共同管辖与选择管辖。共同管辖指法律规定两个以上的法院对同一诉讼都有管辖权。选择管辖，指当事人在两个以上的法院对诉讼都有管辖权时，可以选择其中之一提起诉讼。共同管辖是选择管辖的前提。对共同管辖的诉讼，原告只能作单一的选择；原告向两个以上有管辖权的人民法院起诉，由最先立案的人民法院管辖。共同管辖和选择管辖的实质，在于把管辖选择权赋予当事人。

(5)协议管辖。协议管辖，亦称合意或约定管辖，指双方当事人在民事纠纷发生之前或之后，以书面方式来约定管辖法院。协议管辖意味着当事人的处分权扩大，实际上是赋予当事人选择地域管辖的权利。协议管辖的适用要件包括：第一，可选择的案件只限于合同纠纷。第二，只能选择第一审法院，而不适用于第二审民事案件及重审、再审、提审的民事案件。第三，协议管辖必须以书面形式，口头协议无效。第四，当事人必须在被告住所地、合同履行地、合同签订地、原告住所地、标的物所在地人民法院中选择一个，选择必须是唯一的。合同的双方当事人选择管辖的协议不明确或者选择人民法院中的两个以上人民法院管辖，选择管辖的协议无效，由被告住所地或者合同履行地人民法院管辖。第五，不得违反级别管辖和专属管辖的规定。

### 3. 裁定管辖

裁定管辖是指依据人民法院的裁定确定管辖法院。民事诉讼法规定的裁定管辖有移送管辖、指定管辖和管辖权转移三种。移送管辖指人民法院受理民事案件后，发现对案件无管辖权，依法将案件移送给有管辖权的法院审理。指定管辖是指上级人民法院以裁定方式指定下级法院对某一具体案件行使管辖权。有权进行指定管辖的法院，必须是争议各方的共同上级法院。对于上级法院的指定管辖，受指定的下级法院应无条件服从。管辖权转移是指依据上级人民法院的决定或同意，将案件的管辖权由上级法院移交给下级法院，或者由下级法院移交给上级法院。

（七）民事诉讼审判程序

民事诉讼审判程序是人民法院从事诉讼审判活动必须遵循的法律程序。主要包括：第一审简易程序；第一审普通程序；第二审程序等。

### 1. 第一审简易程序

指人民法院审理第一审民事案件、经济案件所适用的程序。它分为普通程序和简易程序。简易程序是简化了的普通程序，是基层人民法院及其派出法庭审理简单的民事案件所运用的一种独立的简便易行的诉讼程序。根据《最高人民法院关于适用简易程序审理民事案件的若干规定》，基层人民法院适用简易程序审理简单的民事案件，一般是指那些事实清楚、情节简单、争议不大、影响较小的案件。

### 2. 第一审普通程序

指人民法院审理第一审民事案件、经济纠纷案件通常适用的程序。普通程序是诉讼程序中的基础程序。第一审普通程序分为以下几个阶段：起诉与受理、开庭审理、依法作出判决或裁定。

### 3. 第二审程序

指当事人不服第一审裁判，在上诉期内提出上诉，由上一级人民法院对案件进行审理的程序。包括：（1）上诉的提起与受理。上诉应当符合以下三个法定条件：其一，必须是符合条件的上诉人对符合条件的被上诉人提起上诉。其二，必须在法定的上诉期限内提出。对判决提起上诉的期限为 15 日，对裁定提起上诉的期限为 10 日，逾期不提起上诉，一审法院的判决、裁定便发生法律效力，当事人不得再提起上诉，案件即告终结。其三，必须提出上诉状。原审人民法院收到上诉状，应当连同全部案卷和证据，尽快报送第二审人民法院。（2）上诉案件的审理与裁判。第二审人民法院审理上诉案件，根据案件的具体情况决定进行开庭审理，也可以径行判决、裁定。第二审法院对所受理的上诉案件经过审理，应作出如下处理：确认原判决认定事实清楚、适用法律正确、程序合法的，应判决驳回上诉，维持原判；认为原判决认定事实清楚，但适用法律错误的，应依法改判；认为原判决认定事实不清、证据不足或违反法定程序，可能影响案件正确判决的，应裁定撤销原判，发回原审法院重审，也可以查清事实后改判。

（八）民事审判监督程序

**1. 概念**

民事审判监督程序，又叫再审程序，是指人民法院发现已经发生法律效力的民事判决或裁定确有错误，对案件依法重新审理并作出裁判的程序。审判监督程序，只是纠正生效裁判错误的法定程序。它不是案件审理的必经程序，也不是诉讼的独立审级。民事审判监督程序，是对已经发生法律效力的错误判决、裁定的再次审理，是为了保证人民法院裁判的正确性与合法性，保护当事人的合法权益，体现实事求是的精神和有错必究的原则，而设立的一种补救制度。

**2. 提起民事审判监督程序的主体**

有权启动审判监督程序的是以下特殊主体：(1)各级人民法院院长对本院已生效的判决、裁定发现确有错误，认为需要再审的，应当提交审判委员会讨论决定；(2)最高人民法院对地方各级人民法院已生效的判决、裁定，上级人民法院对下级人民法院已生效的判决、裁定发现确有错误的，有权提审或指令下级人民法院再审；(3)各级人民检察院对各级人民法院已生效的判决、裁定发现却有错误，可按审判监督程序提出抗诉。对人民检察院提出的抗诉案件，人民法院应当再审。

**3. 提起民事审判监督程序的条件**

当事人申请再审符合这些条件的，才能引起再审程序。当事人申请再审的条件是：(1)申请再审的主体必须合法。根据民事诉讼法的规定，有权提出申请再审的，只能是原审中的当事人，即原审中的原告、被告、有独立请求权的第三人和判决其承担义务的无独立请求权的第三人，以及上诉人和被上诉人。(2)申请再审的对象，必须是已经发生法律效力的判决、裁定和调解书。(3)申请再审必须在法定期限内提出。根据民事诉讼法的规定，当事人申请再审，应当在判决、裁定发生法律效力后2年内提出。超过2年期限的，即使申请再审的理由再充分，也不能引发再审程序。对调解书申请再审的时间，民事诉讼法未直接作出规定。但从立法的总体精神看，对调解书申请再审的时间，与对判决、裁定申请再审的时间应是一致的。

（九）民事执行程序

民事执行程序是指人民法院根据一方当事人的申请或依职权采取法定措施，强制不履行义务的一方当事人履行已经发生法律效力的判决、裁定及其他法律文书的程序。

**1. 执行根据**

执行根据是指执行所依据的法律文书。它包括：(1)人民法院的发生法律效力的具有给付内容的民事判决、裁定和调解书，以及具有财产执行内容的刑事判决、裁定书；(2)其他机关制作，依法申请由人民法院执行的法律文书，如仲裁机关的生效裁决书、调解书；(3)公证机关制作的依法赋予强制执行效力的债权文书；我国法院经审查决定承认外国法院裁判效力的裁定书等。

**2. 执行管辖**

申请执行的管辖法院为：(1)发生法律效力的民事判决、裁定，以及刑事判决、裁定中的财产部分，由第一审人民法院或者与第一审人民法院同级的被执行的财产所在地人民法院执行。(2)法律规定由人民法院执行的其他法律文书，由被执行人住所地或者被执行的财产所在地人民法院执行。(3)人民法院自收到申请执行书之日起超过 6 个月未执行的，申请执行人可以向上一级人民法院申请执行。上一级人民法院经审查，可以责令原人民法院在一定期限内执行，也可以决定由本院执行或者指令其他人民法院执行。

**3. 执行措施**

执行员接到申请执行书或者移交执行书，应当通知被执行人在指定的期限内履行。逾期不履行的，强制执行。现阶段我国的执行措施大致有：查询、冻结、划拨被执行人的储蓄存款；扣留、提取被执行人的收入，包括工资、奖金、稿费等；查封、扣押、冻结、拍卖、变卖被执行人的财产；对被执行人的财产进行搜查；强制被执行人交付执行文书中所指定的财物或者票证；强制被执行人迁出房屋或者退出土地；通知有关单位办理有关财产权证照转移手续；强制被执行人完成法律文书中指定的行为；对迟延履行义务的被执行人，强制其支付迟延履行金或加倍支付迟延履行利息等。

**4. 申请执行的期间**

申请强制执行的期间为两年，申请执行时效的中止、中断，适用法律有关诉讼时效中止、中断的规定。期间从法律文书规定履行期限的最后一日起计算，如果法律文书规定分期履行，则从每次履行期限的最后一日起计算。

**(十) 涉外民事诉讼程序**

**1. 涉外民事诉讼程序的概念**

涉外民事诉讼程序，是指人民法院审理具有涉外因素的民事案件所适用的程序。所谓涉外因素，是指诉讼一方或双方当事人是外国人、无国籍人或外国企业和组织或者是当事人之间民事法律关系发生、变更、消灭的事实发生在国外，或者是当事人之间争议的标的物在国外。具有其中因素之一的民事诉讼，就是涉外民事诉讼。需要说明的是，司法实践中，对涉及华侨及香港、澳门、台湾同胞的民事诉讼，比照民事诉讼程序处理。我国现行民事诉讼法设专编，对涉外民事诉讼程序作了特别规定。人民法院审理涉外民事案件时，有特别规定的，适用有关的特别规定；没有特别规定的，适用民事诉讼法的其他有关规定。

**2. 涉外民事诉讼程序的一般原则**

适用我国民事诉讼法的原则、优先适用我国缔结或者参加的国际条约原则、司法豁免原则、委托中国律师代理诉讼的原则、使用我国通用的语言、文字原则。

### 3. 涉外民事诉讼管辖

我国民事诉讼法确定涉外民事诉讼管辖权,遵循以下原则:(1)诉讼与法院所在地实际联系的原则:凡是诉讼与我国法院所在地存在一定实际联系的,我国人民法院都有管辖权;(2)尊重当事人的原则:无论当事人一方是否为中国公民、法人和其他组织,在不违反级别管辖和专属管辖的前提下,都可以选择与争议有实际联系地点的法院管辖;(3)维护国家主权原则:司法管辖权是国家主权的重要组成部分,对涉外民事诉讼案件行使专属管辖权,充分体现了维护国家主权的原则。

涉外民事诉讼管辖的种类包括:

(1)牵连管辖。因合同纠纷或者其他财产权益纠纷,对在中华人民共和国领域内没有住所的被告提起的诉讼,如果合同在中华人民共和国领域内签订或者履行,或诉讼标的物在中华人民共和国领域内,或者被告在中华人民共和国领域内有可供扣押的财产,或者被告在中华人民共和国领域内设有代表机构,可以由合同签订地、合同履行地、诉讼标的物所在地、可供扣押财产所在地、侵权行为地或代表机构住所地人民法院管辖。

(2)协议管辖。涉外合同或者涉外财产权益纠纷的当事人,可以用书面协议,选择与争议有实际联系的地点的法院管辖。选择中华人民共和国法院管辖的,不得违反民事诉讼法关于级别管辖和专属管辖的规定。

(3)应诉管辖。涉外民事诉讼的被告,对人民法院管辖不提出异议并应诉答辩的,视为承认该人民法院为有管辖权的法院。

(4)专属管辖。因在中国领域内履行中外合资经营企业合同、中外合作经营企业合同、中外合作勘探开发自然资源合同发生纠纷提起的诉讼,由中国法院管辖。

### 4. 涉外财产保全

指在涉外民事诉讼中,人民法院对于可能因当事人一方的行为或其他原因,使判决不能执行或难以执行的案件,根据对方当事人的申请,采取扣押被申请人的财产等措施。

当事人既可以在诉讼开始后,提出申请,也可以在诉前申请保全,但是,人民法院不能依职权进行保全。当事人申请诉讼前保全的,人民法院裁定准许保全后,申请人应当在 30 日内提起诉讼。逾期不起诉的,人民法院应当解除财产保全。

### 5. 司法协助

指不同国家的法院之间,根据本国缔结或者参加的国际条约,或者按照互惠的原则,在司法事务上相互协助,代为一定的诉讼行为。司法协助可分为:一般司法协助,即代为送达文书和调查取证;特殊司法协助,即对外国法院裁判和仲裁裁决的承认与执行。

### 6. 涉外民事诉讼中的期间与送达

关于期间,在涉外民事诉讼中,如果当事人在我国领域内有住所的,适用民事诉讼法关于期间的一般规定;如果当事人不在我国领域内居住的,则应适用民事诉讼法涉外诉讼程序中的特别规定。比如,在我国领域内没有住所的当事人,不服第一审人民法院判决、裁定的,有权在判决、裁定书送达之日起 30 日内提起上诉。

关于送达,在涉外民事诉讼中,如果当事人在我国领域内居住,诉讼文书和法律文书的送达方式,适用我国民事诉讼法的一般规定;如果当事人在我国领域内没有住所,则按照涉外民事诉讼程序的特别规定送达。比如,可以通过外交途径送达,即人民法院将需要送达的诉讼文书交给我国外交机关,由我国外交机关转交给受送达人所在国驻我国的外交机构,再由其转送该国的外交机关,然后由该国外交机关将诉讼文书转交给该国有管辖权的法院,最后,由法院将其送达受送达人。

**复习思考题**

1. 如何理解经济法的调整对象?
2. 为什么说经济法是现代市场经济条件下的一个新的法律部门?
3. 如何理解法律关系的构成?
4. 如何理解法律责任的含义和构成?
5. 如何理解经济法责任的特殊性?
6. 简述经济纠纷的解决方式。
7. 简述经济仲裁的基本原则。
8. 简述仲裁协议的内容。
9. 论提起民事审判监督程序的主体。

**推荐阅读书目**

1. 史际春、邓峰:《经济法总论》(第 2 版),法律出版社,2008 年版。
2. 邱本:《经济法总论》,法律出版社,2007 年版。
3. 陈虎:《经济法律基础》,法律出版社,2011 年版。
4. 张守文:《经济法总论》,中国人民大学出版社,2009 年版。
5. 刘继峰、何国华:《经济法总论》,对外经济贸易大学出版社,2008 年版。
6. 王骏岩:《新编经济法学》,法律出版社,2011 年版。
7. 巩丽霞:《经济法概论》,中国商务出版社,2007 年版。
8. 宋彪:《经济法概论》(第 2 版),中国人民大学出版社,2008 年版。
9. 黄进、宋连斌、徐前权:《仲裁法学》,中国政法大学出版社,2008 年版。
10. 蔡虹、刘加良、邓晓静:《仲裁法学》,北京大学出版社,2009 年版。
11. 常怡:《民事诉讼法学》,中国政法大学出版社,2008 年版。
12. 江伟、李浩:《民事诉讼法》(配套教学案例分析),高等教育出版社,2009 年版。
13. 马怀德:《行政诉讼法学》(第二版),北京大学出版社,2008 年版。
14. 张越:《行政复议法学》,中国政法大学出版社,2007 年版。

# 第 2 章 物 权 法

**本章导读**

物权法是调整平等主体之间关于物的归属以及物的占有、利用而产生的民事关系的法律规范的总称,也是经济主体在经济生活中运用较为普遍的法律规范。本章首先介绍物权法一般理论,具体包括物权与物权法的概述以及物权的变动等内容,然后依次介绍所有权、用益物权、担保物权和占有。其中所有权部分重点阐述了业主的建筑物区分所有权、共有和所有权取得的特殊方法;用益物权部分依次介绍了我国《物权法》规定的几种用益物权;担保物权部分在简要介绍担保物权基本理论的基础上,依次阐述了抵押权、质权和留置权的具体规定。

**关键术语**

物权　物权法　所有权　相邻关系　业主的建筑物区分所有权　共有
善意取得　用益物权　地役权　担保物权　抵押权　质权　留置权　占有

# 第 1 节　物 权 法 一 般 理 论

## 一、物权概述

（一）物权的概念与特征

物权是指权利人依法对特定的物享有直接支配和排他的权利。民事财产权利中,物权为静态的财产归属关系的内容,而债权为动态的财产流转关系的内容。物权是债权的前提和基础,也是债权的目的和结果。与债权相比,物权具有以下特征。

**1. 对世性**

在物权关系中,义务主体是除物权人之外的不特定的多数人,其所负义务为不为侵害或妨碍的消极义务。而债权关系中,义务主体为特定的相对人,其所负义务主要为积极的给付义务。

**2. 支配性**

物权人依自己的意思和行为直接支配标的物,实现其利益,无须他人的帮助。债权人实现债权,依赖于义务人的特定给付行为。

### 3. 排他性

物权的排他性一方面是指物权具有不容他人侵犯或得直接排除他人不法妨碍的效力；另一方面是指同一物上不得同时成立两个内容不相容的物权。[①] 债权具有平等性和相容性，债务人的同一财产上得同时存在多个债权，且债权之间不具有优先性和排他性。

（二）物权的客体

物权的客体是指物权法律关系中的权利与义务所指向的对象，物权的客体为物。物是指存在于人身之外、能够满足人们的社会需要而又能为人所实际控制或者支配的物质客体。[②] 德国民法将物限于有体物，但近年来学理上对此有逐渐扩大解释的倾向，诸如热、光、电气、电子、放射性、核能、频道等均被视为民法上的物。

依据不同的标准，可以对物做不同的分类。(1)根据物能否移动以及移动是否损害其价值，可将物分为动产和不动产，动产物权的变动以物的交付为要件，不动产物权的变动以登记为要件。(2)根据物是否具有独立的特征或者是否被权利人指定而特定化，可将物分为特定物和种类物，前者如名家遗迹、被顾客选定的商品，后者如各种未被指定的批量生产的商品。(3)根据物能否分割，以及分割是否损害其用途或改变其性质，可将物分为可分物与不可分物，前者如一筐橘子，后者如一头牛。不可分物的分割只能采取折价补偿或变价分割的方式。(4)从物对应于主物，是指在两个独立物结合使用中处于从属地位，起辅助作用的物，如相对于自行车而言，自行车车筐为从物，主物的处分及于从物。(5)孳息对应于原物，是指因物或者权益而生的收益，其中依照物的自然性质而生的收益物为天然孳息，如树上摘下来的果子；依照法律规定产生的收益物为法定孳息，主要有利息、租金等。

（三）物权的效力

物权的效力是指法律为实现物权的内容所赋予的效果与权能。一般认为物权的效力包括排他效力、优先效力、对妨碍的排除效力和追及效力。

### 1. 物权的排他效力

物权的排他效力是指物权之间的对抗效力，即在同一物上不得同时存在两个或两个以上内容相互冲突的物权。具体而言，物权的排他效力表现为：第一，在同一物上，只能存在一项所有权；第二，在同一物上，不能同时存在两个或两个以上内容相互冲突的他物权，如不能在同一土地上同时设立两个建设用地使用权；第三，物权的排他效力有强弱之分，所有权的排他效力最强，以占有为内容的他物权效力其次，不以占有为内容的他物权效力再次。

### 2. 物权的优先效力

物权的优先效力即物权能优先于其他权利实现，体现为物权间的优先效力和物

① 王利明主编：《民法》，143 页，北京，中国人民大学出版社，2000。

② 魏振瀛主编：《民法》，122 页，北京，北京大学出版社、高等教育出版社，2007。

权对于债权的优先效力。

根据物权的排他效力,不以占有为内容的物权排他效力最弱,可能存在同一物上同时存在两个或两个以上的不以占有为内容的物权。此种情况下判断何种物权可以优先实现应依据以下原则:(1)他物权优先于所有权;(2)不同担保物权之间的优先性遵循法律规定的特殊顺位规则(详见担保物权部分);(3)其余情况,依据时间在先,权利在先的原则。

同一标的物上既有物权又有债权时,物权有优先于债权的效力。买卖不破租赁是为例外,即承租人的租赁权优先于后设定的物权。

### 3. 物权的排除妨碍效力

物权的排除妨碍的效力又称为物上请求权效力,是指物权的圆满状态受到妨害或有妨害之虞时,物权人为回复其物权的圆满状态,可以请求妨害人为一定行为或不为一定行为的权利。

此处的物上请求权具体包括:(1)返还原物请求权,即对于物权占有的妨害,发生返还请求权;(2)排除妨害请求权,即对于占有之外的妨害,发生妨害除去请求权;(3)消除危险请求权,即对于有妨害之虞的危险,发生妨害预防请求权。

### 4. 物权的追及效力

物权的追及效力是指物权成立后,其标的物不论辗转至何人之手,物权的权利人均可追及标的物之所在,而直接支配其物。因为物权的追及效力是物权优先效力和物权排除妨碍效力的当然含义,有学者主张其不应为独立的物权效力。

#### (四)物权的种类与保护

### 1. 物权的种类

根据物权法定主义原则,物权的种类须由法律明文规定,不允许当事人自由创设或依其意志擅自改变。《物权法》确定的物权类型包括所有权、用益物权、担保物权三大类,同时还设专章规定了占有。其中所有权包括国家所有权、集体所有权、私人所有权、业主的建筑物区分所有权;用益物权包括土地承包经营权、建设用地使用权、宅基地使用权、地役权以及海域使用权、探矿权、采矿权、取水权、养殖权、捕捞权;担保物权包括抵押权、质权和留置权。

### 2. 物权的保护

物权受到侵害的,权利人可以通过和解、调解、仲裁、诉讼等途径解决。

《民法典》的物权篇规定了对物权的特定的保护方式:(1)因物权的归属、内容发生争议的,利害关系人可以请求确认权利。(2)无权占有不动产或者动产的,权利人可以请求返还原物。(3)妨害物权或者可能妨害物权的,权利人可以请求排除妨害或者消除危险。(4)造成不动产或者动产毁损的,权利人可以请求修理、重作、更换或者恢复原状。(5)侵害物权,造成权利人损害的,权利人可以请求损害赔偿,也可以请求承担其他民事责任。

## 二、物权法概述

物权法是调整物的归属以及物的占有、利用而产生的民事关系的法律规范的总称。2007 年 3 月 16 日第十届全国人民代表大会第五次会议通过了《中华人民共和国物权法》(以下简称《物权法》)。

取代《物权法》的《民法典》第二编"物权"在《物权法》的基础上,按照党中央提出的完善产权保护制度,健全归属清晰、权责明确、保护严格、流转顺畅的现代产权制度的要求,结合现实需要,进一步完善了物权法律制度。《民法典》物权编包括通则、所有权、用益物权、担保物权和占有五分编。

民法典《通则》部分第 206 条将我国基本经济制度的规定修改为:"国家坚持和完善公有制为主体、多种所有制经济共同发展,按劳分配为主体、多种分配方式并存,社会主义市场经济体制等社会主义基本经济制度。"国家巩固和发展公有制经济,鼓励、支持和引导非公有制经济的发展。国家实行社会主义市场经济,保障一切市场主体的平等法律地位和发展权利。因此,不实行社会主义市场经济,不维护一切市场主体的平等法律地位和发展权利的做法就是一种违法行为。物权法的基本原则是:市场经济原则、平等保护原则、物权法定原则和公示公信原则。

## 三、物权的变动

物权的变动是指物权的设立、变更、转让和消灭,从权利人的角度而言,物权的变动即物权的取得、变更和丧失。《民法典》规定物权变动主要有三种原因:不动产登记、动产交付以及非基于法律行为的物权变动。

### (一)不动产登记

《物权法》规定,不动产物权的设立、变更、转让和消灭,经依法登记发生效力;未经登记不发生效力,但法律另有规定的除外。依法属于国家所有的自然资源,所有权可以不登记。不动产登记,由不动产所在地的登记机构办理。

### 1. 不动产登记的效力

不动产物权的设立、变更、转让和消灭,依照法律规定应当登记的,自记载于不动产登记簿时发生效力。当事人之间订立有关设立、变更、转让和消灭不动产物权的合同,除法律另有规定或者合同另有约定外,自合同成立时生效;未办理物权登记的,不影响合同效力。

不动产物权经过登记的,推定登记状态的物权即为真实物权,除非对此推定有异议的人能够举证加以推翻。

### 2. 不动产登记簿

不动产登记簿是物权归属和内容的根据,由登记机构管理。不动产权属证书是权利人享有该不动产物权的证明。不动产权属证书记载的事项,应当与不动产登记簿一致;记载不一致的,除有证据证明不动产登记簿确有错误外,以不动产登记簿为准。权利人、利害关系人可以申请查询、复制登记资料,登记机构应当提供。

**3. 异议登记**

权利人、利害关系人认为不动产登记簿记载的事项错误的,可以申请更正登记。不动产登记簿记载的权利人书面同意更正或者有证据证明登记确有错误的,登记机构应当予以更正。不动产登记簿记载的权利人不同意更正的,利害关系人可以申请异议登记。登记机构予以异议登记的,如申请人在异议登记之日起15日内不起诉,异议登记失效。异议登记不当,造成权利人损害的,权利人可以向申请人请求损害赔偿。

**4. 预告登记**

当事人签订买卖房屋或者其他不动产物权的协议,为保障将来实现物权,按照约定可以向登记机构申请预告登记。预告登记后,未经预告登记的权利人同意,处分该不动产的,不发生物权效力。预告登记后,债权消灭或者自能够进行不动产登记之日起3个月内未申请登记的,预告登记失效。

(二)动产交付

占有动产,即推定占有人享有动产物权,交付动产,即推定动产物权发生转移。

**1. 现实交付**

现实交付,指动产物权的让与人将其对于动产的管理现实地移转于买受人,即动产占有的现实移转,通常所谓的交付均指此种情形。《物权法》规定,动产物权的设立和转让,自交付时发生效力,但法律另有规定的除外。船舶、航空器和机动车等物权的设立、变更、转让和消灭,未经登记,不得对抗善意第三人。

**2. 观念交付**

观念交付,并非真正的交付,是指动产占有在观念上的移转,这是法律在特殊情况下为顾及交易的便捷而采取的变通方法,以代替现实交付。《物权法》规定了三种观念交付的情形:(1)简易交付,即动产物权设立和转让前,权利人已经依法占有该动产的,物权自法律行为生效时发生效力。(2)指示交付,即动产物权设立和转让前,第三人依法占有该动产的,负有交付义务的人可以通过转让请求第三人返还原物的权利代替交付。(3)占有改定,即动产物权转让时,双方又约定由出让人继续占有该动产的,物权自该约定生效时发生效力。

(三)其他物权变动原因

其他物权变动的情况主要是指除了上述不动产登记和动产交付以外的,导致物权产生、变更、转让和消灭的情况。根据我国《民法典》规定,下列情况下物权变动直接依据法律的规定而发生效力:

(1)因人民法院、仲裁委员会的法律文书或者人民政府的征收决定等,导致物权设立、变更、转让或者消灭的,自法律文书或者人民政府的征收决定等生效时发生效力。

（2）因继承或者受遗赠取得物权的,自继承或者受遗赠开始时发生效力。

（3）因合法建造、拆除房屋等事实行为设立或者消灭物权的,自事实行为成就时发生效力。

依照上述规定享有不动产物权的,处分该物权时,依照法律规定需要办理登记的,未经登记,不发生物权效力。

# 第2节　所　有　权

所有权是指所有人依法对自己的物所享有的独占性的支配权。所有权人对自己的不动产或者动产,依法享有占有、使用、收益和处分的权利。

我国《民法典》根据所有权的主体不同,将所有权划分为国家所有权、集体所有权和私人所有权。

## 一、国家所有权、集体所有权和私人所有权

（一）国家所有权

法律规定属于国家所有的财产,属于国家所有即全民所有。国有财产由国务院代表国家行使所有权;法律另有规定的,依照其规定。

《民法典》规定,下列财产属于国家所有:矿藏、水流、海域;城市的土地以及法律规定属于国家所有的农村和城市郊区的土地;森林、山岭、草原、荒地、滩涂等自然资源,但法律规定属于集体所有的除外;法律规定属于国家所有的野生动植物资源;无线电频谱资源;法律规定属于国家所有的文物;国防资产;依照法律规定为国家所有的铁路、公路、电力设施、电信设施和油气管道等基础设施。

国家所有的财产受法律保护,禁止任何单位和个人侵占、哄抢、私分、截留、破坏。

（二）集体所有权

集体所有的不动产和动产包括:法律规定属于集体所有的土地和森林、山岭、草原、荒地、滩涂;集体所有的建筑物、生产设施、农田水利设施;集体所有的教育、科学、文化、卫生、体育等设施;集体所有的其他不动产和动产。

集体所有的财产受法律保护,禁止任何单位和个人侵占、哄抢、私分、破坏。

（三）私人所有权

私人对其合法的收入、房屋、生活用品、生产工具、原材料等不动产和动产享有所有权。私人合法的储蓄、投资及其收益受法律保护。国家依照法律规定保护私人的继承权及其他合法权益。私人的合法财产受法律保护,禁止任何单位和个人侵占、哄抢、破坏。

## 二、业主的建筑物区分所有权

业主的建筑物区分所有权是指业主对建筑物内的住宅、经营性用房等专有部分享有所有权,对专有部分以外的共有部分享有共有和共同管理的权利。业主的建筑物区分所有权是三项权利的集合,且三项权利有机地结合,权利人不能保留其中一项权利而转让或者抛弃其他权利,此种特性被称为不可分割性或流转上的一体性。

### (一) 专有部分的单独所有权

专有部分是在一栋建筑物内区分出的独立的住宅或者经营性用房等单元,应具有构造上的独立性和使用上的独立性。业主对其建筑物专有部分享有占有、使用、收益和处分的权利。业主行使权利不得危及建筑物的安全,不得损害其他业主的合法权益。业主将住宅改变为经营性用房的,除应遵守法律、法规以及管理规约外,还应当经有利害关系的业主同意。

### (二) 共有部分的共有权

共有部分是指区分所有的建筑物及其附属物的共同部分,即建筑物专有部分以外的部分。《民法典》物权编规定建筑区划内的道路、绿地、物业服务用房除了明确属于个人或属于城镇公共部分以外,由全体业主共有;专门规划的车位、车库归属可以由当事人通过出售、附赠或出租等方式约定并优先满足业主的需要。

业主对建筑物专有部分以外的共有部分不得以放弃权利而不履行义务。业主转让建筑物内的住宅、经营性用房,其对共有部分享有的共有和共同管理的权利一并转让。

### (三) 业主的管理权

由于区分所有建筑物的构造,业主在建筑物的权利归属及使用上形成了不可分离的共同关系,并基于此共同关系享有了管理权。业主可以设立业主大会,选举业主委员会,制定和修改业主大会议事规则,制定和修改建筑物及其附属设施的管理规约等重大事项应当由业主共同决定。业主应当遵守法律、法规以及管理规约,业主大会或业主委员会的决定,对业主有约束力。

建筑物及其附属设施的维修资金,属于业主共有。经业主共同决定,可以用于电梯、水箱等共有部分的维修。维修资金的筹集、使用情况应当公布。

业主可以自行管理建筑物及其附属设施,也可以委托物业服务企业或者其他管理人管理。对建设单位聘请的物业服务企业或其他管理人,业主有权依法更换。

业主不得违反法律、法规以及管理规约,将住宅改变为经营性用房。业主将住宅改变为经营性用房的,除遵守法律、法规以及管理规约外,应当经有利害关系的业主一致同意。

### 三、相邻关系

(一)相邻关系概述

相邻关系是指不动产的相邻各方在行使所有权或用益物权时相互给予便利或对一方权利加以限制而对另一方权利加以延伸所形成的权利义务关系。《物权法》规定,不动产的相邻权利人应当按照有利生产、方便生活、团结互助、公平合理的原则,正确处理相邻关系。法律、法规对处理相邻关系有规定的,依照其规定;法律、法规没有规定的,可以按照当地习惯。

(二)相邻关系具体类型

**1. 用水、排水相邻关系**

不动产权利人应当为相邻权利人用水、排水提供必要的便利。对自然流水的利用,应当在不动产的相邻权利人之间合理分配。对自然流水的排放,应当尊重自然流向。

**2. 通行相邻关系**

不动产权利人对相邻权利人因通行等必须利用其土地的,应当提供必要的便利。使用他人土地通行的权利人应当尽量避免对相邻的不动产权利人造成损害;造成损害的,应当给予赔偿。

**3. 相邻土地的利用关系**

不动产权利人因建造、修缮建筑物以及铺设电线、电缆、水管、暖气和燃气管线等必须利用相邻土地、建筑物的,该土地、建筑物的权利人应当提供必要的便利。利用他人土地的不动产权利人应当尽量避免对相邻的不动产权利人造成损害;造成损害的,应当给予赔偿。

**4. 相邻的损害防免关系**

建造建筑物,不得违反国家有关工程建设标准,妨碍相邻建筑物的通风、采光和日照。不动产权利人不得违反国家规定弃置固体废物,排放大气污染物、水污染物、噪声、光、电磁波辐射等有害物质。不动产权利人挖掘土地、建造建筑物、铺设管线以及安装设备等,不得危及相邻不动产的安全。

### 四、共有

共有是指多个权利主体对一物共同享有所有权。共有可以基于当事人的意思产生,如共同出资购买一项财产并共有其所有权,也可能基于法律的规定产生,如夫妻财产的共有,因添附而产生的共有等。

(一)共有的分类

共有包括按份共有和共同共有,两者在产生原因、具体内容、分割的限制等方面存在诸多不同。

按份共有是指按份共有人对共有的不动产或者动产按照其份额享有所有权。份额也称为"应有部分",是一种抽象意义上的划分,是确定各共有人行使权利的比例或范围,并非对共有物具体的部分的划分,因此,各共有人的权利存在于共有物全部而非某一特定部分之上。按份共有人对共有物享有的份额,没有约定或者约定不明确的,按照出资额确定;不能确定出资额的,视为等额享有。

共同共有是指共同共有人对共有的不动产或者动产不分份额的共同享有所有权。共同共有以共同关系为基础,如夫妻关系、家庭关系等。

共有人对共有物没有约定为按份共有或者共同共有,或者约定不明确的,除共有人具有家庭关系等外,视为按份共有。

（二）共有的内部关系与外部关系

**1. 共有物的管理**

共有人按照约定管理共有物;没有约定或者约定不明确的,各共有人都有管理的权利和义务。处分共有物或对共有物作重大修缮的,应当经占份额 2/3 以上的按份共有人或者全体共同共有人同意,但共有人之间另有约定的除外。对共有物的管理费用以及其他负担,有约定的,按照约定;没有约定或者约定不明确的,按份共有人按照其份额负担,共同共有人共同负担。

**2. 共有物的分割**

共有人约定不得分割共有物的,应当按照约定;没有约定或者约定不明确的,按份共有人可以随时请求分割,共同共有人在共有的基础丧失或者有重大理由需要分割时可以请求分割。因分割对其他共有人造成损害的,应当给予赔偿。

共有人可以协商确定分割方式。达不成协议,共有物可以分割并且不会因分割减损价值的,应当对实物予以分割;难以分割或者因分割会减损价值的,应当对折价或者拍卖、变卖取得的价款予以分割。共有人分割所得的不动产或者动产有瑕疵的,其他共有人应当分担损失。

**3. 共有份额的转让**

按份共有人可以转让其享有的共有份额。其他共有人在同等条件下享有优先购买的权利。

**4. 共有物债务的承担**

因共有的不动产或者动产产生的债权债务,在对外关系上,共有人享有连带债权、承担连带债务,但法律另有规定或者第三人知道共有人不具有连带债权债务关系的除外;在共有人内部关系上,除共有人另有约定外,按份共有人按照份额享有债权、承担债务,共同共有人共同享有债权、承担债务。偿还债务超过自己应当承担份额的按份共有人,有权向其他共有人追偿。

## 五、所有权的特别取得方式

（一）所有权的特别取得方式概述

所有权的取得包括原始取得和继受取得。前者是指非依他人既存的权利而取得所有权,后者是指基于他人既存的所有权及权利人的意志而取得某物的所有权。所有权的取得,不得违反法律规定,不得损害公共利益和他人合法权益。

理论上所有权的特别取得方式有善意取得、拾得遗失物、发现埋藏物、添附、取得时效、先占等方式,我国物权法主要规定了善意取得和拾得遗失物两种方式。

（二）所有权特别取得方式

**1. 善意取得**

善意取得是指动产或不动产的占有人向第三人移转动产所有权或为第三人设定其他物权,即使占有人无处分动产的权利,善意受让人仍可取得所有权或其他物权的制度。适用善意取得的条件是占有人没有处分权、受让人为善意、转让价格合理且已以适当方式实现了公示。

一般认为盗赃与遗失物不适用善意取得制度。我国《物权法》规定,遗失物通过转让被他人占有的,权利人有权向无处分权人请求损害赔偿,或者自知道或者应当知道受让人之日起二年内向受让人请求返还原物,但受让人通过拍卖或者向具有经营资格的经营者购得该遗失物的,权利人请求返还原物时应当支付受让人所付的费用。权利人向受让人支付所付费用后,有权向无处分权人追偿。

**2. 拾得遗失物**

遗失物是指非故意抛弃而丢失的财物,虽无人占有但为有主物。拾得遗失物是指发现并占有遗失物。

拾得遗失物应当返还权利人。拾得人应当及时通知权利人领取,或者送交公安等有关部门。拾得人在遗失物送交有关部门前,有关部门在遗失物被领取前,应当妥善保管遗失物,因故意或重大过失致使遗失物毁损、灭失的,应当承担民事责任。

权利人领取遗失物时,应当向拾得人或者有关部门支付保管遗失物等支出的必要费用。遗失物自发布招领公告之日起 6 个月内无人认领的,归国家所有。

拾得漂流物、发现埋藏物或者隐藏物的,参照拾得遗失物的有关规定。

# 第 3 节　用 益 物 权

## 一、用益物权概述

用益物权是指用益物权人对他人所有的不动产或者动产,依法享有的占有、使用和收益的权利。我国《物权法》上的用益物权主要包括土地承包经营权、建设用地使用权、宅基地使用权和地役权。

用益物权具有以下法律特点：

**1. 用益物权是一种定限物权**

用益物权人不仅没有处分标的物的权能,其享有的对标的物占有、使用、收益等权能也只能在一定范围和期限内行使。

**2. 用益物权的标的物一般限于不动产**

尽管我国将用益物权的标的物扩张到动产,但所规定的具体类型均为不动产用益物权。

**3. 用益物权是一种他物权**

用益物权是权利人对他人所有的财产依法享有的一种物权,其设立目的是对他人之物进行使用和收益。

## 二、用益物权的种类

（一）土地承包经营权

**1. 土地承包经营权概述**

土地承包经营权是指土地承包经营权人依法对其承包经营的耕地、林地、草地等享有的占有、使用和收益的权利,土地承包经营权人有权在其承包的土地上从事种植业、林业、畜牧业等农业生产。

土地承包经营权自土地承包经营权合同生效时设立。

**2. 承包期限**

耕地的承包期为30年。草地的承包期为30年至50年。林地的承包期为30年至70年;特殊林木的林地承包期,经国务院林业行政主管部门批准可以延长。承包期届满,由土地承包经营权人按照国家有关规定继续承包。

**3. 当事人的权利和义务**

土地承包经营权人可以自主决定依法采取出租、入股或者其他方式向他人流转土地经营权。土地经营权人有权在合同约定的期限内占有农村土地,自主开展农业生产经营并取得收益。流转期限为5年以上的土地经营权,自流转合同生效时设立。当事人可以向登记机构申请土地经营权登记;未经登记,不得对抗善意第三人。通过招标、拍卖、公开协商等方式承包农村土地,经依法登记取得权属证书的,可以依法采取出租、入股、抵押或者其他方式流转土地经营权。承包地被征收的,土地承包经营权人有权依据民法典法的规定获得相应补偿。国家所有的农用地实行承包经营的,参照适用民法典的有关规定。

承包期内发包人不得收回承包地。农村土地承包法等法律另有规定的,依照其规定。承包地被征收的,土地承包经营权人有权依照《民法典》的规定获得相应补偿。

国家所有的农用地实行承包经营的,参照《民法典》的上述规定。

（二）建设用地使用权

建设用地使用权是指建设用地使用权人依法对国家所有的土地享有的占有、使用和收益的权利,建设用地使用权人有权利用该土地建造建筑物、构筑物及其附属设施。

**1. 建设用地使用权的取得**

设立建设用地使用权,可以采取出让或者划拨等方式。工业、商业、旅游、娱乐和商品住宅等经营性用地以及同一土地有两个以上意向用地者的,应当采取招标、拍卖等公开竞价的方式出让。

采取划拨方式设立建设用地使用权的,应当遵守法律、行政法规关于土地用途的规定;采取招标、拍卖、协议等出让方式设立建设用地使用权的,当事人应当采取书面形式订立建设用地使用权出让合同。

设立建设用地使用权的,应当向登记机构申请建设用地使用权登记。建设用地使用权自登记时设立。

**2. 建设用地使用权人的权利义务**

建设用地使用权人应就依照法律规定以及合同约定支付出让金等费用。建设用地使用权人应当合理利用土地,不得改变土地用途;需要改变土地用途的,应当依法经有关行政主管部门批准。

建设用地使用权人建造的建筑物、构筑物及其附属设施的所有权属于建设用地使用权人,但有相反证据证明的除外。

建设用地使用权人有权将建设用地使用权转让、互换、出资、赠与或者抵押,但法律另有规定的除外。

**3. 建设用地使用权的期限与提前收回**

住宅建设用地使用权期间届满的,自动续期。非住宅建设用地使用权期间届满后的续期,依照法律规定办理。该土地上的房屋及其他不动产的归属,有约定的,按照约定;没有约定或者约定不明确的,依照法律、行政法规的规定办理。

建设用地使用权期间届满前,因公共利益需要提前收回该土地的,应当对该土地上的房屋及其他不动产给予补偿,并退还相应的出让金。

**4. 建设用地使用权的消灭**

建设用地使用权消灭的,出让人应当及时办理注销登记。登记机构应当收回建设用地使用权证书。集体所有的土地作为建设用地的,应当依照土地管理法等法律规定办理。

（三）宅基地使用权

宅基地使用权是指宅基地使用权人依法对集体所有的土地享有的占有和使用的权利,宅基地使用权人有权依法利用该土地建造住宅及其附属设施。

宅基地使用权的取得、行使和转让,适用土地管理法等法律和国家有关规定。宅基地因自然灾害等原因灭失的,宅基地使用权消灭。对失去宅基地的村民,应当重新分配宅基地。已经登记的宅基地使用权转让或者消灭的,应当及时办理变更登记或者注销登记。

(四)居住权

居住权是《民法典》新增的一种用益物权,指对他人所有的住房及其附属设施占有、使用以满足生活居住需要的权利。

(1)居住权的设立

(2)居住权人按照合同约定,或以遗嘱方式设立。设立居住权的,应当向登记机构申请居住权登记。居住权自登记时设立。

设立居住权当事人应当采用书面形式订立居住权合同。居住权合同一般包括下列条款:(一)当事人的姓名或者名称和住所;(二)住宅的位置;(三)居住的条件和要求;(四)居住权期限;(五)解决争议的方法。

(3)当事人的权利义务

居住权一般无偿设立,但是当事人另有约定的除外。第369条 居住权不得转让、继承。设立居住权的住宅不得出租,但是当事人另有约定的除外。

居住权期限届满或者居住权人死亡的,居住权消灭。居住权消灭的,应当及时办理注销登记。

(五)地役权

地役权是指地役权人按照合同约定,利用他人的不动产,以提高自己的不动产的效益的权利。他人的不动产为供役地,自己的不动产为需役地。

**1. 地役权的设立**

设立地役权,当事人应当采取书面形式订立地役权合同。

土地所有权人享有地役权或者负担地役权的,设立土地承包经营权、宅基地使用权时,该土地承包经营权人、宅基地使用权人继续享有或者负担已设立的地役权。土地上已设立土地承包经营权、建设用地使用权、宅基地使用权等权利的,未经用益物权人同意,土地所有权人不得设立地役权。

地役权自地役权合同生效时设立。当事人要求登记的,可以向登记机构申请地役权登记;未经登记,不得对抗善意第三人。

**2. 当事人的权利和义务**

供役地权利人应当按照合同约定,允许地役权人利用其土地,不得妨害地役权人行使权利。地役权人应当按照合同约定的利用目的和方法利用供役地,尽量减少对供役地权利人物权的限制。地役权不得单独转让和抵押,土地经营权、建设用地使用权等抵押的,在实现抵押权时,地役权一并转让。

**3. 地役权的消灭**

地役权人有下列情形之一的,供役地权利人有权解除地役权合同,地役权消灭:(1)违反法律规定或者合同约定,滥用地役权;(2)有偿利用供役地,约定的付款期间届满后在合理期限内经两次催告未支付费用。

已经登记的地役权变更、转让或者消灭的,应当及时办理变更登记或者注销登记。

**4. 地役权与相邻关系的关系**

地役权与相邻关系都是调整两个不动产权利人之间的关系,相邻关系不是一类独立的物权,而地役权是一种独立的用益物权。两者的区别主要表现为:(1)两者的设立方式不同。相邻关系是法定的,而地役权通常是由当事人各方通过合同约定而设立的。(2)两者受到损害后的救济请求权不同。相邻关系受到侵害后,不能直接以相邻关系为基础提起损害赔偿诉讼,而应该提起所有权的行使受到妨害之诉。地役权受到损害之后,受害人可以直接提起地役权受损害的请求之诉。(3)两者提供便利的内容也有不同。地役权的设立是为了使所有权人的权利得到更好的行使,是一个比较高的标准。而相邻关系的规定是为了调和不同所有权人之间的权利,是相互给予的最低限度的便利和容忍义务。(4)相邻关系通常都发生在相互毗邻的不动产之上,而地役权则不要求相互毗邻,甚至相隔很远的土地之间都可以通过协议来得到更有效的利用和经营。(5)相邻关系的产生只要不给邻人造成损失,一般都是无偿的,而地役权的设立可有偿也可无偿,一般以有偿为主。

案例3

# 第 4 节　担 保 物 权

## 一、担保物权概述

### （一）担保物权的概念及特征

担保物权是以确保特定债权的实现为目的、以支配和取得特定财产的交换价值为内容的定限物权。[①] 担保物权包括抵押权、质权和留置权。设立担保物权,应当依照民法典和其他法律的规定订立担保合同。担保合同包括抵押合同、质押合同和其他具有担保功能的合同。担保物权人在债务人不履行到期债务或者发生当事人约定的实现担保物权的情形,依法享有就担保财产优先受偿的权利,但法律另有规定的除外。担保物权具有以下特征:

---

① 江平主编:《民法》,394 页,北京,中国政法大学出版社,2007。

**1. 从属性**

担保物权以担保债务的履行为目的,与所担保的债权形成主从关系,是对主债权效力的加强和补充。首先,担保物权的设立应以债权的存在为前提;其次,担保物权原则上随主债权的移转而移转;再次,主债权无效,担保物权无效,且主债权范围决定了担保物权的担保范围;最后,担保物权因主债权的消灭而消灭。

**2. 不可分性**

担保物权人得就担保物之全部行使其权利,担保物的价值变化及债权的变化不影响担保物权的整体性。具体体现为:债权的部分消灭,债权人仍对担保物的全部行使权利;担保物部分灭失,残存部分仍担保债权全部;债权部分转让,数个债权人按其债权额共享担保物权。

**3. 特定性**

担保物权的特定性是指其标的物必须是特定物。这里的特定,是指标的物在担保物权实现之时是特定的,而不一定要求其在担保物权设立之时就已特定。

**4. 价值性**

担保物权不是以对标的物实体的占有、使用、收益或处分为目的,而是以标的物的价值确保债权的清偿,是以标的物取得一定的价值为内容。当担保物灭失、毁损或者被征收而获有保险金、赔偿金或补偿金时,担保物权的效力及于该担保物的代替物,这亦被称之为担保物权的物上代位性。

(二)关于担保物权的一般规定

**1. 担保合同的无效**

设立担保物权,应当订立担保合同。担保合同是主债权债务合同的从合同,主债权债务合同无效,担保合同无效,但法律另有规定的除外。担保合同被确认无效后,债务人、担保人、债权人有过错的,应当根据其过错各自承担相应的民事责任。

**2. 担保物权的担保范围**

担保物权的担保范围包括主债权及其利息、违约金、损害赔偿金、保管担保财产和实现担保物权的费用。当事人另有约定的,按照约定。

**3. 担保财产毁损灭失的法律后果**

担保期间,担保财产毁损、灭失或者被征收等,担保物权人可以就获得的保险金、赔偿金或者补偿金等优先受偿。被担保债权的履行期未届满的,也可以提存该保险金、赔偿金或者补偿金等。

**4. 第三人提供担保**

第三人提供担保,未经其书面同意,债权人允许债务人转移全部或者部分债务的,担保人不再承担相应的担保责任。

**5. 物的担保与保证并存**

被担保的债权既有物的担保又有人的担保的,债务人不履行到期债务或者发生当事人约定的实现担保物权的情形,债权人应当按照约定实现债权;没有约定或者约定不明确,债务人自己提供物的担保的,债权人应当先就该物的担保实现债权;第三人提供物的担保的,债权人可以就物的担保实现债权,也可以要求保证人承担保证责任。提供担保的第三人承担担保责任后,有权向债务人追偿。

**6. 担保物权的消灭**

有下列情形之一的,担保物权消灭:主债权消灭,担保物权实现,债权人放弃担保物权;法律规定担保物权消灭的其他情形。

## 二、抵押权

(一)抵押权的概念与特征

抵押权是指债权人对于债务人或第三人不转移占有而提供担保的不动产或其他财产,优先清偿其债权的权利。

抵押权作为担保物权的一种,除具有上述担保物权的从属性、特定性、不可分性和价值权性外,还具有如下特征:(1)抵押权的标的物是债务人或第三人提供担保的不动产及其他财产。(2)抵押权不转移标的物占有。(3)抵押权是就抵押物优先受偿的权利。

(二)抵押权的设立

通过法律行为设定抵押权,是抵押权取得的基本方式。

**1. 抵押权的标的**

债务人或者第三人有权处分的下列财产可以抵押:(1)建筑物和其他土地附着物;(2)建设用地使用权;(3)以招标、拍卖、公开协商等方式取得的荒地等土地承包经营权;(4)生产设备、原材料、半成品、产品;(5)正在建造的建筑物、船舶、航空器;(6)交通运输工具;(7)法律、行政法规未禁止抵押的其他财产。抵押人可以将上列财产一并抵押。以建筑物抵押的,该建筑物占用范围内的建设用地使用权一并抵押。以建设用地使用权抵押的,该土地上的建筑物一并抵押。

经当事人书面协议,企业、个体工商户、农业生产经营者可以将现有的以及将有的生产设备、原材料、半成品、产品抵押,债务人不履行到期债务或者发生当事人约定的实现抵押权的情形,债权人有权就实现抵押权时的动产优先受偿。

下列财产不得抵押:(1)土地所有权;(2)耕地、宅基地、自留地、自留山等集体所有的土地使用权,但法律规定可以抵押的除外;(3)学校、幼儿园、医院等以公益为目的的事业单位、社会团体的教育设施、医疗卫生设施和其他社会公益设施;(4)所有权、使用权不明或者有争议的财产;(5)依法被查封、扣押、监管的财产;(6)法律、行政法规规定不得抵押的其他财产。

**2. 抵押合同的内容**

设立抵押权,当事人应当采取书面形式订立抵押合同。当事人签订的抵押合同一般包括以下内容：(1)被担保债权的种类和数额；(2)债务人履行债务的期限；(3)抵押财产的名称、数量、质量、状况、所在地、所有权归属或者使用权归属；(4)担保的范围。抵押合同不完全具备上列规定内容的,可以补正,不影响抵押合同的效力。但抵押合同对被担保的主债权种类、抵押物没有约定或者约定不明,根据主合同和抵押合同不能补正或者依法推定的,抵押不成立。

抵押权人在债务履行期届满前,不得与抵押人约定债务人不履行到期债务时抵押财产归债权人所有。有上述约定内容的,该内容无效。

**3. 抵押权的登记**

以下列财产抵押的,应当办理抵押登记,抵押权自登记时设立：(1)建筑物和其他土地附着物；(2)建设用地使用权；(3)以招标、拍卖、公开协商等方式取得的荒地等土地承包经营权；(4)正在建造的建筑物。抵押人违背诚实信用原则拒绝办理抵押登记致使债权人受到损失的,抵押人应当承担赔偿责任。

以动产抵押的,抵押权自抵押合同生效时设立；未经登记,不得对抗善意第三人：(1)生产设备、原材料、半成品、产品；(2)正在建造的船舶、航空器；(3)交通运输工具。

《民法典》结合国内司法实践经验及域外做法,进一步规定了动产抵押的特殊效力规则：(1)以动产抵押的,不得对抗正常经营活动中已经支付合理价款并取得抵押财产的买受人。(2)以动产抵押的,不能对抗同一动产上在先登记或交付的质权。(3)动产抵押用于担保价款的,在符合公示要求的情形下具有优先效力。(4)抵押权设立前,抵押财产已经出租并转移占有的,原租赁关系不受该抵押权的影响。

(三) 抵押的效力

**1. 抵押权的效力范围**

抵押权的效力所及的标的物及于抵押物的全部,具体包括当事人设定抵押的财产、财产之从物、从权利、孳息、代位物和附合物。

建设用地使用权抵押后,该土地上新增的建筑物不属于抵押财产。该建设用地使用权实现抵押权时,应当将该土地上新增的建筑物与建设用地使用权一并处分,但新增建筑物所得的价款,抵押权人无权优先受偿。

抵押权所担保债权的范围包括主债权及利息、违约金、损害赔偿金和实现抵押权的费用。抵押合同另有约定的,按照其约定。

**2. 抵押权的次序**

同一财产向两个以上债权人抵押的,拍卖、变卖抵押财产所得的价款依照下列规定清偿：(1)抵押权已登记的,按照登记的先后顺序清偿；顺序相同的,按照债权比例清偿；(2)抵押权已登记的先于未登记的受偿；(3)抵押权未登记的,按照债权比例清偿。

抵押权人可以放弃抵押权或者抵押权的顺位。抵押权人与抵押人可以协议变更抵押权顺位以及被担保的债权数额等内容,但抵押权的变更,未经其他抵押权人书面同意,不得对其他抵押权人产生不利影响。债务人以自己的财产设定抵押,抵押权人放弃该抵押权、抵押权顺位或者变更抵押权的,其他担保人在抵押权人丧失优先受偿权益的范围内免除担保责任,但其他担保人承诺仍然提供担保的除外。

**3. 抵押人的权利**

抵押权设立后,抵押人仍然享有对抵押物的占有、使用和收益的权利,此外,抵押人享有的其他权利及其限制主要表现为:

(1) 处分权。抵押期间,抵押人可以转让抵押财产,当事人另有约定除外。但抵押人应当及时通知抵押权人。

(2) 设定用益物权和租赁权。抵押期间,抵押人原则上仍得就同一财产再设定用益物权或租赁权等。订立抵押合同前抵押财产已出租的,原租赁关系不受该抵押权的影响;抵押权设立后抵押财产出租的,该租赁关系不得对抗已登记的抵押权。

(3) 第三人作为抵押人时的反担保请求权、追偿权。第三人为债务人向债权人提供抵押担保的,可以要求债务人提供反担保;在抵押权人实现抵押权后,抵押人有权向债务人追偿。

**4. 抵押权人的权利**

(1) 抵押权的保全。抵押人的行为足以使抵押财产价值减少的,抵押权人有权要求抵押人停止其行为。抵押财产价值减少的,抵押权人有权要求恢复抵押财产的价值,或者提供与减少的价值相应的担保。抵押人不恢复抵押财产的价值也不提供担保的,抵押权人有权要求债务人提前清偿债务。

(2) 抵押权的处分。抵押权人有权将其抵押权转让或另行供作担保,但必须与其所担保的债权一并转让或作为其他债权的担保。抵押权人还有权放弃其抵押权,即放弃就抵押物优先受偿的权利。

(四) 抵押权的实现

**1. 抵押财产的确定**

抵押财产自下列情形之一发生时确定:(1)债务履行期届满,债权未实现;(2)抵押人被宣告破产或者被撤销;(3)当事人约定的实现抵押权的情形;(4)严重影响债权实现的其他情形。

**2. 抵押权实现方法**

债务人不履行到期债务或者发生当事人约定的实现抵押权的情形,抵押权人可以与抵押人协议以抵押财产折价或者以拍卖、变卖该抵押财产所得的价款优先受偿。

协议损害其他债权人利益的,其他债权人可以在知道或者应当知道撤销事由之日起一年内请求人民法院撤销该协议。抵押权人与抵押人未就抵押权实现方式达成协议的,抵押权人可以请求人民法院拍卖、变卖抵押财产。抵押财产折价或者变卖的,应当参照市场价格。

**3. 扣押后孳息的收取**

债务人不履行到期债务或者发生当事人约定的实现抵押权的情形,致使抵押财产被人民法院依法扣押的,自扣押之日起抵押权人有权收取该抵押财产的天然孳息或者法定孳息,但抵押权人未通知应当清偿法定孳息的义务人的除外。前款规定的孳息应当先充抵收取孳息的费用。

**4. 抵押权实现的后果**

抵押财产折价或者拍卖、变卖后,其价款超过债权数额的部分归抵押人所有,不足部分由债务人清偿。

依法以土地承包经营权抵押的,或者以乡镇、村企业的厂房等建筑物占用范围内的建设用地使用权一并抵押的,实现抵押权后,未经法定程序,不得改变土地所有权的性质和土地用途。

(五)抵押权的终止

出现下列情况之一的,抵押权即终止其效力:

**1. 主债权消灭**

抵押权为担保主债权而存在,如主债权因清偿、抵销、免除等原因消灭时,抵押权随之消灭。

**2. 抵押权实现**

抵押权得以实现,无论其债权是否得到全部清偿,抵押权都归于消灭。

**3. 抵押物灭失**

抵押权因抵押物灭失而消灭,但因抵押物灭失所得的赔偿金,应当作为抵押财产。

**4. 抵押权的行使期限届满**

抵押权人应当在主债权诉讼时效期间行使抵押权;未行使的,人民法院不予保护。

(六)最高额抵押权

**1. 最高额抵押权概述**

最高额抵押是指为担保债务的履行,债务人或者第三人对一定期间内将要连续发生的债权提供担保财产,债务人不履行到期债务或者发生当事人约定的实现抵押权的情形,抵押权人有权在最高债权额限度内就该担保财产优先受偿。

**2. 担保债权范围及其确定**

最高额抵押权设立前已经存在的债权,经当事人同意,可以转入最高额抵押担保的债权范围。

有下列情形之一的,抵押权人的债权确定:(1)约定的债权确定期间届满;(2)没有约定债权确定期间或者约定不明确,抵押权人或者抵押人自最高额抵押权设立之日起满二年后请求确定债权;(3)新的债权不可能发生;(4)抵押财产被查封、扣押;(5)债务人、抵押人被宣告破产或者被撤销;(6)法律规定债权确定的其他情形。

**3. 抵押权从属性的突破**

最高额抵押担保的债权确定前,部分债权转让的,最高额抵押权不得转让,但当事人另有约定的除外。

**4. 最高额抵押权的变更**

最高额抵押担保的债权确定前,抵押权人与抵押人可以通过协议变更债权确定的期间、债权范围以及最高债权额,但变更的内容不得对其他抵押权人产生不利影响。

最高额抵押权的其他问题适用前述关于一般抵押权的规定。

## 三、质权

（一）质权概述

**1. 概念**

质权是指债务人或第三人将其动产或权利移交债权人占有,将该财产作为债的担保,当债务人不履行债务时,债权人享有以该财产折价或者以拍卖、变卖该财产的价款优先受偿的权利。此处债务人或者第三人为出质人,债权人为质权人,交付的动产为质押财产。质权包括动产质权和权利质权。

**2. 质权与抵押权的区别**

质权与抵押权的区别主要表现为:

（1）成立要件不同。抵押权的成立一般须经登记,但无须将抵押物交付债权人占有;而质权的成立,以出质人将质物移转于债权人占有为必要。

（2）担保标的不尽相同。抵押权的标的为不动产、不动产用益物权及动产;而质权的标的为动产和不动产用益物权以外的其他财产权利。

（3）担保的机能不同。质权除有优先受偿效力外,还具有对标的物的占有、留置效力,由质权人直接控制标的物,造成出质人心理压迫,以促使债务如期清偿。

（4）实现方式不同。抵押权人实现其抵押权时,达不成协议的,一般需通过申请法院拍卖、变卖抵押财产并就其价款受偿;质权人实现其质权时,因其事先占有标的物,可不必经司法程序而得径直参照市场价格变卖质押财产或以其他方式处分质押财产并就其价值受偿。

（二）动产质权

动产质权是指为担保债务的履行,债务人或者第三人将其动产出质给债权人占有的,债务人不履行到期债务或者发生当事人约定的实现质权的情形,债权人享有就该动产优先受偿的权利。

**1. 动产质权的设立**

设立质权,当事人应当采取书面形式订立质权合同。质权合同一般包括下列条款:(1)被担保债权的种类和数额;(2)债务人履行债务的期限;(3)质押财产的名称、数量、质量、状况;(4)担保的范围;(5)质押财产交付的时间。

质权自出质人交付质押财产时设立。质权人在债务履行期届满前,不得与出质人约定债务人不履行到期债务时质押财产归债权人所有。

### 2. 动产质权的效力

质权人有权收取质押财产的孳息,但合同另有约定的除外。前款规定的孳息应当先充抵收取孳息的费用。

质权人在质权存续期间负有妥善保管质押财产的义务,因保管不善致使质押财产毁损、灭失的,或者未经出质人同意,擅自使用、处分质押财产,给出质人造成损害的,应当承担赔偿责任。质权人的行为可能使质押财产毁损、灭失的,出质人可以要求质权人将质押财产提存,或者要求提前清偿债务并返还质押财产。

因不能归责于质权人的事由可能使质押财产毁损或者价值明显减少,足以危害质权人权利的,质权人有权要求出质人提供相应的担保;出质人不提供的,质权人可以拍卖、变卖质押财产,并与出质人通过协议将拍卖、变卖所得的价款提前清偿债务或者提存。

质权人在质权存续期间,未经出质人同意转质,造成质押财产毁损、灭失的,应当向出质人承担赔偿责任。

质权人可以放弃质权。债务人以自己的财产出质,质权人放弃该质权的,其他担保人在质权人丧失优先受偿权益的范围内免除担保责任,但其他担保人承诺仍然提供担保的除外。债务人履行债务或者出质人提前清偿所担保的债权的,质权人应当返还质押财产。

### 3. 动产质权的实现

债务人不履行到期债务或者发生当事人约定的实现质权的情形,质权人可以与出质人协议以质押财产折价,也可以就拍卖、变卖质押财产所得的价款优先受偿。质押财产折价或者变卖的,应当参照市场价格。

出质人可以请求质权人在债务履行期届满后及时行使质权;质权人不行使的,出质人可以请求人民法院拍卖、变卖质押财产。出质人请求质权人及时行使质权,因质权人怠于行使权利造成损害的,由质权人承担赔偿责任。债务人履行债务或者出质人提前清偿所担保的债权的,质权人应当返还质押财产。

质押财产折价或者拍卖、变卖后,其价款超过债权数额的部分归出质人所有,不足部分由债务人清偿。

出质人与质权人可以协议设立最高额质权。

（三）权利质权

### 1. 可以设定质权的权利

债务人或者第三人有权处分的下列权利可以出质:(1)汇票、支票、本票;(2)债券、存款单;(3)仓单、提单;(4)可以转让的基金份额、股权;(5)可以转让的注册商标专用权、专利权、著作权等知识产权中的财产权;(6)现有的以及将有的应收账款;

（7）法律、行政法规规定可以出质的其他财产权利。

**2. 权利质权的设立与效力**

设立权利质权，当事人应当订立书面合同。除此之外，设立权利质权还应交付权利凭证或进行登记，具体规定如下：

以汇票、支票、本票、债券、存款单、仓单、提单出质的，质权自权利凭证交付质权人时设立；没有权利凭证的，质权自有关部门办理出质登记时设立。汇票、支票、本票、债券、存款单、仓单、提单的兑现日期或者提货日期先于主债权到期的，质权人可以兑现或者提货，并与出质人协议将兑现的价款或者提取的货物提前清偿债务或者提存。

以基金份额、股权出质的，当事人应当订立书面合同。以基金份额、证券登记结算机构登记的股权出质的，质权自证券登记结算机构办理出质登记时设立；以其他股权出质的，质权自工商行政管理部门办理出质登记时设立。基金份额、股权出质后，不得转让，但经出质人与质权人协商同意的除外。出质人转让基金份额、股权所得的价款，应当向质权人提前清偿债务或者提存。

以注册商标专用权、专利权、著作权等知识产权中的财产权出质的，当事人应当订立书面合同。质权自有关主管部门办理出质登记时设立。知识产权中的财产权出质后，出质人不得转让或者许可他人使用，但经出质人与质权人协商同意的除外。出质人转让或者许可他人使用出质的知识产权中的财产权所得的价款，应当向质权人提前清偿债务或者提存。

以应收账款出质的，当事人应当订立书面合同。质权自信贷征信机构办理出质登记时设立。应收账款出质后，不得转让，但经出质人与质权人协商同意的除外。出质人转让应收账款所得的价款，应当向质权人提前清偿债务或者提存。

权利质权的其他问题适用动产质权的规定。

## 四、留置权

（一）留置权的概念与特征

留置权是指债权人按照合同约定占有债务人的动产，债务人不履行到期债务，债权人可以留置已经合法占有的债务人的动产，并有权就该动产优先受偿的权利。此处债权人为留置权人，占有的动产为留置财产。

留置权的特点表现为：

（1）留置权是动产担保物权和占有性担保物权。

（2）留置权是具有二次效力的担保物权。留置权的第一次效力即留置效力，即留置权人在债务人清偿债务前，有权就其占有的留置财产继续占有；留置权的第二次效力是指当债务人不履行到期债务，经催告后仍不履行的，留置权人有权将留置物变卖或折价以使自己的债权得以优先受偿。

（3）留置权是法定担保物权。当符合一定条件时,依法律规定当然发生债权人的留置权,无须合同事先约定。但当事人可以事先约定排除留置权。

（二）留置权的成立

**1. 债权人因合法原因占有债务人的动产**

债权人必须是基于特定合同关系事先占有债务人的动产,这是行使留置权的前提。

**2. 债权与动产之间应属于同一法律关系**

债权人留置的动产,应当与债权属于同一法律关系,但企业之间留置的除外。

**3. 不得违反法律规定、违背公序良俗原则和当事人的约定**

法律规定或者当事人约定不得留置的动产,不得留置。当事人约定排除留置权的,不得留置。行使留置权违反公共秩序或善良风俗,或者与债权人所承担的义务或合同的特殊约定相抵触的,不得留置。

（三）留置权的效力

**1. 所担保债权的范围**

留置权的担保范围包括主债权及其利息、违约金、损害赔偿金、留置物保管费用和实现留置权的费用。

**2. 标的物的范围**

留置的财产并不限于动产本身,还应包括该动产的从物、孳息及其代位物。留置财产为可分物的,留置财产的价值应当相当于债务的金额。

**3. 当事人的权利和义务**

留置权人负有妥善保管留置财产的义务;因保管不善致使留置财产毁损、灭失的,应当承担赔偿责任。留置权人有权收取留置财产的孳息,该孳息应当先充抵收取孳息的费用。

留置权人与债务人应当约定留置财产后的债务履行期间;没有约定或者约定不明确的,留置权人应当给债务人两个月以上履行债务的期间,但鲜活易腐等不易保管的动产除外。债务人逾期未履行的,留置权人可以与债务人协议以留置财产折价,也可以就拍卖、变卖留置财产所得的价款优先受偿。留置财产折价或者变卖的,应当参照市场价格。

债务人可以请求留置权人在债务履行期届满后行使留置权;留置权人不行使的,债务人可以请求人民法院拍卖、变卖留置财产。留置财产折价或者拍卖、变卖后,其价款超过债权数额的部分归债务人所有,不足部分由债务人清偿。

同一动产上已设立抵押权或者质权,该动产又被留置的,留置权人优先受偿。

（四）留置权的消灭

留置权人对留置财产丧失占有或者留置权人接受债务人另行提供担保的,留置权消灭。

# 第 5 节　占　　有

## 一、占有的概念与分类

（一）概念

占有是对物在事实上的占领、控制。在占有法律关系中，管领物之人，即占有人，被管领之物即占有物。

（二）分类

占有根据不同标准可进行多种分类。具体如下：

（1）以占有人是否以所有的意思进行占有为标准，可分为自主占有与他主占有。时效取得及先占取得所有权须以自主占有为要件。

（2）以占有是否有真正的权利基础为标准，可分为有权占有与无权占有。无权占有人不能对抗权利人返还原物的主张。

（3）以无权占有人的主观状态为标准，可以分为善意占有与恶意占有，占有人对回复请求人的权利义务因其占有为善意或恶意而有所不同。

（4）以占有人是否直接占有标的物为标准，可以分为直接占有与间接占有，间接占有不能独立存在，间接占有人与直接占有人之间必须存在一定的法律关系，对占有的保护有时仅限于直接占有人。

（5）以占有人是否亲自占有标的物为标准，可以分为自己占有与辅助占有。基于特定的从属关系，受他人的指示而对标的物为事实上的管领者为辅助占有。辅助占有不能独立存在，交易时应认清真正的占有人。

（6）以占有人的人数为标准，可以分为单独占有与共同占有。在共同占有时，各占有人就物的使用不得互相请求占有的保护。

（7）以占有手段为标准，可以分为和平占有与强暴占有。以强暴手段而为的占有即强暴占有，强暴占有不发生时效取得。

（8）以占有的时间是否间断为标准，可以分为继续占有与不继续占有。时效取得以继续占有为要件，否则会发生时效取得的中断。

（9）以占有方法为标准，可以分为公然占有与隐秘占有。时效取得以对物的公然占有为必要条件。

## 二、占有的效力

### (一)占有的推定效力

**1. 占有的状态推定**

如无相反证明,推定占有人对占有物的占有为自主、善意、和平、公然、继续占有。这是因为由占有人举证证明自己的占有为无瑕疵的占有,不仅不容易,且与法律维持社会的现状的目的也有所违背,因此对占有的状态,法律设推定制度。

**2. 占有的权利推定**

基于占有之背后真实权利存在的盖然性,为保护占有人的权益,实现占有制度的立法宗旨,法律设权利推定制度,即占有人对占有物行使权利时,无须证明其有权利,如有人主张其无权利,应负举证责任。

不动产因为其以登记为公示方法,故不能仅以占有不动产的事实推定占有人就占有的不动产享有物权。但未登记的不动产也可以进行占有的权利推定。

### (二)占有人与返还请求权人的关系

不动产或者动产被占有人占有的,权利人可以请求返还原物及其孳息,但应当支付善意占有人因维护该不动产或者动产支出的必要费用。

占有人因使用占有的不动产或者动产,致使该不动产或者动产受到损害的,恶意占有人应当承担赔偿责任。占有的不动产或者动产毁损、灭失,该不动产或者动产的权利人请求赔偿的,占有人应当将因毁损、灭失取得的保险金、赔偿金或者补偿金等返还给权利人;权利人的损害未得到足够弥补的,恶意占有人还应当赔偿损失。

### (三)占有的保护

占有的不动产或者动产被侵占的,占有人有权请求返还原物;对妨害占有的行为,占有人有权请求排除妨害或者消除危险;因侵占或者妨害造成损害的,占有人有权请求损害赔偿。

占有人返还原物的请求权,自侵占发生之日起 1 年内未行使的,该请求权消灭。

### 复习思考题

1. 简述物权变动的原因。
2. 简述物权的效力。
3. 简述业主的建筑物区分所有权的内容。
4. 简述按份共有与共同共有的区别。
5. 简述相邻关系与地役权的关系。
6. 简述抵押权的效力。
7. 简述抵押与质押的区别。
8. 简述留置权的效力。

**推荐阅读书目**

1. 梁慧星、陈华彬:《物权法》,法律出版社,2007 年版。

2. 刘家安:《物权法论》,中国政法大学出版社,2009 年版。

3. 陈华彬:《物权法研究》,法律出版社,2009 年版。

4. 孙宪忠:《论物权法》,法律出版社,2008 年修订版。

5. 王泽鉴:《民法物权》,中国政法大学出版社,2001 年版。

6. 崔建远:《物权:规范与学说》(第二版),清华大学出版社,2021 年版。

# 第3章 合 同 法

**本章导读**

契约关系是市场经济中人们之间最基本的经济关系,遵循契约平等和契约自由原则。本章主要介绍合同的概念及特征、合同解释的规则、合同法的概念与适用范围、合同订立的一般程序、合同的内容与形式、合同成立的时间与地点、合同的效力、无效合同与可撤销合同、合同的履行、合同的变更和转让、合同权利义务的终止与解除、合同责任以及买卖合同等几种典型的有名合同。

**关键术语**

合同 合同效力 抗辩权 合同权利义务转让 合同终止 合同的解除
违约责任

## 第1节 合同法概述

### 一、合同的概念及特征

根据《中华人民共和国民法典》,合同是指平等主体的自然人、法人、其他组织之间设立、变更、终止民事权利义务关系的协议。我国《民法典》采用通则、典型合同、准合同的体例,规定了19种有名合同,本章仅限于合同法的一般理论。合同具有如下特征:

合同是平等主体之间的权利义务关系。合同双方地位平等,以自愿、合法、不违反公序良俗为原则。合同体现利益交换关系。合同具有法律约束力。

### 二、合同法的概念与适用范围

合同法是调整平等主体之间设立、变更、终止财产权利义务的合同关系的法律规范的总称。在我国,民法是一个独立的法律部门,合同法属于民法的一个组成部分。

合同法的适用范围。(1)以财产为调整对象,不涉及人身关系。婚姻、收养、监护等有关身份关系的协议,不适用《合同法》。(2)以平等主体之间的权利义务关系为调整对象。[①]

---

① 基于法律原则——平等者间无处罚权,因此在合同中一般不能出现"罚金""处罚""罚款"字样;取而代之,常在合同中以追究违约责任、违约金、赔偿金等形式出现。

婚姻、收养、监护等有关身份关系的协议,适用有关该身份关系的法律规定;没有规定的,可以根据其性质参照适用本编规定。

在公法与私法交融的时代,经济法治的运行与合同法有着密切的关系。以要素市场化配置改革为重点,应当注重坚持诚实信用、意思自治、契约自由、公平竞争,充分发挥各类合同在市场配置资源中的基础性作用,实现合同法与经济法的协调。

# 第 2 节　合同的形式与内容

## 一、合同的形式

当事人订立合同,有书面形式、口头形式和其他形式。订立合同一般宜采用书面形式。《合同法》第 10 条第 2 款规定:"法律、行政法规规定采用书面形式的,应当采用书面形式。当事人约定采用书面形式的,应当采用书面形式。""备忘录""意向书""会议纪要""建议书"之类的法律文件并不代表当事人的承诺,因此不具有法律约束力。上述法律文件所能起的只能是证据的作用。因此,在与合同相对方进行合同变更、合同解除时务必要签署正式的补充协议、解除协议。不能够以签署的"备忘录""会议纪要"等当然地将其作为变更原合同的文件。

## 二、合同的内容

合同的内容由当事人约定,一般包括以下条款:(1)当事人的名称或者姓名和住所;(2)标的;(3)数量;(4)质量;(5)价款或者报酬;(6)履行期限、地点和方式;(7)违约责任;(8)解决争议的方法。只有约定上述主要条款后,才能有效防止因缺少某些条款,而造成合同不成立的情况。当然,有些条款是必备的,缺少这些条款,便使合同不能成立,如标的、数量。另外,当事人可以参照各类合同的示范文本订立合同。合同示范文本一般由制定者根据长期的实践,反复优选,统一制定,具有指导性、内容完备性等特点。当事人参照示范文本,可以比较全面、公平地约定双方的权利和义务。在我国目前人们还不太会签订合同的情况下,推行示范文本很有必要。但有两点需要注意:一是示范文本是国家综合部门制定的,而不是某单位的格式合同;二是"参照",不具有法律强制性。

(一)当事人名称、姓名

一要注意其前面所写的名称与其公章是否一致。二要注意哪些合同行为有效:(1)法定代表人签字;(2)行政章;(3)合同专用章;(4)在催要欠款时用财务章;(5)有明确授权的代理人签字。单位内部章和无明确授权的代理人签字无效。三要看清对方是以一个单位的名义签订合同还是以一个单位下属单位的名义签订合同，以免上当受骗。四要注意在合同名称一栏及收货条上用全称，不要用简称。

（二）标的

在签订合同时要注意：（1）要明确具体的品名、规格、型号等。（2）要注意合同及发票上所写是否与实物一致。（3）买卖房屋等不动产必须写明确具体位置。

（三）数量

（1）要写清楚数字，大小写都要写，尤其是收条。（2）量词要规范，如果非要用不规范量词，则要另加注释。如果约定不清楚，可能造成合同履行产生纠纷。

（四）质量

订立合同时，标的物的等级、材质等都要写清楚。如某人购买家具，其用录音机录取的内容中商家说是实木的，而实际上是木制板的。商家在开的发票上也盖着一个章"木制板"。结果，消费者提起诉讼，但最终败诉。

（五）价款或者报酬

（1）要写价款或报酬，否则合同不成立。（2）要写单位，不能只写数额。如苹果1.5/斤，不知是元还是角。（3）要写清楚结算方式或支付程序。

（六）履行期限、地点、方式

履行的期限应明确、具体，不能用"尽可能""争取""左右"等文字来进行表述。履行的地点涉及三个问题：一是在履行合同义务时，谁的义务多，谁的义务少。如是送货上门，还是买方自提。二是涉及风险承担。三是涉及发生纠纷后的诉讼管辖问题。

（七）违约责任

对于采用定金还是采用违约金以及违约金是不履行违约金还是迟延履行违约金要在合同中明确。

（八）解决争议的方式

解决争议的方式当事人可以选择，如要选择仲裁，应明确4点：（1）请求仲裁的意思表示。（2）仲裁事项。（3）选定的仲裁委员会。实践中往往是有前两项而忽视了后一项。（4）一定不要同时约定仲裁或诉讼。很多合同中有"若出现纠纷，双方即可提起仲裁也可提起诉讼。"这样的约定，导致仲裁的选择事实无效，而只能提起诉讼的结果。

（九）如果合同采用格式合同或者合同示范文本签订，文本中常有"其他"或空格

如果在这些"其他"项或者空格处没有内容的话，应写上"无"或相同意思的表示。千万不能空着，最好也不要只划一道"＿＿＿"，以防被人填上内容。此外，签合同应写清楚两点：一是合同每一页都应由双方加盖公章，无公章或只有一方公章的，该页无效；二是合同内容如有修改，应在修改处加盖双方公章，无公章或只有一方公章的，修改后的内容无效，合同内容以修改前的为准。

# 第 3 节 合同订立的一般程序

## 一、要约

（一）要约的概念和条件

要约是指订约人一方以订立合同为目的，向对方所作出的意思表示。

作为要约的意思表示应当符合下列条件：（1）要约必须是以订立合同为目的的意思表示。（2）要约必须是特定人的意思表示。要约必须针对特定人，若针对不特定人将构成要约邀请。（3）要约必须是向受约人发出的意思表示。（4）要约的内容具体确定，内容包括：合同的标的、数量、质量、合同履行时间、地点等内容。

（二）要约与要约邀请的区分标准

要约邀请是希望他人向自己发出要约的意思表示。寄送的价目表、拍卖公告、招股说明书、商品广告等为要约邀请。一般而言，区分要约与要约邀请可以根据以下标准进行：一是法律的规定；二是交易习惯；三是当事人的提议内容；四是当事人的意愿。

（三）要约的生效

要约到达受要约人时生效。

（四）要约的撤回与撤销

所谓要约的撤回，是指在要约人发出要约后，于要约生效前，宣告取消要约。可见，撤回要约的通知应当在要约到达受要约人之前或者与要约同时到达受要约人。

所谓要约的撤销，是指在要约生效后，使要约归于消灭的行为。因此，撤销要约的通知应当在受要约人发出承诺通知之前到达受要约人。

（五）要约的失效

要约的失效是指要约丧失法律拘束力。失效的原因有：（1）拒绝要约的通知到达要约人。（2）要约人依法撤销要约。（3）承诺期限届满，受要约人未作出承诺。（4）受要约人对要约的内容作出实质性变更。

## 二、承诺

（一）承诺的概念和条件

承诺是受要约人同意要约的意思表示。承诺必须具备下列条件：（1）承诺必须由受要约人向要约人作出。（2）承诺的内容必须与要约的内容相一致。（3）承诺必须在要约的有效期内作出。

（二）承诺的方式

承诺原则上采用通知的方式,但根据交易习惯或要约表明可以通过行为作出承诺的除外。

（三）承诺的生效

承诺通知到达要约人时生效。承诺不需要通知的,根据交易习惯或者要约的要求作出承诺行为时生效。

（四）承诺的撤回和迟延

**1.承诺的撤回**

承诺可以撤回。撤回承诺的通知应当在承诺通知到达要约人之前或与承诺通知同时到达。

**2.承诺的迟延**

承诺的迟延是指承诺在承诺期届满后到达要约人。根据《合同法》的规定,受要约人超过承诺期限发出承诺的,除要约人及时通知受要约人该承诺有效的以外,为新要约;而对于意外迟延承诺,除要约人及时通知受要约人因承诺超过期限不接受该承诺的以外,该承诺有效。

## 三、合同成立的时间与地点

**1.合同成立的时间**

合同自承诺生效时成立,采用合同书形式订立合同的,自双方当事人签字或盖章时合同成立。当事人采用信件、数据电文等形式订立合同的,可以在合同成立之前要求签订确认书。签订确认书时合同成立。应当采用书面形式订立合同,当事人未采用书面形式但一方已经履行主要义务,对方接受的,该合同成立。

**2.合同成立的地点**

承诺生效的地点为合同成立的地点。采用数据电文形式订立合同的,收件人的主营业地为合同成立的地点;没有主营业地的,其经常居住地为合同成立的地点。当事人另有约定的,按照其约定。当事人采取合同书、确认书形式订立合同的,双方签字或盖章的地点为合同成立的地点。

案例4

# 第4节  合同的效力

## 一、合同效力的概念

合同的效力有广义和狭义之分。狭义的合同效力是指依法成立的合同所具有的法律约束力。广义的合同效力是指已经成立的合同所发生的法律后果。根据《合同法》的规定,从效力角度可以将合同划分为有效合同、无效合同、效力待定合同和可变更、可撤销的合同四大类。

## 二、合同生效的要件

（一）行为人具有相应的民事行为能力

**1. 我国公民具有完全民事行为能力应当满足下列两个条件**

(1)年满 18 周岁。18 周岁是我国公民成年与否的界限,对于年满 16 周岁而不满 18 周岁,但是以自己的劳动收入为主要生活来源的公民,法律将之视为完全民事行为能力人。(2)精神状况健康正常。公民能够正确理解法律规范和社会生活共同规则,理智地实施民事行为。患有精神病而不能理智地从事行为的人,即使年满 18周岁,也不属于完全民事行为能力人。

**2. 非完全行为能力的自然人**

(1)限制行为能力人:包括 8 周岁以上的未成年人和不能完全辨认自己行为的精神病人。限制行为能力人订立的合同,在他的能力范围内,合同有效;超过他的能力订立的合同,经法定代理人追认后,该合同有效,如未经追认,则合同无效。(2)无行为能力人:指不满 8 周岁的未成年人和完全不能辨认自己行为的精神病人。无民事行为能力人所订立的合同,应认定无效。

**3. 非完全行为能力的法人**

(1)法人分支机构:企业法人的分支机构(如分公司)不具备法人条件的,但是由于企业法人申请注册登记,经工商行政管理机构批准,领取营业执照在该核准登记的经营范围内从事合法的经营活动,企业法人的分支机构应视为具有订立合同的权利能力,其对外订立的合同有效。但是因其订立合同和履行合同过程中而产生的民事责任,分支机构在无力独立承担责任的情况下,最终由企业法人承担。(2)法人的下属部门:企业法人的下属部门(如车间、科室等)所订立的合同基本无效。但如果有企业法人的明确授权,并且下属部门在法人授权范围内订立合同,可以确认合同有效,但合同主体是该法人本身。

（二）意思表示真实

意思表示作为民事法律行为的要素,是指行为人欲设立、变更、终止民事权利和民事义务的内在意思表现于外在的行为。意思表现包括意思与表示两方面的要件或内容。意思表示所发表的意思,不是寻常的意思,而是体现为民法效果的意思,亦即关于权利义务取得、丧失及变更。意思表示是法律行为的核心。

意思表示必须具备目的要素、效果要素和表示行为要素。三个要素缺一不可。目的要素:即合同成立的必备要件,缺少必备要件,则缺少目的要素合同不成立。效果要素:即主观上有没有订立合同的想法或意思,有就有效果,没有就缺乏效果要素。表示行为:很简单,即把上述的要素用口头或者书面的形式表达出来。

**(三)不违反法律或者社会公共利益**

合同的目的、内容和形式均不得违反法律规定,或者不得违背社会公共利益。

## 三、无效合同

**1. 无效合同的概念及特征**

无效合同又称绝对无效合同,是指自始就确定的当然的绝对不能发生法律效力的合同。无效合同具有以下特征:第一,无效合同是自始就不发生效力的合同;第二,无效合同是确定的不发生效力的合同;第三,无效合同是当然的绝对不能发生效力的合同。

**2. 无效合同的种类**

无效合同有以下几种:

(1)无民事行为能力人签订的合同;

(2)合同双方以虚假的意思签订的合同;

(3)违反法律、法规强制性规定的合同;

(4)违背公序良俗的合同;

(5)恶意串通,损害他人合法权益的合同。

此外,合同中的下列免责条款无效:造成对方人身损害的;因故意或者重大过失造成对方财产损失的;格式合同中提供格式条款一方不合理地免除或者减轻其责任、加重对方责任、限制对方主要权利的格式条款。依据《民法典》第156条合同部分无效,不影响其他部分效力的,其他部分仍然有效。

我国原合同法中的可撤销合同制度,《民法典》第147～151条将其归入可撤销民事法律行为,并在第152条对撤销权的行使作出了具体规定。

# 第5节　合同的履行

## 一、合同的履行的概念与特征

合同履行就是债务人按照合同的约定或法律的规定,全面地、正确地履行自己所承担的义务。合同履行的特征是:(1)合同的履行是合同的基本法律效力;(2)合同的履行是债务人所为的特定行为;(3)合同的履行是给付行为与给付结果的统一;(4)合同的履行是合同消灭的一种原因。

## 二、合同履行的原则

### （一）实际履行原则

实际履行原则是指当事人应当按照合同的标的履行合同义务。实际履行原则的适用并不是绝对的,在下列情况下,当事人也可以不实际履行,而用其他方法加以代替:一是法律上或事实上不能履行;二是债务的标的不适于强制履行或者履行费用过高;三是债权人在合理期限内未要求履行。

### （二）适当履行原则

适当履行原则又称为全面履行原则,是指当事人应当按照合同的约定或者法律的规定全面、适当地履行合同。

### （三）协作履行原则

协作履行原则是指合同双方当事人不仅应履行自己的义务,而且还应协助对方履行义务。

### （四）经济合理原则

经济合理原则是指在合同履行过程中,合同的双方当事人应讲求经济效益,维护对方的利益。

## 三、合同履行的规则

### （一）合同内容约定不明确时的履行规则

合同生效后,当事人就质量、价款或报酬、履行地点等内容没有约定或者约定不明确的,可以协议补充;不能达成补充协议的,按照合同有关条款或者交易习惯确定。如果仍不能确定的,则按照以下规定履行:(1)质量要求不明确的,按照国家标准、行业标准履行;没有上述标准的,按照通常标准或者符合合同目的的特定标准履行。(2)价款或报酬不明确的,按照订立合同时履行地的市场价格履行;依法应当执行政府定价或指导价的,按照规定履行。(3)履行地点不明确的,给付货币的,在接受货币一方所在地履行;交付不动产的,在不动产所在地履行;其他标的,在履行义务一方所在地履行。(4)履行期限不明确的,债务人可以随时履行,债权人也可随时履行,但应当给对方必要的准备时间。(5)履行方式不明确的,按照有利于实现合同目的的方式履行。(6)履行费用的负担不明确的,由履行义务一方负担。

### （二）执行政府定价或者政府指导价合同的履行规则

执行政府定价或者政府指导价的,在合同约定的交付期内政府价格调整时,按照交付时的价格计价。逾期交付标的物的,遇价格上涨时,按原价格执行;价格下降时,按照新价格执行。逾期提取标的物或者逾期付款的,遇价格上涨时,按照新价格执行;价格下降时,按照原价格执行。

### （三）合同履行涉及第三人时的规则

#### 1. 向第三人履行

当事人约定由债务人向第三人履行债务的,债务人未履行债务或履行债务不符合约定的,应由债务人向债权人承担违约责任。

**2. 由第三人履行**

当事人约定由第三人向债权人履行债务的,第三人未履行债务或履行债务不符合约定的,应由债务人向债权人承担违约责任。

## 四、双务合同履行中的抗辩权

### (一) 同时履行抗辩权

同时履行抗辩权是指当事人互负债务且没有先后履行顺序,一方当事人在他方未为对待给付前,拒绝履行自己的合同义务的权利。同时履行抗辩权的成立条件是:(1)当事人须因同一双务合同而互负义务;(2)当事人双方互负的债务没有先后履行顺序且均已届清偿期;(3)对方当事人未履行债务或未按约定履行债务;(4)对方当事人的对待履行是可能履行的。

### (二) 先履行抗辩权

先履行抗辩权是指在双务合同中应当先履行的一方当事人没有履行合同义务的,后履行一方当事人拒绝履行自己的合同义务的权利。先履行抗辩权的成立条件是:(1)当事人因同一双务合同而互负义务;(2)当事人一方须有先履行的义务;(3)先履行一方到期未履行债务或未按约定履行债务。

### (三) 不安抗辩权

不安抗辩权是指在双务合同中,应当先履行债务的当事人有确切证据证明对方有丧失或可能丧失履行能力的情形时,中止履行自己债务的权利。不安抗辩权的成立条件是:(1)当事人须因双务合同互负债务;(2)当事人一方须有先履行的义务且已届履行期;(3)后履行义务一方有丧失或可能丧失履行债务能力的情形;(4)后履行义务一方没有对待给付或未提供担保。

不安抗辩权的主要效力在于中止合同,先履行一方有权中止履行,但应及时通知对方。对方提供担保的,应当恢复履行。中止履行后,对方在合理期限内未恢复履行能力并且未提供担保的,中止履行的一方可以解除合同。

# 第 6 节    合同的变更和转让

## 一、合同的变更

合同变更有广义和狭义之分。广义的合同变更包括合同主要要素的变更,即不论是主体、客体还是内容的变动,都为合同的变更。这里所说的合同变更是就狭义的合同变更而言的,是指合同主体不变,而变更合同的内容。

当事人协商一致,可以变更合同。法律、行政法规规定变更合同应当办理批准、登记等手续的,依照其规定。

合同变更生效后,变更后的合同内容即取代原合同中的相关内容,当事人应按照合同变更后的内容履行合同,而不能再按原来的合同内容履行。

## 二、合同的转让

合同的转让也就是将合同设定的权利义务转让,是指在不改变合同内容和标的的情形下,合同关系的主体变更。

（一）合同权利的转让

合同权利的转让,是指不改变合同的内容,合同债权人将其权利转让给第三人享有。合同权利转让可分为合同权利的部分转让和合同权利的全部转让。合同权利转让的有效条件是：(1)须转让的合同权利有可让与性。但有下列情形之一的除外：①根据合同性质不得转让；②按照当事人约定不得转让；③依照法律规定不得转让。法律、行政法规规定转让权利应当办理批准、登记等手续的,依照其规定。(2)须所转让的合同债权为有效债权且让与人享有所转让的合同债权。(3)须转让当事人的意思表示无瑕疵。债权人转让权利的,应当通知债务人。未经通知,该转让对债务人不发生效力。

（二）合同义务的转让

合同义务的转让是指在合同内容和标的不变的情形下,债务人将其合同义务转移给第三人承担。合同义务的转让可分为合同义务的部分转让和合同义务的全部转让。合同义务转让的有效条件是：(1)须经债权人同意；(2)须转让的合同义务有效存在并具有可让与性；(3)法律、行政法规规定转让义务应当办理批准、登记等手续的,应办理批准、登记等手续。合同义务转让的效力是：(1)承受人在受移转的债务范围内承担债务,成为新债务人,原债务人不再承担已移转的债务；(2)新债务人取得原债务人享有的抗辩权；(3)主债务的从债务一并由新债务人承担。

（三）合同权利义务的概括转让

合同权利义务的概括转让是指合同当事人一方将其权利义务一并转让给第三人承受。合同权利义务的概括转让既可因当事人之间的合意发生,也可因法律的直接规定发生。当事人一方经对方同意,可以将自己在合同中的权利和义务一并转让给第三人。权利和义务一并转让的,适用权利转让和义务转移的规定。合同的法定概括转让主要有两种情形：(1)因继承而发生的；(2)因法人的分立、合并而发生的。当事人订立合同后合并的,由合并后的法人或者其他组织行使合同权利,履行合同义务。当事人订立合同后分立的,除债权人和债务人另有约定的以外,由分立的法人或者其他组织对合同的权利和义务享有连带债权,承担连带债务。

# 第7节  合同权利义务的终止与解除

## 一、合同权利义务的终止

合同终止又称为合同的消灭,是指合同当事人双方间的权利义务于客观上已不复存在。合同终止的原因有:(1)基于合同目的达到而终止;(2)基于当事人的意思而终止;(3)基于法律的直接规定而终止;(4)合同因提存而终止;(5)合同因混同而终止。合同终止的效力有:(1)合同当事人间的权利义务消灭;(2)债权的担保及其他从属的权利及义务消灭;(3)负债字据的返还;(4)合同终止后的附随义务依然存在;(5)合同终止不影响合同中结算和清理条款的效力。

## 二、合同权利义务的解除

合同的解除是指在合同依法成立后而尚未全部履行前,当事人基于协商或法律规定或者当事人约定而使合同关系归于消灭的一种法律行为。合同解除的种类有:(1)协议解除。当事人协商一致,可以解除合同。(2)约定解除。当事人可以约定一方解除合同的条件。解除合同的条件成就时,解除权人可以解除合同。(3)法定解除。当事人一方依照以下法定的条件行使解除合同的权利:(1)因不可抗力不能实现合同目的;(2)在履行期限届满前,当事人一方明确表示或者以自己的行为表明不履行主要债务;(3)当事人一方迟延履行主要债务,经催告后在合理期限内仍未履行;(4)当事人一方迟延履行债务或者有其他违约行为致使不能实现合同目的;(5)以持续履行的债务为内容的不定期合同,当事人可以随时解除合同,但是应当在合理期限之前通知对方。法律规定或者当事人约定解除权行使期限,期限届满当事人不行使的,该权利消灭。法律没有规定或者当事人没有约定解除权行使期限,自解除权人知道或者应当知道解除事由之日起一年内不行使,或者经对方催告后在合理期限内不行使的,该权利消灭;(6)法律规定的其他情形。合同解除的效力有:(1)合同解除的溯及力问题。合同解除后,尚未履行的,终止履行;已经履行的,根据履行情况和性质,当事人可以要求恢复原状或采取补救措施,并有权要求赔偿损失。合同的权利义务终止,不影响合同中结算和清理条款的效力。(2)合同解除与损害赔偿责任的问题。合同解除后,当事人可以要求赔偿损失。

# 第 8 节　　合同法律责任

## 一、缔约过失责任

缔约过失责任是指缔约一方当事人,违反依诚实信用原则所应承担的先合同义务,而造成对方信赖利益的损失时所应承担的民事赔偿责任。缔约过失责任的成立条件是:缔约一方先违反合同义务,缔约相对人受有损失。缔约过失责任的主要类型有:(1)假借订立合同,恶意进行磋商。(2)故意隐瞒与订立合同有关的重要事实或者提供虚假情况。(3)其他违背诚实信用原则的行为。

## 二、违约责任

**1. 违约责任的概念**

违约责任是指合同当事人因违反合同义务所应承担的民事责任。

**2. 违约责任的特征**

(1) 违约责任是以合同债务为基础的民事责任;

(2) 违约责任是一种财产责任;

(3) 违约责任可以由当事人约定;

(4) 违约责任具有相对性。

**3. 违约责任的构成要件**

违约责任的构成要件是指当事人承担违约责任须具备的条件,也就是指在何种情况下,合同当事人才承担违约责任。违约行为又称为违反合同的行为,是指合同当事人没有按照法律的规定和合同的约定履行合同义务的法律现象。违约行为可分为:(1)预期违约。预期违约是指在合同履行期到来之前,合同一方当事人没有正当理由明示或默示表示将不履行合同,包括明示预期违约和默示预期违约。(2)不履行合同。不履行合同是指合同当事人根本就没有实施履行合同义务的行为。不履行合同行为又分为拒绝履行和不可能履行。(3)不适当履行。不适当履行是指合同债务人虽有履行合同义务的行为,但该履行行为不符合合同的约定。

**4. 违约责任的免责事由**

违约责任的免责事由又称为免责条件,是指法律规定的或者当事人约定的免除违约当事人承担违约责任的情况。违约责任免责事由可分两类:一是法律规定的免责条件;二是当事人在合同中约定的条件,一般称为免责条款。

**5. 承担违约责任的形式**

(1) 继续履行。继续履行又称强制实际履行,是指于合同当事人一方不履行合同义务或履行合同义务不符合约定时,违约方应当承担的按合同的约定履行合同的责任。当事人订立合同均基于一定目的。只有合同义务得到全面履行,当事人的订约目的才能最终实现。《民法典》合同编规定,继续履行的适用条件是:①债权人在合理期限内请求继续履行;②继续履行须有可能;③继续履行须有必要;④债务的标的须适于强制履行。

(2) 支付违约金。违约金是指当事人在合同中约定的一方违反合同时应向对方支付的一定数额的款项。支付违约金的条件是:①合同中须有关违约金的约定或者法律中有关违约金的规定。②违约方的违约行为属于应支付违约金的情形。违约金与赔偿金的关系是:约定的违约金低于造成的损失的,当事人可以请求人民法院或者仲裁机构予以增加;约定的违约金过分高于造成的损失的,当事人可以请求人民法院或者仲裁机构予以适当减少。违约金与定金的关系是:当事人既约定违约金,又约定定金的,一方违约时,对方可以选择适用违约金或者定金条款。

(3) 赔偿损失。赔偿损失是指违约方赔偿因其违约而给对方造成的损失。赔偿损失具有以下特点:①赔偿损失具有普遍适用性。②赔偿损失具有并用性。③赔偿损失具有补偿性。④赔偿损失的确定方式具有双重性。赔偿损失的适用条件是:①受害人一方受到损害。②受害人的损害与违约行为之间有因果关系。赔偿损失的原则有:①完全赔偿原则。是指因违约方的违约使受害人遭受的全部损失都应当由违约方负赔偿责任。《民法典》合同编规定:当事人一方不履行合同义务或履行义务不符合约定,给对方造成损失的,损失赔偿额应相当于因违约所造成的损失,包括合同履行后可获得的利益。②合理预见原则。根据我国《民法典》合同编的规定,损害赔偿不得超过违反合同一方订立合同时预见到或应当预见到的,因违反合同可能造成的损失。③减轻损失原则。即在一方违约并造成损失后,另一方应及时采取合理的措施以防止损失的扩大;否则,应对扩大部分的损失负责。④损益相抵原则。是指债权人基于与损失发生的同一赔偿原因而受有利益时,其所能请求赔偿的数额应为从损失额中减去其所受利益的差额。⑤过失相抵原则。又称混合过错规则,指受害方对违约损失的发生或扩大亦有过失时,可以减轻或免除违约方的赔偿责任。

(4) 采取补救措施。所谓补救措施,是指矫正合同不适当履行的责任形式。具体包括修理、更换、重做、退货、减少价款或者报酬等违约责任。采取补救措施主要适用于当事人交付的标的物质量不符合约定的情形。

(5) 定金制裁。定金是当事人一方于合同未履行前,为了证明合同的成立和保证合同的履行,在应支付的规定数额内,预先支付一定金额的款项作为债权的担保。定金虽然具有价金的预先给付性,但不同于预付款。两者的差别主要在于:定金具有担保性质,依照定金法律关系的要求,如果合同如期履行,定金可充抵应给付货款的一部分,如果给付定金的一方不履行合同,即无权请求返还定金;接受定金的一方不履行合同,应当双倍返还定金。预付款则不具有这种性质,如果预付款的一方不履行合同,可将预付款一部分或全部抵作违约金或赔偿金,余款应退还给预付方,如果接受预付款一方不履行合同,应将预付款返还给预付方,并按规定支付违约金或赔偿金,给付定金的一方不履行约定义务的,无权要求对方返还定金;接受定金的一方不履行约定义务时,应双倍返还定金。定金应当以书面形式约定。当事人在定金合同中应当约定交付定金的期限。定金合同从实际交付定金之日起生效。定金的数额由当事人约定,但不得超过主合同标的额的 20%,超过部分不产生定金的效力。实际交付的定金多于或少于约定额的,视为变更定金的定额。

### 复习思考题

1. 合同解释的规则有哪些?
2. 合同一般应当包括哪些条款?
3. 无效合同和可撤销合同的种类有哪些? 其法律后果有哪些?
4. 合同履行的规则有哪些?
5. 承担违约责任的形式有哪些?
6. 如何预防与解决合同纠纷?

### 推荐阅读书目

1. 江平:《中华人民共和国合同法精解》,中国政法大学出版社,1999 年版。
2. 崔建远:《合同法新论》,中国政法大学出版社,1997 年版。
3. 陈小君:《合同法》,高等教育出版社,2003 年版。

# 第4章 知识产权法

**本章导读**

知识产权是人们基于创造知识的劳动所产生的知识产品依法享有的专有权。知识产权法是调整知识产权的产生、归属、保护和利用而产生的各种社会关系的法律制度的总称,主要包括著作权法、商标和专利法等法律制度。各项具体知识产权法律制度主要由知识产权主体制度、客体制度、取得制度、限制制度和保护制度构成。

**关键术语**

知识产权　知识产权法　著作权　商标权　专利权

案例5

## 第1节　知识产权法的基本理论

### 一、知识产权的概念

知识产权是人们基于创造知识的劳动所产生的知识产品依法享有的专有权。在我国台湾,知识产权被称为"智慧财产权或者智慧所有权"。知识产权目的在于强调智力劳动的智慧结晶是创造者享有支配权的财产。

### 二、知识产权的范围

知识产权的范围有狭义与广义之分。

（一）狭义的知识产权范围

狭义的知识产权,包括传统的3项基本权利,即著作权、专利权和商标权。这3项权利一般又被分为两类:一为文学产权,包括著作权和邻接权;二为工业产权,包括专利权和商标权。

（二）广义的知识产权范围

广义的知识产权范围包括著作权与邻接权、商标权与商号权、专利权与外观设计权,以及商业秘密权、集成电路布图设计权、地理标志权等各种权利。一般来说,人们主要根据两个主要的知识产权国际公约来确定广义知识产权的范围。

**1.《关于成立世界知识产权组织公约》所确定的范围**

1967年签订的《关于成立世界知识产权组织公约》第2条以列举的形式指出知

识产权应包括下列权利：(1)关于文学、艺术和科学作品的权利；(2)关于表演艺术家的表演、录音和广播的权利；(3)关于人类在一切领域内的发明的权利；(4)关于科学发现享有的权利；(5)关于工业品外观设计的权利；(6)关于商品商标、服务商标、商号及其他商业标记的权利；(7)关于制止不正当竞争的权利；(8)其他一切来自工业、科学及文学、艺术领域的智力创作活动所产生的权利。

**2.《与贸易有关的知识产权协议》所确定的范围**

1994 年签订的《与贸易有关的知识产权协议》(Trips 协议)第一部分第一条中也划出了与贸易有关的知识产权的范围：(1)版权与邻接权；(2)商标权；(3)地理标志权；(4)工业品外观设计权；(5)专利权；(6)集成电路布图设计权；(7)未公开的信息专有权。

**3. 我国民事立法确定的知识产权范围**

《中华人民共和国民法典》为建设创新型国家，以列举加概括的方式从广义的视角对知识产权作了概括性规定，以统领各个单行的知识产权法律。《民法典》第 123 条规定，民事主体依法享有知识产权。知识产权是权利人依法就下列客体享有的专有的权利：(1)作品；(2)发明、实用新型、外观设计；(3)商标；(4)地理标志；(5)商业秘密；(6)集成电路布图设计；(7)植物新品种；(8)法律规定的其他客体。《民法典》第 127 条还对数据、网络虚拟财产的保护作了原则性规定：法律对数据、网络虚拟财产的保护有规定的，依照其规定。

## 三、知识产权性质

（一）知识产权客体特征

知识产权之所以能够成为一项独立的民事权利，根本原因就在于其客体与其他民事权利不同，因此需要不同的制度体系来保护。因此在阐述知识产权本身的性质之前，有必要认识知识产权概念赖以成立的前提，知识产权的客体即知识产品的性质。

知识产品作为知识产权保护的客体，具有无形性、创造性与共享性。

（二）知识产权本体特征

知识产权的本体特征，就是知识产权作为一项财产权与其他财产权相比，其本身所具有的特征。

**1. 法定性**

知识产权的法定性主要体现在以下几个方面：

(1) 法定取得。知识产权的法定取得首先是指知识产权的产生一般须经法定的程序并满足法定的条件。

(2) 法定内容。知识产权的内容不得创设，即不能创设与法律规定不同的知识产权的内容。例如，不能在商标权上创设翻译权。

(3) 法定限制。知识产权的法定限制主要有：①时间限制；②法定许可；③强制许可；④合理使用；⑤权利穷竭等方面。

**2. 专有性**

知识产权的专有性是指权利人对于自己的智力创造成果所享有的一种专属于自己的排他性的,甚至是垄断性的权利。值得注意的是,有形财产权是"因占有而专有"的,而知识产权的客体知识形态的非物质财产,无法通过占有而产生专有,也不能适用取得时效制度。从本质上看,有形财产权的专有是因自然属性而专有,知识产权的专有则是因法律属性而专有的。

知识产权的利益性体现在权利的享有和转移等各个方面,《民法典》第 440 条规定,债务人或者第三人有权处分的"可以转让的注册商标专用权、专利权、著作权等知识产权中的财产权"可以出质。该质权自办理出质登记时设立。知识产权中的财产权出质后,出质人不得转让或者许可他人使用,但是经出质人与质权人协商同意的除外。出质人转让或者许可他人使用出质的知识产权中的财产权所得的价款,应当向质权人提前清偿债务或者提存。第 600 条规定,出卖具有知识产权的标的物的,除法律另有规定或者当事人另有约定外,该标的物的知识产权不属于买受人。第 1062 条规定,夫妻在婚姻关系存续期间所得的知识产权收益,为夫妻的共同财产,归夫妻共同所有,夫妻对共同财产,有平等的处理权。《民法典》技术合同部分和侵权责任部分亦有类似的规定。知识产权的专有性特征正是其利益性的内在根源。

**3. 地域性**

知识产权的地域性是其法定性的延伸。知识产权地域性是指,知识产权只能依据一定国家的法律产生,同样也只是在其产生的地域内有效,这是国际社会较为普遍地承认的一项原则。知识产权的严格属地性决定了根据一国法律取得的知识产权只能在该国有效,原则上不具有域外效力。

（三）知识产权法

**1. 知识产权法的概念**

知识产权法是调整知识产权的产生、归属、保护和利用而产生的各种社会关系的法律制度的总称,主要包括著作权法、商标和专利法等法律制度。《民法典》中涉及知识产权的相关规定共计 52 条,内容涉及:第一编第五章民事权利,第二编第十八章质权,第三编第九章买卖合同、第二十章技术合同,第五编第三章家庭关系,第七编第二章损害赔偿。

**2. 知识产权法的体系**

20 世纪 80 年代,在改革开放的初期,中国就开始了知识产权保护的法制建设。目前,我国已经形成了符合国际公约要求,比较完备的知识产权法律体系。知识产权法的体系包括:(1)知识产权的主体制度;(2)知识产权的客体制度;(3)知识产权的取得制度;(4)知识产权的行使制度;(5)知识产权的限制制度;(6)知识产权的保护制度。

我国现有的知识产权保护法律体系从立法层次上来分,主要由与知识产权有关的法律、行政法规、部门规章和司法解释四个部分组成。

案例 6

# 第 2 节　著作权法律制度

## 一、著作权的概念

著作权在我国立法上与版权的含义相同,是指作者或其他权利人对文学、艺术和科学作品所享有的各项权利的总称。《中华人民共和国著作权法》1991 年 6 月 1 日施行,2010 年 4 月 1 日修改实施。

## 二、著作权的客体

### (一) 作品的概念

我国著作权法保护的作品是指,文学、艺术和科学领域内,具有独创性并能以某种有形形式复制的智力创造成果。

作品是作者思想情感的反映,记载了作者对自然界或人类社会的认识与看法。这些认识与看法通过一定的方式,如语言、文字、符号、线条、动作等表达出来,就构成了作品。

需要注意的是,作品在本质上是信息,需要附着于一定的物质实体,这种附着有作品的物体,则为作品的载体。同一部作品可以同时附着在不同的载体上,载体是物权的客体,作品是著作权的客体。性质不同,权利形态有别。

在独创性与可复制性的关系上,可复制性是作品本身的性质,而独创性则是作品获得著作权法保护的要件。

### (二) 作品的要件

作品的要件是指能成为著作权法所保护的作品必须具备的条件,也就是作品取得著作权的条件。一件作品、作品中的某一部分是否能够受到著作权法的保护,关键在于是否满足著作权法所要求的条件。

一般来说,各国著作权法都将独创性作为作品受到著作权法保护的实质要件。作品的独创性,又称为作品的原创性,是指作品是由作者自己的独立思考,而不是通过抄袭、剽窃他人的作品而完成的。由此可见,作品的独创性主要强调的是作品创作的过程,而非作品创作的结果,一件作品只要是作者独立创作,体现了作者的思想情感与观点认识,无论其水平高低,也无论与他人的作品是否有某种雷同,都不影响其独创性的成立。

独创性是作品获得著作权法保护的实质要件,除此以外,各国法律一般还要求作品必须能够以某种有形的形式来表现。英美法系国家的著作权法除了要求作品具有独创性这一实质要件外,还要求作品必须具备固定性这一形式要件。我国《著作权法》就以列举的方式规定了在我国可以获得著作权法保护的9种作品形式。

(三)作品的形式

### 1. 可以受到保护的作品形式

《著作权法》第3条规定作品的9种可以受到著作权保护的作品形式,包括:(1)文字作品。文字作品,是指小说、诗词、散文、论文等以文字形式表现的作品。(2)口述作品。口述作品,是指即兴的演说、授课、法庭辩论等以口头语言形式表现的作品。(3)音乐、戏剧、曲艺、舞蹈、杂技艺术作品。音乐作品,是指歌曲、交响乐等能够演唱或者演奏的带词或者不带词的作品。戏剧作品,是指话剧、歌剧、地方戏等供舞台演出的作品。曲艺作品,是指相声、快书、大鼓、评书等以说唱为主要形式表演的作品。舞蹈作品,是指通过连续的动作、姿势、表情等表现思想情感的作品。杂技艺术作品,是指杂技、魔术、马戏等通过形体动作和技巧表现的作品。(4)美术、建筑作品。美术作品,是指绘画、书法、雕塑等以线条、色彩或者其他方式构成的有审美意义的平面或者立体的造型艺术作品。建筑作品,是指以建筑物或者构筑物形式表现的有审美意义的作品。(5)摄影作品。摄影作品,是指借助器械在感光材料或者其他介质上记录客观物体形象的艺术作品。(6)电影作品和以类似摄制电影的方法创作的作品。电影作品和以类似摄制电影的方法创作的作品,是指摄制在一定介质上,由一系列有伴音或者无伴音的画面组成,并且借助适当装置放映或者以其他方式传播的作品。(7)工程设计图、产品设计图、地图、示意图等图形作品和模型作品。图形作品,是指为施工、生产绘制的工程设计图、产品设计图,以及反映地理现象、说明事物原理或者结构的地图、示意图等作品。模型作品,是指为展示、试验或者观测等用途,根据物体的形状和结构,按照一定比例制成的立体作品。(8)计算机软件。计算机软件,是指计算机程序及其有关文档。计算机程序,是指为了得到某种结果而可以由计算机等具有信息处理能力的装置执行的代码化指令序列,或者可以被自动转换成代码化指令序列的符号化指令序列或者符号化语句序列。同一计算机程序的源程序和目标程序为同一作品。文档,是指用来描述程序的内容、组成、设计、功能规格、开发情况、测试结果及使用方法的文字资料和图表等,如程序设计说明书、流程图、用户手册等。(9)法律、行政法规规定的其他作品。目前,涉及这里的"其他作品"的是《著作权法》第6条所规定的民间文学艺术作品。

### 2. 不能受到著作权保护的作品

我国著作权法在规定上述9种可以作为著作权客体而受到保护的作品形式之外,还规定了不能作为著作权客体受到保护的作品。这类作品分为两类:第一,其内容违反公序良俗的作品。即依法禁止出版、传播的作品,不受著作权法保护。第二,其性质不应限制传播的作品。主要有:(1)立法、行政和司法性质的文件;(2)时事新闻;(3)历法、通用数表、通用表格和公式。

### 三、著作权的主体

（一）著作权主体的概念

著作权主体，又称为著作权人，是指依法对文学、艺术、科学等作品享有著作权的人。作品是由自然人创作完成的，因此著作权的主体首先应该是作者。

根据《著作权法》第 9 条的规定，著作权人包括两类：一是作者；二是其他依照本法享有著作权的公民、法人或者其他组织。《著作权法》第 11 条第一款规定："著作权属于作者，本法另有规定的除外。"

作者是创作作品的人。相对于已经完成的作品而言，作品的创作过程已经成为历史，难以举证。为了便于对作者的认定，《著作权法》第 11 条第三款规定："如无相反证明，在作品上署名的公民、法人或者其他组织为作者。"

就事实而言，任何作品都是由自然人创作完成的，因此作品的作者只能是自然人，而不可能是社会组织。但是，有一些作品的创作是基于法人或其他组织的业务需要，虽然在事实上是由自然人完成创作的，但是作品里反映的不是自然人的个人意志而是该法人或其他组织的集体意志，在这种情况下，该法人或其他组织在法律上就被视为该作品的作者，并承担该作品的社会责任。《著作权法》第 11 条第二款规定："由法人或者其他组织主持，代表法人或者其他组织意志创作，并由法人或者其他组织承担责任的作品，法人或者其他组织视为作者。"

（二）特殊作品的著作权主体

**1. 职务作品**

职务作品又称为雇佣作品，是指员工在受雇期间，在受雇工作范围内所创作完成的作品。关于职务作品的著作权归属，大陆法系一般倾向于保护作者的利益，规定著作权属于雇员，雇主只能根据劳动法在合同中与雇员约定在特定的范围内使用该作品。英美法系一般倾向于雇主的利益，大多规定职务作品的著作权属于雇主。

我国《著作权法》规定，公民为完成法人或者其他组织工作任务所创作的作品是职务作品。据此可以得出，职务作品应当具备两个条件：第一，作者应为单位即法人或者其他组织的员工，在该单位领取工资；第二，作品的创作应为作者作为单位员工的职责。

关于职务作品的权利归属分两种情况，一般情况下著作权由作者享有，同时，作者在行使著作权时有两点限制：（1）优先使用限制。即法人或者其他组织有权在其业务范围内优先使用；（2）相同使用限制。即作品完成两年内，未经单位同意，作者不得许可第三人以与单位使用的相同方式使用该职务作品；经单位同意，作者许可第三人以与单位使用的相同方式使用作品所获报酬，由作者与单位按约定的比例分配。作品完成两年的期限，自作者向单位交付作品之日起计算。

特殊情况下著作权中的署名权由作者享有，其他权利由单位享有。属于这种情况的职务作品包括：(1)"三图一件"作品，即主要是利用法人或者其他组织的物质技术条件创作，并由法人或者其他组织承担责任的工程设计图、产品设计图、地图、计算机软件等职务作品；(2)法定约定作品，即法律、行政法规规定或者合同约定著作权由法人或者其他组织享有的职务作品。

**2. 合作作品**

合作作品，是指两人以上共同创作的作品，其著作权由合作作者共同享有。没有参加创作的人，不能成为合作作者。合作作品可以分割使用的，作者对各自创作的部分可以单独享有著作权，但行使著作权时不得侵犯合作作品整体的著作权。

合作作品不可以分割使用的，其著作权由各合作作者共同享有，通过协商一致行使；不能协商一致，又无正当理由的，任何一方不得阻止他方行使除转让以外的其他权利，但是所得收益应当合理分配给所有合作作者。

**3. 委托作品**

受委托创作的作品，著作权的归属由委托人和受托人通过合同约定。合同未作明确约定或者没有订立合同的，著作权属于受托人。在演绎作品中，既包含了演绎作者的独创性成分，又包含了原作品的表达成分。在创作作品时，如果仅是借助于原有作品的创作思想，而不是基本表达，创作出来的作品看不出原有作品的基本表述，那么就是一部完全新的作品，而不是演绎作品。

**4. 匿名作品**

作者身份不明的作品，由作品原件的所有人行使除署名权以外的著作权。作者身份确定后，由作者或者其继承人行使著作权。

**5. 生前未发表的作品**

作者生前未发表的作品，如果作者未明确表示不发表，作者死亡后 50 年内，其发表权可由继承人或者受遗赠人行使；没有继承人又无人受遗赠的，由作品原件的所有人行使。

**6. 演绎作品**

改编、翻译、注释、整理已有作品而产生的作品，其著作权由改编、翻译、注释、整理人享有，但行使著作权时不得侵犯原作品的著作权。

**7. 汇编作品**

汇编若干作品、作品的片段或者不构成作品的数据或者其他材料，对其内容的选择或者编排体现独创性的作品，为汇编作品，其著作权由汇编人享有，但行使著作权时，不得侵犯原作品的著作权。

**8. 影视作品**

电影作品和以类似摄制电影的方法创作的作品的著作权由制片者享有，但编剧、导演、摄影、作词、作曲等作者享有署名权，并有权按照与制片者签订的合同获得报酬。电影作品和以类似摄制电影的方法创作的作品中的剧本、音乐等可以单独使用的作品的作者有权单独行使其著作权。

## 四、著作权的内容

（一）著作人身权

著作人身权又称著作精神权,是指作者对其作品所享有的各种与人身联系密不可分而又没有直接财产内容的权利。

著作人身权在本质上是人身关系在著作权上的具体反映,具体包括:

（1）发表权。即决定作品是否公之于众的权利。

（2）署名权。即表明作者身份,在作品上署名的权利。

（3）修改权。即修改或者授权他人修改作品的权利。著作权人许可他人将其作品摄制成电影作品和以类似摄制电影的方法创作的作品的,视为已同意对其作品进行必要的改动,但是这种改动不得歪曲、篡改原作品。

（4）保护作品完整权。即保护作品不受歪曲、篡改的权利。

（二）著作财产权

著作财产权又称著作经济权利,指作者及传播者通过某种形式使用作品从而依法获得经济报酬的权利。对于著作财产权,著作权人可以许可他人行使,也可以全部或者部分转让,并依照约定或者法定获得相应的报酬。

著作财产权具体包括:

（1）复制权。即以印刷、复印、拓印、录音、录像、翻录、翻拍等方式将作品制作一份或者多份的权利。

（2）发行权。即以出售或者赠与方式向公众提供作品的原件或者复制件的权利。

（3）出租权。即有偿许可他人临时使用电影作品和以类似摄制电影的方法创作的作品、计算机软件的权利,计算机软件不是出租的主要标的的除外。

（4）展览权。即公开陈列美术作品、摄影作品的原件或者复制件的权利。

（5）表演权。即公开表演作品,以及用各种手段公开播送作品的表演的权利。

（6）放映权。即通过放映机、幻灯机等技术设备公开再现美术、摄影、电影和以类似摄制电影的方法创作的作品等的权利。

（7）广播权。即以无线方式公开广播或者传播作品,以有线传播或者转播的方式向公众传播广播的作品,以及通过扩音器或者其他传送符号、声音、图像的类似工具向公众传播广播的作品的权利。

（8）信息网络传播权。即以有线或者无线方式向公众提供作品,使公众可以在其个人选定的时间和地点获得作品的权利。

（9）摄制权。即以摄制电影或者以类似摄制电影的方法将作品固定在载体上的权利。

(10) 改编权。即改变作品,创作出具有独创性的新作品的权利。

(11) 翻译权。即将作品从一种语言文字转换成另一种语言文字的权利。

(12) 汇编权。即将作品或者作品的片段通过选择或者编排,汇集成新作品的权利。

(13) 应当由著作权人享有的其他权利。

## 五、邻接权

邻接权,也称作品传播者权,在我国著作权法中称为"与著作权有关的权利",是指作品的传播者在传播作品的过程中对其创造性劳动成果依法享有的专有权利。

(一) 表演者权

表演者,是指演员、演出单位或者其他表演文学、艺术作品的人,包括演员和演出单位。表演者对其表演既享有人身权也享有财产权。

表演者权中的人身权包括两项:(1)表明表演者身份的权利;(2)保护表演形象不受歪曲的权利。

表演者权中的财产权包括四项:(1)许可他人从现场直播和公开传送其现场表演的权利;(2)许可他人录音录像的权利;(3)许可他人复制、发行录有其表演的录音录像制品的权利;(4)许可他人通过信息网络向公众传播其表演的权利。对于上述四项财产权利,表演者可以许可他人使用,并按照约定或者法定获得报酬。

使用他人作品演出,表演者(演员、演出单位)应当取得著作权人许可,并支付报酬。演出组织者组织演出,由该组织者取得著作权人许可,并支付报酬。使用改编、翻译、注释、整理已有作品而产生的作品进行演出,应当取得改编、翻译、注释、整理作品的著作权人和原作品的著作权人许可,并支付报酬。

(二) 音像制作者权

音像制作者,又称为录音录像制作者,是指将声音、形象、图像或其结合首次固定在特定的载体上,以供再现的人。音像制作者包括,录音制作者和录像制作者,前者指录音制品的首次制作人;后者指录像制品的首次制作人。

录音制品,是指任何对表演的声音和其他声音的录制品。录像制品,是指电影作品和以类似摄制电影的方法创作的作品以外的任何有伴音或者无伴音的连续相关形象、图像的录制品。

音像制作者对其制作的录音录像制品,享有许可他人复制、发行、出租、通过信息网络向公众传播并获得报酬的权利。

音像制作者在进行录音录像制作时,应当承担以下义务:(1)录音录像制作者使用他人作品制作录音录像制品,应当取得著作权人许可,并支付报酬;(2)录音录像制作者使用改编、翻译、注释、整理已有作品而产生的作品,应当取得改编、翻译、注释、整理作品的著作权人和原作品著作权人许可,并支付报酬;(3)录音制作者使用他人已经合法录制为录音制品的音乐作品制作录音制品,可以不经著作权人许可,但应当按照规定支付报酬;著作权人声明不许使用的不得使用。

（三）广播组织权

广播组织,是指通过有线或无线电波向公众播送广播或电视节目的人。我国《著作权法》所称的广播组织包括广播电台和电视台。

广播组织对其广播、电视享有播放权、录制权和复制权。我国《著作权法》第 44 条规定,广播电台、电视台有权禁止未经其许可的下列行为:(1)将其播放的广播、电视转播;(2)将其播放的广播、电视录制在音像载体上以及复制音像载体。

广播组织在播放广播、电视节目时,应当承担以下义务:(1)广播电台、电视台播放他人未发表的作品,应当取得著作权人许可,并支付报酬。(2)广播电台、电视台播放他人已发表的作品,可以不经著作权人许可,但应当支付报酬。(3)广播电台、电视台播放已经出版的录音制品,可以不经著作权人许可,但应当支付报酬。当事人另有约定的除外。(4)电视台播放他人的电影作品和以类似摄制电影的方法创作的作品、录像制品,应当取得制片者或者录像制作者许可,并支付报酬;播放他人的录像制品,还应当取得著作权人许可,并支付报酬。

## 六、著作权的限制

著作权人行使著作权不得违反宪法和法律,不得损害公共利益。国家对作品的出版、传播依法进行监督管理。著作权的限制包括:

（一）合理使用

合理使用,是指在特定的条件下,法律允许他人自由使用享有著作权的作品而不必征得著作权人的同意,也不必向著作权人支付报酬的制度。

著作权的合理使用具有这样的特点:(1)合理使用的依据是法律的明确规定;(2)合理使用的对象是他人的已发表作品;(3)合理使用的效力是不经许可、不付报酬。

我国《著作权法》第 22 条规定的合理使用的情况共有以下 12 种:

(1) 为个人学习、研究或者欣赏,使用他人已经发表的作品;

(2) 为介绍、评论某一作品或者说明某一问题,在作品中适当引用他人已经发表的作品;

(3) 为报道时事新闻,在报纸、期刊、广播电台、电视台等媒体中不可避免地再现或者引用已经发表的作品;

(4) 报纸、期刊、广播电台、电视台等媒体刊登或者播放其他报纸、期刊、广播电台、电视台等媒体已经发表的关于政治、经济、宗教问题的时事性文章,但作者声明不许刊登、播放的除外;

(5) 报纸、期刊、广播电台、电视台等媒体刊登或者播放在公众集会上发表的讲

话,但作者声明不许刊登、播放的除外;

(6) 为学校课堂教学或者科学研究,翻译或者少量复制已经发表的作品,供教学或者科研人员使用,但不得出版发行;

(7) 国家机关为执行公务在合理范围内使用已经发表的作品;

(8) 图书馆、档案馆、纪念馆、博物馆、美术馆等为陈列或者保存版本的需要,复制本馆收藏的作品;

(9) 免费表演已经发表的作品,该表演未向公众收取费用,也未向表演者支付报酬;

(10) 对设置或者陈列在室外公共场所的艺术作品进行临摹、绘画、摄影、录像;

(11) 将中国公民、法人或者其他组织已经发表的以汉语言文字创作的作品翻译成少数民族语言文字作品在国内出版发行;

(12) 将已经发表的作品改成盲文出版。

以上规定适用于对出版者、表演者、录音录像制作者、广播电台、电视台的权利的限制。

(二) 法定许可

法定许可是指依照著作权法的规定,使用者在利用他人已经发表的作品时可以不经著作权人的许可,但应向其支付报酬,并尊重著作权人其他权利的制度。法定许可除了在效力上应当向著作权人支付报酬外,其他特点与合理使用基本相同。

我国《著作权法》和《最高人民法院关于修改〈审理涉及计算机网络著作权纠纷案件适用法律若干问题的解释〉的决定》规定的法定许可情况有以下几种:

(1) 教材汇编。即为实施九年制义务教育和国家教育规划而编写出版教科书,除作者事先声明不许使用的外,可以不经著作权人许可,在教科书中汇编已经发表的作品片段或者短小的文字作品、音乐作品或者单幅的美术作品、摄影作品。

(2) 作品转摘。即作品刊登后,除著作权人声明不得转载、摘编的外,其他报刊可以转载或者作为文摘、资料刊登。

(3) 作品播放。即广播电台、电视台播放他人已发表的作品。

(4) 音品播放。即广播电台、电视台播放已经出版的录音制品。

(5) 音品再制。即录音制作者使用他人已经合法录制为录音制品的音乐作品制作录音制品。

(6) 网站转摘。即对已在报刊上刊登或者网络上传播的作品,在网络进行转载、摘编。

(三) 著作权的其他限制

(1) 著作权出质。以著作权出质的,由出质人和质权人向国务院著作权行政管理部门办理出质登记。

(2) 著作权出质许可、转让的范围。许可使用合同和转让合同中著作权人未明确许可、转让的权利,未经著作权人同意,另一方当事人不得行使。

（3）作品使用的付酬标准。使用作品的付酬标准可以由当事人约定,也可以按照国务院著作权行政管理部门会同有关部门制定的付酬标准支付报酬。当事人约定不明确的,按照国务院著作权行政管理部门会同有关部门制定的付酬标准支付报酬。

（4）出版者、表演者、录音录像制作者、广播电台、电视台等依照著作权法有关规定使用他人作品的,不得侵犯作者的署名权、修改权、保护作品完整权和获得报酬的权利。

## 七、著作权侵权行为及其责任

著作权侵权行为是指未经作者或者其他著作权人的同意,又无法律上的根据,擅自对著作权作品进行利用或以其他非法手段行使著作权人专有权利的行为。一般而言,著作权侵权还包括对邻接权的侵害。

（一）民事责任

我国《著作权法》第 47 条对 11 种侵权行为,规定了应当根据情况,承担停止侵害、消除影响、赔礼道歉、赔偿损失等民事责任。

这些侵权行为包括:（1）未经著作权人许可,发表其作品的;（2）未经合作作者许可,将与他人合作创作的作品当作自己单独创作的作品发表的;（3）没有参加创作,为谋取个人名利,在他人作品上署名的;（4）歪曲、篡改他人作品的;（5）剽窃他人作品的;（6）未经著作权人许可,以展览、摄制电影和以类似摄制电影的方法使用作品,或者以改编、翻译、注释等方式使用作品的,本法另有规定的除外;（7）使用他人作品,应当支付报酬而未支付的;（8）未经电影作品和以类似摄制电影的方法创作的作品、计算机软件、录音录像制品的著作权人或者与著作权有关的权利人许可,出租其作品或者录音录像制品的,本法另有规定的除外;（9）未经出版者许可,使用其出版的图书、期刊的版式设计的;（10）未经表演者许可,从现场直播或者公开传送其现场表演,或者录制其表演的;（11）其他侵犯著作权以及与著作权有关的权益的行为。

为加强对知识产权的保护,提高侵权违法成本,《民法典》第 1185 条增加规定,故意侵害他人知识产权,情节严重的,被侵权人有权请求相应的惩罚性赔偿。该规定适用于全部知识产权的保护。

（二）行政责任与刑事责任

我国《著作权法》第 48 条规定对 8 种侵权行为,除了承担民事责任以外,如果同时损害公共利益的,可以由著作权行政管理部门责令停止侵权行为,没收违法所得,没收、销毁侵权复制品,并可处以罚款;情节严重的,著作权行政管理部门还可以没收主要用于制作侵权复制品的材料、工具、设备等;构成犯罪的,依法追究刑事责任。

这些侵权行为包括:（1）未经著作权人许可,复制、发行、表演、放映、广播、汇编、通过信息网络向公众传播其作品的;（2）出版他人享有专有出版权的图书的;（3）未经表演者许可,复制、发行录有其表演的录音录像制品,或者通过信息网络向公众传播其表演的;(4)未经录音录像制作者许可,复制、发行、通过信息网络向公众传播其制作的录音录像制品的;(5)未经许可,播放或者复制广播、电视的;(6)未经著作权人或者与著作权有关的权利人许可,故意避开或者破坏权利人为其作品、录音录像制品等采取的保护著作权或者与著作权有关的权利的技术措施的;(7)未经著作权人或者与著作权有关的权利人许可,故意删除或者改变作品、录音录像制品等的权利管理电子信息的;(8)制作、出售假冒他人署名的作品的。

我国《刑法》第217条和第218条规定了三类侵犯著作权罪:(1)侵犯复制发行权罪。即未经著作权人许可,复制发行其文字作品、音乐、电影、电视、录像作品、计算机软件及其他作品构成的犯罪。(2)侵犯出版权罪。即出版他人享有专有出版权的图书构成的犯罪。(3)侵犯音像制作者权罪。即未经录音录像制作者许可,复制发行其制作的录音录像构成的犯罪。(4)违法制售冒名美术作品罪。即制作、出售假冒他人署名的美术作品构成的犯罪。(5)销售侵权复制品罪。即以营利为目的,销售明知是上述侵权复制品构成的犯罪。

## 第3节　商标权法律制度

### 一、商标权与商标法

#### (一)商标

商标是生产经营者使用在其商品或服务上,便于消费者识别商品或服务来源的专用标志。商标是商品交换的产物,是商品经济发展到一定阶段的必然现象。现代商标已经从其最基本的识别功能的基础上,发展到具有来源标示、品质保证、广告宣传、商誉承载等诸多功能。

#### (二)商标权

商标权,是商标专用权的简称,是指商标所有人依法对其商标进行支配的权利。我国《商标法》规定:法律、行政法规规定必须使用注册商标的商品,必须申请商标注册,未经核准注册的,不得在市场销售。在我国商标权是指注册商标所有人,对其注册商标所享有的权利,即依法支配其注册商标并禁止他人侵害的权利。

#### (三)商标法

商标法是规定商标注册、使用、转让、保护和管理并确认、保护和规范商标专用权的法律规范的总称。我国《商标法》于1983年3月1日起实施,2014年5月1日起修订施行。

## 二、商标的构成要素与商标的种类

（一）商标的构成要素

我国《商标法》第 8 条规定："任何能够将自然人、法人或者其他组织的商品与他人的商品区别开的标志,包括文字、图形、字母、数字、三维标志、颜色组合和声音等,以及上述要素的组合,均可以作为商标申请注册。"可见,我国注册商标的构成是以可视性为标准的静态要素,包括文字、图形、字母、数字、三维标志和颜色组合这几种。

（二）商标的种类

商标按照不同的标准,一般可以分为以下几类:

### 1. 商品商标与服务商标

商品商标是指使用在商品上,用以表明商品来源的商标。它与服务商标相对应,并使用在有形的商品上。

服务商标是指由服务提供者用于自己提供的服务上,以与他人提供之服务相区别的标志。服务商标使用对象不是有形的商品,而是无形的服务。

### 2. 集体商标与证明商标

集体商标,是指以团体、协会或者其他组织名义注册,供该组织成员在商事活动中使用,以表明使用者在该组织中的成员资格的标志。

证明商标,是指由对某种商品或者服务具有监督能力的组织所控制,而由该组织以外的单位或者个人使用于其商品或者服务,用以证明该商品或者服务的原产地、原料、制造方法、质量或者其他特定品质的标志。

### 3. 联合商标与防御商标

联合商标是指同一商标权人在相同或近似的商品上注册的一系列近似商标。最先注册或主要使用的商标称为正商标,它与其他近似商标一同被称为联合商标。

防御商标是指同一个商标权人在不同类别商品上注册的相同商标。最早创设并最先在某类商品上使用的商标为正商标,它与其他被注册在不同类别商品上的相同商标一起被称为防御商标。

联合商标与防御商标一般又都被称为防卫商标。

除了以上分类外,从不同的角度还将商标分为平面商标与立体商标、制造商标与销售商标,声音商标,以及文字商标、图形商标与组合商标等。

## 三、商标权取得的条件与原则

（一）商标权取得的条件

在我国商标权通过注册取得。我国《商标法》第 9 条规定:"申请注册的商标,应当有显著特征,便于识别,并不得与他人在先取得的合法权利相冲突。"

### 1. 公序良俗条件

申请注册和使用商标,应当遵循诚实信用原则。

下列标志不得作为商标使用:

(1)同中华人民共和国的国家名称、国旗、国徽、国歌、军旗、军徽、军歌、勋章等相同或者近似的,以及同中央国家机关的名称、标志、所在地特定地点的名称或者标志性建筑物的名称、图形相同的;

(2)同外国的国家名称、国旗、国徽、军旗等相同或者近似的,但经该国政府同意的除外;

(3)同政府间国际组织的名称、旗帜、徽记等相同或者近似的,但经该组织同意或者不易误导公众的除外;

(4)与表明实施控制、予以保证的官方标志、检验印记相同或者近似的,但经授权的除外;

(5)同"红十字""红新月"的名称、标志相同或者近似的;

(6)带有民族歧视性的;

(7)带有欺骗性,容易使公众对商品的质量等特点或者产地产生误认的;

(8)有害于社会主义道德风尚或者有其他不良影响的。

县级以上行政区划的地名或者公众知晓的外国地名,不得作为商标。但是,地名具有其他含义或者作为集体商标、证明商标组成部分的除外;已经注册的使用地名的商标继续有效。生产、经营者不得将"驰名商标"字样用于商品、商品包装或者容器上,或者用于广告宣传、展览以及其他商业活动中。

### 2. 显著性条件

下列标志不得作为商标注册:(1)仅有本商品的通用名称、图形、型号的;(2)仅仅直接表示商品的质量、主要原料、功能、用途、重量、数量及其他特点的;(3)其他缺乏显著特征的。

上述标志经过使用取得显著特征,并便于识别的,可以作为商标注册。

### 3. 非功能性条件

三维标志属于以下情况的不得注册:(1)仅由商品自身的性质产生的形状;(2)为取得技术效果而需有的商品形状;(3)使商品具有实质性价值的形状。

### 4. 非混同条件

申请注册的商标不得同他人在同一种商品或者类似商品上已经注册的或者初步审定的商标相同或者近似。

与他人驰名商标构成下列关系的商标不得注册并禁止使用:(1)就相同或者类似商品申请注册的商标是复制、摹仿或者翻译他人未在中国注册的驰名商标,容易导致混淆的。(2)就不相同或者不相类似商品申请注册的商标是复制、摹仿或者翻译他人已经在中国注册的驰名商标,误导公众,致使该驰名商标注册人的利益可能受到损害的。(3)为相关公众所熟知的商标,持有人认为其权利受到侵害时,可以依照商标法的规定请求驰名商标保护。(4)未经授权,代理人或者代表人以自己的名义将被代理人或者被代表人的商标进行注册,被代理人或者被代表人提出异议的,不予注册并禁止使用。就同一种商品或者类似商品申请注册的商标与他人在先使用的未注册商标相同或者近似,申请人与该他人具有前款规定以外的合同、业务往来关系或者其他关系而明知该他人商标存在,该他人提出异议的,不予注册。

**5. 地理标志真实条件**

地理标志,是指示某商品来源于某地区,该商品的特定质量、信誉或者其他特征,主要由该地区的自然因素或者人文因素所决定的标志。商标中有商品的地理标志,而该商品并非来源于该标志所标示的地区,误导公众的,不予注册并禁止使用;但是,已经善意取得注册的继续有效。

**6. 在先权利与在先使用条件**

申请商标注册出现下列两种情况的也不得注册:(1)将损害他人现有的在先权利;(2)以不正当手段抢先注册他人已经使用并有一定影响的商标;(3)禁止抢注因业务往来等关系明知他人已经在先使用的商标。就同一种商品或者类似商品申请注册的商标与他人在先使用的未注册商标相同或者近似,申请人与该他人具有前款规定以外的合同、业务往来关系或者其他关系而明知该他人商标存在,该他人提出异议的,不予注册。

**(二)商标权取得的原则**

**1. 先申请为主原则**

两个或者两个以上的商标注册申请人,在同一种商品或者类似商品上,以相同或者近似的商标申请注册的,初步审定并公告申请在先的商标。

**2. 先使用为辅原则**

同一天申请的,初步审定并公告使用在先的商标,驳回其他人的申请,不予公告。

**3. 优先权原则**

即商标注册申请人在一个法定期限内就相同商品以同一商标提出超过一次注册申请的,其在后申请以第一次申请的日期作为申请日。我国《商标法》规定:商标注册申请人自其商标在外国第一次提出商标注册申请之日起 6 个月内,又在中国就相同商品以同一商标提出商标注册申请的,依照该外国同中国签订的协议或者共同参加的国际条约,或者按照相互承认优先权的原则,可以享有优先权;商标在中国政府主办的或者承认的国际展览会展出的商品上首次使用的,自该商品展出之日起 6 个月内,该商标的注册申请人可以享有优先权。

**(三)商标注册异议与注册商标争议**

**1. 商标注册异议**

申请注册的商标,符合《商标法》有关规定的,由商标局初步审定,予以公告。对初步审定、予以公告的商标提出异议的,商标局经调查核实后,作出裁定。经裁定异议不能成立的,予以核准注册,发给商标注册证,并予以公告;经裁定异议成立的,不予核准注册。

**2. 注册商标争议**

注册商标的争议,有以下两种:(1)无限期争议。已经注册的商标,不符合公序良俗条件、显著性条件、非功能性条件,或者是以欺骗手段或者其他不正当手段取得注册的,由商标局撤销该注册商标;其他单位或者个人可以请求商标评审委员会裁定撤销该注册商标。(2)5 年期争议。已经注册的商标,与他人驰名商标相混同、使用地理标志不真实、不符合在先权利与在先使用条件,以及代理人或者代表人以自己的名义将被代理人或者被代表人的商标进行注册,被代理人或者被代表人提出异议的,自商标注册之日起 5 年内,商标所有人或者利害关系人可以请求商标评审委员会裁定撤销该注册商标。对恶意注册的,驰名商标所有人不受 5 年的时间限制。

除上述两种情形外,对已经注册的商标有争议的,可以自该商标经核准注册之日起 5 年内,向商标评审委员会申请裁定。

## 四、商标权的行使与期限

### (一) 商标权的行使

注册商标专用权是一项绝对、排他、支配性的权利,其内容主要包括商标权人对注册商标的自己使用权和禁止他用权。自己使用权的行使"以核准注册的商标和核定使用的商品为限"。禁止他用权的行使,是禁止他人未经许可"在同一种商品或者类似商品上使用与其注册商标相同或者近似的商标"。

商标权人还有权将自己的注册商标转让给他人,或者许可他人使用。

转让注册商标的,转让人和受让人应当签订转让协议,并共同向商标局提出申请。受让人应当保证使用该注册商标的商品质量。转让注册商标的,商标注册人对其在同一种商品上注册的近似的商标,或者在类似商品上注册的相同或者近似的商标,应当一并转让。对容易导致混淆或者有其他不良影响的转让,商标局不予核准,书面通知申请人并说明理由。转让注册商标经核准后,予以公告。受让人自公告之日起享有商标专用权。

商标注册人可以通过签订商标使用许可合同,许可他人使用其注册商标。许可人应当监督被许可人使用其注册商标的商品质量。被许可人应当保证使用该注册商标的商品质量。经许可使用他人注册商标的,必须在使用该注册商标的商品上标明被许可人的名称和商品产地。商标使用许可合同应当报商标局备案,未经备案不得对抗善意第三人。

生产、经营者不得将"驰名商标"字样用于商品、商品包装或者容器上,或者用于广告宣传、展览以及其他商业活动中。驰名商标应当根据当事人的请求,作为处理涉及商标案件需要认定的事实进行认定。认定驰名商标应当考虑下列因素：

(1) 相关公众对该商标的知晓程度；

(2) 该商标使用的持续时间；

(3) 该商标的任何宣传工作的持续时间、程度和地理范围；

(4) 该商标作为驰名商标受保护的记录；

(5) 该商标驰名的其他因素。

在商标注册审查、工商行政管理部门查处商标违法案件、商标争议处理、商标民事或行政案件审理过程中，当事人依照商标法的规定主张权利的，商标局(最高人民法院指定的人民法院)根据审查、处理(审理)案件的需要，可以对商标驰名情况作出认定。

(二) 商标权的期限与商标续展

注册商标的有效期为 10 年，自核准注册之日起计算。注册商标有效期满，需要继续使用的，应当在期满前 6 个月内申请续展注册；在此期间未能提出申请的，可以给予 6 个月的宽展期。宽展期满仍未提出申请的，注销其注册商标。每次续展注册的有效期为 10 年。

## 五、商标侵权行为及其责任

(一) 商标侵权行为的表现

商标侵权行为包括：

(1) 假冒注册商标行为。即未经商标注册人许可，在同一种或类似商品或服务上使用与注册商标相同或近似商标的行为。

(2) 销售侵权商品行为。即销售不知道是侵犯注册商标专用权商品的行为属于侵权，但能证明该商品是合法取得的并说明提供者的，不承担赔偿责任。

(3) 违法制售注册商标标识行为。即伪造、擅自制造他人注册商标标识或者销售伪造、擅自制造的注册商标标识行为。

(4) 反向假冒行为。即未经商标注册人同意，更换其注册商标并将该更换商标的商品又投入市场的行为。简言之，就是将自己的商标用在他人商品上再投放市场的行为。

(5) 商品名称或装潢混同行为。即在同一种或者类似商品上，将与他人注册商标相同或者近似的标志作为商品名称或者商品装潢使用，误导公众的行为。

(6) 便利侵权行为。即故意为他人侵犯他人注册商标专用权的行为提供仓储、运输、邮寄、隐匿等便利条件的行为。

(7) 商标代理机构侵权。商标代理机构有下列行为之一的，由工商行政管理部门责令限期改正，给予警告，处 1 万元以上 10 万元以下的罚款；对直接负责的主管人员和其他直接责任人员给予警告，处 5 000 元以及 5 万元以下的罚款；构成犯罪的，依法追究刑事责任。

(1) 办理商标事宜过程中,伪造、变造或者使用伪造、变造的法律文件、印章、签名的;

(2) 以诋毁其他商标代理机构等手段招徕商标代理业务或者以其他不正当手段扰乱商标代理市场秩序的;

(3) 违反《商标法》关于商标代理行为禁止性规定的。

商标代理机构有上述行为的,由工商行政管理部门记入信用档案;情节严重的,商标局、商标评审委员会并可以决定停止受理其办理商标代理业务,予以公告。在商标侵权诉讼中,人民法院为确定赔偿数额,在权利人已经尽力举证,而与侵权行为相关的账簿、资料主要由侵权人掌握的情况下,可以责令侵权人提供与侵权行为相关的账簿、资料,侵权人不提供或者提供虚假的账簿、资料的,人民法院可以参考权利人的主张和提供的证据判定侵权赔偿数额。

### (二) 商标侵权行为的责任

#### 1. 民事赔偿

侵犯商标专用权的民事赔偿数额,为侵权人在侵权期间因侵权所获得的利益,或者被侵权人在被侵权期间因被侵权所受到的损失,包括被侵权人为制止侵权行为所支付的合理开支。

侵权人因侵权所得利益,或者被侵权人因被侵权所受损失难以确定的,由人民法院根据侵权行为的情节判决给予 50 万元以下的赔偿。

销售不知道是侵犯注册商标专用权的商品,能证明该商品是自己合法取得的并说明提供者的,不承担赔偿责任。

对恶意侵犯商标专用权、情节严重的,可以在权利人因侵权受到的损失、侵权人因侵权获得的利益或者注册商标使用许可费的 1~3 倍的范围内确定赔偿数额。在上述三种依据都无法查清的情况下法院可以酌情决定的法定赔偿额上限从 50 万元提高到 300 万元。

商标代理机构违反诚实信用原则,侵害委托人合法利益的,应当依法承担民事责任,并由商标代理行业组织按照章程规定予以惩戒。将他人注册商标、未注册的驰名商标作为企业名称中的字号使用,误导公众,构成不正当竞争行为的,依照《中华人民共和国反不正当竞争法》处理。

#### 2. 行政处罚

工商行政管理部门在处理侵犯商标专用权案件时,认定侵权行为成立的,责令立即停止侵权行为,没收、销毁侵权商品和专门用于制造侵权商品、伪造注册商标标识的工具,并可处以罚款。

#### 3. 刑事制裁

我国《刑法》规定了以下 3 种商标犯罪:(1)假冒注册商标罪。即未经注册商标所有人许可,在同一种商品上使用与其注册商标相同的商标,情节严重的,处 3 年以下有期徒刑或者拘役,并处或者单处罚金;情节特别严重的,处 3 年以上 7 年以下有期徒刑,并处罚金。(2)销售假冒注册商标的商品。即销售明知是假冒注册商标的商品,销售金额数额较大的,处 3 年以下有期徒刑或者拘役,并处或者单处罚金;销售金额数额巨大的,处 3 年以上 7 年以下有期徒刑,并处罚金。(3)非法制售注册商标标识罪。即伪造、擅自制造他人注册商标标识或者销售伪造、擅自制造的注册商标标识,情节严重的,处 3 年以下有期徒刑、拘役或者管制,并处或者单处罚金;情节特别严重的,处 3 年以上 7 年以下有期徒刑,并处罚金。

案例 7

# 第 4 节　专利权法律制度

## 一、专利与专利权的概念

### (一)专利的含义

英文"专利"最早是英国中世纪国王对臣民公开颁发的包括发明创造在内的各种垄断权和特权的证书。现代"专利"一词有双重法律内涵:一为特定主体对发明创造所享有垄断权,即专有权;二为专有权所保护的技术须公开。在法律意义之外,"专利"还有两方面的含义:一为依法获得国家授权保护的发明创造,即专利技术;二为记载着专利技术的文献,即专利文献。

### (二)专利权的概念与特点

专利权,是指权利人对其发明创造依法享有的专有权利。

作为一项财产权,专利权具有以下特点:(1)权利来源的法定性;(2)权利本身的垄断性;(3)权利客体的公开性。

## 二、专利权的客体

根据我国《专利法》的规定,作为专利权客体的发明创造包括发明、实用新型和外观设计这三种类型。

### (一)发明

发明,是指对产品、方法或者其改进所提出的新的技术方案。作为发明的技术方案是运用自然规律所提出的一种前所未有的新产品、新方法,或者是对已有的产品或方法提出的新改进。因此,发明的种类包括产品发明、方法发明和改进发明。

### (二)实用新型

实用新型是指对产品的形状、构造或者其结合所提出的适于实用的新的技术方案。实用新型与发明相比,主要区别为:(1)涉及范围小于发明。仅涉及产品的形状、构造或者其结合,不涉及方法。(2)要求的条件低于发明。在创造性的要求上,实用新型要低于发明,故被称为"小发明"。(3)审查程序简于发明。实用新型只要通过专利局的初步审查就可获得授权,无须经过实质审查。(4)保护期限短于发明。我国《专利法》规定实用新型专利的保护期限为10年,发明的保护期限为20年,均自申请日起计算。

### (三) 外观设计

外观设计,是指对产品的形状、图案或者其结合以及色彩与形状、图案的结合所作出的富有美感并适于工业应用的新设计。外观设计与实用新型相比,主要区别为:(1)外观设计只考虑美感不考虑技术。实用新型作为一种技术方案,旨在实现其技术效果。(2)外观设计只涉及外表不涉及构造。实用新型既可以是产品外表的形状,也可以是产品内部的构造。(3)外观设计既包括立体又包括平面。实用新型只有通过立体形态,才能实现其技术效果。

### (四) 不能授予专利权的主题

在规定可以作为专利权保护的客体的类型的同时,各国专利法一般都根据专利制度的性质以及各国科技发展的状况,对不能作为专利权保护的事项,即不能授予专利权的主题进行界定。我国《专利法》规定对下列主题不授予专利权:

**1. 违反法律和社会公共秩序的**

(1)违反法律、社会公德或者社会公共利益的发明创造;(2)违反法律、行政法规获取遗传资源所完成的发明创造;(3)违反法律、行政法规利用遗传资源所完成的发明创造。

**2. 不符合发明定义的**

(1)科学发现;(2)智力活动的规则和方法;(3)疾病诊断和治疗方法;(4)对平面印刷品的图案、色彩或者二者的结合作出的主要起标志作用的设计。

**3. 涉及生命活动或原子核变换的**

(1)动植物品种;(2)用原子核变换方法获得的物质。

## 三、专利权的主体

### (一) 发明人或设计人的界定

发明人或者设计人,是指对发明创造的实质性特点作出创造性贡献的人。在完成发明创造过程中,只负责组织工作的人、为物质技术条件的利用提供方便的人或者从事其他辅助工作的人,不是发明人或者设计人。

### (二) 权利归属的确定

**1. 职务与非职务发明创造**

职务发明创造,是指执行本单位的任务或者主要是利用本单位的物质技术条件所完成的发明创造。

执行本单位的任务所完成的职务发明创造,是指:(1)在本职工作中作出的发明创造;(2)履行本单位交付的本职工作之外的任务所作出的发明创造;(3)退休、调离原单位后或者劳动、人事关系终止后 1 年内作出的,与其在原单位承担的本职工作或者原单位分配的任务有关的发明创造。

本单位,包括临时工作单位。物质技术条件,是指本单位的资金、设备、零部件、原材料或者不对外公开的技术资料等。

职务发明创造申请专利的权利属于该单位;申请被批准后,该单位为专利权人。

利用本单位的物质技术条件所完成的发明创造,单位与发明人或者设计人订有合同,对申请专利的权利和专利权的归属作出约定的,从其约定。

非职务发明创造,是指不是执行单位的任务,也没有利用单位的物质技术条件所完成的发明创造。

非职务发明创造申请专利的权利属于发明人或者设计人;申请被批准后,该发明人或者设计人为专利权人。

**2. 合作与委托完成的发明创造**

两个以上单位或者个人合作完成的发明创造、一个单位或者个人接受其他单位或者个人委托所完成的发明创造,除另有协议的以外,申请专利的权利属于完成或者共同完成的单位或者个人;申请被批准后,申请的单位或者个人为专利权人。

## 四、专利权的取得与丧失

### (一) 专利权的取得条件

专利权的取得条件,又称为授予专利权的实质要件。

**1. 发明或者实用新型专利授权的实质要件**

发明或者实用新型专利授权的实质要件包括:(1)新颖性。即该发明或者实用新型不属于现有技术;也没有任何单位或者个人就同样的发明或者实用新型在申请日以前向国务院专利行政部门提出过申请,并记载在申请日以后公布的专利申请文件或者公告的专利文件中。(2)创造性。即与现有技术相比,该发明具有突出的实质性特点和显著的进步,该实用新型具有实质性特点和进步。(3)实用性。即该发明或者实用新型能够制造或者使用,并且能够产生积极效果。

**2. 外观设计专利授权的实质要件**

外观设计专利授权的实质要件包括:(1)新颖性。即该外观设计不属于现有设计;也没有任何单位或者个人就同样的外观设计在申请日以前向国务院专利行政部门提出过申请,并记载在申请日以后公告的专利文件中。(2)区别性。即该外观设计与现有设计或者现有设计特征的组合相比,应当具有明显区别。(3)非冲突性。即该外观设计不得与他人在申请日以前已经取得的合法权利相冲突。

上述现有技术或现有设计,是指申请日以前在国内外为公众所知的技术或设计。

**3. 不丧失新颖性的例外情况**

根据我国《专利法》的规定,申请专利的发明创造在申请日以前 6 个月内,有下列情形之一的,不丧失新颖性:(1)在中国政府主办或者承认的国际展览会上首次展出的;(2)在规定的学术会议或者技术会议上首次发表的;(3)他人未经申请人同意而泄露其内容的。

**(二)专利权的取得程序**

**1. 专利申请的原则**

专利申请的原则,主要有:(1)书面申请原则。即专利申请中法定的各种手续,应当以书面形式或者国务院专利行政部门规定的其他形式办理。(2)单一性原则。即一项专利申请应当限于一项发明创造。(3)优先权原则。即专利申请人在一个法定期限内就相同主题的发明创造提出超过一次专利申请的,其在后申请以第一次申请的日期作为申请日。我国《专利法》规定:申请人自发明或者实用新型在外国第一次提出专利申请之日起 12 个月内,或者自外观设计在外国第一次提出专利申请之日起 6 个月内,又在中国就相同主题提出专利申请的,依照该外国同中国签订的协议或者共同参加的国际条约,或者依照相互承认优先权的原则,可以享有优先权;申请人自发明或者实用新型在中国第一次提出专利申请之日起 12 个月内,又向国务院专利行政部门就相同主题提出专利申请的,可以享有优先权。

**2. 专利申请的审查和批准程序**

专利申请的审查和批准,一般有以下程序:(1)初步审查。即对发明创造专利申请是否符合法定的形式要件所作的审查。(2)早期公开。即对初步审查符合形式要件的发明专利申请,在进行实质审查之前进行公开。(3)实质审查。即对申请专利的发明是否符合授予专利权的实质要件所作的审查。(4)授权公告。即对实用新型和外观设计专利申请经初步审查、发明专利申请经实质审查,没有发现驳回理由,国务院专利行政部门作出授予专利权决定时,所作的公告。(5)专利复审。即专利复审委员会对当事人不服专利行政部门在专利申请审查过程中的有关处理决定,所作的审查。

**(三)专利权的丧失**

专利权的丧失,是指因法定的事实的发生而使专利权归于消灭的现象。

我国《专利法》规定,可以导致专利权丧失的情况有:(1)专利权因宣告而无效。自专利权授权公告之日起,任何单位或者个人认为该专利权的授予不符合《专利法》有关规定的,可以请求专利复审委员会宣告该专利权无效,宣告无效的专利权视为自始即不存在。(2)专利权因放弃而终止。具体包括两种情况:一为没有按照规定缴纳年费;二为专利权人以书面声明放弃其专利权。(3)专利权因期限届满而终止。

## 五、专利权的内容与实施

### (一) 专利权的内容

专利权的内容指专利权的具体涵盖的事项,我国《专利法》规定的专利权的内容包括:(1)制造权。即制造专利产品的权利。(2)使用权。即使用专利产品、专利方法,或者使用依照专利方法直接获得的产品的权利。(3)许诺销售权。即以销售为目的而作出的提供专利产品,或依照专利方法直接获得的产品的权利。(4)销售权。即销售专利产品,或依照专利方法直接获得的产品的权利。(5)进口权。即进口专利产品,或依照专利方法直接获得的产品的权利。

### (二) 专利权的实施

专利权的实施,是指权利人依照法律规定的方式自己或禁止他人利用其专利权的行为。

我国《专利法》规定的专利权实施行为包括,为生产经营目的:(1)制造、使用、许诺销售、销售、进口专利产品;(2)使用专利方法;(3)使用、许诺销售、销售、进口依照该专利方法直接获得的产品。

在我国,发明和实用新型专利权被授予后,除《专利法》另有规定的以外,任何单位或者个人未经专利权人许可,都不得实施其专利,即不得为生产经营目的制造、使用、许诺销售、销售、进口其专利产品,或者使用其专利方法以及使用、许诺销售、销售、进口依照该专利方法直接获得的产品。

外观设计专利权被授予后,任何单位或者个人未经专利权人许可,都不得实施其专利,即不得为生产经营目的制造、许诺销售、销售、进口其外观设计专利产品。

## 六、专利权的限制

### (一) 强制许可

强制许可,是指国家专利行政部门,依照法律规定的条件,不经专利权人的许可,直接允许符合条件的单位实施其发明或实用新型专利的一种行政措施。

我国《专利法》规定的强制许可有以下几种形式:

**1. 怠于实施的强制许可**

即因专利权人自专利权被授予之日起满 3 年,且自提出专利申请之日起满 4 年,无正当理由未实施或者未充分实施其专利而实施的强制许可。

**2. 不利竞争的强制许可**

即因专利权人行使专利权的行为被依法认定为垄断行为,为消除或者减少该行为对竞争产生的不利影响而实施的强制许可。

**3. 国家与公共利益的强制许可**

即因国家出现紧急状态或者非常情况,或者为了公共利益的目而实施的强制许可。

### 4. 国际公共健康的强制许可

即因公共健康目的,对取得专利权的药品,国务院专利行政部门可以给予制造并将其出口到符合中华人民共和国参加的有关国际条约规定的国家或者地区的强制许可。

### 5. 交叉专利的强制许可

即一项取得专利权的发明或者实用新型比前已经取得专利权的发明或者实用新型具有显著经济意义的重大技术进步,其实施又有赖于前一发明或者实用新型的实施时,两项专利权人相互申请实施的强制许可。

（二）不视为侵犯专利权的行为

### 1. 专利权穷竭

即专利产品或者依照专利方法直接获得的产品,由专利权人或者经其许可的单位、个人售出后,使用、许诺销售、销售、进口该产品的不视为侵犯专利权。

### 2. 先用权人实施

即在专利申请日前已经制造相同产品、使用相同方法或者已经作好制造、使用的必要准备,并且仅在原有范围内继续制造、使用的不视为侵犯专利权。

### 3. 临时过境

即临时通过中国领陆、领水、领空的外国运输工具,依照其所属国同中国签订的协议或者共同参加的国际条约,或者依照互惠原则,为运输工具自身需要而在其装置和设备中使用有关专利的不视为侵犯专利权。

### 4. 科研与实验

即专为科学研究和实验而使用有关专利的不视为侵犯专利权。

### 5. 行政审批

即为提供行政审批所需要的信息,制造、使用、进口专利药品或者专利医疗器械的,以及专门为其制造、进口专利药品或者专利医疗器械的不视为侵犯专利权。

（三）重大意义推广

重大意义推广,作为我国特有的对专利权限制的一种行政措施,是指国有企业事业单位的发明专利,对国家利益或者公共利益具有重大意义的,国务院有关主管部门和省、自治区、直辖市人民政府报经国务院批准,可以决定在批准的范围内推广应用,允许指定的单位实施。

（四）期限限制

专利权的期限限制,是指通过法律的规定,将专利权的效力在时间上进行限制的一项制度。专利权的期限是指专利权有效,并依法受到保护的期限。

我国《专利法》规定,发明专利权的期限为 20 年,实用新型专利权和外观设计专利权的期限为 10 年,均自申请日起计算。

## 七、专利侵权行为及其法律责任

（一）专利权的保护范围

专利权的保护范围,是指专利权法律效力所能涉及的范围。按照我国《专利法》第 59 条的规定:

### 1. 发明或者实用新型专利权的保护范围

发明或者实用新型专利权的保护范围以其权利要求的内容为准,说明书及附图可以用于解释权利要求的内容。

### 2. 外观设计专利权的保护范围

外观设计专利权的保护范围以表示在图片或者照片中的该产品的外观设计为准,简要说明可以用于解释图片或者照片所表示的该产品的外观设计。

（二）专利侵权的含义

专利侵权行为是指未经专利权人许可,实施其专利的行为。

（三）专利侵权的法律责任

### 1. 民事赔偿

侵犯专利权的赔偿数额按照下列顺序确定:(1)按照权利人因被侵权所受到的实际损失确定;(2)实际损失难以确定的,可以按照侵权人因侵权所获得的利益确定;(3)权利人的损失或者侵权人获得的利益难以确定的,参照该专利许可使用费的倍数合理确定;(4)权利人的损失、侵权人获得的利益和专利许可使用费均难以确定的,人民法院可以根据专利权的类型、侵权行为的性质和情节等因素,确定给予 1 万元以上 100 万元以下的赔偿。赔偿数额还应当包括权利人为制止侵权行为所支付的合理开支。

### 2. 行政处罚

对于侵犯专利权的行为,当事人可以请求管理专利工作的部门处理。管理专利工作的部门处理时,认定侵权行为成立的,可以责令侵权人立即停止侵权行为。

对于假冒专利的,由管理专利工作的部门责令改正并予公告,没收违法所得,可以并处违法所得四倍以下的罚款;没有违法所得的,可以处 20 万元以下的罚款;构成犯罪的,依法追究刑事责任。

### 3. 刑事制裁

按照《刑法》第 216 条规定:"假冒他人专利,情节严重的,处三年以下有期徒刑或者拘役,并处或单处罚金。"

**复习思考题**

1. 如何理解知识产权的概念?
2. 广义知识产权的范围包括哪些内容?

3. 著作权合理使用的概念和具体事项是什么？

4. 商标权取得的条件有哪些？

5. 何为专利的新颖性、创造性和实用性？

**推荐阅读书目**

1. 郑成思：《知识产权法》，法律出版社，2003 年版。

2. 吴汉东：《知识产权法》，法律出版社，2009 年版。

3. 刘春田：《知识产权法》，中国人民大学出版社，2009 年版。

4. 中华人民共和国主席令第六号《全国人民代表大会常务委员会关于修改〈中华人民共和国商标法〉的决定》。

# 第5章 企业法

**本章导读**

我国企业按照不同的标准可以划分为不同的类型,不同类型的企业都有相应的立法。对企业的微观规制主要规定企业的市场准入(如工商登记)与退出(如企业破产制度)、企业运行规制等内容。广义的企业法应当包括公司法在内,由于公司法地位的特殊性并且内容较多,因此,本书另辟专章予以研究。本章重点介绍《个人独资企业法》《合伙企业法》《中外合资经营企业法》《中外合作经营企业法》《外资企业法》。

**关键术语**

个人独资企业　合伙企业　中外合资经营企业　中外合作经营企业　外资企业

## 第1节　个人独资企业法

### 一、个人独资企业的概念和特征

**(一) 个人独资企业的概念**

个人独资企业是指由一个自然人投资,财产为投资人个人所有,投资人以其个人财产对企业债务承担无限责任的经营实体。我国《个人独资企业法》于1999年8月30日颁布,自2000年1月1日起施行。主要内容包括个人独资企业的设立、个人独资企业的投资人及事务管理、个人独资企业的解散、清算及法律责任等。

**(二) 个人独资企业的特征**

**1. 个人独资企业是一个自然人设立的以营利为目的的经济组织**

个人独资企业由一个自然人设立,这一特点将其与合伙企业区别开来。同时个人独资企业作为一个商事主体,它当然以营利为目的。

**2. 个人独资企业的内部机构设置简单,经营管理方式灵活**

个人投资者对企业的事务有绝对的控制权与支配权,法律并未规定独资企业的所有权与经营权必须分离,所以投资人可以自由选择企业的组织机构设置与经营管理的方式。

**3. 个人独资企业不具有法人资格**

个人独资企业的资产和收益全部归投资者个人所有,投资人个人必须对企业的债务承担无限责任。

## 二、个人独资企业的设立

### （一）设立条件

设立个人独资企业的条件包括：(1)投资人为一个自然人。(2)有合法的企业名称。个人独资的名称受法律保护，对经工商行政管理机关核准登记的名称，在法律规定的范围内享有专用权，不仅有权依法使用、处分自己的名称，还有权禁止其他企业盗用或假冒其名称的侵权行为。(3)有投资人申报的出资。我国《个人独资企业法》没有对个人独资企业的出资额与出资方式作要求，投资人可以用货币出资，还可以用实物、土地使用权、知识产权或其他财产权利作为出资。投资人可以以自己的财产作为出资，也可以以家庭共有财产作为出资，以家庭共有财产作为出资的，应当在设立登记申请书上予以注明。(4)有固定的生产经营场所和必要的生产经营条件。(5)有必要的从业人员。

### （二）设立程序

申请设立个人独资企业，应当由投资人或者其委托的代理人向个人独资企业所在地的登记机关提交设立申请书、投资人身份证明、生产经营场所使用证明等文件。委托代理人申请设立登记时，应当出具投资人的委托书和代理人的合法证明。个人独资企业不得从事法律、行政法规禁止经营的业务；从事法律、行政法规规定须报经有关部门审批的业务，应当在申请设立登记时提交有关部门的批准文件。个人独资企业设立申请书应当载明下列事项：(1)企业的名称和住所，其名称应当与其责任形式及从事的营业相符合，并以其主要办事机构所在地为住所；(2)投资人的姓名和居所；(3)投资人的出资额和出资方式；(4)经营范围。

登记机关应当在收到设立申请文件之日起 15 日内，对符合规定条件的，予以登记，发给营业执照；对不符合《个人独资企业法》规定条件的，不予登记，并给予书面答复，说明理由。个人独资企业的营业执照的签发日期，为个人独资企业的成立日期。在领取个人独资企业营业执照前，投资人不得以个人独资企业名义从事经营活动。

个人独资企业设立分支机构，应当由投资人或者其委托的代理人向分支机构所在地的登记机关申请登记，领取营业执照。分支机构经核准登记后，应将登记情况报该分支机构隶属的个人独资企业的登记机关备案。分支机构的民事责任由设立该分支机构的个人独资企业承担。

## 三、个人独资企业的投资人及事务管理

### （一）个人独资企业的投资人

#### 1. 投资人的主体资格

个人独资企业的投资人为一个自然人，该自然人只限于中国公民。凡是属于法

律、行政法规禁止从事营利性活动的人,均不得作为投资人申请设立个人独资企业。

**2. 投资人的权利**

个人独资企业投资人对本企业的财产依法享有所有权,其有关权利可以依法进行转让或继承。

**3. 投资人的责任**

投资人对企业债务承担无限责任,如果个人独资企业财产不足以清偿债务的,应当以投资人个人的其他财产予以清偿,如果个人独资企业投资人在申请企业设立登记时明确以其家庭共有财产作为个人出资的,应当依法以家庭共有财产对企业债务承担无限责任。

(二)个人独资企业的事务管理

**1. 个人独资企业的事务管理方式**

个人独资企业的事务管理有两种方式:一种是投资人自行管理企业;一种是委托或者聘用其他具有民事行为能力的人负责企业的事务管理。投资人委托或者聘用他人管理个人独资企业事务,应当与受托人或者被聘用的人签订书面合同,明确委托的具体内容和授予的权利范围。

**2. 受托人与被聘用人员的义务与责任**

投资人的受托人或者聘用的人员在管理独资企业事务时,应当履行诚信、勤勉义务,按照与投资人签订的合同负责个人独资企业的事务管理。投资人对受托人或者被聘用的人员职权的限制,不得对抗善意第三人。

投资人委托或者聘用的管理个人独资企业事务的人员不得有下列行为:利用职务上的便利,索取或者收受贿赂;利用职务或者工作上的便利侵占企业财产;挪用企业的资金归个人使用或者借贷给他人;擅自将企业资金以个人名义或者以他人名义开立账户存储;擅自以企业财产提供担保;未经投资人同意,从事与本企业相竞争的业务;未经投资人同意,同本企业订立合同或者进行交易;未经投资人同意,擅自将企业商标或者其他知识产权转让给他人使用;泄露本企业的商业秘密;法律、行政法规禁止的其他行为。投资人委托或者聘用的人员违反规定,侵犯个人独资企业财产权益的,应责令其退还侵占的财产;给企业造成损失的,依法承担赔偿责任;有违法所得的,没收违法所得;构成犯罪的,依法追究刑事责任。投资人委托或者聘用的人员管理个人独资企业事务时违反双方订立的合同,给投资人造成损害的,承担民事赔偿责任。

## 四、个人独资企业的解散和清算

(一)个人独资企业的解散事由

根据法律规定,个人独资企业有下列情形之一时,应当解散:(1)投资人决定解散;(2)投资人死亡或者被宣告死亡,无继承人或者继承人决定放弃继承;(3)被依法吊销营业执照;(4)法律、行政法规规定的其他情形。

（二）个人独资企业的清算

个人独资企业解散,由投资人自行清算或者由债权人申请人民法院指定清算人进行清算。

**1. 有关通知和公告债权人的要求**

投资人自行清算的,应当在清算前 15 日内书面通知债权人,无法通知的,应当予以公告。债权人应当在接到通知之日起 30 日内,未接到通知的应当在公告之日起 60 日内,向投资人申报其债权。

**2. 清算期间对投资人的要求**

清算期间,个人独资企业不得开展与清算目的无关的经营活动。在清偿债务前,投资人不得转移、隐匿财产。个人独资企业财产不足以清偿债务的,投资人应当以其个人的其他财产予以清偿。

**3. 债务清偿**

个人独资企业解散的,财产应当按照下列顺序清偿:(1)所欠职工工资和社会保险费用;(2)所欠税款;(3)其他债务。

**4. 注销登记**

个人独资企业清算结束后,投资人或者人民法院指定的清算人应当编制清算报告,并于 15 日内到登记机关办理注销登记。

（三）投资人的持续清偿责任

个人独资企业解散后,原投资人对个人独资企业存续期间的债务仍应承担偿还责任,但债权人在 5 年内未向债务人提出偿债请求的,该责任消灭。

## 五、违反个人独资企业法的法律责任

（一）个人独资企业及其投资人的法律责任

(1) 投资人提交虚假文件或采取其他欺骗手段,取得企业登记的,责令改正,处以 5 000 元以下的罚款;情节严重的,并处吊销营业执照。

(2) 个人独资企业使用的名称与其在登记机关登记的名称不相符合的,责令限期改正,处以 2 000 元以下的罚款。

(3) 个人独资企业涂改、出租、转让营业执照的,责令改正,没收违法所得,处以 3 000 元以下的罚款;情节严重的,吊销营业执照。伪造营业执照的,责令停业,没收违法所得,处以 5 000 元以下的罚款。构成犯罪的,依法追究刑事责任。

(4) 个人独资企业成立后无正当理由超过 6 个月未开业的,或者开业后自行停业连续 6 个月以上的,吊销营业执照。

(5) 未领取营业执照,以个人独资企业名义从事经营活动的,责令停止经营活动,处以 3 000 元以下的罚款。个人独资企业登记事项发生变更时,未按法律规定办理有关变更登记的,责令限期办理变更登记;逾期不办理的,处以 2 000 元以下的罚款。

(6) 个人独资企业及其投资人在清算前或清算期间隐匿或转移财产,逃避债务的,依法追回其财产,并按照有关规定予以处罚;构成犯罪的,依法追究刑事责任。

(7) 个人独资企业违反规定,侵犯职工合法权益,未保障职工劳动安全,不缴纳社会保险费用的,按照有关法律、行政法规予以处罚,并追究有关责任人员的责任。

投资人违反《个人独资企业法》规定,应当承担民事赔偿责任和缴纳罚款、罚金,其财产不足以支付的,或者被判处没收财产的,应当先承担民事赔偿责任。

**(二) 登记机关及相关部门的法律责任**

(1) 登记机关对不符合《个人独资企业法》规定条件的个人独资企业予以登记,或者对符合法律规定条件的企业不予登记的,对直接责任人员依法给予行政处分;构成犯罪的,依法追究刑事责任。登记机关对符合法定条件的申请不予登记或者超过法定时限不予答复的,当事人可依法申请行政复议或提起行政诉讼。

(2) 登记机关的上级部门的有关主管人员强令登记机关对不符合《个人独资企业法》规定条件的企业予以登记,或者对符合法律规定条件的企业不予登记的,或者对登记机关的违法登记行为进行包庇的,对直接责任人员依法给予行政处分;构成犯罪的,依法追究其刑事责任。

(3) 违反法律、行政法规的规定强制个人独资企业提供财力、物力、人力的,按照有关法律、行政法规予以处罚,并追究有关责任人员的责任。

案例 8

# 第 2 节　合伙企业法

## 一、合伙企业概述

### (一) 合伙企业的概念与分类

**1. 概念**

合伙企业是指自然人、法人和其他组织在中国境内设立的普通合伙企业和有限合伙企业。为了规范合伙企业的行为,保护合伙企业及其合伙人、债权人的合法权益,维护社会经济秩序,促进社会主义市场经济的发展,1997 年 2 月 23 日第八届全国人民代表大会常务委员会第二十四次会议通过了《中华人民共和国合伙企业法》(以下简称《合伙企业法》);2006 年 8 月 27 日第十届全国人民代表大会常务委员会第二十三次会议对该法进行了修订。

**2. 分类**

合伙企业可以分为普通合伙企业与有限合伙企业。普通合伙企业全部由普通合伙人组成,合伙人对合伙企业的债务承担无限连带责任。有限合伙企业由普通合伙人和有限合伙人组成,普通合伙人对合伙企业债务承担无限连带责任,有限合伙人以其认缴的出资额为限对合伙企业债务承担责任。

（二）合伙企业的法律特征

（1）合伙企业是由两名以上合伙人组成的非法人经济组织。合伙企业不是单个人的行为,而是多个人的联合。也就是说,一个合伙企业至少有两个以上的合伙人,这是合伙企业区别于个人独资企业的特征。同时合伙企业与个人独资企业一样,不具有独立的法人资格,不能独立地对企业的债务承担责任。

（2）合伙企业内部关系是合伙关系。所谓合伙关系,就是共同出资、共同经营、共享收益、共担风险的关系。尽管不同合伙企业订立的合伙协议有很大差别,但是都必须遵循上述原则。

（3）合伙企业以合伙协议作为合伙设立及经营管理的基础。合伙协议是合伙人建立合伙关系,确定合伙人各自的权利义务,使合伙企业得以设立的前提,也是合伙企业经营管理的基础。如果没有合伙协议,合伙人之间未形成合伙关系,合伙企业便不能成立,也无法经营。

（4）普通合伙人对合伙企业债务承担无限连带责任。具体包括两层含义:一是当合伙企业财产不足以清偿企业的债务时,普通合伙人应以其在合伙企业以外的其他财产来清偿债务;二是每一名普通合伙人对企业全部的债务都有清偿的义务,债权人可以向任何一个普通合伙人要求全部清偿合伙企业财产不足以清偿的那部分债务。

## 二、普通合伙企业

（一）普通合伙企业的设立

**1. 普通合伙企业的设立条件**

（1）有两个以上的合伙人。普通合伙企业的合伙人可以是自然人、法人和其他组织。下列法律禁止作为普通合伙人的,不得设立普通合伙企业:①合伙人是自然人的,应当为具有完全民事行为能力的人,无民事行为能力人和限制民事行为能力人不得成为普通合伙企业的合伙人。②法律、行政法规规定禁止从事营利性活动的人,不得成为合伙企业的合伙人。如国家公务员、法官、检察官等。③国有独资公司、国有企业、上市公司以及公益性的事业单位、社会团体不得成为普通合伙人。

（2）有书面合伙协议。合伙协议是指合伙人为设立合伙企业而达成的规定合伙人之间权利义务关系的协议。订立合伙协议,应当遵循自愿、平等、公平、诚实信用原则,由全体合伙人协商一致,以书面形式订立。根据《合伙企业法》的规定,合伙协议应当载明下列必要记载事项:①合伙企业的名称和主要经营场所的地点;②合伙目的和经营范围;③合伙人的姓名或者名称、住所;④合伙人出资的方式、数额和缴付期限；⑤利润分配、亏损分担方式；⑥合伙事务的执行；⑦入伙与退伙；⑧争议解决办法；⑨合伙企业的解散与清算；⑩违约责任。除上述必要记载事项外，合伙协议还可以载明任意记载事项，如合伙企业的经营期限等。合伙协议经全体合伙人签名、盖章后生效。合伙人依照合伙协议享有权利、承担责任。合伙协议生效后，全体合伙人可以在协商一致的基础上，对该合伙协议加以修改或者补充。

（3）有各合伙人实际缴付的出资。合伙协议生效后，合伙人应当按照合伙协议的规定缴纳出资。根据《合伙企业法》的规定，合伙人可以用货币、实物、知识产权、土地使用权或者其他财产权利出资，也可以用劳务出资。合伙人对于自己用于缴纳出资的财产或者财产权利，应当拥有合法的处分权，合伙人不得将自己无权处分的财产或者财产权利用于缴纳出资。合伙人以实物、知识产权、土地使用权或者其他财产权利出资，需要评估作价的，可以由全体合伙人协商确定，也可以由全体合伙人委托法定评估机构评估。合伙人以劳务出资的，其评估办法由全体合伙人协商确定，并在合伙协议中载明。合伙人应当按照合伙协议约定的出资方式、数额和缴付期限，履行出资义务。以非货币财产出资的，依照法律、行政法规的规定，需要办理财产权转移手续的，应当依法办理。

（4）有合伙企业的名称和生产经营场所。首先，普通合伙企业的名称应当与其责任形式及所从事的营业相符合。合伙企业名称中应当标明"普通合伙"字样，合伙企业在其名称中不得含有"有限"或者"有限责任"的字样，同时还应符合相关法律对企业名称的规定。其次，合伙企业还必须具有生产经营场所，这是其成立的必要条件。

**2. 合伙企业的设立登记**

根据《合伙企业法》及国务院发布的《合伙企业登记管理办法》的规定，合伙企业的设立登记程序如下：

（1）申请人向企业登记机关提交申请文件。设立合伙企业应当以全体合伙人为申请人，申请登记的具体事务，可由全体合伙人从他们当中指定的代表或者他们共同委托的代理人负责办理。代表的指定或者代理人的委托，应当采用书面形式。申请设立合伙企业，应当向企业登记机关提交下列文件：①全体合伙人签署的合伙申请书；②全体合伙人的身份证明；③全体合伙人指定的代表或者共同委托的代理人的委托书；④合伙协议；⑤出资权属证明；⑥经营场所证明；⑦国务院工商行政管理部门规定提交的其他文件。法律、法规规定设立合伙企业须报经审批的，还应当提交有关批准文件。合伙协议约定或全体合伙人决定，委托一名或者数名合伙人执行合伙事务的，还应当提交全体合伙人的委托书。

（2）登记发照。申请人提交的登记申请材料齐全、符合法定形式，企业登记机关能够当场登记的，应予当场登记，发给营业执照。除上述情况外，企业登记机关自收到申请人提交的符合规定的全部申请文件之日起 20 日内，作出是否登记的决定。予以登记，发给营业执照；不予登记的，应当给予书面答复，并说明理由。合伙企业的登记事项包括：合伙企业的名称和类型、合伙人的姓名及住所、合伙企业的经营场所、经营范围、经营方式以及合伙人的出资额、出资方式、评估方式及缴纳的期限等。

合伙企业营业执照签发之日，为合伙企业的成立日期。合伙企业领取营业执照前，合伙人不得以合伙企业名义从事合伙业务。合伙企业设立分支机构，应当向分支机构所在地的企业登记机关申请登记，领取营业执照。

(二) 合伙企业的财产

**1. 合伙企业财产的构成**

根据《合伙企业法》的规定，合伙人的出资、以合伙企业名义取得的收益和依法取得的其他财产，均为合伙企业的财产。它包括两个部分：(1)合伙人的出资。当合伙人按照合伙协议缴纳的出资转入合伙企业时，就变成了合伙企业的财产。(2)以合伙企业名义取得的收益。合伙企业作为一个独立的经济实体，以其名义取得的收益作为合伙企业的财产，成为合伙企业财产的一部分。

合伙企业的财产由全体合伙人依照《合伙企业法》的规定及合伙协议的约定共同管理和使用。在合伙企业存续期间，除非有合伙人退伙等事由，合伙人不得请求分割合伙企业的财产。合伙企业的合伙财产具有共有财产的性质，对合伙财产的占有、使用、收益和处分，均应依据《合伙企业法》及合伙协议进行。

**2. 合伙企业财产的转让**

由于合伙企业及其财产性质的特殊性，其财产的转让，将会影响到合伙企业以及各合伙人的切身利益，因此，《合伙企业法》对合伙企业财产的转让作了以下限制性规定：(1)除合伙协议另有约定外，合伙人向合伙人以外的人转让其在合伙企业中的全部或者部分财产份额时，须经其他合伙人一致同意；(2)合伙人之间转让在合伙企业中的全部或者部分财产份额时，应当通知其他合伙人；(3)合伙人向合伙人以外的人转让其在合伙企业中的财产份额的，在同等条件下，其他合伙人有优先购买权；但是，合伙协议另有约定的除外。

另外，《合伙企业法》规定，合伙人以其在合伙企业中的财产份额出质的，须经其他合伙人一致同意；未经其他合伙人一致同意，其行为无效，由此给善意第三人造成损失的，由行为人依法承担赔偿责任。

合伙人以外的人依法受让合伙人在合伙企业中的财产份额的，经修改合伙协议即成为合伙企业的合伙人，依照《合伙企业法》和修改后的合伙协议享有权利、履行义务。

(三) 合伙企业的事务执行

**1. 合伙事务执行的形式**

合伙人执行合伙企业事务的形式有两种：一种是由全体合伙人共同执行合伙企业事务的形式；一种是委托一名或数名合伙人执行企业事务的形式。

全体合伙人共同执行合伙企业事务是合伙企业事务执行的基本形式,也是在合伙企业中经常使用的一种形式。在采用这种事务执行形式的合伙企业中,按照合伙协议的约定,各个合伙人都直接参与经营,处理合伙企业的事务,对外代表合伙企业。

委托一名或数名合伙人执行合伙企业事务,即由合伙协议约定或者全体合伙人决定委托一名或者数名合伙人执行合伙企业事务,对外代表合伙企业。未接受委托执行合伙企业事务的其他合伙人,不再执行合伙企业的事务。

**2. 合伙事务执行的决议**

合伙人对合伙企业有关事项作出决议,按照合伙协议约定的表决办法办理。合伙协议未约定或者约定不明确的,实行合伙人一人一票并经全体合伙人过半数通过的表决办法。

合伙企业的下列事务必须经全体合伙人一致同意:(1)改变合伙企业名称;(2)改变合伙企业的经营范围、主要经营场所和地点;(3)处分合伙企业的不动产;(4)转让或者处分合伙企业的知识产权和其他财产权利;(5)以合伙企业名义为他人提供担保;(6)聘任合伙人以外的人担任合伙企业的经营管理人员。

**3. 合伙人在执行合伙事务中的权利和义务**

(1)合伙人在执行合伙事务中的权利。根据《合伙企业法》的规定,合伙人在执行合伙事务中的权利主要包括以下内容:①合伙人平等享有合伙事务的执行权;②执行合伙事务的合伙人对外代表合伙企业;③不参加执行合伙事务的合伙人有权监督执行事务的合伙人,检查其执行合伙企业事务的情况;④各合伙人有权查阅合伙企业的账簿等其他财务资料;⑤合伙人有提出异议权和撤销委托执行事务权。在合伙人分别执行合伙事务的情况下,由于执行合伙事务的合伙人的行为所产生的亏损和责任要由全体合伙人承担,因此,《合伙企业法》规定,经合伙协议约定或者经全体合伙人决定,合伙人分别执行合伙企业事务时,合伙人可以对其他合伙人执行的事务提出异议。提出异议时,应暂停该事务的执行。如果发生争议,依照有关规定作出决定。被委托执行合伙事务的合伙人不按照合伙协议或者全体合伙人的决定执行事务的,其他合伙人可以撤销该委托。

(2)合伙人在执行合伙事务中的义务。根据《合伙企业法》的规定,合伙人在执行合伙事务中的义务主要包括以下内容:①由一名或者数名合伙人执行合伙企业事务的,执行事务合伙人应当定期向其他合伙人报告事务执行情况以及合伙企业的经营和财务状况;②合伙人不得自营或者同他人合作经营与本合伙企业相竞争的业务;③除合伙协议另有约定或者经全体合伙人同意外,合伙人不得同本合伙企业进行交易;④合伙人不得从事损害本合伙企业利益的活动。

**(四)合伙企业的损益分配**

根据《合伙企业法》的规定,合伙企业的利润分配、亏损分担,按照合伙协议的约定办理;合伙协议未约定或者约定不明确的,由合伙人协商决定;协商不成的,由合伙人按照实缴出资比例分配、分担;无法确定出资比例的,由合伙人平均分配、分担。

合伙企业无论采用何种方式进行损益分配,均不得违反利润共享和亏损共担的原则。为此,《合伙企业法》规定,合伙协议不得约定将全部利润分配给部分合伙人或者由部分合伙人承担全部亏损。

（五）合伙企业与第三人的关系

**1. 合伙企业与善意第三人的关系**

《合伙企业法》规定,合伙企业对合伙人执行合伙企业事务以及对外代表合伙企业权利的限制,不得对抗善意第三人。这里所指的善意第三人,是指不知情的第三人。合伙企业事务执行人只要是在正常业务范围内,按通常方式处理属于该合伙企业业务范围的事务,其对外实施的法律行为,就对合伙企业具有约束力,其执行合伙事务所产生的收益归合伙企业,所产生的费用和亏损由合伙企业承担。当然,法律并不禁止通过合伙协议对合伙企业事务执行人的行为加以限制。但这种内部限制若要对第三人发生效力,必须以第三人知道这一情况为条件;如果第三人不知情,则该内部限制不对该第三人发生效力。例如,合伙企业内部约定,事务执行人代表合伙企业对外签订标的金额 10 万元以上的合同应经全体合伙人同意。如果该合伙人未经其他合伙人同意便签署了标的金额 20 万元的合同,且第三人不知情,则合伙企业应当受该合同的约束,而不得以该合伙事务执行人违反内部约定而主张合同无效。

**2. 合伙企业与其债权人的关系**

(1) 合伙人的无限连带清偿责任。合伙企业对其债务,应先以其全部财产进行清偿。合伙企业财产不足清偿到期债务的,各合伙人应当承担无限连带清偿责任。

(2) 合伙人之间的债务分担和追偿。以合伙企业财产清偿合伙企业债务时,其不足的部分,按照合伙协议的约定办理;合伙协议未约定或者约定不明确的,由合伙人协商决定;协商不成的,由合伙人按照实缴出资比例分配、分担;无法确定出资比例的,由合伙人平均分配、分担。

当然,合伙人之间的债务分担比例对债权人没有约束力。债权人可以请求全体合伙人中的一人或数人承担全部清偿责任,也可以按照自己确定的清偿比例向各合伙人分别追偿。如果某一合伙人实际支付的清偿数额超过其依照法律规定所应承担的数额,该合伙人有权就超过部分向其他未支付或者未足额支付应承担数额的合伙人追偿。

**3. 合伙企业与合伙人个人债权人之间的关系**

在合伙企业存续期间,可能发生个别合伙人因不能偿还其个人债务而被追索的情况。由于合伙人在合伙企业中拥有财产利益,合伙人个人的债权人可能会向合伙企业提出各种清偿请求。为了保护合伙企业和其他合伙人的合法权益,同时也保护债权人的合法权益,《合伙企业法》作了如下规定:

(1) 合伙人的债权人不得对合伙企业主张抵销权和代位权。《合伙企业法》规定,合伙人发生与合伙企业无关的债务,相关债权人不得以其债权抵销其对合伙企业的债务;也不得代位行使合伙人在合伙企业中的权利。

(2) 合伙人的债权人可以依法追索合伙人在合伙企业中的收益和财产份额。对于个别合伙人的债权人,法律并非不予保护。《合伙企业法》规定,合伙人的自有财产不足以清偿其与合伙企业无关的债务的,该合伙人可以以其从合伙企业中分取的收益用于清偿;债权人也可以依法请求人民法院强制执行该合伙人在合伙企业中的财产份额用于清偿。这样规定,既保护了债权人的利益,也无损于全体合伙人的合法权益。因为,在债权人取得其债务人在合伙企业中的收益作为清偿的情况下,他并不能参与合伙内部事务,也不妨碍该债务人正常行使其作为合伙人的正当权利。

在以合伙人的财产份额清偿其个人债务的情况下,需注意两点:第一,这种清偿必须通过人民法院强制执行的程序进行,债权人不得私自接管债务人在合伙企业中的财产份额。第二,在强制执行个别合伙人在合伙企业中的财产份额时,为了保护其他合伙人的权利,根据《合伙企业法》的规定,人民法院强制执行合伙人的财产份额时,应当通知全体合伙人,其他合伙人有优先购买权;其他合伙人未购买,又不同意将该财产份额转让给他人的,依照《合伙企业法》第 51 条的规定为该合伙人办理退伙结算,或者办理削减该合伙人相应财产份额的结算。

**案例**

江某是某普通合伙企业的合伙事务执行人,欠罗某债务 10 万元,罗某在交易中又欠合伙企业债务 10 万元。后合伙企业解散,清算中,罗某要求以其对江某的债权抵销其所欠合伙企业的债务,各合伙人对罗某的这一要求产生了分歧。

本案中,首先要明确江某欠罗某 10 万元的债务与合伙企业是有关的还是无关的。如果该债务与合伙企业是有关的,那么该债务为合伙企业的债务。根据《合伙企业法》的规定:由一个或者数个合伙人执行合伙事务的,执行事务合伙人应当定期向其他合伙人报告事务执行情况以及合伙企业的经营和财务状况,其执行合伙事务所产生的收益归合伙企业,所产生的费用和亏损由合伙企业承担。就本案中的上述两笔债权、债务而言,罗某可以行使抵销权。如果该债务是与合伙企业无关的,那么江某与罗某之间的债权债务关系中,江某为债务人,罗某为债权人;而罗某与合伙企业之间的债权债务关系中,罗某为债务人,债权人为合伙企业,很明显两个债权关系的当事人不同,所以不能抵销。

(六) 入伙与退伙

**1. 入伙**

入伙是指在合伙企业存续期间,合伙人以外的第三人加入合伙,从而取得合伙人资格的法律行为。根据《合伙企业法》的规定,新合伙人入伙,除合伙协议另有约定外,应当经全体合伙人一致同意,并依法订立书面入伙协议。订立入伙协议时,原合伙人应当向新合伙人如实告知原合伙企业的经营状况和财务状况。

入伙的新合伙人与原合伙人享有同等权利,承担同等责任。入伙协议另有约定的,从其约定。入伙的新合伙人对入伙前合伙企业的债务承担无限连带责任。

合伙企业登记事项因入伙等原因发生变更的,执行合伙事务的合伙人应当自作出变更决定或者发生变更事由之日起 15 日内,向企业登记机关申请办理变更登记。

**2. 退伙**

(1) 退伙的种类。退伙是指合伙人退出合伙,从而丧失合伙人资格。合伙人退伙,一般有两种原因:一是自愿退伙;二是法定退伙。

第一,自愿退伙,是指合伙人基于自愿的意思表示而退伙。自愿退伙可以分为协议退伙和通知退伙两种:①协议退伙。根据《合伙企业法》的规定,合伙协议约定合伙企业的经营期限的,有下列情形之一时,合伙人可以退伙:合伙协议约定的退伙事由出现;经全体合伙人一致同意;发生合伙人难以继续参加合伙企业的事由;其他合伙人严重违反合伙协议约定的义务。②通知退伙。根据《合伙企业法》的规定,合伙协议未约定合伙期限的,合伙人在不给合伙企业事务执行造成不利影响的情况下,可以退伙,但应当提前 30 日通知其他合伙人。合伙人违反上述规定擅自退伙的,应当赔偿由此给合伙企业造成的损失。

第二,法定退伙,是指因出现法律明确规定的事由而退伙。法定退伙分为当然退伙和除名两类:①当然退伙。根据《合伙企业法》的规定,合伙人有下列情形之一的,当然退伙:作为合伙人的自然人死亡或者被依法宣告死亡;个人丧失偿债能力;作为合伙人的法人或者其他组织依法被吊销营业执照、责令关闭撤销,或者被宣告破产;法律规定或者合伙协议约定合伙人必须具有相关资格而丧失该资格;合伙人在合伙企业中的全部财产份额被人民法院强制执行。合伙人被依法认定为无民事行为能力人或者限制民事行为能力人的,经其他合伙人一致同意,可以依法转为有限合伙人,普通合伙企业依法转为有限合伙企业。其他合伙人未能一致同意的,该无民事行为能力或者限制民事行为能力的合伙人退伙。当然退伙以法定事由实际发生之日为退伙生效日。②除名。根据《合伙企业法》的规定,合伙人有下列情形之一的,经其他合伙人一致同意,可以决议将其除名:未履行出资义务;因故意或者重大过失给合伙企业造成损失;执行合伙企业事务时有不正当行为;合伙协议约定的其他事由。对合伙人的除名决议应当书面通知被除名人,被除名人自接到除名通知之日起,除名生效,被除名人退伙。被除名人对除名决议有异议的,可以在接到除名通知之日起30 日内,向人民法院起诉。

(2) 退伙的法律后果。退伙的法律后果,是指发生退伙时退伙人在合伙企业中的财产份额和民事责任的归属变动。分为两类情况:一是财产继承,即退伙人的财产份额和民事责任归属于退伙人的继承人;二是退伙结算,即退伙人的财产份额和民事责任归属于退伙人本人。

关于财产继承,这是在合伙人因死亡或者被宣告死亡而退伙时发生的法律后果。

《合伙企业法》规定,合伙人死亡或者被依法宣告死亡的,对该合伙人在合伙企业中的财产份额享有合法继承权的继承人,依照合伙协议的约定或者全体合伙人同意,从继承开始之日起,取得该合伙企业合伙人的资格。有下列情形之一的,合伙企业应当向合伙人的继承人退还被继承合伙人的财产份额:①继承人不愿意成为合伙人;②法律规定或者合伙协议约定合伙人必须具有相关资格,而该继承人未取得该资格;③合伙协议约定不能成为合伙人的其他情形。合伙人的继承人为无民事行为能力人或者限制民事行为能力人的,经全体合伙人一致同意,可以依法成为有限合伙人,普通合伙企业依法转为有限合伙企业。全体合伙人未能一致同意的,合伙企业应当将被继承合伙人的财产份额退还该继承人。

关于退伙结算,除死亡或宣告死亡的情形外,合伙人退伙时,其财产和责任,应按退伙结算的规则办理。根据《合伙企业法》规定,合伙人退伙,其他合伙人应当与该退伙人按照退伙时的合伙企业财产状况进行结算,退还退伙人的财产份额。退伙人对给合伙企业造成的损失负有赔偿责任的,相应扣减其应当赔偿的数额。退伙时有未了结的合伙企业事务的,待该事务了结后进行结算。退伙人在合伙企业中财产份额的退还办法,由合伙协议约定或者由全体合伙人决定,可以退还货币,也可以退还实物。合伙人退伙时,合伙企业财产少于合伙企业债务的,退伙人应当依照《合伙企业法》规定分担亏损,即按照合伙协议的约定分担亏损;合伙协议未约定或者约定不明确的,由合伙人协商决定;协商不成的,由合伙人按照实缴出资比例分担;无法确定出资比例的,由合伙人平均分担。合伙人退伙后,并不能解除对于合伙企业既往债务的连带责任,根据《合伙企业法》的规定,合伙人对基于其退伙前的原因发生的合伙企业债务,承担无限连带责任。

（七）特殊的普通合伙

**1. 特殊的普通合伙的适用范围**

根据《合伙企业法》规定,以专业知识和专门技能为客户提供有偿服务的专业服务机构,可以根据依法设立特殊的普通合伙企业,特殊的普通合伙企业名称中应当标明"特殊普通合伙"字样。

**2. 特殊的普通合伙的责任承担**

根据《合伙企业法》规定,一个合伙人或者数个合伙人在执业活动中因故意或者重大过失造成合伙企业债务的,应当承担无限责任或者无限连带责任,其他合伙人以其在合伙企业中的财产份额为限承担责任。合伙人在执业活动中非因故意或者重大过失造成的合伙企业债务以及合伙企业的其他债务,由全体合伙人承担无限连带责任。合伙人执业活动中因故意或者重大过失造成的合伙企业债务,以合伙企业财产对外承担责任后,该合伙人应当按照合伙协议的约定对给合伙企业造成的损失承担赔偿责任。

### 3. 特殊的普通合伙的执业风险防范

特殊的普通合伙企业应当建立执业风险基金、办理职业保险。执业风险基金,主要是指特殊普通合伙企业为了分担经营风险,从其经营收益中提取的相应比例的资金留存或者根据相关规定上缴至指定机构所形成的基金,执业风险基金用于偿付由合伙人执业活动造成的债务,执业风险基金应当单独立户管理。职业保险是指对专业服务人员因工作上的过失或者疏忽大意所造成损失的经济赔偿责任进行承保的保险。

## 三、有限合伙企业

### (一)有限合伙企业的概念

有限合伙企业,是指由对合伙企业债务负有限责任的有限合伙人和对合伙企业债务负无限连带责任的普通合伙人共同组成的合伙组织。有限合伙制度,有利于鼓励风险投资,调动投资者的积极性,实现投资者与创业者的最佳结合,因此我国在2006年新修订的《合伙企业法》中引进了有限合伙制度。在有限合伙企业的法律适用中,凡是《合伙企业法》对有限合伙有特殊规定的,应当适用该特殊规定,无特殊规定的,适用该法有关合伙的一般规定。

### (二)有限合伙企业的设立条件

#### 1. 合伙人符合法定人数

根据《合伙企业法》的规定,有限合伙企业由2个以上50个以下合伙人设立,法律另有规定的除外。有限合伙企业至少应当有1个普通合伙人。有限合伙企业仅剩有限合伙人的,应当解散;有限合伙企业仅剩普通合伙人的,转为普通合伙企业。

#### 2. 有合法的名称

有限合伙企业名称中应当标明"有限合伙"字样,其目的是为了便于交易相对人对合伙责任形式的了解。

#### 3. 制定有限合伙协议

有限合伙的协议除了要符合普通合伙协议的要求外,还应当载明下列事项:(1)普通合伙人和有限合伙人的姓名或者名称、住所;(2)执行事务合伙人应具备的条件和选择程序;(3)执行事务合伙人权限与违约处理办法;(4)执行事务合伙人的除名条件和更换程序;(5)有限合伙人入伙、退伙的条件、程序以及相关责任;(6)有限合伙人和普通合伙人相互转变程序。

#### 4. 出资合法

有限合伙人可以用货币、实物、知识产权、土地使用权或者其他财产权利作价出资。与普通合伙人不同的是,考虑到劳务出资的变动性与难以执行性等特点,法律规定有限合伙人不得以劳务出资。有限合伙人应当按照合伙协议的约定按期足额缴纳出资;未按期足额缴纳的,应当承担补缴义务,并对其他合伙人承担违约责任。

有限合伙符合上述设立条件的,应当进行登记,有限合伙企业登记事项中应当载明有限合伙人的姓名或者名称及认缴的出资数额。

（三）有限合伙企业的事务执行

《合伙企业法》规定，有限合伙企业由普通合伙人执行合伙事务。执行事务合伙人可以要求在合伙协议中确定执行事务的报酬及报酬提取方式。有限合伙人不执行合伙事务，不得对外代表有限合伙企业。

有限合伙人的下列行为，不视为执行合伙事务：（1）参与决定普通合伙人入伙、退伙；（2）对企业的经营管理提出建议；（3）参与选择承办有限合伙企业审计业务的会计师事务所；（4）获取经审计的有限合伙企业财务会计报告；（5）对涉及自身利益的情况，查阅有限合伙企业财务会计账簿等财务资料；（6）在有限合伙企业中的利益受到侵害时，向有责任的合伙人主张权利或者提起诉讼；（7）执行事务合伙人怠于行使权利时，督促其行使权利或者为了本企业的利益以自己的名义提起诉讼；（8）依法为本企业提供担保。

第三人有理由相信有限合伙人为普通合伙人并与其交易的，该有限合伙人对该笔交易承担与普通合伙人同样的责任。有限合伙人未经授权以有限合伙企业名义与他人进行交易，给有限合伙企业或者其他合伙人造成损失的，该有限合伙人应当承担赔偿责任。

（四）有限合伙企业的利润分配与债务承担

《合伙企业法》规定，有限合伙企业不得将全部利润分配给部分合伙人；但是，合伙协议另有约定的除外。对合伙企业的债务，有限合伙人以其出资额为限承担有限责任，普通合伙人承担无限连带责任。有关有限合伙人的自身债务，《合伙企业法》规定，有限合伙人的自有财产不足以清偿其与合伙企业无关的债务的，该合伙人可以以其从有限合伙企业中分取的收益用于清偿；债权人也可以依法请求人民法院强制执行该合伙人在有限合伙企业中的财产份额用于清偿。人民法院强制执行有限合伙人的财产份额时，应当通知全体合伙人，在同等条件下，其他合伙人有优先购买权。

（五）有限合伙人的几项特殊权利

（1）除非合伙协议另有约定，有限合伙人可以同本有限合伙企业进行交易。

（2）除非合伙协议另有约定，有限合伙人可以自营或者同他人合作经营与本有限合伙企业相竞争的业务。

（3）除非合伙协议另有约定，有限合伙人可以将其在有限合伙企业中的财产份额出质。

（4）有限合伙人可以按照合伙协议的约定向合伙人以外的人转让其在有限合伙企业中的财产份额，但应当提前 30 日通知其他合伙人。

（六）有限合伙企业的入伙与退伙

**1. 入伙**

《合伙企业法》规定，新入伙的有限合伙人对入伙前有限合伙企业的债务，以其认缴的出资额为限承担责任。

**2. 退伙**

有限合伙人出现下列情况之一的,当然退伙:(1)作为合伙人的自然人死亡或者被依法宣告死亡;(2)作为合伙人的法人或者其他组织依法被吊销营业执照、责令关闭撤销,或者被宣告破产;(3)法律规定或者合伙协议约定合伙人必须具有相关资格而丧失该资格;(4)合伙人在合伙企业中的全部财产份额被人民法院强制执行。作为有限合伙人的自然人在有限合伙企业存续期间丧失民事行为能力的,其他合伙人不得因此要求其退伙。

作为有限合伙人的自然人死亡、被依法宣告死亡或者作为有限合伙人的法人及其他组织终止时,其继承人或者权利承受人可以依法取得该有限合伙人在有限合伙企业中的资格。有限合伙人退伙后,对基于其退伙前的原因发生的有限合伙企业债务,以其退伙时从有限合伙企业中取回的财产承担责任。

## 四、合伙企业的解散与清算

### (一)合伙企业的解散

合伙企业解散是指合伙企业终止活动的法律行为。根据《合伙企业法》的规定,合伙企业有下列情形之一的,应当解散:(1)合伙期限届满,合伙人决定不再经营;(2)合伙协议约定的解散事由出现;(3)全体合伙人决定解散;(4)合伙人已不具备法定人数满30天;(5)合伙协议约定的合伙目的已经实现或者无法实现;(6)依法被吊销营业执照、责令关闭或者被撤销;(7)出现法律、行政法规规定的合伙企业解散的其他原因。

### (二)合伙企业的清算

合伙企业解散的,应当进行清算。

**1. 确定清算人**

合伙企业解散,清算人由全体合伙人担任;不能由全体合伙人担任清算人的,经全体合伙人过半数同意,可以自合伙企业解散后15日内指定1名或者数名合伙人,或者委托第三人担任清算人,15日内未确定清算人的,合伙人或者其他利害关系人可以申请人民法院指定清算人。清算人在清算期间履行下列职责:(1)清理合伙企业财产,分别编制资产负债表和财产清单;(2)处理与清算有关的合伙企业未了结的事务;(3)清缴所欠税款;(4)清理债权、债务;(5)处理合伙企业清偿债务后的剩余财产;(6)代表合伙企业参与民事诉讼活动。

**2. 通知和公告债权人**

清算人自被确定之日起10日内将合伙企业解散事项通知债权人,并于60日内在报纸上公告。债权人应当自接到通知书之日起30日内,未接到通知书的自公告之日起45日内,向清算人申报债权。债权人申报债权,应当说明债权的有关事项,并提供证明材料,清算人应当对债权进行登记。

**3. 财产清偿顺序**

合伙企业财产在支付清算费用和职工工资、社会保险费用、法定补偿金以及缴纳所欠税款、清偿债务后的剩余财产,依照《合伙企业法》有关利润分配的规定对合伙人进行分配。

**4. 注销登记**

清算结束后,清算人应当编制清算报告,经全体合伙人签名、盖章后,在 15 日内向企业登记机关报送清算报告,办理合伙企业注销登记。合伙企业注销后,原普通合伙人对合伙企业存续期间的债务仍应承担无限连带责任。合伙企业不能清偿到期债务的,债权人可以依法向人民法院提出破产清算申请,也可以要求普通合伙人清偿。

## 五、违反《合伙企业法》的法律责任

违反《合伙企业法》的规定,应当承担民事赔偿责任和缴纳罚款、罚金,其财产不足以同时支付的,先承担民事赔偿责任。构成犯罪的,依法追究刑事责任。

**(一) 合伙企业违法行为的法律责任**

(1) 违反合伙企业法规定,提交虚假文件或者采取其他欺骗手段,取得企业登记的,由企业登记机关责令改正,可以处以 5 000 元以上 5 万元以下的罚款;情节严重的,撤销企业登记,并处以 5 万元以上 20 万元以下的罚款。

(2) 违反合伙企业法规定,合伙企业未在其名称中标明"普通合伙""特殊普通合伙"或者"有限合伙"字样的,由企业登记机关责令限期改正,处以 2 000 元以上 1 万元以下的罚款。

(3) 违反合伙企业法规定,未依法领取营业执照,而以合伙企业名义从事经营活动的,由企业登记机关责令停止经营活动,处以 5 000 元以下的罚款。

(4) 合伙企业登记事项发生变更时,未按照合伙企业法的规定办理有关变更登记的,责令限期登记;逾期不登记的,处以 2 000 元以上 2 万元以下的罚款。合伙企业登记事项发生变更,执行合伙事务的合伙人未按期申请办理变更登记的,应当赔偿由此给合伙企业、其他合伙人或者善意第三人造成的损失。

**(二) 合伙人违法行为的法律责任**

(1) 合伙人执行合伙事务,或者合伙企业从业人员利用职务上的便利,将应当归合伙企业的利益据为己有的,或者采取其他手段侵占合伙企业财产的,应当将该利益和财产退还给合伙企业;给合伙企业或者其他合伙人造成损失的,依法承担赔偿责任。

(2) 合伙人对《合伙企业法》规定或者合伙协议约定必须经全体合伙人一致同意始得执行的事务擅自处理,给合伙企业或者其他合伙人造成损失的,依法承担赔偿责任。

（3）不具有事务执行权的合伙人擅自执行合伙事务，给合伙企业或者其他合伙人造成损失的，依法承担赔偿责任。

（4）合伙人违反《合伙企业法》规定或者合伙协议的约定，从事与本合伙企业相竞争的业务或者与本合伙企业进行交易的，该收益归合伙企业所有；给合伙企业或者其他合伙人造成损失的，依法承担赔偿责任。

（5）合伙人违反合伙协议的，应当依法承担违约责任。合伙人履行合伙协议发生争议的，合伙人可以通过协商或者调解解决。合伙人不同意通过协商、调解解决或者协商、调解不成的，可以按照合伙协议约定的仲裁条款或者事后达成的书面仲裁协议，向仲裁机构申请仲裁。合伙协议中未订立仲裁条款，事后又没有达成书面仲裁协议的，可以向人民法院起诉。

（三）合伙企业清算人违法行为应承担的法律责任

（1）清算人未依照《合伙企业法》规定向企业登记机关报送清算报告，或者报送清算报告隐瞒重要事实，或者有重大遗漏的，由企业登记机关责令改正。由此产生的费用和损失，由清算人承担和赔偿。

（2）清算人执行清算事务，牟取非法收入或者侵占合伙企业财产的，应当将该收入和侵占的财产退还合伙企业；给合伙企业或者其他合伙人造成损失的，依法承担赔偿责任。

（3）清算人违反《合伙企业法》规定，隐匿、转移合伙企业财产，对资产负债表或者财产清单作虚假记载，或者在未清偿债务前分配财产，损害债权人利益的，依法承担赔偿责任。

（四）国家行政管理机关及其人员违法行为的法律责任

有关行政管理机关的工作人员违反《合伙企业法》的规定，滥用职权、徇私舞弊、收受贿赂、侵害合伙企业合法权益的，依法给予行政处分。

# 第 3 节　外商投资法

## 一、外商投资法概述

### 1. 外商投资

外商投资是指外国的自然人、企业或者其他组织（以下称"外国投资者"）直接或者间接在中国境内进行的投资活动，包括：（1）外国投资者单独或者与其他投资者共同在中国境内设立外商投资企业；（2）外国投资者取得中国境内企业的股份、股权、财产份额或者其他类似权益；（3）外国投资者单独或者与其他投资者共同在中国境内投资新建项目；(4)法律、行政法规或者国务院规定的其他方式的投资。我国规定的外商投资形式包括新设、并购、新建项目和其他方式等四种情形,分为直接投资和间接投资两类。

**2. 外商投资企业**

外商投资企业是指全部或者部分由外国投资者投资,依照中国法律在中国境内经登记注册设立的企业。

**3. 外商投资法**

外商投资法是指一国为引进外资和技术以推动本国经济与社会发展,由立法机关制定并公布的关于调整外国投资者与国内投资者或政府的关系的法律规范的总称。中国自对外开放以来,已制定并公布了大量适用于外商投资,特别是外商投资企业的法律、法规,内容涉及很多方面:第一,关于外商投资企业形式的《中外合资经营企业法》及其实施条例、《中外合作经营企业法》及其实施细则、《外资企业法》及其实施细则等。第二,关于外商投资企业登记的《关于中外合资经营企业的登记审批程序》等。第三,关于劳动人事管理《中外合资经营企业劳动管理规定》及其实施办法、《外商投资企业劳动管理规定》等。第四,关于出资、税收、外汇、贷款等方面的诸多法律法规。

为了进一步扩大对外开放,积极促进外商投资,保护外商投资合法权益,规范外商投资管理,推动形成全面开放新格局,促进社会主义市场经济健康发展,《中华人民共和国外商投资法》自 2020 年 1 月 1 日起施行。《中华人民共和国中外合资经营企业法》《中华人民共和国外资企业法》《中华人民共和国中外合作经营企业法》同时废止。该法施行前依照《中华人民共和国中外合资经营企业法》《中华人民共和国外资企业法》《中华人民共和国中外合作经营企业法》设立的外商投资企业,在本法施行后五年内可以继续保留原企业组织形式等,具体实施办法由国务院规定。

对外国投资者在中国境内投资银行业、证券业、保险业等金融行业,或者在证券市场、外汇市场等金融市场进行投资的管理,国家另有规定的,依照其规定。

## 二、外商投资管理制度

我国国务院商务主管部门、投资主管部门按照职责分工,开展外商投资促进、保护和管理工作;国务院其他有关部门在各自职责范围内,负责外商投资促进、保护和管理的相关工作。县级以上地方人民政府有关部门依照法律法规和本级人民政府确定的职责分工,开展外商投资促进、保护和管理工作。

在具体内容上,我国对外商投资实行准入前国民待遇加负面清单管理制度。

(一)外商投资准入前国民待遇制度

准入前国民待遇是指在投资准入阶段给予外国投资者及其投资不低于本国投资者及其投资的待遇。中华人民共和国缔结或者参加的国际条约、协定对外国投资者准入待遇有更优惠规定的,可以按照相关规定执行。

这样,我国在外资管理模式上发生了根本性的改变:实行准入前国民待遇加负面清单的管理制度,取消逐案审批制管理模式。准入前国民待遇加负面清单制度是我国自上海自由贸易试验区开始的外资管理模式探索,自 2017 年起,负面清单制度首次开始在全国范围内实施。此后,负面清单的内容日趋缩小,体现了对外商投资门槛的不断降低,以及持续改善营商环境的努力。

国际投资规则一个重要的发展趋势就是投资自由化,具体的实现方式就是将国民待遇义务的适用范围从投资准入后的阶段(投资的管理、经营和其他处置等)扩大到投资准入的阶段(投资的设立、取得、扩大),在承诺方式上要求以负面清单形式列明对外国投资者及其投资的特别管理措施。实行"准入前国民待遇加负面清单"管理制度意味着将国民待遇义务的适用范围从准入后扩大到准入前,涵盖了外商投资的整个生命周期。

(二)外商投资负面清单管理制度

**1. 负面清单**

负面清单是指国家规定在特定领域对外商投资实施的准入特别管理措施,《外商投资法》第 28 条规定,负面清单将区分禁止外商投资领域和限制外商投资领域:第一,外商投资准入负面清单规定禁止投资的领域,外国投资者不得投资。第二,外商投资准入负面清单规定限制投资的领域,外国投资者进行投资应当符合负面清单规定的条件。第三,国家对负面清单之外的外商投资,给予国民待遇。外商投资准入负面清单以外的领域,按照内外资一致的原则实施管理。

负面清单由国务院发布或者批准发布。

**2. 核准与许可制度**

外商投资需要办理投资项目核准、备案的,按照国家有关规定执行。外国投资者在依法需要取得许可的行业、领域进行投资的,应当依法办理相关许可手续。

有关主管部门应当按照与内资一致的条件和程序,审核外国投资者的许可申请,法律、行政法规另有规定的除外。

**3. 外商投资企业组织形式法定**

外商投资企业的组织形式、组织机构及其活动准则,适用《中华人民共和国公司法》《中华人民共和国合伙企业法》等法律的规定。

(三)外商投资监管制度

**1. 反垄断审查**

外国投资者并购中国境内企业或者以其他方式参与经营者集中的,应当依照《中华人民共和国反垄断法》的规定接受经营者集中审查。

**2. 投资安全审查**

在中国境内进行投资活动的外国投资者、外商投资企业,应当遵守中国法律法规,不得危害中国国家安全、损害社会公共利益。

国家建立外商投资安全审查制度,对影响或者可能影响国家安全的外商投资进行安全审查。依法作出的安全审查决定为最终决定。

**3. 企业经营法律审查**

外商投资企业开展生产经营活动,应当遵守法律、行政法规有关劳动保护、社会保险的规定,依照法律、行政法规和国家有关规定办理税收、会计、外汇等事宜,并接受相关主管部门依法实施的监督检查。

**4. 信息报送审查**

国家建立外商投资信息报告制度。外国投资者或者外商投资企业应当通过企业登记系统以及企业信用信息公示系统向商务主管部门报送投资信息。外商投资信息报告的内容和范围按照确有必要的原则确定;通过部门信息共享能够获得的投资信息,不得再行要求报送。

## 三、外商投资保护与促进制度

生产力与生产关系矛盾运动在世界范围内广泛而深刻的变化,决定了全球贸易的必然性。任何一种孤立主义和自我隔绝的做法都无异于作茧自缚,必然贻害深远。因此,世界各国都一不同方式实行对外来投资实行保护与促进,我国外商投资法也确立了相应的制度。

(一) 外商投资保护制度

**1. 外商投资权益保护**

我国建立的多元化的外商投资权益保护制度包括:第一,合法权益与优惠待遇保护。国家依法保护外国投资者在中国境内的投资、收益和其他合法权益。外国投资者、外商投资企业可以依照法律、行政法规或者国务院的规定享受优惠待遇。

第二,投资激励与引导。国家根据国民经济和社会发展需要,鼓励和引导外国投资者在特定行业、领域、地区投资。

第三,行政服务。各级人民政府及其有关部门制定涉及外商投资的规范性文件,应当符合法律法规的规定;没有法律、行政法规依据的,不得减损外商投资企业的合法权益或者增加其义务,不得设置市场准入和退出条件,不得干预外商投资企业的正常生产经营活动。

地方各级人民政府及其有关部门应当履行向外国投资者、外商投资企业依法作出的政策承诺以及依法订立的各类合同。因国家利益、社会公共利益需要改变政策承诺、合同约定的,应当依照法定权限和程序进行,并依法对外国投资者、外商投资企业因此受到的损失予以补偿。

第四,纠纷解决机制。外商投资企业可以依法成立和自愿参加商会、协会。商会、协会依照法律法规和章程的规定开展相关活动,维护会员的合法权益。

国家建立外商投资企业投诉工作机制,及时处理外商投资企业或者其投资者反映的问题,协调完善相关政策措施。

外商投资企业或者其投资者认为行政机关及其工作人员的行政行为侵犯其合法权益的,可以通过外商投资企业投诉工作机制申请协调解决。

外商投资企业或者其投资者认为行政机关及其工作人员的行政行为侵犯其合法权益的,除依通过外商投资企业投诉工作机制申请协调解决外,还可以依法申请行政复议、提起行政诉讼。

**2. 禁止征收**

国家对外商投资征收实行原则禁止,例外补偿制度。我国外商投资法规定,国家对外国投资者的投资不实行征收。在特殊情况下,国家为了公共利益的需要,可以依照法律规定对外国投资者的投资实行征收或者征用。征收、征用应当依照法定程序进行,并及时给予公平、合理的补偿。

**3. 盈利与汇兑自由**

外国投资者在中国境内的出资、利润、资本收益、资产处置所得、知识产权许可使用费、依法获得的补偿或者赔偿、清算所得等,可以依法以人民币或者外汇自由汇入、汇出。

**4. 知识产权保护**

第一,国家保护外国投资者和外商投资企业的知识产权,保护知识产权权利人和相关权利人的合法权益。

第二,国家鼓励在外商投资过程中基于自愿原则和商业规则开展技术合作。技术合作的条件由投资各方遵循公平原则平等协商确定。

第三,行政机关及其工作人员不得利用行政手段强制外方在技术合作等过程中转让技术或知识产权。行政机关及其工作人员对于履行职责过程中知悉的外国投资者、外商投资企业的商业秘密,应当依法予以保密,不得泄露或者非法向他人提供。

第四,对知识产权侵权行为,严格依法追究法律责任。

(二)外商投资促进制度

**1. 政策与法律的可得性和透明度**

外商投资企业依法平等适用国家支持企业发展的各项政策。制定与外商投资有关的法律、法规、规章,应当采取适当方式征求外商投资企业的意见和建议。国家保障外商投资企业依法平等参与标准制定工作,强化标准制定的信息公开和社会监督。

与外商投资有关的规范性文件、裁判文书等,应当依法及时公布。

**2. 商事服务制度**

第一,法律与政策服务。国家建立健全外商投资服务体系,为外国投资者和外商投资企业提供法律法规、政策措施、投资项目信息等方面的咨询和服务。

第二,国际交流与合作。国家与其他国家和地区、国际组织建立多边、双边投资促进合作机制,加强投资领域的国际交流与合作。

国家根据需要,设立特殊经济区域,或者在部分地区实行外商投资试验性政策措施,促进外商投资,扩大对外开放。

第三,政府采购准入。国家保障外商投资企业依法通过公平竞争参与政府采购活动。政府采购依法对外商投资企业在中国境内生产的产品、提供的服务平等对待。

第四,融资需求。商投资企业可以依法通过公开发行股票、公司债券等证券和其他方式进行融资。

### 3. 行政服务

县级以上地方人民政府可以根据法律、行政法规、地方性法规的规定,在法定权限内制定外商投资促进和便利化政策措施。

各级人民政府及其有关部门应当按照便利、高效、透明的原则,简化办事程序,提高办事效率,优化政务服务,进一步提高外商投资服务水平。

有关主管部门应当编制和公布外商投资指引,为外国投资者和外商投资企业提供服务和便利。

## 四、外商投资法律责任

### 1. 外商投资违反负面清单管理的法律责任

该责任包括限期改正、责令停止、限期处分资产或采取必要措施、恢复状态、没收违法所得和承担相应法律责任等形态。这些责任形态有些是经济法中已有的,有些则是特别法上的创新,其内涵、性质和效力等需要深入研究。

恢复外国投资者投资外商投资准入负面清单规定禁止投资的领域的,由有关主管部门责令停止投资活动,限期处分股份、资产或者采取其他必要措施,恢复到实施投资前的状态;有违法所得的,没收违法所得。

外国投资者的投资活动违反外商投资准入负面清单规定的限制性准入特别管理措施的,由有关主管部门责令限期改正,采取必要措施满足准入特别管理措施的要求;逾期不改正的,依照上述规定处理。

此外,外国投资者的投资活动违反外商投资准入负面清单规定的,还应当依法承担相应的法律责任。

### 2. 外商投资违反信息报送的法律责任

外国投资者、外商投资企业违反完善投资法规定,未按照外商投资信息报告制度的要求报送投资信息的,由商务主管部门责令限期改正;逾期不改正的,处 10 万元以上 50 万元以下的罚款。

对外国投资者、外商投资企业违反法律、法规的行为,由有关部门依法查处,并按照国家有关规定纳入信用信息系统。

### 3. 行政机关工作人员的法律责任

行政机关工作人员在外商投资促进、保护和管理工作中滥用职权、玩忽职守、徇私舞弊的,或者泄露、非法向他人提供履行职责过程中知悉的商业秘密的,依法给予处分;构成犯罪的,依法追究刑事责任。

### 复习思考题

1. 个人独资企业的设立条件是什么?
2. 合伙企业的设立条件是什么?
3. 简述合伙企业事务执行的方式与决议方法。
4. 当然退伙的情形有哪些?
5. 什么是外商投资? 它有哪些种类?
6. 什么是外商投资企业?
7. 简述外商投资前国民待遇制度。
8. 试述外商投资负面清单管理制度?

### 推荐阅读书目

1. 甘培忠:《企业法新论》,北京大学出版社,2000 年版。
2. 刘隆亨:《经济法概论》,北京大学出版社,2005 年版。
3. 徐杰:《经济法概论》,首都经济贸易大学出版社,2008 年版。

# 第6章 公 司 法

**本章导读**

公司是适应生产力发展而产生的企业形态,是资源优化配置的最有效形式,现代企业制度的典型。世界各国关于公司的类型有很多,我国立法规定的公司形态为有限责任公司和股份有限公司两种。

本章由总论、有限责任公司和股份有限公司三部分组成,总论部分的内容具有一般性,适用于有限责任公司和股份有限公司。

**关键术语**

股份有限公司　有限责任公司　股东(大)会　董事会　监事会　股份

案例9

## 第1节　公司法总论

### 一、公司的概念与特征

#### 1. 公司的概念

各国关于公司的立法和学理均没有公司的统一定义。英美法系素来不重视抽象概念,其公司形式宽泛,包括商事公司和从事共同事业并非企业的非营利公司。大陆法系对公司概念也有不同的界定方法,但一般均认为公司是依法设立的以营利为目的的社团法人。根据我国现行《公司法》第2条和第3条的规定,公司是指股东依公司法设立,股东以其认缴的出资额或以其认购的股份为限对公司承担责任,公司以其全部独立的法人财产对公司的债务承担责任的企业法人。

世界各国在实践中产生过很多种类型的公司,尤以美国为甚。由于我国公司制度实践时间较短,目前立法所规定的公司形式包括有限责任公司和股份有限公司两种类型。公司是生产力高度发展阶段,人类在适应生产社会化对资本、生产过程、企业组织形式、经营风险和生产关系社会化需求的过程中产生的生产组织形式,公司的产生反过来又极大地促进了社会生产的发展。

#### 2. 公司的特征

公司具有以下法律特征:第一,依照法定条件和程序设立。第二,公司是以营利为目的的企业法人,公司承担社会责任必须以营利为基础并与该角色相联系。第三,公司具有独立的法人人格、法人财产、组织机构并能够以自己的名义享有民事权利和承担民事责任。第四,公司是社团法人。

**3. 公司的分类**

学理上可以对公司进行各种各样的分类,主要的有以下几种:

根据公司的信用标准分类,可以分为人合公司、资合公司和人合兼资合公司。人合公司是指以股东个人信用为基础的公司,以无限责任公司最典型;资合公司是指以出资为基础的公司,股份有限公司最为典型;人合兼资合公司同时具有人的信用和资本信用为基础,以两合公司最典型。

根据公司之间存在的控制关系可分为母公司和子公司,母公司是指通过持有其他公司的股份或合同、项目、人事等其他方式实际控制其他公司经营活动的公司;子公司是指其一定比例的股份被其他公司持有,经营活动受其他公司控制的公司,子公司具有独立的法人资格。

根据公司的组织系统分类可分为总公司和分公司,总公司具有独立法人资格,并管辖全部企业组织系统的公司;分公司是总公司依法设立的以总公司名义进行经营活动,法律后果由总公司承担的分支机构,分公司不具有企业法人资格,不是独立的法律主体。根据公司的国籍可分为本国公司、外国公司和跨国公司。本国公司具有本国国籍,依本国法律享有权利、履行义务的公司;外国公司是依外国法设立的,不具有本国国籍的公司;跨国公司是以本国为基地,在其他国家或地区设立分公司、子公司或其他参股性投资企业,从事国际性生产经营及服务活动的大型经济组织。根据股东所承担的责任形式可分为无限责任公司、两合公司、股份有限公司和有限责任公司。无限责任公司由负无限责任的股东组成,股东对公司承担无限连带责任。两合公司由负无限责任的股东和负有限责任的股东组成,无限责任股东对公司承担无限连带责任,有限责任以出资额为限对公司债务承担责任。

## 二、公司法

公司法是指规定各种公司的设立、组织、活动和解散以及调整公司对内对外关系的法律规范体系。广义的公司法是指有关公司的一切法律规范的总和,包括民法、破产法、企业法、外商投资企业法、民事诉讼法、证券法等各类法律、法规中所有涉及公司的内容及公司法单行法规。狭义的公司法是以公司法名称命名的单行法律规范,2013年12月28日全国十二届人大常委会第六次会议修订,《中华人民共和国公司法》自2014年3月11日起施行。

公司法的特征:

(1)公司法是组织法。凡调整社会组织形式与结构的法律称为组织法,公司法主要规定了公司的设立、变更、终止、法律地位、组织机构、公司股东的权利和义务以及公司内部的法律关系,体现出组织法的特征。

(2) 公司法是行为法。凡是调整法律主体活动的法律称为行为法,公司法调整与公司组织特点有着密切联系的活动,具有行为法的特征。

(3) 公司法是私法。按照大陆法系公法与私法划分的理论,私法是调整当事人之间关系的法律;公法是配置和调整公权力的法律规范。公司法主要是规范当事人之间关系的行为准则,属于私法。当然,现代市场经济条件下公司涉及社会公众利益和国家经济秩序,国家对公司的干预越来越多,日益体现出经济法的本质特征。

## 三、公司登记

公司登记是指公司在设立、变更、终止时,依法向注册登记机关提出申请,经审查无误后予以核准并记载法定登记事项的行为。企业登记制度是各国市场准入制度的重要内容,体现了公法向私法领域的介入进行干预的现代市场经济特征。各国的登记机关各不相同,我国的登记机关是工商行政管理机关。

公司登记分为设立登记、变更登记和注销登记三种,登记程序也相应地分为:

**1. 公司设立登记程序**

公司设立登记是公司设立人依法提出申请经审核后获得企业法人营业执照的行为。设立登记注册后公司便告成立。公司营业执照签发日期为公司成立日期。设立公司应当申请名称预先核准。

设立有限责任公司应当由全体股东指定的代表或者共同委托的代理人向公司登记机关申请设立登记。设立国有独资公司,应当由国家授权投资的机构或者国家授权的部门作为申请人,申请设立登记。法律、行政法规规定设立有限责任公司必须报经审批的,应当自批准之日起 90 日内向公司登记机关申请设立登记;逾期申请设立登记的,申请人应当报审批机关确认原批准文件的效力或者另行报批。

设立股份有限公司,董事会应当于创立大会结束后 30 日内向公司登记机关申请设立登记。申请设立有限责任公司和股份有限公司,应当都向公司登记机关提交有关文件和证件。公司设立分公司的,应当自决定作出之日起 30 日内向公司登记机关申请登记;法律、行政法规规定必须报经有关部门审批的,应当自批准之日起 30 日内向企业登记机关申请登记。分公司的经营范围不得超出公司的经营范围。

**2. 公司变更登记程序**

公司变更登记是指公司改变名称、住所、法定代表人、经营范围、企业类型、注册资本、营业期限、有限责任公司股东或者股份有限公司发起人的登记。公司变更登记事项应当向原公司机关申请变更登记。未经核准变更登记,公司不得擅自变更登记事项,否则应当承担相应的法律责任。

**3. 公司注销登记程序**

按照《公司登记管理条例》第 36 条的规定,公司注销登记的申请由公司的清算组织进行,公司清算组织应当自公司清算结束之日起 30 日内向原公司登记机关申请注销登记,并提交有关文件和证件。

公司登记机关收到申请人提交的全部法定文件后,发给申请人《公司登记受理通知书》,自发出《公司登记受理通知书》之日起 30 日内作出核准登记或者不予登记的决定。否则,申请人可以依据行政诉讼法的有关规定向人民法院起诉。公司登记核准登记的,应当自核准登记之日起 15 日内通知申请人,发给、换发或者收缴《企业法人营业执照》或《营业执照》,并办理法定代表人或其授权人签字备案手续。公司登记机关不予登记的,应当自作出决定之日起 15 日内通知申请人,发给《公司登记驳回通知书》。公司登记机关发给、换发或者收缴营业执照,或者发给《公司登记驳回通知书》,标志着法定登记程序的结束。

公司登记不同于营业登记。公司登记属于法人登记,目的是创设法律人格,赋予公司以独立主体资格。营业登记是指登记主管机关对从事经营活动,又不具备法人条件的经营单位进行审查核准并颁发《营业执照》,确认其合法经营权的登记行为。作用则是国家承认某项营业及其商号的合法性,准许其开业。在我国,公司的这两种登记是合并进行。

## 四、公司的人格制度

公司法人人格独立是指公司以其自己的名义享有民事权利和独立承担民事义务的主体资格。公司的股东以其出资额对公司债务承担有限责任。

《公司法》第 19 条规定,在公司中,根据中国共产党章程的规定,设立中国共产党的组织,开展党的活动。公司应当为党组织的活动提供必要条件。公司必须设立党组织是具有中国特色的公司治理机制,必须协调好公司党组织与股东大会、董事会和监事会等机构之间的相互关系。

法人独立原则与股东有限责任原则的目的是充分利用和发挥公司资本社会化和组织形式的优势,寻求投资人和社会的最大利益。但当股东滥用公司独立人格及有限责任,损害债权人及社会公共利益时,公司法人人格否认制度就应运而生了。公司法人人格否认,在英美法中称为"揭开公司的面纱",在大陆法中称"直索责任",是指为阻止公司独立人格的滥用和保护公司债权人利益及社会公共利益,就具体法律关系中的特定事实否认公司独的法人立人格及股东的有限责任,责令责任股东对公司债权人直接负责,对公司债务负无限连带责任,以体现公平和正义。我国《公司法》第 20 条规定:"公司股东应当遵守法律、行政法规和公司章程,依法行使股东权利,不得滥用股东权利损害公司或者其他股东的利益;不得滥用公司法人独立地位和股东有限责任损害公司债权人的利益。公司股东滥用股东权利给公司或者其他股东造成损失的,应当依法承担赔偿责任。公司股东滥用公司法人独立地位和股东有限责任,逃避债务,严重损害公司债权人利益的,应当对公司债务承担连带责任。"

公司法人人格否认制度具有以下特征：第一，公司法人人格否认法理以承认公司具有独立法人资格为前提；第二，只适用于个案中的特定法律关系，而不具有普适性，待公司消除股东的滥用行为后，公司独立法人人格依然为法律所承认；第三，是对法人人格被滥用后的一种事后补救。

## 五、公司的财务与会计制度

### （一）公司的财务与会计制度概述

公司财务会计制度是公司财务制度和会计制度的统称，具体指法律、法规及公司章程中关于公司财务会计行为规范的总称。

我国《公司法》对公司财务制度问题作了原则性规定，财务制度方面的一些具体内容则由《中华人民共和国会计法》《企业会计准则》《企业财务通则》等专门法律和法规、规章规定。公司必须依法建立、健全各项财务制度的意义在于：

保护公司股东的利益，公司债权人的利益以及有利于国家监督。

### （二）关于公司财务与会计制度的法定义务

我国公司法通过一系列强制性规范对公司财务会计责任进行了原则性的规定：

（1）公司应当依照法律、行政法规和国务院财政部门的规定建立本公司的财务、会计制度，公司应当在每一会计年度终了时编制财务会计报告，并依法经会计师事务所审计。

（2）公司除法定的会计账簿外，不得另立会计账簿，以杜绝企业通过立真假两本账，掩盖其不法经营活动和逃避税收行为的现象。公司违反法律规定，在法定的会计账簿以外另立会计账簿的，由县级以上人民政府财政部门责令改正，处以 5 万元以上 50 万元以下的罚款。

（3）不得以任何个人名义对公司资产开立账户存储，以防止个人非法转移、侵占公司资产。

（4）公司财务会计信息的法定披露义务。公司的财务会计报告应当依照法律、行政法规和国务院财政部门的规定制作，股东有权查阅、复制。有限责任公司应当依照公司章程规定的期限将财务会计报告送交各股东。股份有限公司的财务会计报告应当在召开股东大会年会的 20 日前置备于本公司，供股东查阅；公开发行股票的股份有限公司必须公告其财务会计报告。公司应当向聘用的会计师事务所提供真实、完整的会计凭证、会计账簿、财务会计报告及其他会计资料，不得拒绝、隐匿、谎报。

### （三）股东出资方式的规定

2013 年 12 月 28 日国家主席令 2013 年第 8 号修改了原公司法第 7 条的规定，自 2014 年 3 月 1 日起，公司营业执照应当载明公司的名称、住所、注册资本、经营范围、法定代表人姓名等事项。公司的实收资本不再需要在公司营业执照中载明。

公司股东可以用货币出资，也可以用实物、知识产权、土地使用权等可以用货币估价并可以依法转让的非货币财产作价出资;但是,法律、行政法规规定不得作为出资的财产除外。对作为出资的非货币财产应当评估作价,核实财产,不得高估或者低估作价。法律、行政法规对评估作价有规定的,从其规定。股东应当按期足额缴纳公司章程中规定的各自所认缴的出资额。股东以货币出资的,应当将货币出资足额存入有限责任公司在银行开设的账户;以非货币财产出资的,应当依法办理其财产权的转移手续。

股东不按规定缴纳出资的,除应当向公司足额缴纳外,还应当向已按期足额缴纳出资的股东承担违约责任。股东缴纳出资后,必须经依法设立的验资机构验资并出具证明。有限责任公司成立后,发现作为设立公司出资的非货币财产的实际价额显著低于公司章程所定价额的,应当由交付该出资的股东补足其差额,公司设立时的其他股东承担连带责任。

**(四) 公司注册资本增加与减少时的股东义务**

有限责任公司增加注册资本时,股东认缴新增资本的出资,依照公司法设立有限责任公司缴纳出资的有关规定执行。股份有限公司为增加注册资本发行新股时,股东认购新股,依照公司法设立股份有限公司缴纳股款的有关规定执行。公司增加或者减少注册资本①在公司内部属于特别表决事项,需经过 2/3 以上表决权的股东通过并相应修改公司章程,还应当依法向公司登记机关办理变更登记。

**(五) 公司债券的发行与转让**

公司债券是指公司依照法定程序发行、约定在一定期限还本付息的有价证券。公司债券的发行必须符合《中华人民共和国证券法》规定的发行条件,并在法定的场所转让。公司债券不仅是有价证券,也是要式证券,公司以实物券方式发行公司债券必须在债券上载明公司名称、债券票面金额、利率、偿还期限等事项,并由法定代表人签名,公司盖章。

公司债券可以为记名债券和无记名债券,公司发行公司债券应当置备公司债券存根簿,发行记名公司债券应当在公司债券存根簿上载明:(1)债券持有人的姓名或者名称及住所;(2)债券持有人取得债券的日期及债券的编号;(3)债券总额,债券的票面金额、利率、还本付息的期限和方式;(4)债券的发行日期。发行无记名公司债券的,应当在公司债券存根簿上载明债券总额、利率、偿还期限和方式、发行日期及债券的编号。

公司债券可以转让,转让价格由转让人与受让人约定,在证券交易所上市交易的公司债券按照证券交易所的交易规则转让。记名公司债券由债券持有人以背书方式或者法律、行政法规规定的其他方式转让,转让后由公司将受让人的姓名或者名称及住所记载于公司债券存根簿。无记名公司债券由债券持有人将该债券交付给受让人后即发生转让的效力。

---

① 公司增加或减少注册资本后的注册资本不得低于法定最低注册资本最低限额。

（六）公司利润分配

公司利润分配是按照财务会计制度规定的分配形式和顺序,将公司实现的净利润在各类投资者之间进行的分配。利润分配的过程与结果关系到所有者的合法权益能否得到保护,公司能否长期、稳定发展,因此,利润分配既是公司意思自治的重要内容,也是法律干预的一个关注点。

根据《中华人民共和国公司法》等法律、法规的规定,公司当年实现的税后利润一般应按照下列顺序进行分配:

**1. 公司分配当年税后利润时,应当提取利润的 10% 列入公司法定公积金**

公司法定公积金累计额为公司注册资本的 50% 以上的,可以不再提取。公司的公积金用于弥补公司的亏损、扩大公司生产经营或者转为增加公司资本。① 公司的法定公积金不足以弥补前年度亏损的,在依照规定提取法定公积金之前,应当先用当年利润弥补亏损。公司从税后利润中提取法定公积金后,经股东会或者股东大会决议,还可以从税后利润中提取任意公积金。

**2. 向投资人分配利润**

企业以前年度未分配的利润,可以并入本年度分配。公司弥补亏损和提取公积金后所余税后利润,有限责任公司股东按照实缴的出资比例分取红利,公司新增资本时,股东有权优先按照实缴的出资比例认缴出资。但是,全体股东约定不按照出资比例分取红利或者不按照出资比例优先认缴出资的除外。股份有限公司按照股东持有的股份比例分配,但股份有限公司章程规定不按持股比例分配的除外。股东会、股东大会或者董事会违反规定,在公司弥补亏损和提取法定公积金之前向股东分配利润的,股东必须将违反规定分配的利润退还公司。

## 六、公司的合并与分立

公司的合并与分立是公司组织形式的重要变化,由于公司的合并与分立涉及股东、债权人利益保护和市场秩序维护等诸多问题,因此,公司的合并与分立并非仅仅属于公司意思自治范围内的事,也成为立法监管的一个重要内容,我国《公司法》第 7 章将公司合并与分立专章予以明确规定。

**1. 公司分立**

公司分立是指一个公司分成两个或两个以上公司的法律行为,公司分立具有两种形式:派生分立——在原公司存续的同时以公司资产新设一个或数个公司。新设分立——在原公司解散的同时以公司资产新设一个或数个公司。

---

① 溢价发行所得股款、法定资产重估增值和接受捐赠等形成的资本公积金不得用于弥补公司的亏损。法定公积金转为资本时,所留存的该项公积金不得少于转增前公司注册资本的 25%。

公司分立具有以下法律特征：

第一，公司分立后原公司与分立后的公司之间、分立后公司相互之间是彼此完全独立的法人关系。公司分立既不是因转投资而设立子公司或参股公司的行为，也不是为拓展经营而设立分公司的行为。

第二，无论是新设分立还是派生分立，均无须经过清算程序而实现在原公司基础上成立两个或两个以上公司。

第三，公司分立需遵循法定的条件和程序。由于公司分立将会引起原公司主体和权利义务及相关主体利益的变更，分立行为必须严格依照法定的条件和程序进行。

第四，公司分立前的债务由分立后的公司承担连带责任，但是，公司在分立前与债权人就债务清偿达成书面协议另有约定的除外。

### 2. 公司合并

公司合并是指两个(或者两个以上)公司依法定程序归并成为一个公司的法律行为。公司合并采取吸收合并和新设合并两种方式，在吸收合并中被吸收的公司解散，丧失独立的法人地位。在新设合并中，参加合并的公司全部丧失独立的民事主体地位合并为一个新的公司。公司合并具有下列法律特征：

第一，公司合并是两个以上公司并为一个公司，公司合并的最重要效力就是公司实体发生变化，合并一方或者双方法律地位丧失。在吸收合并中，被吸收合并的公司并入存续公司，法律人格丧失。[①]

第二，公司合并导致公司权利义务的概括转移。合并各方的所有权利都直接转移到存续公司或者新设公司，权利义务的转移以法律规定而直接产生，这种权利包括被合并公司所有财产权利。[②] 公司合并中权利义务的概括转移是公司合并的重要特点之一，也是公司合并与公司收购、资产收购的重要区别之一。

第三，公司合并需遵循法定的条件和程序。由于公司合并将会引起原公司主体和权利义务及相关主体利益的变更，合并行为必须严格依照法定的条件和程序进行。

公司合并与分立的基本程序为：签订合并与分立的协议，编制资产负债表及财产清单，公司作出决议，通知债权人，最后，公司合并应当办理相应的登记手续。

---

[①] 原公司在合并中的主体消灭不同于在公司解散中的主体消灭；原公司在合并作为存续公司的一部分存在。在公司解散中，公司主体消灭，其债权人得到清偿，剩余财产分配给股东。

[②] 如动产、不动产、知识产权、特许经营权、营业权等各种财产权利，以及被合并公司基于合同和其他法律行为产生的债权，但因为权利本身性质而受到限制的除外，例如，专利许可书仅规定许可只能给被许可公司本身而不能转移，则该专利许可权就不能转移给存续公司或者新设公司。此外，当事人之间的契约限制义务转移，可以影响义务的承继。被合并公司的诉讼事务也将转移给存续或新设公司，由被合并公司作为原告或者被告的正在进行的民事、刑事、行政诉讼，将发生法定的诉讼担当。

## 七、公司的解散与清算

（一）公司的解散

### 1. 公司解散概述

公司的解散是指因公司章程或法律规定的事由而终止公司法人资格的程序。不同国家的立法例规定的公司解散的内涵和外延有所不同,许多国家公司法规定的解散事由包括破产,如德国、日本等国,但这些国家往往还制定有独立的破产法专门规范破产及破产清算。我国公司法则将公司的解散与破产并列同时作为公司终止的原因,因此,我国公司的解散是指公司因发生法律规定的除破产以外的解散事由而停止经营活动,随即进行清算的状态和过程。公司解散制度和公司清算制度、破产制度共同构成公司的市场退出机制。

### 2. 公司解散的原因

公司因下列原因解散：公司章程规定的营业期限届满或者公司章程规定的其他解散事由出现；股东会或者股东大会决议解散；因公司合并或者分立需要解散；依法被吊销营业执照、责令关闭或者被撤销；公司经营管理发生严重困难,继续存续会使股东利益受到重大损失,通过其他途径不能解决的,持有公司全部股东表决权10％以上的股东请求人民法院解散公司,[①]人民法院判决予以解散。公司章程规定的营业期限届满或者公司章程规定的其他解散事由出现时,公司可以通过修改章程而存续,但有限责任公司修改公司章程须经持有 2/3 以上表决权的股东通过,股份有限公司须经出席股东大会会议的股东所持表决权的 2/3 以上通过。

（二）公司的清算

### 1. 公司清算概述

公司清算是指公司解散后依照法定程序对公司的财产和债权债务关系进行清理,从而消灭公司法人资格的法律行为。

### 2. 公司清算的启动

公司除因合并或分立而解散外,其他原因引起的解散,均须经过清算程序。公司应当在解散事由出现之日起 15 日内成立清算组,开始清算。有限责任公司的清算组由股东组成,股份有限公司的清算组由董事或者股东大会确定的人员组成。逾期不成立清算组进行清算的,债权人可以申请人民法院指定有关人员组成清算组进行清算。人民法院应当受理该申请,并及时组织清算组进行清算。

清算组在清算期间行使的职权为：清理公司财产,分别编制资产负债表和财产清单；通知、公告债权人；处理与清算有关的公司未了结的业务；清缴所欠税款以及

---

① 2008 年 5 月 12 日颁布的《关于适用〈中华人民共和国公司法〉若干问题的规定（二）》对此作了具体规定。

清算过程中产生的税款；清理债权、债务；处理公司清偿债务后的剩余财产；代表公司参与民事诉讼活动。清算组成员应当忠于职守，依法履行清算义务，不得利用职权收受贿赂或者其他非法收入，不得侵占公司财产。清算组成员因故意或者重大过失给公司或者债权人造成损失的，应当承担赔偿责任。

**3. 公司清算的程序**

公司清算的程序为登记债权、清理公司财产、清偿债务和公告公司终止。

清算组在清理公司财产、编制资产负债表和财产清单后，应当制定清算方案并报股东会、股东大会或者人民法院确认。公司财产在分别支付清算费用、职工的工资、社会保险费用和法定补偿金，缴纳所欠税款，清偿公司债务后的剩余财产，才能分配给股东。有限责任公司按照股东的出资比例分配，股份有限公司按照股东持有的股份比例分配。清算期间，公司存续，但不得开展与清算无关的经营活动。清算组在清理公司财产、编制资产负债表和财产清单后，如果发现公司财产不足以清偿债务的，应当依法向人民法院申请宣告破产，公司经人民法院裁定宣告破产后，清算组应当将清算事务移交给人民法院，依照有关企业破产的法律实施破产清算。

清算组应当在公司清算结束后制作清算报告报股东会、股东大会或者人民法院确认，并报送公司登记机关，申请注销公司登记，公告公司终止。

## 八、股东的权利和义务

公司是企业法人，有独立的法人财产，享有法人财产权。公司以其全部财产对公司的债务承担责任。股东是公司的出资人，其出资经过法定程序转化为公司企业法人财产权，作为让渡财产所有权的对价，公司股东依法享有广泛的权利，并承担法定义务。

**1. 股东的权利**

第一，资产收益权利——依法或依约定获取股利、转让出资；有限责任公司股东可以优先购买其他股东转让的出资；优先认购公司新增的注册资本；公司终止后，依法分得公司剩余财产。第二，参与重大决策权利——参加股东会并根据出资份额或持股比例享有表决权；了解公司经营状况和财务状况；查阅、复制公司章程、股东会会议记录、董事会会议决议、监事会会议决议和财务会计报告。第三，选择管理者等权利——选举和被选举为董事会、监事会成员。诉讼权——董事、高级管理人员违反法律、行政法规和公司章程的规定，损害股东利益的，股东可以向法院提起诉讼。第四，公司章程规定的其他权利。

**2. 股东的义务**

足额缴纳所认缴的出资；依其所缴纳的出资额或所持公司股份承担公司债务；股东在公司成立后不得抽逃出资；公司股东滥用股东权利给公司或者其他股东造成损失的，应当依法承担赔偿责任。

## 九、公司董事、监事和高级管理人员的资格和义务

公司高级管理人员是指经理、副经理、财务负责人、上市公司董事会秘书以及公司章程规定的其他人员,公司法对董事、监事和高级管理人员进行规制可以督促积极履行责任和保护股东权利。

### 1. 公司董事、监事和高级管理人员的资格

公司法设立了公司董事、监事和高级管理人员资格的禁止性规定:(1)无民事行为能力或者限制民事行为能力;(2)因贪污、贿赂、侵占财产、挪用财产或者破坏社会主义市场经济秩序,被判处刑罚,执行期满未逾五年,或者因犯罪被剥夺政治权利,执行期满未逾五年;(3)担任破产清算的公司、企业的董事或者厂长、经理,对该公司、企业的破产负有个人责任的,自该公司、企业破产清算完结之日起未逾三年;(4)担任因违法被吊销营业执照、责令关闭的公司、企业的法定代表人,并负有个人责任的,自该公司、企业被吊销营业执照之日起未逾三年;(5)个人所负数额较大的债务到期未清偿。

公司违反规定选举、委派董事、监事或者聘任高级管理人员无效,董事、监事、高级管理人员在任职期间出现无民事行为能力或者限制民事行为能力情况的,公司应当解除其职务。

### 2. 公司董事、监事和高级管理人员的义务

董事、监事、高级管理人员应当遵守法律、行政法规和公司章程,对公司负有忠实义务和勤勉义务。董事、监事、高级管理人员不得利用职权收受贿赂或者其他非法收入,不得侵占公司的财产。董事、高级管理人员不得有下列行为:(1)挪用公司资金;(2)将公司资金以其个人名义或者以其他个人名义开立账户存储;(3)违反公司章程的规定,未经股东会、股东大会或者董事会同意,将公司资金借贷给他人或者以公司财产为他人提供担保;(4)违反公司章程的规定或者未经股东会、股东大会同意,与本公司订立合同或者进行交易;(5)未经股东会或者股东大会同意,利用职务便利为自己或者他人谋取属于公司的商业机会,自营或者为他人经营与所任职公司同类的业务;(6)接受他人与公司交易的佣金归为己有;(7)擅自披露公司秘密;(8)违反对公司忠实义务的其他行为。

董事、高级管理人员违反上述规定所得的收入应当归公司所有,董事、监事、高级管理人员执行公司职务时违反法律、行政法规或者公司章程的规定,给公司造成损失的,应当承担赔偿责任。

股东会或者股东大会要求董事、监事、高级管理人员列席会议的,董事、监事、高级管理人员应当列席并接受股东的质询。董事、高级管理人员应当如实向监事会或者不设监事会的有限责任公司的监事提供有关情况和资料,不得妨碍监事会或者监事行使职权。

董事、监事、高级管理人员执行公司职务时违反法律、行政法规或者公司章程的规定,给公司造成损失时,或者他人侵犯公司合法权益,给公司造成损失的,有限责任公司的股东、股份有限公司连续 180 日以上单独或者合计持有公司 1% 以上股份的股东,可以书面请求监事会或者不设监事会的有限责任公司的监事向人民法院提起诉讼。监事会、不设监事会的有限责任公司的监事,或者董事会、执行董事收到书面请求后拒绝提起诉讼,或者自收到请求之日起 30 日内未提起诉讼,或者情况紧急、不立即提起诉讼将会使公司利益受到难以弥补的损害的,前述股东有权为了公司的利益以自己的名义直接向人民法院提起诉讼。

董事、高级管理人员违反法律、行政法规或者公司章程的规定,损害股东利益的,股东可以向人民法院提起诉讼。

## 十、公司法规定的法律责任

法律责任是公司法强制力的基础,公司法规定了各类主体违反公司法应承担的相应法律责任,法律责任的形式一般包括民事责任、行政责任和刑事责任三种。

### 1. 公司设立中的法律责任

虚报注册资本、提交虚假材料或者采取其他欺诈手段隐瞒重要事实取得公司登记的,由公司登记机关责令改正,对虚报注册资本的公司,处以虚报注册资本金额 5% 以上 15% 以下的罚款;对提交虚假材料或者采取其他欺诈手段隐瞒重要事实的公司,处以 5 万元以上 50 万元以下的罚款;情节严重的,撤销公司登记或者吊销营业执照。公司的发起人、股东虚假出资,未交付或者未按期交付作为出资的货币或者非货币财产的,由公司登记机关责令改正,处以虚假出资金额 5% 以上 15% 以下的罚款。公司的发起人、股东在公司成立后,抽逃其出资的,由公司登记机关责令改正,处以所抽逃出资金额 5% 以上 15% 以下的罚款。

### 2. 违反财务会计制度的法律责任

在法定的会计账簿以外另立会计账簿的,由县级以上人民政府财政部门责令改正,处以 5 万元以上 50 万元以下的罚款。公司在依法向有关主管部门提供的财务会计报告等材料上作虚假记载或者隐瞒重要事实的,由有关主管部门对直接负责的主管人员和其他直接责任人员处以 3 万元以上 30 万元以下的罚款。公司不依照规定提取法定公积金的,由县级以上人民政府财政部门责令如数补足应当提取的金额,可以对公司处以 20 万元以下的罚款。

### 3. 公司合并、分立中的法律责任

公司在合并、分立、减少注册资本或者进行清算时,不依照公司法规定通知或者公告债权人的,由公司登记机关责令改正,对公司处以 1 万元以上 10 万元以下的罚款。

### 4. 公司解散清算中的法律责任

公司在进行清算时,隐匿财产,对资产负债表或者财产清单作虚假记载或者在未清偿债务前分配公司财产的,由公司登记机关责令改正,对公司处以隐匿财产或者未清偿债务前分配公司财产金额5%以上10%以下的罚款;对直接负责的主管人员和其他直接责任人员处以1万元以上10万元以下的罚款。

公司在清算期间开展与清算无关的经营活动的,由公司登记机关予以警告,没收违法所得。

清算组不依照规定向公司登记机关报送清算报告,或者报送清算报告隐瞒重要事实或者有重大遗漏的,由公司登记机关责令改正。

清算组成员利用职权徇私舞弊、谋取非法收入或者侵占公司财产的,由公司登记机关责令退还公司财产,没收违法所得,并可以处以违法所得1倍以上5倍以下的罚款。

### 5. 资产评估、验资或者验证机构的法律责任

承担资产评估、验资或者验证的机构提供虚假材料的,由公司登记机关没收违法所得,处以违法所得1倍以上5倍以下的罚款,并可以由有关主管部门依法责令该机构停业、吊销直接责任人员的资格证书,吊销营业执照。承担资产评估、验资或者验证的机构因过失提供有重大遗漏的报告的,由公司登记机关责令改正,情节较重的,处以所得收入1倍以上5倍以下的罚款,并可以由有关主管部门依法责令该机构停业、吊销直接责任人员的资格证书,吊销营业执照。承担资产评估、验资或者验证的机构因其出具的评估结果、验资或者验证证明不实,给公司债权人造成损失的,除能够证明自己没有过错的外,在其评估或者证明不实的金额范围内承担赔偿责任。

### 6. 主管机关的法律责任

公司登记机关对不符合《公司法》规定条件的登记申请予以登记,或者对符合《公司法》规定条件的登记申请不予登记的,对直接负责的主管人员和其他直接责任人员,依法给予行政处分。公司登记机关的上级部门强令公司登记机关对不符合《公司法》规定条件的登记申请予以登记,或者对符合《公司法》规定条件的登记申请不予登记的,或者对违法登记进行包庇的,对直接负责的主管人员和其他直接责任人员依法给予行政处分。

### 7. 其他法律责任

第一,未依法登记为有限责任公司或者股份有限公司,而冒用有限责任公司或者股份有限公司名义的,或者未依法登记为有限责任公司或者股份有限公司的分公司,而冒用有限责任公司或者股份有限公司的分公司名义的,由公司登记机关责令改正或者予以取缔,可以并处10万元以下的罚款。

第二,公司成立后无正当理由超过6个月未开业的,或者开业后自行停业连续6个月以上的,可以由公司登记机关吊销营业执照。

第三,公司登记事项发生变更时,未依照《公司法》规定办理有关变更登记的,由公司登记机关责令限期登记;逾期不登记的,处以 1 万元以上 10 万元以下的罚款。

第四,外国公司违反《公司法》规定,擅自在中国境内设立分支机构的,由公司登记机关责令改正或者关闭,可以并处 5 万元以上 20 万元以下的罚款。

第五,利用公司名义从事危害国家安全、社会公共利益的严重违法行为的,吊销营业执照。

公司违反《公司法》规定应当承担民事赔偿责任和缴纳罚款、罚金的,其财产不足以支付时,先承担民事赔偿责任。

# 第 2 节　有限责任公司

有限责任公司又称有限公司,系指由 2 个以上 50 个以下的股东共同出资,股东以其认缴的出资额对公司承担有限责任,公司以其全部资产对其债务承担责任的公司。国有独资公司、一个自然人或法人设立的有限责任公司是有限公司的特殊形式。

## 一、有限责任公司的设立

### (一)有限责任公司的设立条件

设立有限责任公司应当具备以下几个条件:

#### 1. 股东必须符合法定人数要件

有限责任公司具有很强的"人合性",要求公司股东之间应有一定的了解,表现在公司的信用基础除了资本以外,公司对外进行经济活动时,主要依据的是股东个人的信用状况,公司的经营和账目无须公开,资本不得向社会公开募集,股东的出资证明书不得自由流通转让,出资转让也受到严格限制。为此,世界各国的公司立法都对有限责任公司的股东人数作出限制。"有限责任公司由 50 人以下股东出资设立。"包括我国在内的很多国家公司法允许设立一人有限责任公司,因此,关于有限责任公司股东人数的下限应为一名股东,这名股东可以是一名自然人股东,也可以是一名法人股东,一名股东设立的有限责任公司为一人有限责任公司。

#### 2. 股东出资必须达到法定资本最低限额

一定的财产条件是有限责任公司作为具有独立主体资格的法人开展经营和承担责任的物质基础。从 2014 年 3 月 1 日起有限责任公司的注册资本为在公司登记机关登记的全体股东认缴的出资额,"法律、行政法规以及国务院决定对有限责任公司注册资本实缴、注册资本最低限额另有规定的,从其规定"①。

### 3. 股东共同制定章程

章程是记载有关公司组织和行为基本规则的文件,是公司最为重要的自治规则。章程应当由有限责任公司的全体股东来共同制定,以反映全体投资者的意志,具体方式是股东在章程上签字或者盖章。公司法规定有限责任公司章程应当载明下列事项:(1)公司名称和住所;(2)公司经营范围;(3)公司注册资本;(4)股东的姓名或者名称;(5)股东的出资方式、出资额和出资时间;(6)公司的机构及其产生办法、职权、议事规则;(7)公司法定代表人;(8)股东会会议认为需要规定的其他事项。公司法所列举的前 7 个事项都属于绝对必要记载事项,体现国家对公司法的干预。第(8)项规定的是任意记载事项,体现出了对于公司意思自治的尊重。

### 4. 公司名称和符合有限责任公司要求的组织机构

有限责任公司应当在其名称中标明有限责任公司或有限公司字样,然后在公司登记机关作相应的登记。设立有限责任公司必须建立相应的符合有限责任公司要求的组织机构,股东会、董事会和监事会等。

### 5. 公司住所

公司必须具有住所作为公司营业的基本条件,在我国公司住所具有唯一性并必须在公司登记机关辖区内。公司住所是确定民事诉讼地域管辖、行政机关管辖范围、债务履行地、诉讼文书送达地和涉外民事诉讼法律适用的依据。

**(二) 有限责任公司的设立程序**

有限责任公司是一种封闭性的法人,设立方式只能以发起设立为限,程序比较简单,一般要经过以下步骤:发起人订立协议、订立公司章程、申请公司名称预先核准、审批、②出资验资、设立登记和登记发照。

设立有限责任公司,股东认足公司章程规定的出资后由全体股东指定的代表或者共同委托的代理人向公司登记机关申请设立登记。设立国有独资公司,应当由国务院或者地方人民政府授权的本级人民政府国有资产监督管理机构作为申请人,申请设立登记。

登记机关应当对于设立申请依法进行审查,不符合公司法规定的,不予登记;符合公司法规定条件的,依法核准登记,发给营业执照。营业执照的签发日期为有限责任公司的成立日期。公司登记机关颁发的营业执照宣告公司设立程序结束,公司可以凭营业执照办理申请开立银行账户、刻制公司印章、申请纳税登记等事项。

---

① 取消有限责任公司最低注册资本 3 万元、一人有限责任公司最低注册资本 10 万元、股份有限公司最低注册资本 500 万元的限制。取消有限责任公司股东或者发起设立的股份有限公司的发起人的首次出资比例、公司货币出资的比例、出资最长缴足期限的限制。取消公司登记提交验资证明的要求。公司营业执照不再记载"实收资本"事项。

② 法律、行政法规规定设立公司必须报经批准的,应当在公司登记前依法办理批准手续,获得批准文件。

## 二、有限责任公司的组织机构

组织机构是公司内部各种权力机构的总称,属于公司法强制性条件,一般包括股东会、董事会和监事会,股东人数较少的公司可以不设董事会和监事会,只设执行董事和执行监事。

(一)有限责任公司的股东会

### 1. 股东会的性质与职权

有限责任公司股东会由全体股东组成,是公司的权力机构,行使的职权为:(1)决定公司的经营方针和投资计划;(2)选举和更换非由职工代表担任的董事、监事,决定有关董事、监事的报酬事项;(3)审议批准董事会的报告;(4)审议批准监事会或者监事的报告;(5)审议批准公司的年度财务预算方案、决算方案;(6)审议批准公司的利润分配方案和弥补亏损方案;(7)对公司增加或者减少注册资本作出决议;(8)对发行公司债券作出决议;(9)对公司合并、分立、解散、清算或者变更公司形式作出决议;(10)修改公司章程;(11)公司章程规定的其他职权。

### 2. 股东会的议事规则

对股东会职权所属事项股东以书面形式一致表示同意的,可以不召开股东会会议,直接作出决定,并由全体股东在决定文件上签名、盖章。股东会会议分为定期会议和临时会议,首次股东会会议由出资最多的股东召集和主持。定期会议应当依照公司章程的规定按时召开,代表 1/10 以上表决权的股东,1/3 以上的董事,监事会或者不设监事会的公司的监事提议召开临时会议的,应当召开临时会议。有限责任公司设立董事会的,股东会会议由董事会召集,董事长主持;董事长不能履行职务或者不履行职务的,由副董事长主持;副董事长不能履行职务或者不履行职务的,由半数以上董事共同推举一名董事主持。有限责任公司不设董事会的,股东会会议由执行董事召集和主持。董事会或者执行董事不能履行或者不履行召集股东会会议职责的,由监事会或者不设监事会的公司的监事召集和主持;监事会或者监事不召集和主持的,代表 1/10 以上表决权的股东可以自行召集和主持。

股东会的议事方式和表决程序由公司章程规定,除公司法有规定的外。召开股东会会议,应当于会议召开 15 日前通知全体股东;但是,公司章程另有规定或者全体股东另有约定的除外。股东会应当对所议事项的决定做成会议记录,出席会议的股东应当在会议记录上签名。股东会会议由股东按照出资比例行使表决权;但是,公司章程另有规定的除外。股东会会议作出修改公司章程、增加或者减少注册资本的决议,以及公司合并、分立、解散或者变更公司形式的决议,必须经代表 2/3 以上表决权的股东通过。

（二）有限责任公司的董事会

**1. 董事会的性质、构成与职权**

有限责任公司设董事会作为公司的执行机构,董事会对股东会负责,成员为 3 人至 13 人;但是,股东人数较少或者规模较小的有限责任公司,可以设一名执行董事,不设董事会。两个以上的国有企业或者两个以上的其他国有投资主体投资设立的有限责任公司,其董事会成员中应当有公司职工代表;其他有限责任公司董事会成员中可以有公司职工代表。董事会中的职工代表由公司职工通过职工代表大会、职工大会或者其他形式民主选举产生。董事会设董事长一人,可以设副董事长。董事长、副董事长的产生办法由公司章程规定。董事任期由公司章程规定,但每届任期不得超过 3 年。董事任期届满,连选可以连任。董事任期届满未及时改选,或者董事在任期内辞职导致董事会成员低于法定人数的,在改选出的董事就任前,原董事仍应当依照法律、行政法规和公司章程的规定,履行董事职务。

董事会行使下列职权:(1)召集股东会会议,并向股东会报告工作;(2)执行股东会的决议;(3)决定公司的经营计划和投资方案;(4)制定公司的年度财务预算方案、决算方案;(5)制定公司的利润分配方案和弥补亏损方案;(6)制定公司增加或者减少注册资本以及发行公司债券的方案;(7)制定公司合并、分立、解散或者变更公司形式的方案;(8)决定公司内部管理机构的设置;(9)决定聘任或者解聘公司经理及其报酬事项,并根据经理的提名决定聘任或者解聘公司副经理、财务负责人及其报酬事项;(10)制定公司的基本管理制度;(11)公司章程规定的其他职权。

**2. 董事会的议事规则**

董事会会议由董事长召集和主持;董事长不能履行职务或者不履行职务的,由副董事长召集和主持;副董事长不能履行职务或者不履行职务的,由半数以上董事共同推举一名董事召集和主持。董事会的议事方式和表决程序,除公司法有规定的外,由公司章程规定。董事会应当对所议事项的决定做成会议记录,出席会议的董事应当在会议记录上签名。董事会形成决议实行表决制,按一人一票的原则进行表决。

**3. 有限责任公司可以设经理,由董事会决定聘任或者解聘**

经理对董事会负责,行使下列职权:(1)主持公司的生产经营管理工作,组织实施董事会决议;(2)组织实施公司年度经营计划和投资方案;(3)拟订公司内部管理机构设置方案;(4)拟订公司的基本管理制度;(5)制定公司的具体规章;(6)提请聘任或者解聘公司副经理、财务负责人;(7)决定聘任或者解聘除应由董事会决定聘任或者解聘以外的负责管理人员;(8)董事会授予的其他职权。公司章程对经理职权另有规定的,从其规定。

经理列席董事会会议。股东人数较少或者规模较小的有限责任公司,可以设一名执行董事,不设董事会。执行董事可以兼任公司经理,其职权由公司章程规定。

（三）有限责任公司的监事会

**1. 监事会的性质、构成与职权**

有限责任公司设监事会，其成员不得少于 3 人。股东人数较少或者规模较小的有限责任公司，可以设 1 名至 3 名监事，不设监事会。监事会应当包括股东代表和适当比例的公司职工代表，其中职工代表的比例不得低于 1/3，具体比例由公司章程规定。监事会中的职工代表由公司职工通过职工代表大会、职工大会或者其他形式民主选举产生。监事会设主席一人，由全体监事过半数选举产生。监事会主席召集和主持监事会会议；监事会主席不能履行职务或者不履行职务的，由半数以上监事共同推举 1 名监事召集和主持监事会会议。董事、高级管理人员不得兼任监事。监事的任期每届为 3 年。监事任期届满，连选可以连任。监事任期届满未及时改选，或者监事在任期内辞职导致监事会成员低于法定人数的，在改选出的监事就任前，原监事仍应当依照法律、行政法规和公司章程的规定，履行监事职务。

监事会、不设监事会的公司的监事行使下列职权：(1)检查公司财务；(2)对董事、高级管理人员执行公司职务的行为进行监督，对违反法律、行政法规、公司章程或者股东会决议的董事、高级管理人员提出罢免的建议；(3)当董事、高级管理人员的行为损害公司的利益时，要求董事、高级管理人员予以纠正；(4)提议召开临时股东会会议，在董事会不履行法定的召集和主持股东会会议职责时召集和主持股东会会议；(5)向股东会会议提出提案；(6)依照公司法的规定，对董事、高级管理人员提起诉讼；(7)公司章程规定的其他职权。

监事可以列席董事会会议，并对董事会决议事项提出质询或者建议。监事会、不设监事会的公司的监事发现公司经营情况异常，可以进行调查；必要时，可以聘请会计师事务所等协助其工作，费用由公司承担。监事会、不设监事会的公司的监事行使职权所必需的费用，由公司承担。

**2. 监事会的议事规则**

监事会每年度至少召开一次会议，监事可以提议召开临时监事会会议。监事会的议事方式和表决程序，除公司法有规定的外，由公司章程规定。监事会决议应当经半数以上监事通过。监事会应当对所议事项的决定做成会议记录，出席会议的监事应当在会议记录上签名。

## 三、有限责任公司的股权转让

有限责任公司的股东之间可以相互转让其全部或者部分股权，受让人即成为公司股东或增加其在公司的出资额。有限责任公司的股东之间转让股权应当按照公司法的规定办理，但是公司章程对股权转让另有规定的，从其规定。自然人股东死亡后，其合法继承人可以继承股东资格，但是，公司章程另有规定的除外。

**1. 股权转让的程序**

股东向股东以外的人转让股权,须经其他股东过半数同意。股东应就其股权转让事项书面通知其他股东征求意见,其他股东自接到书面通知之日起满 30 日未答复的,视为同意转让。其他股东半数以上不同意转让的,不同意股东应当购买转让的股权;不购买的,视为同意转让。转让股权后,公司应当注销原股东的出资证明书,向新股东签发出资证明书,并相应的修改公司章程和股东名册中有关股东及其出资额的记载。对公司章程的该项修改不需股东会表决。

**2. 股东的优先购买权**

股东向股东以外的人转让股权时经股东同意转让的股权,或人民法院依法强制执行股东股权,并履行了通知公司全体股东的义务。在同等条件下,其他股东有优先购买权,其他股东自人民法院通知之日起满 20 日没有行使优先购买权的,视为放弃优先购买权。

**3. 股份回购请求权**

由于有限责任公司不公开发行股票,股东不能在证券市场上出让其股份,因此,为了更好地维护少数股东的利益,我国《公司法》规定,有下列情形之一的,对股东会该项表决投反对票的股东可以请求公司按照合理的价格收购其股权:公司连续 5 年不向股东分配利润,而公司该 5 年连续盈利,并且符合公司法规定的分配利润条件的;公司合并、分立、转让主要财产的;公司章程规定的营业期限届满或者章程规定的其他解散事由出现,股东会会议通过决议修改章程使公司存续的。

自股东会会议决议通过之日起 60 日内,股东与公司不能达成股权收购协议的,股东可以自股东会会议决议通过之日起 90 日内向人民法院提起诉讼。

## 四、一人有限责任公司的特别规定

一人有限责任公司是指只有一个自然人股东或者一个法人股东的有限责任公司。为了维护债权人利益和社会经济秩序,除遵循公司法关于有限责任公司的一般规定之外,公司法还对一人有限责任公司作出了特别规定。

**1. 股东行为的限制**

有限责任公司应当在公司登记中注明自然人独资或者法人独资,并在公司营业执照中载明。[①] 一个自然人只能投资设立一个一人有限责任公司,该一人有限责任公司不能投资设立新的一人有限责任公司。一人有限责任公司不设股东会。股东会职权由股东行使,作出相应决定时,应当采用书面形式,并由股东签名后置备于公司。

**2. 商事账簿的强制性审计**

一人有限责任公司应当在每一会计年度终了时编制财务会计报告,并经会计师

---

① 注册资本限制:一人有限责任公司的注册资本最低限额为人民币 10 万元。股东应当一次足额缴纳公司章程规定的出资额。自 2014 年 3 月 1 日起该规定已被删去不再执行。

事务所审计。由此,增加了一人有限责任公司的信息披露义务。

### 3. 有限责任排除规则

一人有限责任公司的股东不能证明公司财产独立于股东自己的财产的,推定其滥用公司人格,应当对公司债务承担连带责任。以防止股东和公司财产混同或抽逃出资,滥用公司人格和有限责任制度损害债权人利益。

## 五、国有独资公司的特别规定

国有独资公司是指国家单独出资,由国务院或者地方人民政府授权本级人民政府国有资产监督管理机构履行出资人职责的有限责任公司。国有独资公司是一人有限责任公司的特殊形态,一般适用于国务院确定的生产特殊产品的公司或关系国计民生、国防、社会安全、国家专营产品与特定行业①的公司。由于我国存在大量的国有独资公司,为了加强管理,维护国有资产,并发挥国家调控职能,公司法对国有独资公司作出了特别规定。国有独资公司的设立和组织机构,适用特别规定,没有特别规定则适用关于有限责任公司的相关规定。

公司法对国有独资公司的特别规定为:

### 1. 章程

国有独资公司章程由国有资产监督管理机构制定,或者由董事会制定报国有资产监督管理机构批准。

### 2. 组织机构

第一,股东会。国有独资公司不设股东会,由国有资产监督管理机构行使股东会职权。国有资产监督管理机构可以授权公司董事会行使股东会的部分职权。第二,董事会。国有独资公司设董事会,每届任期不得超过3年。董事会成员中应当有公司职工代表。董事会设董事长一人,可以设副董事长。董事长、副董事长由国有资产监督管理机构从董事会成员中指定。董事会成员由国有资产监督管理机构委派;但是,董事会成员中的职工代表由公司职工代表大会选举产生。第三,经理。国有独资公司设经理,由董事会聘任或者解聘。经国有资产监督管理机构同意,董事会成员可以兼任经理。国有独资公司监事会成员不得少于5人,其中职工代表的比例不得低于1/3,具体比例由公司章程规定。第四,监事会。监事会成员由国有资产监督管理机构委派;但是,监事会成员中的职工代表由公司职工代表大会选举产生。监事会主席由国有资产监督管理机构从监事会成员中指定。

### 3. 议事规则

国有独资公司不设股东会,由国有资产监督管理机构行使股东会职权。国有资产监督管理机构可以授权公司董事会行使股东会的部分职权,决定公司的重大事项,

---

① 造币、烟草、军工、邮政、通信、电力等行业。

但公司的合并、分立、解散、增加或者减少注册资本和发行公司债券,必须由国有资产监督管理机构决定;其中,重要的国有独资公司合并、分立、解散、申请破产的,应当由国有资产监督管理机构审核后,报本级人民政府批准。

**4. 兼职限制**

国有独资公司的董事长、副董事长、董事、高级管理人员,未经国有资产监督管理机构同意,不得在其他有限责任公司、股份有限公司或者其他经济组织兼职。

# 第 3 节　股份有限公司

股份有限公司又称股份公司,是指全部注册资本由等额股份构成并通过发行股票筹集资本,股东以其所认购股份对公司承担有限责任,公司以其全部资产对公司债务承担有限责任的企业法人。股份公司是现代企业制度的典型形式,具有开放性,尤其适合进行社会化生产的大型企业采用。股份公司是人类智慧的精巧发明,极大地推动了生产力的发展和人类文明的进步。

## 一、股份有限公司的设立

### (一)股份有限公司的设立方式

股份有限公司是最重要的公司形式之一,因此,其设立方式和程序都比有限公司复杂得多,股份有限公司的设立,可以采取发起设立或者募集设立的方式。发起设立是指由发起人认购公司应发行的全部股份而设立公司。募集设立是指由发起人认购公司应发行股份的一部分,其余股份向社会公开募集或者向特定对象募集而设立公司。

### (二)股份有限公司的设立条件

我国《公司法》规定,设立股份有限公司应当具备下列条件:(1)发起人符合法定人数;(2)有符合公司章程规定的全体发起人认购的股本总额或者募集的实收股本总额;(3)股份发行、筹办事项符合法律规定;(4)发起人制定公司章程,采用募集方式设立的经创立大会通过;(5)公司名称,建立符合股份有限公司要求的组织机构;(6)公司住所。其中,名称、组织机构和住所参见有限责任公司相关部分的内容,此处着重学习以下几个方面:

**1. 发起人要件**

股份有限公司发起人承担公司筹办事务,发起人应当在 2 人以上 200 人以下,可以是自然人或法人,其中须有半数以上的发起人在中国境内有住所。发起人应当签订发起人协议,明确各自在公司设立过程中的权利和义务。发起人应当承担相应的法律责任：

第一，公司不能成立时，对设立行为所产生的债务和费用负连带责任；

第二，公司不能成立时，对认股人已缴纳的股款负返还股款并加算银行同期存款利息的连带责任；

第三，在公司设立过程中，由于发起人的过失致使公司利益受到损害，应当对公司承担赔偿责任。

**2. 资本要件**

股份有限公司采取发起设立方式设立的，注册资本为在公司登记机关登记的全体发起人认购的股本总额。在发起人认购的股份缴足前，不得向他人募集股份。以发起设立方式设立股份有限公司的，发起人应当书面认足公司章程规定其认购的股份，并按照公司章程规定缴纳出资。以非货币财产出资的，应当依法办理其财产权的转移手续。

募集设立，注册资本为在公司登记机关登记的实收股本总额。有限责任公司变更为股份有限公司时，折合的实收股本总额不得高于公司净资产额。

法律、行政法规以及国务院决定对股份有限公司注册资本实缴、注册资本最低限额另有规定的，从其规定。

（三）股份有限公司的设立程序

（1）签订发起人协议。

（2）向社会公开发行股份需报经国务院证券管理部门核准。

（3）发起人向社会公开募集股份，必须公告招股说明书，并制作认股书。由依法设立的证券公司承销，并签订承销协议。同银行签订代收股款协议。

（4）发起人制定公司章程，公开募集股份的须经创立大会通过。①

发起人认足公司章程规定的出资后，应当选举董事会和监事会，由董事会向公司登记机关报送公司章程以及法律、行政法规规定的其他文件，申请设立登记。

## 二、股份有限公司的组织机构

（一）股份有限公司的股东大会

**1. 股东大会的性质与职权**

股份有限公司股东大会由全体股东组成，性质与职权与有限公司股东会的性质与职权基本相同，但是，股东可以自由转让所持股份，无须经过股东大会批准，这是由股份公司的开放性和资合性的特点决定的。

---

① 各国为了保证股份有限公司设立程序的合法、保障公司发起人和认股人的正当利益规定了创立大会制度，创立大会是由发起人、认股人组成议事机构，对公司设立过程中有关实物出资的估价、设立费用以及公司是否成立等重大问题进行表决。召开创立大会是募集设立股份有限公司时特有的设立行为，在公司公开募足股份后由发起人主持召开。

**2. 股东大会的召开**

股东大会分为年会和法定临时股东大会,年会每年召开一次,遇有法定情形在 2 个月内召开临时股东大会:(1)董事人数不足公司法规定人数或者公司章程所定人数的 2/3 时;(2)公司未弥补的亏损达实收股本总额 1/3 时;(3)单独或者合计持有公司 10% 以上股份的股东请求时;(4)董事会认为必要时;(5)监事会提议召开时;(6)公司章程规定的其他情形。

股东大会会议由董事会召集,董事长主持;董事长不能履行职务或者不履行职务的,由副董事长主持;副董事长不能履行职务或者不履行职务的,由半数以上董事共同推举一名董事主持。董事会不能履行或者不履行召集股东大会会议职责的,监事会应当及时召集和主持;监事会不召集和主持的,连续 90 日以上单独或者合计持有公司 10% 以上股份的股东可以自行召集和主持。召开股东大会会议应当将会议召开的时间、地点和审议的事项于会议召开 20 日前通知各股东;临时股东大会应当于会议召开 15 日前通知各股东;发行无记名股票的,应当于会议召开 30 日前公告会议召开的时间、地点和审议事项。

单独或者合计持有公司 3% 以上股份的股东,可以在股东大会召开 10 日前提出临时提案并书面提交董事会;董事会应当在收到提案后 2 日内通知其他股东,并将该临时提案提交股东大会审议。临时提案的内容应当属于股东大会职权范围,并有明确议题和具体决议事项。股东大会不得对前两款通知中未列明的事项作出决议。

无记名股票持有人出席股东大会会议的,应当于会议召开 5 日前至股东大会闭会时将股票交存于公司。

**3. 股东大会的议事规则**

股东出席股东大会会议,所持每一股份有一表决权。但是,公司持有的本公司股份没有表决权。股东大会选举董事、监事,可以依照公司章程的规定或者股东大会的决议,实行累积投票制。① 股东可以委托代理人出席股东大会会议,代理人应当向公司提交股东授权委托书,并在授权范围内行使表决权。

股东大会作出一般决议必须经出席会议的股东所持表决权过半数通过。但是,股东大会作出特别决议:修改公司章程、增加或者减少注册资本的决议,公司合并、分立、解散或者变更公司形式的决议,以及上市公司在一年内购买、出售重大资产或者担保金额超过公司资产总额 30% 的决议,必须经出席会议的股东所持表决权的 2/3 以上通过。

股东大会应当对所议事项的决定做成会议记录,主持人、出席会议的董事应当在会议记录上签名。会议记录应当与出席股东的签名册及代理出席的委托书一并保存。

---

① 累积投票制是指股东大会选举董事或者监事时,每一股份拥有与应选董事或者监事人数相同的表决权,股东拥有的表决权可以集中使用。

**(二) 股份有限公司的董事会**

**1. 董事会的性质、构成与职权**

股份有限公司董事会的性质与职权与有限公司董事会的性质与职权基本相同,[①]成员为 5 人至 19 人;董事会成员中可以有公司职工代表,职工代表由公司职工通过职工代表大会、职工大会或者其他形式民主选举产生。

**2. 董事会的议事规则**

董事会设董事长一人,可以设副董事长。董事长和副董事长由董事会以全体董事的过半数选举产生。董事长召集和主持董事会会议,检查董事会决议的实施情况,副董事长协助董事长工作,董事长不能履行职务或者不履行职务的,由副董事长履行职务;副董事长不能履行职务或者不履行职务的,由半数以上董事共同推举一名董事履行职务。

董事会每年度至少召开两次会议,每次会议应当于会议召开 10 日前通知全体董事和监事。代表 1/10 以上表决权的股东、1/3 以上董事或者监事会,可以提议召开董事会临时会议。董事长应当自接到提议后 10 日内,召集和主持董事会会议。董事会召开临时会议,可以另定召集董事会的通知方式和通知时限。

董事会会议应有过半数的董事出席方可举行,作出的决议必须经全体董事的过半数通过。董事会会议应由董事本人出席,因故不能出席,可以书面委托其他董事代为出席,委托书中应载明授权范围。

董事会决议的表决,实行一人一票。董事会应当对会议所议事项的决定做成会议记录,出席会议的董事应当在会议记录上签名。董事应当对董事会的决议承担责任,决议违反法律、行政法规或者公司章程、股东大会决议,致使公司遭受严重损失的,参与决议的董事对公司负赔偿责任。但经证明在表决时曾表明异议并记载于会议记录的董事可以免除责任。

**3. 经理**

股份有限公司经理的任职、产生、职权与有限责任公司相同。

**(三) 股份有限公司的监事会**

**1. 监事会的性质、构成与职权**

股份有限公司设监事会,股份有限公司的职权同有限责任公司,其成员不得少于 3 人,监事会行使职权所必需的费用由公司承担。监事会应当包括股东代表和适当比例的公司职工代表,其中职工代表的比例不得低于 1/3,具体比例由公司章程规定。监事会中的职工代表由公司职工通过职工代表大会、职工大会或者其他形式民主选举产生。董事、高级管理人员不得兼任监事。

---

[①] 2001 年 8 月 16 日中国证监会发布的《关于在上市公司建立独立董事制度的指导意见》规定,上市公司必须设立独立董事。

监事会设主席 1 人,可以设副主席。监事会主席和副主席由全体监事过半数选举产生。监事会主席召集和主持监事会会议;监事会主席不能履行职务或者不履行职务的,由监事会副主席召集和主持监事会会议;监事会副主席不能履行职务或者不履行职务的,由半数以上监事共同推举一名监事召集和主持监事会会议。

**2. 监事会的议事规则**

监事会每 6 个月至少召开一次会议。监事可以提议召开临时监事会会议。监事会的议事方式和表决程序,除公司法有规定的外由公司章程规定。监事会决议应当经半数以上监事通过。监事会应当对所议事项的决定做成会议记录,出席会议的监事应当在会议记录上签名。

## 三、股份有限公司的股份的发行、转让与回购

（一）股份的发行

**1. 股份与股票**

股份有限公司的资本划分为金额相等的股份,股份的法定表现形式是股票——公司签发的证明股东所持股份的凭证。股票采用纸面形式或者国务院证券监督管理机构规定的其他形式。股票的出现是公司制度发展的必然结果,同时,股票也促进了民事权利的流转与实现,推动了公司制度乃至整个社会经济的发展。

**2. 股份的发行**

股份(股票)的发行是股份公司为筹集资本出售或分配股份的行为,包括新设发行——公司设立时的首次发行和新股发行——公司设立之后的各次增资发行。

**3. 股份发行的方式**

目前我国公司发行的股票均为普通股,分为记名股票和无记名股票,公司法规定国务院可以对公司发行公司法规定以外的其他种类的股份另行作出规定,为今后设置特别股留下了空间。①

（二）股份的转让

**1. 股份转让自由原则**

股票是一种无限期证券,除非公司终止,它将一直存在。持有者不能要求公司还本付息,这是股票与公司债券的最大区别。因此,各国股东持有的股份均可以依法转让,除了法定限制条件外,公司不得以章程予以禁止或限制。

**2. 股份转让的方式**

记名股票由股东以背书方式或者法律、行政法规规定的其他方式转让,转让后由公司将受让人的姓名或者名称及住所记载于股东名册。无记名股票的转让由股东将该股票交付给受让人后即发生转让的效力。

---

① 中国目前的上市公司还没有一家发行优先股,因为中国的《公司法》没有规定优先股的相关条款。

### 3. 股份转让的限制性规定

为了保护投资者利益、维护市场秩序，各国都对股份转让作出了一些必要的限制性规定。我国的相关规定有：

第一，股东转让其股份应当在依法设立的证券交易场所进行，或者按照国务院规定的其他方式进行。

第二，发起人持有的本公司股份自公司成立之日起1年内不得转让。公司公开发行股份前已发行的股份，自公司股票在证券交易所上市交易之日起1年内不得转让。

第三，公司董事、监事、高级管理人员应当向公司申报所持有的本公司的股份及其变动情况，在任职期间每年转让的股份不得超过其所持有本公司股份总数的25%；所持本公司股份自公司股票上市交易之日起1年内不得转让。其离职后半年内不得转让其所持有的本公司股份。公司章程可以对公司董事、监事、高级管理人员转让其所持有的本公司股份作出其他限制性规定。

第四，公司不得接受本公司的股票作为质押权的标的。

#### （三）股份的回购

2018年10月26日，第十三届全国人大常委会第六次会议审议通过了《全国人民代表大会常务委员会关于修改〈中华人民共和国公司法〉的决定》，对《公司法》第142条有关公司股份回购的规定进行了专项修改，自公布之日起施行。

公司可收购本公司股份的情形包括6种：（1）减少公司注册资本；（2）与持有限公司股份的其他公司合并；（3）将股份用于员工持股计划或者股权激励；（4）股东因对股东大会作出的公司合并、分立决议持异议，要求公司收购其股份；（5）将股份用于转换上市公司发行的可转换为股票的公司债券；（6）上市公司为维护公司价值及股东权益所必需。

新的规定增加股份回购情形，允许上市公司为维护公司整体价值及广大中小投资者股东权益进行股份回购，有利于增厚每股净资产，夯实估值的资产基础。进一步完善了股份回购制度，进一步夯实和完善了资本市场基础性制度，将有助于提升上市公司质量，有助于健全金融资本管理体制，深化金融改革，有助于维护广大中小投资者权益，促进资本市场持续稳定健康发展。健全资本市场内生稳定机制，促进资本市场整体平稳运行。为促进资本市场稳定健康发展提供了有力的法律支持。

### 复习思考题

1. 简述我国公司法关于一人有限公司的规定。
2. 简述公司的营利性与公司的社会责任之间的关系。
3. 简述股份公司设立的条件和程序。
4. 简述公司出资的形式和要求。

5. 股东会召集的程序如何?

6. 试析董事会决议的表决方式。

7. 简述董事和高级管理人员忠实义务的主要内容。

8. 试析公司合并与分立的法律效力。

9. 简述公司解散的原因与法律后果。

10. 试析我国股份转让的法律要求。

11. 简述我国股份回购制度的意义。

## 推荐阅读书目

1. 范健:《公司法》(第 3 版),法律出版社,2011 年版。

2. 姜一春:《公司法案例教程》(第 2 版),北京大学出版社,2010 年版。

3. 李建伟:《公司法学》,中国人民大学出版社,2008 年版。

4. 刘俊海:《公司法学》,北京大学出版社,2008 年版。

# 第 7 章 票 据 法

**本章导读**

票据是现代社会重要的交易工具,《票据法》是市场经济的重要立法,对于维护市场交易秩序具有重大意义。我国《票据法》所称的票据包括汇票、本票和支票。汇票包括商业汇票和银行汇票,本票在我国仅指银行本票,支票包括现金支票和转账支票。本章从票据的特点和票据立法入手,重点介绍票据行为的成立要件、票据权利的获得、具体内容、权利瑕疵及法律后果、票据丧失及其补救,以及我国《票据法》关于汇票、本票、支票的出票、承兑、保证、付款、追索等方面的具体的法律规定。

**关键术语**

汇票 本票 支票 票据抗辩 出票 背书 承兑 付款 追索

案例 10

## 第 1 节 票据法概述

### 一、票据的概念和特点

票据有广义和狭义之分,广义的票据是指经济活动中所使用的代表一定财产权利的书面凭证,包括提单、仓单、存款单、债券、股票、汇票、本票、支票等;狭义的票据是指出票人依法签发的,承诺由自己或委托付款人在见票时或指定的日期向收款人或持票人无条件支付一定金额并可转让的有价证券,我国《票据法》所称的票据包括汇票、本票和支票。

票据是一种特殊的有价证券,其特点在于:

**1. 票据是金钱证券**

票据所代表的权利是一种金钱给付请求权,无论是付款请求权还是追索权,内容都是要求票据债务人或其前手支付票面记载的金钱而非其他财产。

**2. 票据是设权证券**

与证权证券相对,证权证券是证明权利的存在,如仓单、提单;票据的出票人签发票据将创设一种债权,即持票人要求票据债务人给付票面金额的权利,因而是一种设权证券。

**3. 票据是要式证券**

票据必须符合法定的形式才能产生效力。无论是票据的用纸、签章、背书、承兑等，都有严格的形式要求，不符合法定形式的票据行为将导致票据无效或者被拒绝支付。

**4. 票据是无因证券**

票据的效力和票据签发的原因是相分离的，票据权利的存在和行使，不以签发票据的原因为要件。即便票据签发的原因不合法，也不影响票据的效力；持票人行使票据权利也不需要证明取得票据的原因。

**5. 票据是文义证券**

票据权利人与债务人、票据上的权利义务、票据的有效期等都是由票据上记载的文字来确定的，任何人不能根据票据记载事项以外的因素改变票据法律关系。

**6. 票据是流通证券**

流通性是票据的基本特征，票据的产生原本就是基于资金流转便捷和安全的需求，票据可以根据法定的方式自由流通。

## 二、票据法概述

### （一）票据法

票据法是调整票据关系的法律规范的总称。广义的票据法是指涉及票据关系调整的各种法律规范，既包括专门的票据法律、法规，也包括其他法律、法规中有关票据的规范。一般意义上所说的票据法是指狭义的票据法，即专门的票据法规范，它是规定票据的种类、形式和内容，明确票据当事人之间的权利义务，调整因票据而发生的各种社会关系的法律规范。《中华人民共和国票据法》自 1996 年 1 月 1 日起施行，2004 年修订。

票据法的特点：

（1）票据法是技术性规范。

（2）票据法是强制性规范。票据的形式、记载事项以及相关权利义务关系等均由法律直接规定，不允许当事人任意变更。

（3）票据法具有国际统一性。随着国际贸易的繁荣，世界各国统一票据法成为一种客观需求，20 世纪以来，统一票据法的重大国际活动就进行了三次：海牙统一票据法、日内瓦统一票据法和联合国统一票据法。包括我国在内的许多国家的票据法正逐步趋于统一。

### （二）票据法律关系

票据法律关系是指票据当事人之间基于票据的签发和流转所发生的权利义务关系，包括票据关系和票据法上的非票据关系。票据法律关系区别于票据的基础关系。票据的基础关系是票据行为人之间发生票据法律关系的原因或前提，是民法上的普通债权债务关系，包括票据的原因关系、资金关系等。《票据法》第 10 条规定："票据的签发、取得和转让,应当遵循诚实信用的原则,具有真实的交易关系和债权债务关系。"该条强调票据签发的原因关系,但票据是无因证券,一旦签发就与其原因关系相脱离,只有在特殊情况下,票据的原因关系才在具有直接债权债务关系等特定的当事人之间发挥作用。

票据关系是指票据当事人之间基于票据行为所发生的票据权利义务关系,包括出票人与收款人之间、收款人与付款人之间、背书人与被背书人之间的关系等。从票据基本当事人的角度来看,由于汇票、本票、支票基本当事人不同,各票据基本当事人之间的票据关系也有所区别:(1)汇票的基本当事人包括出票人、持票人和付款人,因此,汇票关系就包括该三方当事人之间的关系;(2)本票的基本当事人是出票人和持票人,因此,本票关系就包括该双方当事人之间的关系;(3)支票的基本当事人是出票人、持票人和出票人委托的付款银行,因此,支票关系就包括该三方当事人之间的关系。除了上述基本当事人之外,由于票据的背书、保证等行为又产生了其他的当事人,因而票据关系又包括背书转让关系、保证关系等。

票据法上的非票据关系是指由票据法明确规定的,但不是基于票据行为而发生的法律关系。如正当权利人对于因恶意或重大过失而取得票据的人行使票据返还请求权所发生的法律关系;因时效届满而丧失票据权利的持票人对出票人和承兑人行使清偿请求权所发生的法律关系等。

### (三) 涉外票据的法律适用

由于现代社会经济活动全球化的特点,票据涉外是一个普遍的现象,为了提高涉外经济活动的效率性和安全性,各国票据法均对涉外票据进行了相应的规定。我国票据法同样如此,我国票据法规定的涉外票据是指出票、背书、承兑、保证、付款等行为中,既有发生在中华人民共和国境内又有发生在中华人民共和国境外的票据。涉外票据的法律适用主要体现在:

(1)票据适用的法律依据。我国缔结或者参加的国际条约同我国票据法有不同规定的,适用国际条约的规定。但是,中华人民共和国声明保留的条款除外。我国票据法和中华人民共和国缔结或者参加的国际条约没有规定的,可以适用国际惯例。

(2)票据债务人的民事行为能力确定的法律依据。票据债务人的民事行为能力适用其本国法律。如依照其本国法律为无民事行为能力或者为限制民事行为能力但依照行为地法律为完全民事行为能力的,适用行为地法律。

(3)票据记载事项确定的法律依据依据。汇票、本票出票时的记载事项,适用出票地法律。支票出票时的记载事项,适用出票地法律,经当事人协议,也可以适用付款地法律。

(4)票据行为的适用的法律依据。票据的背书、承兑、付款和保证行为,适用行为地法律;票据追索权的行使期限,适用出票地法律;票据的提示期限、有关拒绝证明的方式、出具拒绝证明的期限,适用付款地法律;票据丧失时,失票人请求保全票据权利的程序,适用付款地法律。

# 第 2 节 票 据 行 为

## 一、票据行为概念及要件

（一）概念

票据行为是指依照票据法实施的以发生票据权利义务为目的的法律行为。票据行为是一种法律行为,必须符合法定的形式和其他要件。《票据法》规定的票据行为包括:(1)出票,即票据出票人签发票据将其交付给收款人的票据行为;(2)背书,即在票据背面或粘单上记载有关事项并签章的票据行为;(3)承兑,即汇票付款人承诺在汇票到期日支付汇票金额的票据行为;(4)保证,即票据债务人以外的人为担保票据债务的履行而在票据上表明担保关系并签章的票据行为。

（二）要件

票据行为的要件是指成立票据行为并使其发生票据权利义务的必要条件。票据行为是一种法律行为,票据行为需要具备如下要件:

### 1. 行为人具有完全民事行为能力

《票据法》第 6 条规定:"无民事行为能力人或者限制民事行为能力人在票据上签章的,其签章无效,但是不影响其他签章的效力。"可见,票据行为人应当具有完全民事行为能力。票据行为人的行为能力基本适用民法关于自然人行为能力的规定,但在法律后果上,《票据法》的规定与民法的规定略有出入。一般的民事法律行为,如果行为人欠缺行为能力将导致行为的无效或效力待定,票据行为中,虽然欠缺行为能力的当事人签章无效,即其本人的票据行为无效,但不影响票据本身的效力和其他有行为能力的当事人合法签章的效力。

### 2. 行为人的意思表示真实

《票据法》第 12 条规定:"以欺诈、偷盗或者胁迫等手段取得票据的,或者明知有前列情形,出于恶意取得票据的,不得享有票据权利。持票人因重大过失取得不符合本法规定的票据的,也不得享有票据权利。"票据行为人的意思表示原则上也应当适用民法关于意思表示的规定,但票据法为了促进票据的流通,保护善意第三人的合法权益,往往规定了行为的"外观主义",也就是说只要行为人的行为符合票据法规定的形式要件,即便票据记载事项中并未反映行为人的真实意思,也只在特定的当事人之间产生影响,不影响善意第三人的票据权利。

### 3. 行为内容合法

票据行为的内容必须符合法律、法规的规定。《票据法》第 3 条规定："票据活动应当遵守法律、行政法规，不得损害社会公共利益。"

### 4. 行为形式合法

《票据法》对于票据行为的形式有明确规定。包括：（1）签章。《票据法》上的签章是指签名、盖章或签名加盖章。法人和其他使用票据的单位在票据上的签章，为该法人或者该单位的盖章加其法定代表人或者其授权的代理人的签章。在票据上的签名，应当为该当事人的本名。（2）记载事项及其更改。票据上的记载事项分为法定绝对必要记载事项、相对必要记载事项和非法定记载事项。法定绝对必要记载事项是指《票据法》规定票据必须具备的内容，法定绝对必要记载事项的欠缺将导致票据无效；相对必要记载事项是指《票据法》规定可以记载可以不记载的事项，相对必要记载事项欠缺可以直接适用票据法中关于该记载事项的规定；非法定记载事项是指《票据法》没有规定的记载事项，非法定记载事项记载于票据上不产生票据法上的效力。由于汇票、本票、支票法定绝对必要记载事项有区别，在此，只介绍所有票据统一的法定绝对必要记载事项记载要求。《票据法》第 8 条和第 9 条规定：票据金额以中文大写和数码同时记载，二者必须一致，二者不一致的，票据无效。票据上的记载事项必须符合本法的规定。票据金额、日期、收款人名称不得更改，更改的票据无效。对票据上的其他记载事项，原记载人可以更改，更改时应当由原记载人签章证明。

## 二、票据行为的代理

票据行为依法可以代理，票据行为的代理是指由代理人根据被代理人的授权代为实施票据行为的行为。

### （一）票据代理的要求

《票据法》第 5 条规定："票据当事人可以委托其代理人在票据上签章，并应当在票据上表明其代理关系。"代理票据行为必须符合法定的形式：（1）签章。代理人应当在票据上签章，否则，票据可能因欠缺法定绝对必要记载事项而无效。（2）表明代理关系。代理人应当在票据上表明自己与被代理人之间的代理关系，明确表明自己作为代理人的身份和经过被代理人授权为被代理人代理的意思。

### （二）无权代理、越权代理的法律后果

行为人没有经过被代理人的授权实施票据行为的，为无权代理；代理人超越被代理人授予的代理权限实施票据行为的，为越权代理。《票据法》第 5 条第 2 款规定："没有代理权而以代理人名义在票据上签章的，应当由签章人承担票据责任；代理人超越代理权限的，应当就其超越权限的部分承担票据责任。"

案例 11

# 第 3 节　票据权利与抗辩

## 一、票据权利的概念和类型

票据权利是指持票人向票据债务人请求支付票据金额的权利。包括付款请求权和追索权。付款请求权是持票人在票据到期时向付款人要求支付票面金额的权利；追索权是持票人在票据未获承兑或未获付款时请求出票人、保证人或其前手等支付票面金额及相关费用的权利。学理上将票据的付款请求权称为"第一次请求权"，把追索权称为"第二次请求权"。由于持票人基于票据而享有的基本权利就是要求票据债务人付款，因而，付款请求权是"第一次请求权"，只有在付款请求权落空的情况下，持票人方能行使追索权。追索权的存在有赖于付款请求权的存在，因而是"第二次请求权"。

## 二、票据权利的取得

（一）票据权利的原始取得

### 1. 依出票而取得票据权利

如前所述，票据是"设权证券"，出票人的出票行为可以设定收款人的票据权利。因出票而取得票据权利的，出票行为必须符合票据法规定的条件和形式。同时，收款人取得票据也是基于合法行为，不能违反法律法规的强制性规定而取得票据。

### 2. 善意取得票据权利

持票人从无票据处分权的人手中善意、无过失地受让票据，依法也享有票据权利。我国《票据法》规定的票据权利善意取得必须满足以下条件：（1）转让票据的人是无票据处分权的人。所谓无处分权，包括各种依法占有票据但无处分权的情况，如保管他人票据、拾得他人遗失的票据等；以及非法取得票据的情况，如欺诈、胁迫、盗窃、恶意、重大过失等取得票据的。（2）受让人善意、无过失。受让人在从无权处分人处取得票据时，并不知道其无权处分。（3）取得方式合法。受让人从无权处分人处通过背书或交付的方式取得票据，从外观上看背书和交付并无瑕疵。

（二）票据权利的继受取得

票据权利的继受取得是指受让人从票据权利人处依法定方式和程序取得票据，享有票据权利。继受取得的方式包括权利人背书转让、无记名票据的依法交付、票据的赠与、继承以及因企业合并等取得票据。需要注意的是：

（1）原则上，取得票据必须支付对价。《票据法》第 10 条第 2 款规定："票据的取得,必须给付对价,即应当给付票据双方当事人认可的相对应的代价。"

(2)因特殊情况取得票据可以不支付对价,但其票据权利受限制。因税收、继承、赠与等可以依法无偿取得票据,不受给付对价的限制。但是,所享有的票据权利不得优于其前手的权利。

(3)非法、恶意或重大过失取得票据,不享有票据权利。《票据法》第12条规定:"以欺诈、偷盗或者胁迫等手段取得票据的,或者明知有前列情形,出于恶意取得票据的,不得享有票据权利。持票人因重大过失取得不符合本法规定的票据的,也不得享有票据权利。"

### 三、票据权利的行使、保全与消灭

**(一)票据权利的行使**

票据权利的行使是指持票人向债务人要求履行票据债务的行为。行使票据权利包括行使付款请求权和行使追索权。票据付款请求权行使的对象主要是票据付款人,在未获票据付款的情况下,票据出票人应当承担最终责任。票据追索权行使的对象是持票人的前手,包括出票人在内。

**(二)票据权利的保全**

票据的保全是指票据权利人为防止票据权利丧失而实施的行为。票据权利可因时效、被他人行使等原因而丧失,因此,持票人为了防止丧失票据权利,应当采取必要行为对权利进行保全。保全行为包括提示票据、做成拒绝证明等。提示票据是指在法律规定的期限内,持票人向票据债务人出示票据,要求其履行票据债务。做成拒绝证明,是指持票人提示票据之后被拒绝承兑或被拒绝付款的情况下,请求承兑人或付款人出具拒绝承兑或拒绝付款的书面证明。

根据《票据法》的规定,票据权利的行使和保全应当在当事人的营业时间内、在票据当事人的营业场所进行;票据当事人无营业场所的,在其住所进行。

**(三)票据权利的消灭**

票据权利的消灭是指票据权利因法定事由的出现而归于终止。票据权利消灭的法定事由包括:已经依法付款、被追索人清偿票据金额及相关费用、票据时效期限届满、保全手续欠缺等。根据我国《票据法》第17条的规定,票据权利在下列期限内不行使而消灭:

(1)持票人对票据的出票人和承兑人的权利,自票据到期日起2年。见票即付的汇票、本票,自出票日起2年。该条规定是针对持票人的付款请求权。

(2)持票人对支票出票人的权利,自出票日起6个月。该条规定是针对支票持票人的付款请求权。

(3)持票人对前手的追索权,自被拒绝承兑或者被拒绝付款之日起6个月。

(4)持票人对前手的再追索权,自清偿日或者被提起诉讼之日起3个月。

上述第(3)种和第(4)种所指的追索权,不包括对票据出票人的追索权。

## 四、票据权利救济

票据权利救济是指票据丧失之后,权利人可以采取补救措施救济自己的票据权利。我国《票据法》规定的票据丧失后的补救措施包括挂失止付、公示催告和诉讼。

### (一)挂失止付

挂失止付是指失票人将票据丢失的情况通知付款人,请求付款人暂停支付票据金额的救济方法。我国《票据法》第 15 条第 1 款和第 2 款规定:"票据丧失,失票人可以及时通知票据的付款人挂失止付,但是,未记载付款人或者无法确定付款人及其代理付款人的票据除外。收到挂失止付通知的付款人,应当暂停支付。"根据我国《票据管理实施办法》第 20 条规定,付款人或代理付款人收到挂失止付通知书,应当立即暂停支付,付款人或代理付款人自收到付款通知书之日起 12 日内没有收到人民法院的止付通知书的,自第 13 日起,挂失止付通知书失效。根据上述规定可见,挂失止付救济方法适用的票据范围不包括未记载付款人或无法确定付款人及其代理付款人的票据,因为这类票据可能是无效票据或者虽为有效票据,但无法通知付款人暂停付款。同时,挂失止付通知有效力期限,最长为 12 日。当事人在挂失止付之后,还应当向法院依法申请公示催告或提起诉讼。

### (二)公示催告

公示催告是指法院根据票据失票人的请求,以公示方法催告利害关系人在一定期限内向法院申报票据权利,逾期不申报,人民法院可通过除权判决宣告所失票据无效的一种制度。《票据法》第 15 条第 3 款规定:"失票人应当在通知挂失止付后三日内,也可以在票据丧失后,依法向人民法院申请公示催告。"根据我国《民事诉讼法》的相关规定,公示催告的程序如下:

**1. 失票人申请**

失票人可以直接向法院提出公示催告的申请,也可以在挂失止付后 3 日内向法院提出公示催告申请,公示催告申请由票据支付地的基层人民法院受理。根据不同的票据种类,票据支付地有所不同:银行汇票以出票人所在地为支付地;商业汇票以承兑人或付款人所在地为支付地;银行本票以出票人所在地为支付地;支票以出票人开户银行所在地为支付地。失票人向人民法院递交公示催告申请书时,应当写明票面金额、出票人、持票人、背书人等主要内容和申请的理由以及事实等。

**2. 法院受理并发出止付通知和公告**

在法院决定受理申请之后,应当同时向付款人及代理付款人发出止付通知,并自立案之日起 3 日内发出公告。付款人接到止付通知后,应当停止支付,直到公示催告程序终结。同时,法院应当在受理申请后 3 日内在全国性的报刊上刊登公告,要求利害关系人限期申报票据权利。公示催告的期间不少于 60 日,最长不超过 90 日。

**3. 利害关系人申报权利,法院裁定终结公示催告程序**

如果法院收到利害关系人关于票据权利的申报,应当通知申请人在指定的期间内审查票据,如果公示催告的票据与利害关系人出示的票据不一致,法院应裁定驳回利害关系人的申报。如果审查确为催告的票据,应裁定终结公示催告程序。

**4. 除权判决**

如果公示催告期满没有利害关系人申报权利,公示催告申请人可以从公告期满次日起1个月内申请法院作出判决,宣告所失票据无效。法院判决作出后应当公告,并通知付款人。判决生效后,申请人有权依据该除权判决向付款人请求付款或向其他票据债务人行使追索权。

（三）诉讼

诉讼是指失票人直接向法院提起民事诉讼,要求法院判决付款人向其支付确定金额的票据权利补救措施。我国《票据法》第15条第3款规定:"失票人应当在通知挂失止付后3日内,也可以在票据丧失后……向人民法院提起诉讼。"我国《民事诉讼法》详细规定了相关的诉讼程序。对此需要注意的是:(1)失票人在法院起诉时,应当提供所失票据的有关书面证明;(2)失票人在起诉时应当提供相应的担保;(3)在诉讼期间,如果有人持票申领票款,付款人应当暂不付款,说明情况并及时通知失票人和法院。

## 五、票据抗辩

票据抗辩是指票据债务人依法对票据权利人提出法定事由、拒绝履行票据义务的行为。根据票据抗辩所享有的权利即票据抗辩权。根据票据抗辩产生的原因,票据抗辩可分为物的抗辩和人的抗辩。

（一）票据抗辩的类型

**1. 物的抗辩**

所谓物的抗辩是指因为票据本身或票据行为不合法,票据债务人因而享有对抗一切持票人票据权利的权利。由于物的抗辩是客观原因引起的,因而又被称为客观抗辩或绝对抗辩。物的抗辩包括所有票据债务人享有的抗辩和特定票据债务人享有的抗辩。

(1)所有票据债务人享有的抗辩。具体包括:①票据记载事项不合法。根据我国《票据法》规定,但凡票据欠缺绝对必要记载事项、签章不合法、金额记载不合法、票据更改不合法的均导致票据无效,持票人不享有票据权利。②票据未到期。票据上记载有到期日,未到期债务人可以拒绝承担票据债务。③票据权利已消灭。如票据因付款、提存或因法院的除权判决而消灭等。上述情况下,所有的票据债务人可以对所有的票据权利人拒绝承担票据债务。

(2)特定票据债务人享有的抗辩。具体包括:①无权代理或越权代理的情况下,被代理人可以无权代理或越权代理为由对抗持票人的票据权利。②无行为能力或限制行为能力人签章的,无行为能力人或限制行为能力人的监护人可以行为能力欠缺为由对抗持票人的票据权利。③伪造或变造票据的,被伪造人可以伪造为由对抗持票人的票据权利;变造前签章的债务人可以签章后被变造为由对抗持票人的票据权利。④票据权利行使或保全手续欠缺的情况下,持票人丧失对其前手的追索权。因而,持票人的前手享有该票据权利行使或保全手续欠缺的抗辩。⑤票据权利因时效期间届满而消灭的情况下,付款人或持票人的前手享有时效经过的抗辩。⑥票据上记载"不得转让"字样的,其后手再背书转让的,原背书人对后手的被背书人不承担保证责任,因而,记载"不得转让"字样的原背书人享有对抗其后手的被背书人权利的权利。

**2. 人的抗辩**

所谓人的抗辩是指因为特定的持票人票据权利基础不合法,票据债务人因而享有对抗该持票人票据权利的权利。人的抗辩包括所有的票据债务人享有的对特定持票人的抗辩和特定票据债务人享有的对特定持票人的抗辩。

(1) 所有票据债务人享有的抗辩。具体而言包括:①持票人不具备票据权利的受领资格。如持票人与票据上记载的持票人非为同一人、持票人拾得票据之后冒充收款人骗领票据金额等。②持票人取得票据欠缺合法形式。如持票人取得背书不连续的票据。③票据债权人丧失受偿能力。如作为票据债权人的法人被宣告破产、自然人丧失行为能力之后作为债权人请求行使票据权利的。

(2) 特定票据债务人享有的抗辩。具体而言,包括:①票据原因关系无效。在票据签发和转让的直接当事人之间,如果签发或转让票据的原因无效,则签发或转让票据的当事人可以对抗与其有直接债权债务关系的持票人的票据权利。②对价欠缺或未履行直接当事人之间的约定。如果转让票据时,受让人没有支付相应对价取得票据或者没有履行与转让人之间约定的合同义务,则转让票据的当事人可以对抗直接受让人的票据权利。③非法取得票据。如果持票人通过欺诈、胁迫、盗窃等方式取得票据,与该持票人直接发生关联的票据债务人享有对抗持票人票据权利的抗辩,但这种抗辩事由不能对抗善意第三人。④恶意取得票据的。《票据法》规定,明知前手是以欺诈、盗窃或胁迫手段取得票据的,也不得享有票据权利,因此,受害的票据债务人不仅可以对抗非法取得票据的持票人的票据权利,还可以对抗恶意取得票据的持票人的票据权利。⑤无偿取得票据的。《票据法》规定,因税收、继承、赠与等无偿取得票据的持票人所享有的票据权利不得优于其前手。因此,如果持票人的前手因对价欠缺或其他原因受到抗辩时,持票人也需承受该抗辩。

(二) 票据抗辩的限制

票据的抗辩主要是为了保护债务人的合法权益,制止不法行为。但对票据抗辩如果没有任何限制,就会影响票据的流通性。因此,《票据法》在规定票据抗辩之外,还专门规定了票据抗辩的限制,即票据债务人不得以自己与出票人或者与持票人的前手之间的抗辩事由,对抗持票人。但是,持票人明知存在抗辩事由而取得票据的除外。

# 第4节　票据的伪造与变造

## 一、票据伪造

### (一)票据伪造的概念及构成要件

票据伪造是指假冒他人名义或者虚构名义从事票据行为的非法行为。包括假冒他人名义或虚构名义实施出票、背书、承兑、保证等行为。票据伪造行为应当具备以下构成要件:(1)行为人实施了假冒或虚构的行为。行为人采用盗用、仿制他人的签章等方式假冒他人签章或者虚构原本不存在的当事人签章实施了票据行为。(2)从形式上看,行为人的行为是合法的。如果从行为的外观来判断,具备法律规定的票据行为的法定形式。(3)行为人的目的是为了骗取钱财。行为人之所以伪造票据,目的在于骗取他人财物。(4)行为人将伪造的票据转让给他人。只有伪造的票据转让给他人之后才可能达到其骗取财物的目的。

### (二)票据伪造的法律后果

票据伪造是非法行为,不能发生票据行为的效力,具体而言:

**1. 对伪造人的法律后果**

由于票据伪造人是假冒他人签章或者虚构签章,因此,票据上没有伪造人本人的签章,伪造人并不承担票据责任,但依法应当承担民事责任、行政责任或刑事责任。根据我国《票据法》第102、103、106条的规定,行为人伪造票据的应当承担刑事责任;但情节轻微,不构成犯罪的,依照国家有关规定给予行政处罚;给他人造成损失的,应当依法承担民事责任。

**2. 对被伪造人的法律后果**

由于被伪造人自己并没有依法签章,因此,被伪造人也不承担票据责任。同时由于其名义被假冒,被伪造人可以依法要求伪造人承担侵权责任。

**3. 对伪造票据上真实签章人的法律后果**

根据票据行为的独立性原则,如果伪造的票据上有真实签章的,伪造的签章并不影响真实签章的效力,因而,真实签章的行为人应当对自己的票据行为承担责任。当然,由于伪造人的行为造成了真实签章人的损失,真实签章人可以要求伪造人承担赔偿责任。

**4. 对持票人的法律后果**

如果持票人是恶意的,依法不享有票据权利;但如果持票人是善意的,则享有对伪造人要求民事赔偿的权利,如果在票据上有真实签章的行为人,善意持票人享有向真实签章人追索的权利。

**5. 对付款人的法律后果**

如果付款人在付款时,按照法律规定对票据上的签章、背书连续性、提示付款人的身份证明等进行了常规审查,没有恶意或重大过失的,不承担责任;但如果付款人在付款时存在恶意或重大过失的,则应当自行承担责任。

## 二、票据变造

（一）票据变造的概念及构成要件

票据变造是指没有票据更改权限的人非法更改票据上签章以外的记载事项的行为。票据变造行为应当具备以下构成要件:(1)行为人是没有更改权限的人。根据我国《票据法》第 9 条规定,票据的原记载人可以更改除了票据金额、日期、收款人名称之外的其他记载事项并签章。除了原记载人之外,其他人无权更改。(2)行为人更改的是签章以外的其他记载事项。如果行为人更改的是签章,则直接构成票据伪造而非变造。(3)行为人变造票据的目的是为了改变票据上原来记载事项所表彰的票据权利义务,如增加票据金额、更改票据到期日等。

（二）票据变造的法律后果

**1. 变造后票据的效力**

变造后的票据仍然有效。在票据上签章的票据行为人根据签章时间的不同承担不同的票据责任。

**2. 对变造人的法律后果**

票据的变造同样是非法行为,根据《票据法》第 102、103、106 条的规定,行为人变造票据的应当承担刑事责任;但情节轻微,不构成犯罪的,依照国家有关规定给予行政处罚;给他人造成损失的,应当依法承担民事责任。

**3. 对票据上签章人的法律后果**

根据《票据法》第 14 条的规定,票据上其他记载事项被变造的,在变造之前签章的人,对原记载事项负责;在变造之后签章的人,对变造之后的记载事项负责;不能辨别是在票据被变造之前或者之后签章的,视同在变造之前签章。

# 第 5 节  汇票、本票和支票

## 一、汇票

（一）汇票的概念及种类

汇票是出票人签发的,委托付款人在见票时或者在指定日期无条件支付确定的金额给收款人或者持票人的票据。

根据不同的标准可以把汇票划分为不同的类型：

**1. 根据到期日的远近，将汇票分为即期汇票和远期汇票**

即期汇票即见票即付的汇票。这种汇票无须记载到期日，只要持票人向付款人提示付款，付款人就应当付款。远期汇票是票据上记载的出票日与付款日之间有一定的时间间隔。根据付款日记载的不同方式，远期汇票又分为：定日付款、出票后定期付款和见票后定期付款三种。

**2. 根据出票时是否记载了收款人名称，将汇票分为记名汇票和无记名汇票**

记名汇票是指出票时记载了收款人姓名或名称的汇票，这种汇票的转让必须通过背书的方式。无记名汇票是出票时没有记载收款人姓名或名称的汇票，无记名汇票的转让无须背书，只要交付给受让人即可。我国《票据法》不承认无记名汇票，汇票的收款人是绝对必要记载事项，出票时绝对必要记载事项欠缺将导致汇票无效。

**3. 根据出票人的不同，将汇票分为银行汇票和商业汇票**

我国《票据法》虽然规定了银行汇票和商业汇票，但没有界定其含义。根据《支付结算办法》第53条的规定，银行汇票是出票银行签发的，由其在见票时按照实际结算金额无条件支付给收款人或持票人的票据。银行汇票的出票人就是付款人。商业汇票是由商业机构签发的，由银行或银行以外的其他人作为承兑人和付款人的汇票。商业汇票又分为商业承兑汇票和银行承兑汇票。商业承兑汇票是由收款人签发的，经过付款人承兑或者由付款人签发并承兑的汇票。银行承兑汇票是由出票人签发的，由银行予以承兑的汇票。

（二）出票

出票是指出票人签发票据并将其交付给收款人的票据行为。出票包括出票人做成票据和向收款人交付票据两种行为。

（三）出票的要求

**1. 出票的基础关系**

《票据法》第21条规定："汇票的出票人必须与付款人具有真实的委托付款关系，并且具有支付汇票金额的可靠资金来源。不得签发无对价的汇票用以骗取银行或者其他票据当事人的资金。"

**2. 出票的记载事项**

（1）绝对必要记载事项。《票据法》第22条规定汇票必须记载下列事项：表明"汇票"的字样；无条件支付的委托；确定的金额；付款人名称；收款人名称；出票日期；出票人签章。汇票上未记载上述事项之一的，汇票无效。

（2）相对必要记载事项。《票据法》第23条规定："汇票上记载付款日期、付款地、出票地等事项的，应当清楚、明确。汇票上未记载付款日期的，为见票即付。汇票上未记载付款地的，付款人的营业场所、住所或者经常居住地为付款地。汇票上未记载出票地的,出票人的营业场所、住所或者经常居住地为出票地。"

（3）非法定记载事项。《票据法》第 24 条规定:"汇票上可以记载本法规定事项以外的其他出票事项,但是该记载事项不具有汇票上的效力。"所谓法律规定的其他记载事项是指与出票有关的,但不属于票据法规定的绝对必要记载事项和相对必要记载事项的范畴,因而即便记载在票据上也不发生票据上的效力。比如,关于出票原因的记载,关于持票人特征的记载等。

（四）出票的效力

**1. 对出票人的效力**

出票人签发票据后,即承担保证该票据承兑和付款的责任。如果持票人被拒付或拒绝承兑,出票人应当向持票人清偿票据上的金额及相关费用。

**2. 对收款人的效力**

出票后,收款人即成为票据的持票人和债权人,取得票据的付款请求权。在未获付款或未获承兑时,享有对包括出票人在内的前手的追索权。

**3. 对付款人的效力**

出票对付款人的效力因汇票是即期汇票还是远期汇票而有所区别。如果是即期汇票,出票之后付款人即负有支付票款的义务;如果是远期汇票,出票之后,付款人仅具有了承兑和付款的资格。

（五）背书

背书是指在票据背面或粘单上记载有关事项并签章的票据行为。持票人可以将汇票权利转让给他人或者将一定的汇票权利授予他人行使,转让或授权的方式即背书。背书的类型包括:

1）转让背书。是指以转让票据权利为目的的背书。包括:（1）一般转让背书是指在票据的到期日前以在票据背面或粘单上记载有关事项转让票据权利的行为。（2）特殊转让背书是指在背书时由于记载有特定事项而在效力上与一般转让背书有区别。具体包括:①禁止转让背书。即票据背书人在背书时记载了"不得转让"字样的背书。根据《票据法》第 27 条和第 34 条规定,如果票据上记载有"不得转让"字样,则该票据不可背书转让。如果其后手再背书转让的,原背书人对后手的被背书人不承担保证责任。但如果出票人在汇票上记载"不得转让"字样的,该汇票不得转让。如果收款人转让该票据,受让人也不享有票据权利。②期后背书。即票据被拒绝承兑、拒绝付款或超过付款提示期限之后所做的背书。根据《票据法》第 36 条规定,如果票据被拒绝承兑、被拒绝付款或者超过付款提示期限的,不得背书转让;背书转让的,背书人应当承担票据责任。③回头背书。即以票据上的债务人为被背书人的转让背书,又被称为"逆背书"。根据《票据法》第 69 条规定,如果持票人为出票人的,对其前手无追索权;如果出票人为背书人的,对其后手无追索权。

2）非转让背书。是指非以转让票据权利为目的的背书。包括:（1）委托收款背书。即背书人背书的目的在于让被背书人代为收取票据款项。《票据法》第35条第1款规定:"背书记载'委托收款'字样的,被背书人有权代背书人行使被委托的汇票权利。但是,被背书人不得再以背书转让汇票权利。"(2)设质背书。即背书人背书的目的在于用票据为被背书人设定质权。《票据法》第35条第2款规定:"汇票可以设定质押;质押时应当以背书记载'质押'字样。被背书人依法实现其质权时,可以行使汇票权利。"

背书的记载事项及限制包括:

1)背书的记载事项。根据《票据法》第29条规定,背书的记载事项包括:(1)背书人签章;(2)背书日期,背书未记载日期的,视为在汇票到期日前背书;(3)被背书人名称,汇票以背书转让或者以背书将一定的汇票权利授予他人行使时,必须记载被背书人名称。

2)背书的限制。我国《票据法》对背书做了以下限制:(1)背书不得附有条件。背书时附有条件的,所附条件不具有票据上的效力。(2)禁止部分背书及分别背书。将票据金额的一部分转让的背书或者将票据金额分别转让给二人以上的背书无效。

一般转让背书的效力包括:

1)转让权利的效力。背书之后,被背书人取得票据的所有权以及票据上的其他一切权利。

2)担保的效力。背书之后,背书人对其后手承担担保承兑和担保付款的责任。

3)证明的效力。持票人通过背书的连续性证明自己票据权利的合法性和正当性。《票据法》第31条规定:"以背书转让的汇票,背书应当连续。持票人以背书的连续,证明其汇票权利;非经背书转让,而以其他合法方式取得汇票的,依法举证,证明其汇票权利。"所谓背书连续,是指在票据转让中,转让票据的背书人与受让票据的被背书人在票据上的签章依次前后衔接。以背书转让的票据,后手应当对其直接前手背书的真实性负责。

(六)承兑

承兑是汇票特有的票据行为。承兑是指汇票付款人承诺在汇票到期日支付汇票金额的票据行为。

承兑的效力主要是针对付款人而言的。付款人承兑之后,即成为票据债务人,负有在持票人到期提示付款时必须无条件支付票据记载的金额的责任。在持票人因超过票据时效期间丧失票据权利时,承兑人仍然负有返还持票人票据上记载的金额的义务。

根据所持汇票类型的不同,持票人应在特定的时间向付款人提示承兑,所谓提示承兑是指持票人向付款人出示汇票,并要求付款人承诺付款的行为。汇票未按照规定期限提示承兑的,持票人丧失对其前手的追索权。提示承兑的时间因不同种类的汇票而有所不同：(1)定日付款或者出票后定期付款的汇票，持票人应当在汇票到期日前向付款人提示承兑。(2)见票后定期付款的汇票，持票人应当自出票日起 1 个月内向付款人提示承兑。(3)见票即付的汇票无须提示承兑。

承兑的要求如下：

### 1. 时间要求

付款人对向其提示承兑的汇票，应当自收到提示承兑的汇票之日起 3 日内承兑或者拒绝承兑。付款人收到持票人提示承兑的汇票时，应当向持票人签发收到汇票的回单。回单上应当记明汇票提示承兑日期并签章。

### 2. 记载事项

(1)绝对必要记载事项：付款人承兑汇票的，应当在汇票正面记载"承兑"字样和承兑日期并签章；(2)相对必要记载事项：见票后定期付款的汇票，应当在承兑时记载付款日期。汇票上未记载承兑日期的，视为在有效期限内承兑；(3)禁止记载事项：付款人承兑汇票，不得附有条件；承兑附有条件的，视为拒绝承兑。

(七) 保证

保证是指票据债务人以外的人为担保票据债务的履行而在票据上表明担保关系并签章的票据行为。

保证的记载事项包括：

### 1. 绝对必要记载事项

保证人必须在汇票或者粘单上记载下列事项：表明"保证"的字样；保证人名称和住所；被保证人的名称；保证日期；保证人签章。

### 2. 相对必要记载事项

保证人在汇票或者粘单上未记载被保证人名称的，已承兑的汇票，承兑人为被保证人；未承兑的汇票，出票人为被保证人。保证人在汇票或者粘单上未记载保证日期的，出票日期为保证日期。

### 3. 禁止记载事项

即保证不得附有条件；附有条件的，不影响对汇票的保证责任。

保证的效力在于：

(1) 保证人的责任：①保证人对合法取得汇票的持票人所享有的汇票权利，承担保证责任。但是，被保证人的债务因汇票记载事项欠缺而无效的除外。②被保证的汇票，保证人应当与被保证人对持票人承担连带责任。汇票到期后得不到付款的，持票人有权向保证人请求付款，保证人应当足额付款。③保证人为二人以上的，保证人之间承担连带责任。

(2) 保证人清偿债务后的权利：保证人清偿汇票债务后，可以行使持票人对被保证人及其前手的追索权。

（八）付款

付款是票据的付款人向持票人支付票据金额,使票据关系归于消灭的行为。

付款的程序包括:

**1. 持票人提示付款**

《票据法》第53条规定:"持票人应当按照下列期限提示付款:(1)见票即付的汇票,自出票日起1个月内向付款人提示付款;(2)定日付款、出票后定期付款或者见票后定期付款的汇票,自到期日起10日内向承兑人提示付款。持票人未按照前款规定期限提示付款的,在作出说明后,承兑人或者付款人仍应当继续对持票人承担付款责任。"

**2. 付款人审查**

《票据法》第57条规定:"付款人及其代理付款人付款时,应当审查汇票背书的连续,并审查提示付款人的合法身份证明或者有效证件。付款人及其代理付款人以恶意或者有重大过失付款的,应当自行承担责任。"

**3. 付款**

根据《票据法》第54、55、56条规定,持票人依法提示付款的,付款人必须在当日足额付款。持票人获得付款的,应当在汇票上签收,并将汇票交给付款人。持票人委托银行收款的,受委托的银行将代收的汇票金额转账收入持票人账户,视同签收。

付款的效力在于付款人依法足额付款后,全体汇票债务人的责任解除,票据关系归于消灭。

（九）追索

追索是指汇票持票人被拒绝承兑、被拒绝付款或有其他法定原因时,向其前手或其他票据债务人请求偿还票据金额、利息及有关费用的行为。追索权是持票人的票据权利之一。

行使追索权的原因包括:

(1) 到期追索。汇票到期被拒绝付款的,持票人可以对背书人、出票人以及汇票的其他债务人行使追索权。

(2) 未到期追索。汇票到期日前,有下列情形之一的,持票人也可以行使追索权:①汇票被拒绝承兑的;②承兑人或者付款人死亡、逃匿的;③承兑人或者付款人被依法宣告破产的或者因违法被责令终止业务活动的。

追索权的行使方法:

**1. 程序**

(1) 按规定期限提示承兑或提示付款。根据《票据法》的规定,汇票未按照规定期限提示承兑的,持票人丧失对其前手的追索权。持票人不能出示拒绝证明、退票理由书或者未按照规定期限提供其他合法证明的,丧失对其前手的追索权。可见,持票人要行使追索权,必须按照规定提示承兑或提示付款。

(2) 取得有关证明。持票人行使追索权时,应当提供被拒绝承兑或者被拒绝付款的有关证明。持票人提示承兑或者提示付款被拒绝的,承兑人或者付款人必须出具拒绝证明,或者出具退票理由书。未出具拒绝证明或者退票理由书的,应当承担由此产生的民事责任。持票人因承兑人或者付款人死亡、逃匿或者其他原因,不能取得拒绝证明的,可以依法取得其他有关证明。

(3) 发出追索通知。持票人应当自收到被拒绝承兑或者被拒绝付款的有关证明之日起 3 日内,将被拒绝事由书面通知其前手;其前手应当自收到通知之日起 3 日内书面通知其再前手。持票人也可以同时向各汇票债务人发出书面通知。该书面通知中应当记明汇票的主要记载事项,并说明该汇票已被退票。未按照规定期限通知的,持票人仍可以行使追索权。因延期通知给其前手或者出票人造成损失的,由没有按照规定期限通知的汇票当事人,承担对该损失的赔偿责任,但是所赔偿的金额以汇票金额为限。在规定期限内将通知按照法定地址或者约定的地址邮寄的,视为已经发出通知。

**2. 追索的对象和金额**

(1) 持票人追索的对象包括:汇票的出票人、背书人、承兑人和保证人。持票人可以不按照汇票债务人的先后顺序,对其中任何一人、数人或者全体行使追索权。持票人为出票人的,对其前手无追索权。持票人为背书人的,对其后手无追索权。

(2) 金额。持票人行使追索权,可以请求被追索人支付下列金额和费用:①被拒绝付款的汇票金额;②汇票金额自到期日或者提示付款日起至清偿日止,按照中国人民银行规定的利率计算利息;③取得有关拒绝证明和发出通知书的费用。

(十) 再追索权

再追索权是被持票人追索的票据债务人在清偿债务后所享有的向其他票据债务人要求清偿票据金额及相关费用的权利。《票据法》规定,被追索人清偿债务后,与持票人享有同一权利。

被追索人依法清偿债务后,可以向其他汇票债务人行使再追索权,请求其他汇票债务人支付下列金额和费用:(1)已清偿的全部金额;(2)前项金额自清偿日起至再追索清偿日止,按照中国人民银行规定的利率计算利息;(3)发出通知书的费用。行使再追索权的被追索人获得清偿时,应当交出汇票和有关拒绝证明,并出具所收到利息和费用的收据。

## 二、本票

本票是由出票人签发的,承诺自己在见票时无条件支付确定的金额给收款人或者持票人的票据。我国《票据法》所称本票,是指银行本票,而且仅限于见票即付。

(一) 本票的出票

本票的出票是指出票银行依法签发本票并将其交付给收款人的票据行为。

本票的记载事项有：

（1）绝对必要记载事项。本票必须记载下列事项：①表明"本票"的字样；②无条件支付的承诺；③确定的金额；④收款人名称；⑤出票日期；⑥出票人签章。本票上未记载上述规定事项之一的，本票无效。

（2）相对必要记载事项。本票上记载付款地、出票地等事项的，应当清楚、明确。本票上未记载付款地的，出票人的营业场所为付款地。本票上未记载出票地的，出票人的营业场所为出票地。

出票的效力在于：

（1）对持票人的效力。持票人取得票据权利，对出票人享有付款请求权和追索权。

（2）对出票人的效力。出票人因出票行为负有向持票人无条件付款的票据责任。

**（二）本票的付款**

第一，持票人提示见票。《票据法》第78条规定："本票自出票日起，付款期限最长不得超过两个月。"因此，本票的持票人必须在出票日起2个月内向出票人提示见票，否则就将丧失对出票人以外的前手的追索权。

第二，付款。本票的出票人在持票人提示见票时，必须承担付款的责任。

**（三）**有关本票的出票、背书、保证、付款行为和追索权的行使，除了《票据法》关于本票的特殊规定之外，适用《票据法》有关汇票的规定。

## 三、支票

**（一）支票的概念及分类**

支票是出票人签发的，委托办理支票存款业务的银行或者其他金融机构在见票时无条件支付确定的金额给收款人或者持票人的票据。

我国《票据法》根据支付方式的不同，将支票分为普通支票、现金支票和转账支票。所谓现金支票是指只能用于支取现金的支票；转账支票是指只能用于转账，不得用于支取现金的支票；普通支票则既可以支取现金也可以转账。

**（二）支票的出票**

支票的出票是指在银行或其他金融机构开立支票存款账户的人签发支票并交付给收款人的票据行为。

**1. 出票的条件**

（1）出票人需开立支票存款账户。支票的出票人必须在办理支票存款业务的银行或其他金融机构开立支票存款账户，《票据法》对开立支票存款账户做了明确要求：开立支票存款账户，申请人必须使用其本名，并提交证明其身份的合法证件。开立支票存款账户，申请人应当预留其本名的签名式样和印鉴。支票的出票人不得签发与其预留本名的签名式样或者印鉴不符的支票。

（2）出票人与委托付款人之间有资金关系，并有足额资金。《票据法》要求开立支票存款账户和领用支票，应当有可靠的资信，并存入一定的资金。支票的出票人所签发的支票金额不得超过其付款时在付款人处实有的存款金额。出票人签发的支票金额超过其付款时在付款人处实有的存款金额的，为空头支票。禁止签发空头支票。

**2．记载事项**

（1）绝对必要记载事项。支票必须记载下列事项：①表明"支票"的字样；②无条件支付的委托；③确定的金额；④付款人名称；⑤出票日期；⑥出票人签章。支票上未记载上述事项之一的，支票无效。但对于支票的金额和收款人名称，《票据法》规定可以由出票人授权补记。出票人也可以在支票上记载自己为收款人。

（2）相对必要记载事项。支票上未记载付款地的，付款人的营业场所为付款地。支票上未记载出票地的，出票人的营业场所、住所或者经常居住地为出票地。如果出票人没有在支票上记载收款人的，推定出票人自己为收款人。

（3）禁止记载的事项。我国《票据法》规定，支票限于见票即付，不得另行记载付款日期。另行记载付款日期的，该记载无效。

**3．出票的效力**

（1）对收款人或持票人的效力。支票上记载的收款人因此享有支票的票据权利，包括付款请求权和追索权。

（2）对出票人的效力。出票人必须按照签发的支票金额承担保证向该持票人付款的责任。

（3）对付款人的效力。出票人在付款人处存有足额资金的，付款人因出票人的出票行为负有在见票时向持票人无条件支付票据金额的责任。

（三）支票的付款

**1．持票人提示付款**

支票的持票人应当自出票日起 10 日内提示付款；异地使用的支票，其提示付款的期限由中国人民银行另行规定。超过提示付款期限的，付款人可以不予付款；付款人不予付款的，出票人仍应当对持票人承担票据责任。

**2．出票人付款及其责任**

出票人在付款人处的存款足以支付支票金额时，付款人应当在当日足额付款。付款人依法支付支票金额的，对出票人不再承担受委托付款的责任，对持票人不再承担付款的责任。但是，付款人以恶意或者有重大过失付款的除外。

（四）其他准用有关汇票的规定

支票的出票、背书、付款行为和追索权的行使，除了《票据法》有关支票的专门规定之外，适用《票据法》有关汇票的规定。

案例 12

# 第 6 节　票据法律责任

票据法律责任系票据活动当事人因违反票据法等法律而依法应当承担的相应法律责任,包括民事责任、行政责任和刑事责任。

## 一、票据欺诈行为的刑事责任

有下列票据欺诈行为之一的,依法追究刑事责任:

(一)伪造、变造票据的;

(二)故意使用伪造、变造的票据的;

(三)签发空头支票或者故意签发与其预留的本名签名式样或者印鉴不符的支票,骗取财物的;

(四)签发无可靠资金来源的汇票、本票,骗取资金的;

(五)汇票、本票的出票人在出票时作虚假记载,骗取财物的;

(六)冒用他人的票据,或者故意使用过期或者作废的票据,骗取财物的;

(七)付款人同出票人、持票人恶意串通,实施前六项所列行为之一的。

(八)金融机构工作人员在票据业务中玩忽职守,对违反票据法规定的票据予以承兑、付款或者保证,造成重大损失,构成犯罪的。

## 二、票据欺诈行为的行政责任

1. 具有前述票据欺诈行为(一)至(七)行为之一的,情节轻微,不构成犯罪的,依照国家有关规定给予行政处罚。

2. 具有前述票据欺诈第(八)项行为,金融机构应当给予处分。

3. 票据的付款人对见票即付或者到期的票据,故意压票,拖延支付的,由金融行政管理部门处以罚款,对直接责任人员给予处分。

## 三、票据行为的民事责任

1. 依照票据法规定承担赔偿责任以外的其他违反票据法规定的行为,给他人造成损失的,应当依法承担民事责任。

2. 金融机构工作人员在票据业务中玩忽职守,对违反票据法规定的票据予以承兑、付款或者保证,给当事人造成损失的,由该金融机构和直接责任人员依法承担赔偿责任。

3. 票据的付款人对见票即付或者到期的票据,故意压票,拖延支付,给持票人造成损失的,应依法承担赔偿责任。

**复习思考题**

1. 简述票据的特点。

2. 试述票据抗辩。

3. 简述汇票、本票、支票的绝对必要记载事项。

4. 简述汇票背书的种类。

5. 简述汇票追索权的行使。

6. 涉外票据的法律适用。

**推荐阅读书目**

1. 谢怀栻:《票据法概论》,法律出版社,2006 年版。

2. 王开定:《票据法新论与案例》,法律出版社,2006 年版。

3. 梁宇贤:《票据法实例解说》,中国人民大学出版社,2004 年版。

4. 王小能:《票据法教程》,北京大学出版社,2001 年版。

5. 于永芹:《票据法案例教程》(第二版),北京大学出版社,2010 年版。

# 第8章 证 券 法

**本章导读**

　　证券法是调整证券发行、交易活动和证券监管过程中发生的各种社会关系的法律规范的总称。证券法属于民商法和经济法交叉领域，由于证券法着重规制特定的市场主体的证券发行和交易行为，因此，本书将其归入微观规制法律制度。本章重点介绍《证券法》有关证券发行和交易的法律制度，其中主体法律制度部分介绍证券交易所、证券公司、证券监督管理机构和各类证券服务机构的基本职能和业务规则；证券发行法律制度部分主要阐述了证券发行的条件和程序、证券发行的保荐和承销制度；证券交易法律制度部分包括证券交易概念与类型、证券上市、证券交易程序与规则、证券交易禁止行为和持续信息披露等内容；上市公司收购法律制度部分主要阐述上市公司收购中的持股公告公示、要约收购、协议收购、收购的法律后果等内容。

**关键术语**

　　证券　证券市场　证券法　证券交易所　证券公司　证券发行　证券上市证券交易

案例 13

## 第 1 节　证券法概述

## 一、证券

（一）证券的概念

　　证券是证明一定财产权利的凭证，证券有广义和狭义之分。广义的证券包括财物证券（又称商品证券）、货币证券和资本证券。其中财物证券是指证明持有人享有一定数量财物请求权的证券，如提货单、货运单等；货币证券是指证明持有人享有一定数额货币请求权的证券，如汇票、本票、支票等。资本证券即狭义上的证券，是指证明持有人基于投资而享有的投资权益的证券，包括股票、债券、基金份额和经国务院依法认定的衍生证券等。

（二）证券的种类

　　我国的证券种类包括：在中华人民共和国境内发行的股票、公司债券、存托凭证和国务院依法认定的其他证券。

**（三）证券发行市场**

证券发行市场又称为一级市场，证券发行人通过证券发行市场将已获准公开发行的证券第一次销售给投资者，以获取资金。证券发行市场的主体主要有证券发行人、证券承销商和投资者。

**（四）证券交易市场**

证券交易市场又称为二级市场，是证券流通市场，是对已发行的证券进行转让的市场。投资者在一级市场上获得的证券可以在二级市场上进行交易。证券交易市场包括证券交易所市场和场外交易市场。前者是指证券通过证券交易所进行集中竞价交易的市场，后者又称店头市场或证券商柜台市场，是指未在证券交易所上市的各种证券在交易所外由证券买卖双方当面议价成交的市场。

证券交易市场又可分为主板市场和二板市场。主板市场也称为一板市场，指传统意义上的证券市场，是一个国家或地区证券发行、上市及交易的主要场所。二板市场也称为创业板市场，是相对于主板市场而言的，它的明确定位是为具有高成长性的中小企业和高科技企业融资服务，是针对中小企业的资本市场。

证券交易市场的主体主要有证券交易所、自律性组织、监督机构、投资者和中介机构等。

## 二、证券法

**（一）证券法的概念**

证券法是调整证券发行、交易活动和证券监管过程中发生的各种社会关系的法律规范的总称。我国证券法历经 5 次修订，新的《中华人民共和国证券法》已由中华人民共和国第十三届全国人民代表大会常务委员会第十五次会议于 2019 年 12 月 28 日修订通过，自 2020 年 3 月 1 日起施行。

**（二）证券法的原则**

1. 公开、公平、公正原则。

2. 平等、自愿、有偿、诚实信用原则。

3. 分业经营、分业管理原则。

4. 政府统一监管与行业自律相结合原则。

我国的证券种类包括：在中华人民共和国境内发行的股票、公司债券、存托凭证和国务院依法认定的其他证券。

**（三）证券法的适用**

股票、公司债券、存托凭证和国务院依法认定的其他证券适用证券法，证券法未规定的，适用《中华人民共和国公司法》和其他法律、行政法规的规定。

政府债券、证券投资基金份额的上市交易，适用证券法；其他法律、行政法规另有规定的,适用其规定。

资产支持证券、资产管理产品发行、交易的管理办法,由国务院依照证券法的原则规定。

在中华人民共和国境外的证券发行和交易活动,扰乱中华人民共和国境内市场秩序,损害境内投资者合法权益的,依照我国法有关规定处理并追究法律责任。

# 第2节　证券市场主体法律制度

证券市场主体主要包括证券交易所、证券公司、证券登记结算机构、证券交易服务机构、证券业协会、证券监督管理机构等。

## 一、证券监督管理机构

国务院证券监督管理机构依法对证券市场实行监督管理,维护证券市场秩序,保障其合法运行。国务院证券监督管理机构是指中国证券监督管理委员会,简称证监会。证监会是全国证券期货市场的主管部门。

（一）证券监督管理机构的职责

国务院证券监督管理机构在对证券市场实施监督管理中履行下列职责：(1)依法制定有关证券市场监督管理的规章、规则,并依法行使审批或者核准权;(2)依法对证券的发行、上市、交易、登记、存管、结算,进行监督管理;(3)依法对证券发行人、上市公司、证券交易所、证券公司、证券登记结算机构、证券投资基金管理公司、证券服务机构的证券业务活动,进行监督管理;(4)依法制定从事证券业务人员的资格标准和行为准则,并监督实施;(5)依法监督检查证券发行、上市和交易的信息公开情况;(6)依法对证券业协会的活动进行指导和监督;(7)依法监测并防范、处置证券市场风险;(8)依法开展投资者教育;(9)依法对证券违法行为进行查处;(10)法律、行政法规规定的其他职责。国务院证券监督管理机构可以和其他国家或者地区的证券监督管理机构建立监督管理合作机制,实施跨境监督管理。

（二）证券监督管理机构履行的权限与行使

### 1. 国务院证券监督管理机构的权限

国务院证券监督管理机构依法履行职责,有权采取下列措施：(1)对证券发行人、证券公司、证券服务机构、证券交易场所、证券登记结算机构进行现场检查;(2)进入涉嫌违法行为发生场所调查取证;(3)询问当事人和与被调查事件有关的单位和个人,要求其对与被调查事件有关的事项作出说明;或者要求其按照指定的方式报送与被调查事件有关的文件和资料;(4)查阅、复制与被调查事件有关的财产权登记、通讯记录等文件和资料；(5)查阅、复制当事人和与被调查事件有关的单位和个人的证券交易记录、登记过户记录、财务会计资料及其他相关文件和资料；对可能被转移、隐匿或者毁损的文件和资料，可以予以封存、扣押；(6)查询当事人和与被调查事件有关的单位和个人的资金账户、证券账户、银行账户以及其他具有支付、托管、结算等功能的账户信息，可以对有关文件和资料进行复制；对有证据证明已经或者可能转移或者隐匿违法资金、证券等涉案财产或者隐匿、伪造、毁损重要证据的，经国务院证券监督管理机构主要负责人或者其授权的其他负责人批准，可以冻结或者查封，期限为 6 个月；因特殊原因需要延长的，每次延长期限不得超过 3 个月，冻结、查封期限最长不得超过 2 年；(7)在调查操纵证券市场、内幕交易等重大证券违法行为时，经国务院证券监督管理机构主要负责人或者其授权的其他负责人批准，可以限制被调查的当事人的证券买卖，但限制的期限不得超过 3 个月；案情复杂的，可以延长3 个月；(8)通知出境入境管理机关依法阻止涉嫌违法人员、涉嫌违法单位的主管人员和其他直接责任人员出境。

### 2. 国务院证券监督管理机构权限的行使

为防范证券市场风险，维护市场秩序，国务院证券监督管理机构可以采取责令改正、监管谈话、出具警示函等措施。

国务院证券监督管理机构对涉嫌证券违法的单位或者个人进行调查期间，被调查的当事人书面申请，承诺在国务院证券监督管理机构认可的期限内纠正涉嫌违法行为，赔偿有关投资者损失，消除损害或者不良影响的，国务院证券监督管理机构可以决定中止调查。被调查的当事人履行承诺的，国务院证券监督管理机构可以决定终止调查；被调查的当事人未履行承诺或者有国务院规定的其他情形的，应当恢复调查。具体办法由国务院规定。

国务院证券监督管理机构决定中止或者终止调查的，应当按照规定公开相关信息。

国务院证券监督管理机构依法履行职责，进行监督检查或者调查，其监督检查、调查的人员不得少于二人，并应当出示合法证件和监督检查、调查通知或者其他执法文书。监督检查、调查的人员少于二人或者未出示合法证件和监督检查、调查通知书或者其他执法文书的，被检查、调查的单位和个人有权拒绝。

国务院证券监督管理机构依法履行职责，被检查、调查的单位和个人应当配合，如实提供有关文件和资料，不得拒绝、阻碍和隐瞒。

国务院证券监督管理机构制定的规章、规则和监督管理工作制度应当依法公开。国务院证券监督管理机构依据调查结果，对证券违法行为作出的处罚决定，应当公开。

国务院证券监督管理机构应当与国务院其他金融监督管理机构建立监督管理信息共享机制。国务院证券监督管理机构依法履行职责，进行监督检查或者调查时，有关部门应当予以配合。

对涉嫌证券违法、违规行为,任何单位和个人有权向国务院证券监督管理机构举报。对涉嫌重大违法、违规行为的实名举报线索经查证属实的,国务院证券监督管理机构按照规定给予举报人奖励。国务院证券监督管理机构应当对举报人的身份信息保密。

## 二、证券交易所

### (一)证券交易所的概念

证券交易所和国务院批准的其他全国性证券交易场所为证券集中交易提供场所和设施,组织和监督证券交易,实行自律管理,依法登记,取得法人资格,其设立、变更和解散由国务院决定。

从各国实践来看,证券交易所有会员制证券交易所和公司制证券交易所两种组织形式。

**1. 公司制证券交易所**

公司制证券交易所是以营利为目的,提供交易场所和服务人员,以便利证券商的交易与交割的证券交易所。这种证券交易所要收取发行公司的上市费与证券成交的佣金,其主要收入来自买卖成交额的一定比例。经营这种交易所的人员不能参与证券买卖,从而在一定程度上可以保证交易的公平。

**2. 会员制证券交易所**

会员制证券交易所是不以营利为目的,由会员自治自律、互相约束,参与经营的会员可以参加股票交易中的股票买卖与交割的交易所。这种交易所的佣金和上市费用较低,从而在一定程度上可以防止上市股票的场外交易。但是,由于经营交易所的会员本身就是股票交易的参加者,因而在股票交易中难免出现交易的不公正性。

我国目前有两家证券交易所,即上海证券交易所和深圳证券交易所,都采用会员制,只有会员才能进入交易所参与集中交易,非会员交易必须委托会员方可进行。证券交易所的设立和解散,由国务院决定。

设立证券交易所必须制定章程。证券交易所章程的制定和修改,必须经国务院证券监督管理机构批准。证券交易所名称中必须标明"证券交易所"字样。

### (二)证券交易所的组织机构

根据我国《证券法》规定,证券交易所设理事会和总经理。

理事会是证券交易所的决策机构,职责主要包括:执行会员大会的决议;拟定、修改证券交易所的业务规则;审定总经理提出的工作计划,财务预算及决算方案;审定对会员的接纳与处分;根据需要决定专门委员会的设置等。

证券交易所设总经理1人,总经理为证券交易所法定代表人,由国务院证券监督管理机构任免。有下列情形之一的,不得担任证券交易所的负责人:(1)因违法行为或者违纪行为被解除职务的证券交易所、证券登记结算机构的负责人或者证券公司的董事、监事、高级管理人员,自被解除职务之日起未逾 5 年;(2)因违法行为或者违纪行为被撤销资格的律师、注册会计师或者投资咨询机构、财务顾问机构、资信评级机构、资产评估机构、验证机构的专业人员,自被撤销资格之日起未逾五年;(3)无民事行为能力或者限制民事行为能力;(4)因贪污、贿赂、侵占财产、挪用财产或者破坏社会主义市场经济秩序,被判处刑罚,执行期满未逾 5 年,或者因犯罪被剥夺政治权利,执行期满未逾 5 年;(5)担任破产清算的公司、企业的董事或者厂长、经理,对该公司、企业的破产负有个人责任的,自该公司、企业破产清算完结之日起未逾 3 年;(6)担任因违法被吊销营业执照、责令关闭的公司、企业的法定代表人,并负有个人责任的,自该公司、企业被吊销营业执照之日起未逾 3 年;(7)个人所负数额较大的债务到期未清偿。

因违法行为或者违纪行为被开除的证券交易所、证券登记结算机构、证券服务机构、证券公司的从业人员和被开除的国家机关工作人员,不得招聘为证券交易所的从业人员。证券交易所的负责人和其他从业人员在执行与证券交易有关的职务时,与其本人或者其亲属有利害关系的,应当回避。

(三)证券交易所的职责范围

我国证券交易所的职责主要包括:

按照国务院的规定,证券交易所具有对证券公开发行申请具有审核权,可以审核公开发行证券申请,判断发行人是否符合发行条件、信息披露要求,督促发行人完善信息披露内容。依参与证券发行申请注册的人员,不得与发行申请人有利害关系,不得直接或者间接接受发行申请人的馈赠,不得持有所注册的发行申请的证券,不得私下与发行申请人进行接触。此外,证券交易所的职责还包括:交易保障职责、停牌、停市职责、实时监控职责、设立、管理风险基金职责、制定规则职责和违规处分职责。

## 三、证券公司

证券公司是指依照《公司法》和《证券法》规定设立的经营证券业务的有限责任公司或者股份有限公司。证券公司的董事、监事、高级管理人员以及从业人员的资格要求基本同于前述证券交易所负责人及从业人员的资格要求。

(一)证券公司的设立

设立证券公司应当具备下列条件:(1)有符合法律、行政法规规定的公司章程;(2)主要股东及公司的实际控制人具有良好的财务状况和诚信记录,最近三年无重大违法违规记录;(3)有符合本法规定的公司注册资本;(4)董事、监事、高级管理人员、从业人员符合本法规定的条件;(5)有完善的风险管理与内部控制制度;(6)有合格的经营场所、业务设施和信息技术系统;(7)法律、行政法规和经国务院批准的国

务院证券监 督管理机构规定的其他条件。

设立证券公司必须经国务院证券监督管理机构批准,未经批准,任何单位和个人不得以证券公司名义开展证券业务活动。

(二)证券公司的业务

经国务院证券监督管理机构批准,证券公司可以经营下列部分或者全部业务:(1)证券经纪;(2)证券投资咨询;(3)与证券交易、证券投资活动有关的财务顾问;(4)证券承销与保荐;(5)证券自营;(6)证券资产管理;(7)其他证券业务。

(三)证券公司的主要经营规则

证券公司依法享有自主经营的权利,其合法经营不受干涉。但证券公司在经营过程中,应遵循法定的经营规则。

**1. 健全内部控制、实行分业经营**

证券公司应当建立、健全内部控制制度,采取有效隔离措施,防范公司与客户之间、不同客户之间的利益冲突。证券公司必须将其证券经纪业务、证券承销业务、证券自营业务和证券资产管理业务分开办理,不得混合操作。

**2. 自营业务特殊规则**

证券公司的自营业务必须以自己的名义进行,不得假借他人名义或者以个人名义进行。证券公司的自营业务必须使用自有资金和依法筹集的资金。证券公司不得将其自营账户借给他人使用。

**3. 禁止接受全权委托**

证券公司办理经纪业务,不得接受客户的全权委托而决定证券买卖、选择证券种类、决定买卖数量或者买卖价格。

**4. 禁止收益承诺**

证券公司不得以任何方式对客户证券买卖的收益或者赔偿证券买卖的损失作出承诺。

**5. 禁止私下委托**

证券公司及其从业人员不得未经过其依法设立的营业场所私下接受客户委托买卖证券。

**6. 交易结算资金托管**

证券公司客户的交易结算资金应当存放在商业银行,以每个客户的名义单独立户管理。证券公司不得将客户的交易结算资金和证券归入其自有财产。禁止任何单位或者个人以任何形式挪用客户的交易结算资金和证券。

**7. 妥善保管客户资料**

证券公司应当妥善保存客户开户资料、委托记录、交易记录和与内部管理、业务经营有关的各项资料,任何人不得隐匿、伪造、篡改或者毁损。上述资料的保存期限不得少于20年。

**8. 信息报送义务**

证券公司应当按照规定向国务院证券监督管理机构报送业务、财务等经营管理信息和资料。

## 四、其他主体

（一）证券登记结算机构

证券登记结算机构是为证券交易提供集中登记、存管与结算服务,不以营利为目的的法人。设立证券登记结算机构必须经国务院证券监督管理机构批准。证券登记结算采取全国集中统一的运营方式。证券持有人持有的证券,在上市交易时,应当全部存管在证券登记结算机构。2001年3月30日,中国证券登记结算有限责任公司成立,总部设在北京,设有上海、深圳两个分公司。

**1. 成立条件**

设立证券登记结算机构,应当具备下列条件:(1)自有资金不少于人民币2亿元;(2)具有证券登记、存管和结算服务所必需的场所和设施;(3)主要管理人员和从业人员必须具有证券从业资格;(4)国务院证券监督管理机构规定的其他条件。证券登记结算机构的名称中应当标明证券登记结算字样。

**2. 职能**

证券登记结算机构履行下列职能:(1)证券账户、结算账户的设立;(2)证券的存管和过户;(3)证券持有人名册登记;(4)证券交易所上市证券交易的清算和交收;(5)受发行人的委托派发证券权益;(6)办理与上述业务有关的查询;(7)国务院证券监督管理机构批准的其他业务。

（二）证券交易服务机构

证券交易服务机构主要包括从事证券投资咨询机构、财务顾问机构、资信评级机构、资产评估机构、会计师事务所、律师事务所等。证券交易服务机构从事证券服务业务,必须经国务院证券监督管理机构和有关主管部门批准。

投资咨询机构、财务顾问机构、资信评级机构从事证券服务业务的人员,必须具备证券专业知识和从事证券业务或者证券服务业务两年以上经验。

投资咨询机构及其从业人员从事证券服务业务不得有下列行为:(1)代理委托人从事证券投资;(2)与委托人约定分享证券投资收益或者分担证券投资损失;(3)买卖本咨询机构提供服务的上市公司股票;(4)利用传播媒介或者通过其他方式提供、传播虚假或者误导投资者的信息;(5)法律、行政法规禁止的其他行为。有上述行为之一,给投资者造成损失的,依法承担赔偿责任。

证券交易服务机构提供服务应当勤勉尽责,对所制作、出具的文件内容的真实性、准确性、完整性进行核查和验证。其制作、出具的文件有虚假记载、误导性陈述或者重大遗漏,给他人造成损失的,除非能够证明自己没有过错,否则应当与发行人、上市公司承担连带赔偿责任。

（三）证券业协会

证券业协会是证券业的自律性组织,是社会团体法人。证券公司应当加入证券业协会。证券业协会设会员大会和理事会。其中会员大会为权力机构,由全体会员组成;理事会为执行机构,理事会成员依章程的规定由选举产生。

证券业协会履行下列职责:(1)教育和组织会员遵守证券法律、行政法规;(2)依法维护会员的合法权益,向证券监督管理机构反映会员的建议和要求;(3)收集整理证券信息,为会员提供服务;(4)制定会员应遵守的规则,组织会员单位的从业人员的业务培训,开展会员间的业务交流;(5)对会员之间、会员与客户之间发生的证券业务纠纷进行调解;(6)组织会员就证券业的发展、运作及有关内容进行研究;(7)监督、检查会员行为,对违反法律、行政法规或者协会章程的,按照规定给予纪律处分;(8)证券业协会章程规定的其他职责。

# 第3节　证券发行法律制度

## 一、证券发行概述

证券发行是指证券发行人以筹集资金为目的,依照法定条件和程序,向特定或不特定的投资者出售证券的行为。

公开发行证券必须符合法律、行政法规规定的条件,并依法报经国务院证券监督管理机构或者国务院授权的部门注册。未经依法注册,任何单位和个人不得公开发行证券。证券发行注册制的具体范围、实施步骤,由国务院规定。

有下列情形之一的,为公开发行:(一)向不特定对象发行证券;(二)向特定对象发行证券累计超过 200 人,但依法实施员工持股计划的员工人数不计算在内;(三)法律、行政法规规定的其他发行行为。

非公开发行证券,不得采用广告、公开劝诱和变相公开方式。

## 二、证券发行的条件

（一）股票发行条件

股票发行分为设立发行和新股发行。设立发行是指股份有限公司在设立时，为筹集公司的注册资本所进行的股票发行。设立发行要符合《公司法》规定的条件。新股发行是指股份有限公司为扩大公司资本而进行的股票发行，包括向原股东配售股票和向社会公众销售新股。

公司首次公开发行新股应当符合下列条件：(1)具备健全且运行良好的组织机构；(2)具有持续经营能力；(3)最近三年财务会计报告被出具无保留意见审计报告；(4)发行人及其控股股东、实际控制人最近三年不存在贪污、贿赂、侵占财产、挪用财产或者破坏社会主义市场经济秩序的刑事犯罪；(5)经国务院批准的国务院证券监督管理机构规定的其他条件。

上市公司发行新股应当符合经国务院批准的国务院证券监督管理机构规定的条件，具体管理办法由国务院证券监督管理机构规定。

公开发行存托凭证的，应当符合首次公开发行新股的条件以及国务院证券监督管理机构规定的其他条件。

公司对公开发行股票所募集资金，必须按照招股说明书或其他公开发行募集文件所列资金用途使用。改变招股说明书所列资金用途，必须经股东大会作出决议。擅自改变用途而未作纠正的，或者未经股东大会认可的，不得公开发行新股，上市公司也不得非公开发行新股。股票发行采用代销方式，代销期限届满，向投资者出售的股票数量未达到拟公开发行股票数量70%的，为发行失败。发行人应当按照发行价并加算银行同期存款利息返还股票认购人。

（二）债券发行条件

公开发行公司债券，应当符合下列条件：(1)具备健全且运行良好的组织机构；(2)最近三年平均可分配利润足以支付公司债券一年的利息；(3)国务院规定的其他条件。公开发行公司债券筹集的资金，必须按照公司债券募集办法所列资金用途使用；改变资金用途，必须经债券持有人会议作出决议。公开发行公司债券筹集的资金，不得用于弥补亏损和非生产性支出。

上市公司发行可转换为股票的公司债券，还应当符合经国务院批准的国务院证券监督管理机构规定的条件。但是，按照公司债券募集办法，上市公司通过收购本公司股份的方式进行公司债券转换的除外。

聘请保荐人的，还应当报送保荐人出具的发行保荐书。

有下列情形之一的，不得再次公开发行公司债券：(1)对已公开发行的公司债券或者其他债务有违约或者延迟支付本息的事实，仍处于继续状态；(2)违反证券法规定，改变公开发行公司债券所募资金的用途。

（三）信息披露义务

发行人报送的证券发行申请文件,应当充分披露投资者作出价值判断和投资决策所必需的信息,内容应当真实、准确、完整。

为证券发行出具有关文件的证券服务机构和人员,必须严格履行法定职责,保证所出具文件的真实性、准确性和完整性。

发行人申请首次公开发行股票的,在提交申请文件后,应当按照国务院证券监督管理机构的规定预先披露有关申请文件。

## 三、证券发行的程序

股票发行的程序

### 1. 申请

公司公开发行新股,应当报送募股申请和下列文件:(1)公司营业执照;(2)公司章程;(3)股东大会决议;(4)招股说明书或者其他公开发行募集文件;(5)财务会计报告;(6)代收股款银行的名称及地址。依法聘请保荐人的,还应当报送保荐人出具的发行保荐书。实行承销的,还应当报送承销机构名称及有关的协议。

申请公开发行公司债券,应当向国务院授权的部门或者国务院证券监督管理机构报送下列文件:(1)公司营业执照;(2)公司章程;(3)公司债券募集办法;(4)国务院授权的部门或者国务院证券监督管理机构规定的其他文件。

聘请保荐人的,还应当报送保荐人出具的发行保荐书。

### 2. 披露

证券发行申请经注册后,发行人应当依照法律、行政法规的规定,在证券公开发行前公告公开发行募集文件,并将该文件置备于指定场所供公众查阅。发行证券的信息依法公开前,任何知情人不得公开或者泄露该信息,不得在公告公开发行募集文件前发行证券。

### 3. 注册

国务院证券监督管理机构或者国务院授权的部门应当自受理证券发行申请文件之日起三个月内,依照法定条件和法定程序作出予以注册或者不予注册的决定,发行人根据要求补充、修改发行申请文件的时间不计算在内。不予注册的,应当说明理由。

对已作出的证券发行注册的决定,发现不符合法定条件或者法定程序,尚未发行证券的,应当予以撤销,停止发行。已经发行尚未上市的,撤销发行注册决定,发行人应当按照发行价并加算银行同期存款利息返还证券持有人;发行人的控股股东、实际控制人以及保荐人,应当与发行人承担连带责任,但是能够证明自己没有过错的除外。

股票的发行人在招股说明书等证券发行文件中隐瞒重要事实或者编造重大虚假

内容,已经发行并上市的,国务院证券监督管理机构可以责令发行人回购证券,或者责令负有责任的控股股东、实际控制人买回证券。

股票依法发行后,发行人经营与收益的变化,由发行人自行负责;由此变化引致的投资风险,由投资者自行负责。

**4. 承销**

发行人向不特定对象发行的证券,法律、行政法规规定应当由证券公司承销的,发行人应当同证券公司签订承销协议。证券承销业务采取代销或者包销方式。

证券代销是指证券公司代发行人发售证券,在承销期结束时,将未售出的证券全部退还给发行人的承销方式。证券包销是指证券公司将发行人的证券按照协议全部购入或者在承销期结束时将售后剩余证券全部自行购入的承销方式。

公开发行证券的发行人有权依法自主选择承销的证券公司。证券公司承销证券,应当同发行人签订代销或者包销协议。

案例 14

# 第 4 节　证券交易法律制度

## 一、证券交易概述

**（一）证券交易的对象与场所**

证券交易是指在证券交易市场依法买卖已经依法发行并交付的证券的行为。

公开发行的证券应当在依法设立的证券交易所上市交易或者在国务院批准的其他全国性证券交易场所交易。非公开发行的证券可以在证券交易所、国务院批准的其他全国性证券交易场所、按照国务院规定设立的区域性股权市场转让。

证券在证券交易所上市交易,应当采用公开的集中交易方式或者国务院证券监督管理机构批准的其他方式。

**（二）证券交易的方式**

证券交易根据交易场所不同,分为场内交易和场外交易两种形式。场内交易是指证券在证券交易所集中挂牌交易;场外交易是指公开发行但未达上市标准的证券在证券柜台交易市场买卖。《证券法》规定我国证券交易的现货和国务院规定的其他方式进行交易,目前,场内交易的方式主要包括现货交易、期货交易、期权交易和融资融券交易。

**1. 现货交易**

现货交易是指证券交易双方在成交后即时清算交割证券和价款的交易方式。在现货交易中,证券出卖人必须持有证券,证券购买人必须持有相应的货币,成交日期与交割日期相对比较接近,交割风险较低。从稳定交易秩序角度,现货交易应成为主要交易形式。

### 2. 期货交易

期货交易是指证券交易双方交付一定比例的保证金,按照交易协议签订时的证券价格作为成交价格,约定一定时期后进行交割清算的一种交易方式。期货交易对象不是证券本身,而是期货合约,即未来购买或出卖证券并交割的合约。在期货合约期限届满前,有一交割期限。在该期限内,期货合约持有人有权要求对方向其进行实物交割。

### 3. 期权交易

证券期权交易是以期权作为交易标的的交易形式。期权分为看涨期权和看跌期权两种基本类型。根据看涨期权,期权持有人有权在某一确定时间,以某一确定价格购买标的资产即有价证券。根据看跌期权,期权持有人有权在某一确定的时间,以某一确定价格出售标的资产。根据期权交易规则,看涨期权持有人可以在确定日期购买证券实物资产,也可在到期日放弃购买证券资产;看跌期权持有人,可在确定日期出售证券实物资产,也可拒绝出售证券资产而支付保证金。目前我国证券市场存在的认购权证和认沽权证即为证券期权合约。

### 4. 信用交易

又称融资融券交易,是指投资者买卖有价证券时只须向证券公司交付一定比例的保证金,由证券公司提供资金或证券进行交易的方式,包括融资交易和融券交易两种情形。融资交易是指投资者在缴纳一定数额保证金的基础上,由证券公司垫付剩余资金购买证券,待价格上涨,投资者卖出证券后再归还证券公司借款的行为;融券交易则是指投资者在缴纳一定数额保证金的基础上,由证券公司借给投资者证券并将其卖出,待价格下跌,投资者买入证券,再归还证券公司证券的行为。目前我国证券市场已经允许融资融券交易。

(三) 证券交易的限制性规定

(1) 依法发行的证券,公司法和其他法律对其转让期限有限制性规定的,在限定的期限内不得转让。

(2) 上市公司持有百分之五以上股份的股东、实际控制人、董事、监事、高级管理人员,以及其他持有发行人首次公开发行前发行的股份或者上市公司向特定对象发行的股份的股东,转让其持有的本公司股份的,不得违反法律、行政法规和国务院证券监督管理机构关于持有期限、卖出时间、卖出数量、卖出方式、信息披露等规定,并应当遵守证券交易所的业务规则。

(3) 证券交易场所、证券公司和证券登记结算机构的从业人员,证券监督管理机构的工作人员以及法律、行政法规规定禁止参与股票交易的其他人员,在任期或者法定限期内,不得直接或者以化名、借他人名义持有、买卖股票或者其他具有股权性质的证券,也不得收受他人赠送的股票或者其他具有股权性质的证券。

任何人在成为上述所列人员时,其原已持有的股票或者其他具有股权性质的证券,必须依法转让。

(4) 实施股权激励计划或者员工持股计划的证券公司的从业人员,可以按照国务院证券监督管理机构的规定持有、卖出本公司股票或者其他具有股权性质的证券。

(5) 为证券发行出具审计报告或者法律意见书等文件的证券服务机构和人员,在该证券承销期内和期满后 6 个月内,不得买卖该证券。

为发行人及其控股股东、实际控制人或者收购人、重大资产交易方出具审计报告或者法律意见书等文件的证券服务机构和人员,自接受委托之日起至上述文件公开后 5 日内,不得买卖该证券。实际开展上述有关工作之日早于接受委托之日的,自实际开展上述有关工作之日起至上述文件公开后 5 日内,不得买卖该证券。

(6) 短线交易限制规则。上市公司、股票在国务院批准的其他全国性证券交易场所交易的公司持有 5% 以上股份的股东、董事、监事、高级管理人员,①将其持有的该公司的股票或者其他具有股权性质的证券在买入后 6 个月内卖出,或者在卖出后 6 个月内又买入,由此所得收益归该公司所有,公司董事会应当收回其所得收益。但是,证券公司因购入包销售后剩余股票而持有 5% 以上股份,以及有国务院证券监督管理机构规定的其他情形的除外。

公司董事会不执行该规定的,股东有权要求董事会在 30 日内执行。公司董事会未在上述期限内执行的,股东有权为了公司的利益以自己的名义直接向人民法院提起诉讼。公司董事会不执行该规定的,负有责任的董事依法承担连带责任。

## 二、证券上市

证券上市是指公开发行的证券进入证券市场交易。申请证券上市交易,应当向证券交易所提出申请,由证券交易所依法审核同意,并由双方签订上市协议。证券交易所依据国务院授权部门的决定安排政府债权券上市交易。

### (一) 证券上市

申请证券上市交易,应当符合证券交易所上市规则规定的上市条件。证券交易所上市规则规定的上市条件应当对发行人的经营年限、财务状况、最低公开发行比例和公司治理、诚信记录等提出要求。

上市交易的证券有证券交易所规定的终止上市情形的,由证券交易所按照业务规则终止其上市交易并应当及时公告,和报国务院证券监督管理机构备案。对证券交易所作出的不予上市交易、终止上市交易决定不服的,可以向证券交易所设立的复核机构申请复核。

---

① 包括其配偶、父母和子女。

（二）终止交易

上市交易的证券,有证券交易所规定的终止上市情形的,由证券交易所按照业务规则终止其上市交易。

证券交易所决定终止证券上市交易的,应当及时公告,并报国务院证券监督管理机构备案。

对证券交易所作出的不予上市交易、终止上市交易决定不服的,可以向证券交易所设立的复核机构申请复核。

## 三、证券交易程序与规则

（一）证券交易程序

证券交易程序是在证券交易市场买进或者卖出证券的具体步骤。证券交易程序一般包括:

### 1. 开设证券账户和开设资金账户

投资者欲进行证券交易,首先要开设证券账户和资金账户。证券账户用于记录投资者持有证券及其变动的情况。资金账户用以存放买卖证券的资金,证券公司应当将客户的交易结算资金存放于商业银行,并以客户名义单独立户管理。

### 2. 交易委托

开户后,投资者就可以在证券营业部办理证券买卖委托。交易委托可以通过柜台书面形式、电话、电报、传真、互联网或自助交易机等多种方式进行。

### 3. 受理执行、竞价成交

证券公司接受委托后,应立即执行交易指令。委托人的委托得以在证券交易所参与竞价交易,并根据下文所述交易规则成交。

### 4. 清算交割

清算是为了减少证券和价款的交割数量,由证券登记结算机构对每一营业日成交的证券与价款分别予以轧抵,计算证券和资金的应收或应付净额的处理过程。通过对同一证券经纪上的同一种证券的买与卖进行冲抵清算,确定应当交割的证券数量和价款数额,以便于按照"净额交收"的原则办理证券和价款的交割。A 股、基金、债券采用"T+1"交割,即当日买卖成交,次日交割,当日买进的证券不可在当日卖出;B 股采用"T+3"交割,即在达成交易后的第四个交易日完成交割,但当日买进的证券可在当日卖出。

（二）证券交易规则

### 1. 交易价格确定规则

证券交易价格由证券集中交易竞价产生。竞价成交按照价格优先、时间优先原则进行。价格优先原则是在买进证券时,较高的买进价格申报优先于较低的买进价格申报;卖出证券时,较低的卖出价格申报优先于较高的卖出价格申报。时间优先原则要求当存在若干相同价格申报时,应当由最早提出该价格申报的一方成交。

**2. 集中竞价与连续竞价**

我国证券交易所有两种竞价方式,即集合竞价和连续竞价。集合竞价是指在每个交易日上午 9 点 15 分至 9 点 25 分,由投资者按照自己所能接受的心理价格自由地进行买卖申报,电脑交易主机系统对全部有效委托进行一次集中撮合处理过程。集合定价由电脑交易处理系统对全部申报按照价格优先、时间优先的原则排序,并在此基础上,找出一个基准价格,此基准价格即为每日的开盘价,它应同时能满足以下三个条件:(1)成交量最大;(2)高于基准价格的买入申报和低于基准价格的卖出申报全部满足(成交);(3)与基准价格相同的买卖双方中有一方申报全部满足(成交)。连续竞价是指对申报的每一笔买卖委托,由电脑交易系统按照以下两种情况产生成交价:最高买进申报与最低卖出申报相同,则该价格即为成交价格;买入申报高于卖出申报时,或卖出申报低于买入申报时,申报在先的价格即为成交价格。在开盘后的交易时间里采用连续竞价方式。

**3. 涨跌幅限制规则**

涨跌幅限制是指证券交易所为了抑制过度投机行为,防止市场出现过分的暴涨暴跌,而在每天的交易中规定当日的证券交易价格在前一个交易日收盘价的基础上上下波动的幅度。股票价格上升到该限制幅度的最高限价为涨停板,而下跌至该限制幅度的最低限度为跌停板。我国两大证券交易所对一般股票、基金交易实行 10% 的涨跌幅限制;对特别处理的股票实行 5% 的涨跌幅限制。

## 四、证券交易禁止行为

根据《证券法》规定,证券交易禁止行为包括内幕交易行为、操纵市场行为、制造虚假信息行为和欺诈投资者行为。

### (一) 内幕交易行为

内幕交易行为是指证券交易内幕信息的知情人员或非法获取内幕信息的人利用内幕信息从事证券交易活动。我国《证券法》第 76 条明确规定禁止内幕交易行为。

**1. 证券交易内幕信息的知情人**

证券交易内幕信息的知情人包括:

(一) 发行人及其董事、监事、高级管理人员;

(二) 持有公司 5% 以上股份的股东及其董事、监事、高级管理人员,公司的实际控制人及其董事、监事、高级管理人员;

(三) 发行人控股或者实际控制的公司及其董事、监事、高级管理人员;

(四) 由于所任公司职务或者因与公司业务往来可以获取公司有关内幕信息的人员;

(五) 上市公司收购人或者重大资产交易方及其控股股东、实际控制人、董事、监事和高级管理人员；

（六）因职务、工作可以获取内幕信息的证券交易场所、证券公司、证券登记结算机构、证券服务机构的有关人员；

（七）因职责、工作可以获取内幕信息的证券监督管理机构工作人员；

（八）因法定职责对证券的发行、交易或者对上市公司及其收购、重大资产交易进行管理可以获取内幕信息的有关主管部门、监管机构的工作人员；

（九）国务院证券监督管理机构规定的可以获取内幕信息的其他人员。

**2. 内幕信息**

证券交易活动中，涉及公司的经营、财务或者对该公司证券的市场价格有重大影响的尚未公开的信息，为内幕信息。下列信息均属于内幕信息。

第一，发生可能对上市公司、股票的交易价格产生较大影响的重大事件：

（一）公司的经营方针和经营范围的重大变化；（二）公司的重大投资行为，公司在一年内购买、出售重大资产超过公司资产总额30％，或者公司营业用主要资产的抵押、质押、出售或者报废一次超过该资产的30％；（三）公司订立重要合同、提供重大担保或者从事关联交易，可能对公司的资产、负债、权益和经营成果产生重要影响；（四）公司发生重大债务和未能清偿到期重大债务的违约情况；（五）公司发生重大亏损或者重大损失；（六）公司生产经营的外部条件发生的重大变化；（七）公司的董事、1/3以上监事或者经理发生变动，董事长或者经理无法履行职责；（八）持有公司5％以上股份的股东或者实际控制人持有股份或者控制公司的情况发生较大变化，公司的实际控制人及其控制的其他企业从事与公司相同或者相似业务的情况发生较大变化；（九）公司分配股利、增资的计划，公司股权结构的重要变化，公司减资、合并、分立、解散及申请破产的决定，或者依法进入破产程序、被责令关闭；（十）涉及公司的重大诉讼、仲裁，股东大会、董事会决议被依法撤销或者宣告无效；（十一）公司涉嫌犯罪被依法立案调查，公司的控股股东、实际控制人、董事、监事、高级管理人员涉嫌犯罪被依法采取强制措施；（十二）国务院证券监督管理机构规定的其他事项。

第二，发生可能对上市交易公司债券的交易价格产生较大影响的重大事件：

（一）公司股权结构或者生产经营状况发生重大变化；（二）公司债券信用评级发生变化；（三）公司重大资产抵押、质押、出售、转让、报废；（四）公司发生未能清偿到期债务的情况；（五）公司新增借款或者对外提供担保超过上年末净资产的20％；（六）公司放弃债权或者财产超过上年末净资产的10％；（七）公司发生超过上年末净资产10％的重大损失；（八）公司分配股利，作出减资、合并、分立、解散及申请破产的决定，或者依法进入破产程序、被责令关闭；（九）涉及公司的重大诉讼、仲裁；（十）公司涉嫌犯罪被依法立案调查，公司的控股股东、实际控制人、董事、监事、高级管理人员涉嫌犯罪被依法采取强制措施;(十一)国务院证券监督管理机构规定的其他事项。

### 3. 内幕交易行为的方式与后果

证券交易内幕信息的知情人和非法获取内幕信息的人,在内幕信息公开前,不得买卖该公司的证券,或者泄露该信息,或者建议他人买卖该证券。内幕交易行为给投资者造成损失的,行为人应当依法承担赔偿责任。

（二）操纵市场行为

操纵市场行为是指以获取利益或减少损失为目的,利用资金、信息等优势或滥用职权,影响或意图影响证券市场价格,或者证券交易量制造证券市场假象,诱导投资者在不了解事实真相的情况下作出证券投资决定,扰乱证券市场秩序的行为。

### 1. 操纵市场行为种类

操纵证券市场的行为种类如下:

(1)单独或者通过合谋,集中资金优势、持股优势或者利用信息优势联合或者连续买卖;(2)与他人串通,以事先约定的时间、价格和方式相互进行证券交易;(3)在自己实际控制的账户之间进行证券交易;(4)不以成交为目的,频繁或者大量申报并撤销申报;(5)利用虚假或者不确定的重大信息,诱导投资者进行证券交易;(6)对证券、发行人公开作出评价、预测或者投资建议,并进行反向证券交易;(7)利用在其他相关市场的活动操纵证券市场;(8)操纵证券市场的其他手段。

### 2. 操纵市场行为的后果

操纵证券市场行为给投资者造成损失的,行为人应当依法承担赔偿责任。

（三）制造虚假信息行为

禁止任何单位与个人编造、传播虚假信息,扰乱证券市场。禁止证券交易所、证券公司、证券登记结算机构、证券服务机构及其从业人员,证券业协会、证券监督管理机构及其工作人员,在证券交易活动中作出虚假陈述或者信息误导。各种传播媒介传播证券市场信息必须真实、客观,禁止误导。

传播媒介及其从事证券市场信息报道的工作人员不得从事与其工作职责发生利益冲突的证券买卖。

编造、传播虚假信息或者误导性信息,扰乱证券市场,给投资者造成损失的,应当依法承担赔偿责任。

（四）欺诈投资者行为

禁止证券公司及其从业人员从事下列损害客户利益的欺诈行为:(1)违背客户的委托为其买卖证券;(2)不在规定时间内向客户提供交易的书面确认文件;(3)未经客户的委托,擅自为客户买卖证券,或者假借客户的名义买卖证券;(4)为牟取佣金收入,诱使客户进行不必要的证券买卖;(5)其他违背客户真实意思表示,损害客户利益的行为。

欺诈客户行为给客户造成损失的,行为人应当依法承担赔偿责任。

（五）其他证券交易禁止行为

除上述四种证券交易禁止行为外,《证券法》还规定以下几项证券交易禁止行为:(1)禁止法人非法利用他人账户从事证券交易;(2)禁止法人出借自己或者他人的证券账户;(3)禁止资金违规流入股市;(4)禁止违规利用财政与银行信贷资金买卖证券。

## 五、持续信息公开

证券上市交易后,证券发行人应当依法持续披露相关的信息。发行人、上市公司依法披露的信息,必须真实、准确、完整,不得有虚假记载、误导性陈述或者重大遗漏。上市公司董事、监事、高级管理人员应当保证上市公司所披露的信息真实、准确、完整。

持续信息公开的内容主要包括中期报告、年度报告和临时报告。

（一）中期报告

上市公司和公司债券上市交易的公司,应当在每一会计年度的上半年结束之日起 2 个月内,向国务院证券监督管理机构和证券交易所报送中期报告,并予公告。中期报告应记载以下内容:(1)公司财务会计报告和经营情况;(2)涉及公司的重大诉讼事项;(3)已发行的股票、公司债券变动情况;(4)提交股东大会审议的重要事项;(5)国务院证券监督管理机构规定的其他事项。

（二）年度报告

上市公司和公司债券上市交易的公司,应当在每一会计年度结束之日起 4 个月内,向国务院证券监督管理机构和证券交易所报送年度报告,并予公告。年度报告应记载以下内容:(1)公司概况;(2)公司财务会计报告和经营情况;(3)董事、监事、高级管理人员简介及其持股情况;(4)已发行的股票、公司债券情况,包括持有公司股份最多的前 10 名股东名单和持股数额;(5)公司的实际控制人;(6)国务院证券监督管理机构规定的其他事项。

（三）临时报告

发生可能对上市公司股票交易价格产生较大影响的重大事件,①投资者尚未得知时,上市公司应当立即将有关该重大事件的情况向国务院证券监督管理机构和证券交易所报送临时报告,并予公告,说明事件的起因、目前的状态和可能产生的法律后果。

---

① 所谓重大事件内容,参见本章第 4 节有关内幕信息部分的相关论述。

## 第 5 节　上市公司收购法律制度

### 一、上市公司收购概述

（一）上市公司收购的概念与特征

上市公司收购是指投资者依法购买股份有限公司已发行上市的股份，从而达到控制或者兼并该上市公司目的的行为。被收购的上市公司通常被称为目标公司。投资者可以采取要约收购、协议收购及其他合法方式收购上市公司。收购上市公司中由国家授权投资的机构持有的股份，应当按照国务院的规定，经有关主管部门批准。

上市公司收购具有以下法律特征：

**1. 上市公司收购的主体是投资者**

投资者可以是法人、非法人组织或是自然人，但除法定情形外，上市公司不得收购本公司的股份。

**2. 上市公司收购对象是上市公司已经公开发行的股份**

这首先表明目标公司被特定为上市公司；其次表明所收购的是上市公司的股份，而非公司资产。

**3. 上市公司收购目的是为了获得对上市公司的控制权甚至兼并该上市公司**

（二）持股报告、公告制度

**1. 概念**

持股报告、公告制度是指投资者通过公开市场买卖，持有一个上市公司已发行股份达到一定比例或其持股比例每增减一定比例时，应依照法律规定将持股情况向有关部门报告，通知上市公司并予以公告的制度。

**2. 基本规定**

按照证券法的规定，通过证券交易所的证券交易，投资者持有或者通过协议、其他安排与他人共同持有一个上市公司已发行的股份达到 5％时，应当在该事实发生之日起 3 日内，向国务院证券监督管理机构、证券交易所作出书面报告，通知该上市公司，并予公告；在上述期限内，不得再行买卖该上市公司的股票。

投资者持有或者通过协议、其他安排与他人共同持有一个上市公司已发行的股份达到 5％后，其所持该上市公司已发行的股份比例每增加或者减少 5％，同样应当进行报告和公告。在报告期限内和作出报告、公告后 2 日内，不得再行买卖该上市公司的股票。

**3. 公告内容**

前述投资者所作的书面报告和公告，应当包括下列内容：（1）持股人的名称、住所;(2)持有的股票的名称、数额;(3)持股达到法定比例或者持股增减变化达到法定比例的日期。

## 二、要约收购

(一)要约收购概述

要约收购是指收购方通过向目标公司股东发出收购要约的方式购买该公司的有表决权证券的行为。要约收购具有以下特征:

**1. 法定性**

要约收购的法定性体现在要约收购的触发条件法定性,即只要收购人持股达到30%,继续进行收购的,必须依法发出收购要约。

**2. 不可撤销性**

在收购要约确定的承诺期限内,收购人不得撤销其收购要约。

**3. 适用的普遍性**

收购要约提出的各项收购条件,适用于被收购公司的所有股东。

(二)要约收购的基本规则

**1. 要约收购的触发条件**

通过证券交易所的证券交易,投资者持有或者通过协议、其他安排与他人共同持有一个上市公司已发行的股份达到30%时,继续进行收购的,应当依法向该上市公司所有股东发出收购上市公司全部或者部分股份的要约。

**2. 承诺出售股份超过预定收购股份时的比例收购**

收购上市公司部分股份的收购要约应当约定,被收购公司股东承诺出售的股份数额超过预定收购的股份数额的,收购人按比例进行收购。

**3. 收购期内的买卖限制**

收购人在收购期限内,不得卖出被收购公司的股票,也不得采取要约规定以外的形式和超出要约的条件买入被收购公司的股票。

**4. 收购期限**

收购要约约定的收购期限不得少于 30 日,并不得超过 60 日。

**5. 收购要约的变更**

收购人需要变更收购要约的,必须事先向国务院证券监督管理机构及证券交易所提出报告,经批准后,予以公告。

(三)要约收购的信息披露

**1. 报告义务**

发出收购要约,收购人必须事先向国务院证券监督管理机构报送上市公司收购报告书,并载明下列事项:(1)收购人的名称、住所;(2)收购人关于收购的决定;(3)被收购的上市公司名称;(4)收购目的;(5)收购股份的详细名称和预定收购的股份数额；(6)收购期限、收购价格；(7)收购所需资金额及资金保证；(8)报送上市公司收购报告书时持有被收购公司股份数占该公司已发行的股份总数的比例。收购人还应当将上市公司收购报告书同时提交证券交易所。

**2. 公告义务**

收购人应在报送上市公司收购报告书之日起 15 日后，公告其收购要约。在上述期限内，国务院证券监督管理机构发现上市公司收购报告书不符合法律、行政法规规定的，应当及时告知收购人，收购人不得公告其收购要约。

## 三、协议收购

（一）协议收购概述

协议收购是指收购者在证券交易所之外以协商的方式与目标公司的股东签订股份转让协议，从而达到控制该上市公司目的的行为。

（二）协议收购的基本规则

**1. 信息披露义务**

以协议方式收购上市公司时，达成协议后，收购人必须在 3 日内将该收购协议向国务院证券监督管理机构及证券交易所作出书面报告，并予公告。在公告前不得履行收购协议。

**2. 股票保管与资金存放**

采取协议收购方式的，协议双方可以临时委托证券登记结算机构保管协议转让的股票，并将资金存放于指定的银行。

**3. 向要约收购的转换**

采取协议收购方式的，收购人收购或者通过协议、其他安排与他人共同收购一个上市公司已发行的股份达到 30％时，继续进行收购的，应当向该上市公司所有股东发出收购上市公司全部或者部分股份的要约。但是，经国务院证券监督管理机构免除发出要约的除外。

## 四、上市公司收购的法律后果

依据证券法的规定，上市公司收购可能产生的法律后果包括：

（一）对目标公司的法律后果

**1. 终止上市**

收购期限届满，被收购公司股权分布不符合上市条件的，该上市公司的股票应当由证券交易所依法终止上市交易；其余仍持有被收购公司股票的股东，有权向收购人以收购要约的同等条件出售其股票，收购人应当收购。

**2. 变更企业形式**

收购行为完成后，被收购公司不再具备股份有限公司条件的，应当依法变更企业形式。

### 3. 公司解散

收购行为完成后,收购人与被收购公司合并,并将该公司解散的,被解散公司的原有股票由收购人依法更换。

(二) 收购人的义务

### 1. 限制转让义务

在上市公司收购中,收购人持有的被收购的上市公司的股票,在收购行为完成后的 12 个月内不得转让。

### 2. 信息披露义务

收购行为完成后,收购人应当在 15 日内将收购情况报告国务院证券监督管理机构和证券交易所,并予以公告。


**复习思考题**

1. 简述证券市场的信息披露制度。

2. 简述证券法的公开、公平、公正原则。

3. 简述证券公司经营业务应遵守的规则。

4. 简述证券代销与包销的区别。

5. 简述上市公司要约收购。

6. 简述证券交易禁止行为。

7. 简述证券的概念与种类。


**推荐阅读书目**

1. 范健、王建文:《证券法》,法律出版社,2010 年版。

2. 叶林:《证券法》(第三版),中国人民大学出版社,2008 年版。

3. 符启林:《证券法:理论·实务·案例》,法律出版社,2007 年版。

4. 吴弘:《证券法教程》,北京大学出版社,2007 年版。

5. 邢金强:《证券法学》,中国人民大学出版社,2019 年版。

# 第9章 破 产 法

**本章导读**

  破产制度主要是为了解决当债务人达到法定破产界限时,如何把企业的有限财产公平地向全体债权人清偿的问题。现代意义上的破产法不仅着眼于对债权人的保护,更蕴含从经济平衡发展的角度出发对债务人给予救济,优化资源配置,调节市场功能,是完善市场经济制度的重要法律规范。本章重点介绍我国《企业破产法》有关企业破产的实体和程序性规定,包括破产申请的提出和受理、破产管理人制度、和解制度、重整制度、债权申报和破产清偿等具体内容。

**关键术语**

  破产 管理人 债权人会议 破产财产 破产债权 破产费用 共益债务
重整 和解 破产清算

## 第1节 破产法概述

### 一、破产与破产法

*破产的概念*

  "破产"在法律语境下指在债务人无力偿还债务,以其财产对债权人进行公平清偿的程序。我国破产法对破产作了如下的界定:企业法人不能清偿到期债务,并且其资产不足以清偿全部债务或者明显缺乏清偿能力的,法院依据债务人或债权人的申请,对债务人的财产予以清算,并按照法定程序将其分配给债权人的法律制度。

  破产作为一种经济现象是市场经济竞争的必然产物,作为一种法律制度是国家为了保障债权人的合法权益和维护正常的交易秩序而设立的一种特殊的债务清偿手段。

  破产是在法院主导下对债务人财产的强制清算与公平清偿,当债务人丧失清偿能力时,由法院主持对其财产、债权和债务进行强制性的清理,并在所有债权人中进行一次性概括性公平分配。因此破产是法律规定的强制程序。

  破产是一种特殊的清偿债务的程序,破产是商法程序,区别于民事清偿,与债权通过一般民事诉讼程序和民事执行程序获得清偿。不同：（1）破产是以债务人的全部财产作为清偿债务的基础，一般的债务清偿是以债权债务的标的额为限。（2）破产是以债务人的主体资格的消失为直接后果。（3）破产是以债权人或债务人的申请而发动的特殊诉讼程序。

## 二、破产法概述

### 1. 破产制度的历史沿革

一般认为现代破产制度发轫于文艺复兴时期意大利威尼斯、米兰等商业城市，1244年威尼斯制定了第一部破产法——《威尼斯条例》。到19世纪中叶左右，英国、美国、德国、法国等主要资本主义国家均已制定了各具本国特点，但立法宗旨基本相似的破产法律制度。

破产制度首次被引入中国是1906年清政府颁布的沈家本起草的《破产律》，民国时期在1935年颁布了《破产法》，共4章159条，吸收了当时一些先进立法经验，内容也较完备，是我国破产制度发展史上的一部重要立法。新中国成立后，由于实行公有制和高度集中的计划经济，破产制度已无存在必要，导致长期没有实行破产制度。20世纪80年代后，随着改革的深入，理论界和实践部门开始探索建立破产制度的问题。1986年沈阳防爆器材厂破产案和同年通过的《中华人民共和国企业破产法（试行）》以及1991年4月9日修订《中华人民共和国民事诉讼法》时增设的第十九章"企业法人破产还债程序"，标志着我国破产制度的初步确立。

2006年8月27日，历经12年的多次修改的《中华人民共和国企业破产法》（以下简称《破产法》）终获通过，自2007年6月1日起正式施行。新《破产法》共12章，136条，包括了破产的申请与受理、管理人、债权人会议、重整、和解与破产清算等重要的破产制度。

### 2. 破产法的立法宗旨、原则

破产法的立法宗旨是规范企业破产程序，公平清理债权债务，保护债权人和债务人的合法权益，维护社会主义市场经济秩序。

破产法的基本原则是司法干预原则、公平原则、保护破产企业职工合法权益和追究经营者责任原则。

### 3.《破产法》的适用范围

我国《破产法》的适用范围是所有的企业法人，其他法律规定企业法人以外的组织的清算，属于破产清算的，参照适用本法规定的程序，根据其他法律规定可以参照适用破产法的主体，主要包括合伙企业、农民专业合作社等。

此外，《破产法》还规定了若干主体适用法律的特殊情况。金融机构实施破产的，国务院可以依据本法和其他有关法律的规定制定实施办法。在破产法施行前国务院规定的期限和范围内的国有企业实施破产的特殊事宜，按照国务院有关规定办理。

这是对国有企业政策性破产制度的处理。

2021 年 3 月 1 日起实施的《深圳经济特区个人破产条例》是我国首部个人破产法规,规定"在深圳经济特区居住,且参加深圳社会保险连续满三年的自然人,因生产经营、生活消费导致丧失清偿债务能力或者资产不足以清偿全部债务的,可以依照本条例进行破产清算、重整或者和解。"此举是我国扩大破产法适用范围的一个尝试。

### 三、破产的管辖和域外效力

#### 1. 破产案件的管辖

破产案件的管辖是指各级人民法院及同级人民法院之间受理破产案件的分工与权限。各国立法在规定破产案件的管辖权时,往往从是否有利于当事人参加破产程序、是否有利于法院对破产案件进行审理这两个层面上考虑。《破产法》第 3 条明确规定破产案件由债务人住所地人民法院管辖。

#### 2. 域外效力

随着现代国际经济交往的日益频繁,国家之间的经济贸易合作日益广泛,当事人的住所地位于国内但在国外拥有财产的现象已十分普遍,特别是跨国企业的出现更是愈加模糊了财产的国际界限,必然产生法的域外效力问题。因此,《破产法》对破产程序的域外效力问题作出了明确规定:本国开始的破产程序,效力及于债务人在国外的财产,在国外开始的破产程序,经人民法院裁定,可以对债务人在国内的财产发生效力。

## 第 2 节　破产的申请与受理

### 一、破产原因

破产原因,通常又称为破产界限,是指债务人具有的能够宣告破产的原因或者根据。破产原因是债权人申请债务人破产或者债务人申请自身破产的前提,也是法院判断破产申请能否成立以及能否作出破产宣告的重要根据。在破产法上,对破产原因有两种立法方式,即概括式和列举式。前者是指将破产原因作出概括性的规定,大陆法系国家一般采用这种方式,后者是指将构成破产的各种原因一一列举,只要符合法律规定或者判例要求就可以对债务人开始破产程序,英、美、法等国家一般采用这种立法方式。

我国《破产法》关于破产原因采取的是概括式立法模式,《破产法》对所有破产主体的破产原因作出了明确而统一的规定,将破产原因界定为:不能清偿到期债务并且资产不足以清偿全部债务或者明显缺乏清偿能力。

## 二、破产申请

破产申请是指有权申请破产的人基于法定的事实和理由向有管辖权的法院请求对债务人进行重整、和解或者破产清算的意思表示。破产申请使破产程序得以启动。

### (一)破产申请人

破产申请人就是指有资格向法院提出破产申请,从而启动破产程序的人。我国《破产法》第7条规定:"债务人有本法第二条规定的情形,可以向人民法院提出重整、和解或者破产清算申请。债务人不能清偿到期债务,债权人可以向人民法院提出对债务人进行重整或者破产清算的申请。企业法人已解散但未清算或者未清算完毕,资产不足以清偿债务的,依法负有清算责任的人应当向人民法院申请破产清算。"可见,债务人、债权人、依法负有清算责任的人均有权提出破产申请。相对于《破产法(试行)》,除债务人、债权人外,《破产法》增加了清算责任人作为破产申请人。其目的就是加重清算责任人的法律责任,防止因其不作为或怠于作为,从而造成破产程序无法正常启动,企业负债被恶意拖欠。

### (二)破产申请提交的材料

《破产法》规定了提出破产申请所应向法院提交的材料,针对不同的破产申请人,法律规定所应提交的材料也有所不同。

债权人和破产清算人提出的破产申请,应当提交破产申请书和有关证据。破产申请书应当载明下列事项:(1)申请人、被申请人的基本情况;(2)申请目的;(3)申请的事实和理由;(4)人民法院认为应当载明的其他事项。所谓有关证据,法律虽未明确规定,但一般认为应当包括以下证据:(1)债权发生、性质、数额的相关证据;(2)债权有无担保及其证据;(3)债务人不能清偿到期债务的证据。

债务人提出的破产申请,除应提交破产申请书和有关证据外,出于保护破产企业职工合法权益的需要,还应提交财产状况说明、债务清册、债权清册、有关财务会计报告、职工安置预案以及职工工资的支付和社会保险费用的缴纳情况等材料。

### (三)破产申请的撤回

《破产法》规定:人民法院受理破产申请前,申请人可以请求撤回申请。但是,是否准许其撤回申请应由法院审查并作出裁定。

## 三、破产申请的受理

破产申请人在向法院提出破产申请后,人民法院需要对破产申请进行审查,确认其申请符合各项法定条件的,予以受理和立案。因此,破产申请的受理是指人民法院在收到申请人的破产申请之后,认为申请符合法定条件而予以受理,并由此开始破产程序的一种司法行为。

（一）破产申请的审查

人民法院在接到破产申请后,应当从形式要件和实质要件两方面对破产申请进行审查。形式审查即审查是否具备破产开始的形式要件,主要包括：破产申请人的资格；法院的管辖权；申请书的内容及其附件是否齐备。实质审查即审查是否具备破产开始的实质要件,包括破产能力和破产原因。破产原因不明朗的,法院可主动收集有关证据,也可以要求申请人补证据。破产申请符合以上法定条件的,应当裁定受理,并立案,不符合条件的应当裁定不予受理或驳回申请。

**1. 破产申请受理期限**

债权人提出破产申请的,人民法院应当自收到申请之日起 5 日内通知债务人。债务人对申请有异议的,应当自收到人民法院的通知之日起 7 日内向人民法院提出。人民法院应当自异议期满之日起 10 日内裁定是否受理。债务人无异议的,人民法院应当自收到破产申请之日起 15 日内裁定是否受理。有特殊情况需要延长前述裁定受理期限的,经上一级人民法院批准,可以延长 15 日。

**2. 裁定送达的期限**

（1）受理裁定送达的期限。人民法院受理破产申请的,应当自裁定作出之日起 5 日内送达申请人。债权人提出申请的,人民法院应当自裁定作出之日起 5 日内送达债务人。债务人应当自裁定送达之日起 15 日内,向人民法院提交财产状况说明、债务清册、债权清册、有关财务会计报告以及职工工资的支付和社会保险费用的缴纳情况。

（2）不受理裁定送达的期限。人民法院裁定不受理破产申请的,应当自裁定作出之日起 5 日内送达申请人并说明理由。申请人对裁定不服的,可以自裁定送达之日起 10 日内向上一级人民法院提起上诉。

（3）驳回裁定送达的期限。人民法院受理破产申请后至破产宣告前,经审查发现债务人不符合破产申请条件的,可以裁定驳回申请。申请人对裁定不服的,可以自裁定送达之日起 10 日内向上一级人民法院提起上诉。

（二）破产申请受理的通知和公告

《破产法》规定,人民法院应当自裁定受理破产申请之日起 25 日内通知债权人,并予以公告。通知和公告应当载明下列事项：（1）申请人、被申请人的名称或者姓名；（2）人民法院受理破产申请的时间；（3）申报债权的期限、地点和注意事项；（4）管理人的名称或者姓名及其处理事务的地址；（5）债务人的债务人或者财产持有人应当向管理人清偿债务或者交付财产的要求；（6）第一次债权人会议召开的时间和地点；（7）人民法院认为应当通知和公告的其他事项。

（三）破产申请受理的法律效力

破产申请受理对于债务人及债务人的债务人等均产生一系列的法律效力,具体包括：

**1. 管理人的产生**

《破产法》规定：人民法院裁定受理破产申请的,应当同时指定管理人。管理人对破产申请前成立而债务人和对方当事人均未履行完毕的合同有权决定解除或者继续履行,并通知对方当事人。管理人自破产申请受理之日起 2 个月内未通知对方当事人,或者自收到对方当事人催告之日起 30 日内未答复的,视为解除合同。管理人决定继续履行合同的,对方当事人应当履行;但是,对方当事人有权要求管理人提供担保。管理人不提供担保的,视为解除合同。

**2. 对债务人的有关人员的效力**

所谓有关人员是指债务人的法定代表人或经人民法院决定的其财务管理人员和其他经营管理人员。自法院受理破产申请的裁定送达债务人之日起至破产程序终结之日,债务人的有关人员负有以下义务:(1)妥善保管其占有和管理的财产、印章和账簿、文书等资料;(2)根据人民法院、管理人的要求进行工作,并如实回答询问;(3)列席债权人会议并如实回答债权人的询问;(4)未经人民法院许可,不得离开住所地;(5)不得新任其他企业的董事、监事、高级管理人员。

**3. 对债务人的效力**

法院受理破产申请后,债务人对个别债权人的债务清偿无效。其目的是保证债权人公平受偿,防止因为债务个别清偿而损害其他债权人的合法权益。

**4. 对债务人的债务人或财产持有人的效力**

法院受理破产申请后,债务人的债务人或者财产持有人应当向管理人清偿债务或者交付财产。债务人的债务人或者财产持有人故意违反前款规定向债务人清偿债务或者交付财产,使债权人受到损失的,不免除其清偿债务或者交付财产的义务。

**5. 对债权人的效力**

(1)未到期债权视为到期。在破产程序开始时,尚未到期的债权的债权人也有权申报债权,但是在计算债权额时,应扣除期限利益。

(2)债权人不得接受债务人的个别清偿。所有债权人应服从破产程序,通过破产程序行使债权。

**6. 对相关法律程序的效力**

法院受理破产申请后,有关债务人财产的保全措施应当解除,执行程序应当中止。已经开始而尚未终结的有关债务人的民事诉讼或者仲裁应当中止;在管理人接管债务人的财产后,该诉讼或者仲裁继续进行。有关债务人的民事诉讼,只能向受理破产申请的人民法院提起。以债务人为原告的其他民事纠纷,区分两种不同情况处理:案件尚在一审程序的,受诉人民法院应当将案件移送受理破产案件的人民法院;案件已经进行到二审程序的,受诉人民法院应当继续受理。

# 第 3 节　管　理　人

管理人,称为破产管理人、受托管理人,是指在法院受理破产案件后,负责接管债务人财产并进行保管、清理、评估、处理和分配,处于中立地位的机构或者个人。管理人的概念有广义和狭义之分,狭义的管理人仅负责破产清算程序中的工作,所以又称破产管理人,而广义的管理人则在重整程序中也承担管理工作,通常称为重整人。

管理人在人民法院的指导下履行其职责。破产法引进并设立管理人制度用以代替旧《破产法》中的清算组制度,可以更好地兼顾债权人和债务人的利益,保证破产程序的顺利进行。

## 一、管理人的资格和任命

### 管理人的任职资格

为了公平地保护各方当事人的利益、保证管理人的独立性,在破产程序进行中,任何一方利害关系人都不宜出任管理人,管理人必须是个独立的机构且与债务人、债权人之间没有利害关系。因此,法律对于管理人的选任作出了明确的规定。

**1. 管理人类型**

机构管理人,可以由有关部门、机构的人员组成的清算组或者依法设立的律师事务所、会计师事务所、破产清算事务所等社会中介机构担任。

自然人管理人,自然人管理人由社会中介机构具备相关专业知识并取得执业资格的人员担任,同时应当参加执业责任保险。

**2. 管理人排除**

法定排除,有下列情形之一的,不得担任管理人:(1)因故意犯罪受过刑事处罚;(2)曾被吊销相关专业执业证书;(3)与本案有利害关系;(4)人民法院认为不宜担任管理人的其他情形。

授权排除,即管理人由人民法院指定,债权人会议认为管理人不能依法、公正执行职务或者有其他不能胜任职务情形的,可以申请人民法院予以更换。

## 二、管理人的职责

管理人作为参与整个破产程序的重要机构,其在法院的指导下,在债权人会议和债权人委员会的监督下,要独立完成对债务人财产的保管、清理、估价、处理分配等工作,是破产程序能否顺利完成的关键所在,根据《破产法》的规定,管理人主要具有以下职责：

**1. 全面接管债务人财产**

包括接管债务人的财产、印章和账簿、文书等资料以及调查债务人财产状况，制作财产状况报告等。

**2. 负责债务人必要的经营活动**

管理人需要决定债务人的内部管理事务，决定债务人的日常开支和其他必要开支；并应在第一次债权人会议召开之前，决定继续或者停止债务人的营业。

**3. 管理、处分、评估和分配债务人的财产**

这也是管理人最重要的一项职责，也是设立管理人制度的目的所在。

**4. 代表债务人参加诉讼、仲裁或者其他法律程序**

破产程序正式启动后，不但债务人的财产由管理人全面接管，债务人有限的行为能力也全部由管理人代为行使，其中就包括债务人参加诉讼、仲裁等法律程序的能力。

**5. 行使其他应行使的职责**

包括提议召开债权人会议，履行或终止债务人合同及人民法院认为管理人应当履行的其他职责等。

## 三、管理人的权利义务

管理人是经人民法院选任的、具有独立地位的第三人，具有法律规定的独立的权利和义务。

（一）管理人的权利

《破产法》规定，管理人享有以下权利：

**1. 处分债务人财产的权利**

管理人报请债权人委员会或人民法院许可后，可以行使处分债务人财产的权利。

**2. 聘请工作人员的权利**

管理人经人民法院许可，可以聘请必要的工作人员。

**3. 取得报酬的权利**

管理人有权取得报酬，其报酬由人民法院确定。债权人会议对管理人的报酬有异议的，有权向人民法院提出。

（二）管理人的义务

《破产法》规定，管理人具有以下义务：

（1）勤勉尽责，忠实执行职务的义务。

（2）重大事项报告义务，管理人在决定停止或继续债务人业务，处分债务人财产时，应当履行向债权人委员会或人民法院报告的义务。

（3）接受监督的义务，《破产法》规定，管理人除了要接受法院的监督之外，还要接受债权人委员会和债权人会议的监督。

（4）无正当理由不得辞职的义务。管理人辞去职务应当经人民法院许可。

## 第 4 节 债务人财产

### 一、债务人财产的概念和范围

#### （一）债务人财产的概念

根据我国《破产法》规定,债务人财产,是指破产申请受理时属于债务人的全部财产,以及破产申请受理后至破产程序终结前债务人取得的财产。债务人财产与破产财产的概念是有所区别的。所谓破产财产,又称破产财团,则是指破产宣告后,可以依照破产程序进行清偿的债务人财产。可见债务人财产与破产财产的区分主要在于二者所处的阶段不同。

#### （二）债务人财产的范围

对于债务人财产的范围的规定上,目前有两种不同的立法体例:一种被称为"固定主义",即债务人财产的范围以破产程序开始时债务人拥有的财产为限;另一种则被称为"膨胀主义",即债务人的财产以破产程序终结时所拥有的财产为限。我国《破产法》规定:破产申请受理时属于债务人的全部财产,以及破产申请受理后至破产程序终结前债务人取得的财产,为债务人财产。可见我国采取的是膨胀主义的立法体例,以加强对债权人权益的保护。

依照破产法,债务人财产应包括以下两项:

（1）破产申请时,债务人所拥有的全部财产,包括债务人所拥有的全部固定资产和流动资产,以及债务人所拥有的股权、专利权、商标权等财产性权利,前者如厂房、机器设备、库存原材料和产品以及流动资金,后者如企业的商标或者土地使用权等。

（2）破产申请受理后至破产程序终结前债务人所取得的财产,包括继续履行合同所取得收益、破产期间经营活动所取得收益、破产财产的孳息等。

### 二、管理人对债务人财产的处置权

#### （一）撤销权

人民法院受理破产申请前一年内,涉及债务人财产的下列行为,管理人有权请求人民法院予以撤销:（1）无偿转让财产的;（2）以明显不合理的价格进行交易的;（3）对没有财产担保的债务提供财产担保的;（4）对未到期的债务提前清偿的;（5）放弃债权的。

人民法院受理破产申请前 6 个月内,债务人不能清偿到期债务,并且资产不足以清偿全部债务或者明显缺乏清偿能力的,仍对个别债权人进行清偿的,管理人有权求人民法院予以撤销并追回财产。但是,个别清偿使债务人财产受益的除外。

（二）追回权

管理人在管理债务人财产期间,应当将那些属于债务人所有但是却不在管理人支配之下的财产予以追回。主要有:

**1. 因债务人行为被确认无效而追回的财产**

涉及债务人财产的下列行为被宣告行为无效后,管理人有权追回相应财产:(1)因逃避债务而隐匿、转移财产的;(2)虚构债务或者承认不真实的债务的。

**2. 因出资人未履行义务而追回的财产**

人民法院受理破产申请后,债务人的出资人尚未完全履行出资义务的,管理人要求该出资人缴纳所认缴的出资,不受出资期限的限制。

**3. 追回债务人的管理层侵占的财产**

债务人的董事、监事和高级管理人员利用职权从企业获取的非正常收入和侵占的企业财产,管理人应当追回。

（三）对质物或者留置物的取回权

法院受理破产申请后,管理人可以通过清偿债务或者提供为债权人接受的担保,取回质物、留置物。债务清偿或者替代担保,在质物或者留置物的价值低于被担保的债权额时,以该质物或者留置物当时的市场价值为限。

（四）破产取回权

破产取回权是指财产的权利人可以不依照破产程序,直接从管理人占有和管理的债务人财产中取回原本不属于债务人财产的权利。破产取回权是一种物的返还请求权,要满足三项要件:(1)以债务人占有请求人财产的事实为前提;(2)以特定物为请求标的;(3)以该物的原物返还为请求内容。缺少这三项条件之一的,不构成破产取回权。

《破产法》规定的破产取回权包括:第一,人民法院受理破产申请后,债务人占有的不属于债务人的财产,该财产的权利人可以通过管理人取回。第二,人民法院受理破产申请时,出卖人已将买卖标的物向作为买受人的债务人发运,债务人尚未收到且未付清全部价款的,出卖人可以取回在运途中的标的物。但是,管理人可以支付全部价款,请求出卖人交付标的物。

（五）破产抵销权

破产抵销权是指债权人在破产申请受理前对债务人负有债务的,可以不按照破产程序,以自己的债权与自己所负的债务的相应数额相互抵销的权利。破产法上的抵销权源于民法中债的抵销权,实质上是一种优先受偿权。破产抵销权具有两个特征:第一,债权人对债务人负有的债务必须在破产申请受理前成立;第二,债权人只能向破产程序中的管理人主张抵销。

在破产程序中,为保护对破产债务人负有债务的债权人,节省互为给付和互受给付所发生费用,大多数国家的法律都在破产程序中允许破产债权债务的抵销。我国《破产法》第 40 条就规定债权人在破产申请受理前对债务人负有债务的,可以向管理人主张抵销。但是,有下列情形之一的,不得抵销:(1)债务人的债务人在破产申请受理后取得他人对债务人的债权的;(2)债权人已知债务人有不能清偿到期债务或者破产申请的事实,对债务人负担债务的;但是,债权人因为法律规定或者有破产申请一年前所发生的原因而负担债务的除外;(3)债务人的债务人已知债务人有不能清偿到期债务或者破产申请的事实,对债务人取得债权的;但是,债务人的债务人因为法律规定或者有破产申请一年前所发生的原因而取得债权的除外。

# 第 5 节　破产费用和共益债务

## 一、破产费用的概念、范围和特征

### (一)破产费用的概念

破产费用是指在破产程序中为全体债权人的共同利益而支出的旨在保障破产程序的顺利进行所必需的,并应优先从破产财产中支付的费用。

### (二)破产费用的范围

依照我国《破产法》规定,人民法院受理破产申请后发生的下列费用属于破产费用:(1)破产案件的诉讼费用;(2)管理、变价和分配债务人财产的费用;(3)管理人执行职务的费用、报酬和聘用工作人员的费用。

### (三)破产费用的特征

破产费用具有以下特征:

(1)破产费用是在破产程序中发生的费用。破产费用必须是在破产程序开始后发生的,破产程序开始前发生的任何费用都不属于破产费用。

(2)破产费用是为了全体债权人的共同利益而产生的。不是为债权人的共同利益而发生的费用,如债权人为参加债权人会议而支付的差旅费就不属于破产费用。

(3)破产费用是因管理人的行为而支出费用。破产费用必须是为破产事务的处理而发生的费用,与破产事务的处理无关的费用不属于破产费用。

(4)破产费用应优先从破产财产中扣除。破产费用的支付不按破产程序中的清偿顺序清偿,而是随时可用债务人的财产进行清偿,目的是为了破产程序的顺利进行。

## 二、共益债务

共益债务又称为"财团债务",是指在破产程序开始后,为了全体债权人的共同利益以及破产程序的顺利进行而负担的债务,与之相对应的权利,为共益债权。

我国破产法规定的共益债务包括以下方面:

(1)因继续履行尚未履行完毕的双务合同而产生的债务破产管理人基于债务人财产价值最大化的考虑,有权决定继续履行在破产程序开始前已经订立但尚未履行完毕的合同。因此,继续履行未履行完毕的双务合同而产生的债务属于共益债务。

(2)因无因管理而产生的债务在人民法院受理破产申请后,第三人行为符合无因管理的要件时,债务人作为受益人需要对此作出偿付。

(3)因不当得利而产生的债务。债务人行为符合不当得利的要件时,要将不当得利返还给受损人。

(4)为债务人继续营业而应支付的劳动报酬和社会保险费用以及由此产生的其他债务。为使债务人财产保值增值或者出于重整考虑,破产企业要继续营业。在营业过程中发生的工人工资、社会保险费以及由于营业产生的其他债务均属于共益债务。

(5)破产管理人或相关人员因在执行职务中给他人造成损害的,需要赔偿发生的债务也是共益债务。

(6)债务人财产致人损害产生的债务。因为债务人财产自身的原因而给他人造成了人身或财产的损害时,债务人要承担的赔偿责任属于共益债务。

共益债务发生于人民法院受理破产申请之后,是管理人在管理债务人财产过程中,为全体债权人的共同利益而发生的债务,因此,共益债务应当优先且随时从破产财产中予以支付。

## 三、破产费用与共益债务的关系

共益债务与破产费用由债务人财产随时清偿,两者既有联系又有区别。

其联系在于:(1)都是在破产程序中产生;(2)都是为了破产程序的顺利进行,有利于保障全体债权人的合法权益;(3)支付来源都是债务人的破产财产。

二者的区别在于:(1)破产费用是在破产程序中所支出的费用,这种费用的支出具有必然性,而共益债务则具有或然性,各个不同的案件产生的共益债务往往不尽相同。(2)破产法规定,债务人财产不足以清偿所有破产费用和共益债务的,先行清偿破产费用。因此,破产费用相比较共益债务具有优先受偿权。

# 第 6 节　破 产 债 权

## 一、破产债权的概念、特征和范围

### （一）破产债权的概念

所谓破产债权是指破产宣告前对破产企业所享有的，并且只有通过破产程序才能从破产财产中获得公平受偿的债权。破产债权是民法上一般债权的转化形态，它专门针对破产人，是基于破产宣告而发生的一种财产上的请求权。

### （二）破产债权的特征

（1）破产债权必须是合法的债权。破产债权必须是受到法律保护而且能够被强制执行的债权，如果是非法的债权，例如走私、赌博而形成的非法债权，因不受到法律保护，不能强制执行，不属于破产债权的范畴。

（2）破产债权应当依法申报。在人民法院确定的债权申报期限内，债权人未申报债权的，可以在破产财产最后分配前补充申报；但是，此前已进行的分配，不再对其补充分配。

（3）破产债权必须是一种财产上的请求权。破产程序的目的在于使各债权人得到金钱上的公平的清偿满足。所以破产债权必须以金钱或能用金钱作价值评价的财产为客观条件，此即财产上的请求权。非财产的请求权，如恢复名誉的请求权等不得视为破产债权。

### （三）破产债权的范围

《破产法》规定，人民法院受理破产申请时对债务人享有的债权称为破产债权。据此，界定破产债权的时点与破产程序启动的时点相统一，均为受理破产申请时，对破产人的特定财产有担保权的债权也属于破产债权。此外，《破产法》还规定了破产债权的特殊情况。

（1）债务人的保证人或者其他连带债务人代替债务人清偿债务后可以向债务人追偿的债权。

（2）损害赔偿请求权。管理人或者债务人依照《破产法》解除合同的，对方当事人以因合同解除所产生的损害赔偿请求权申报债权。

（3）票据追索权。票据出票人被宣告破产，付款人或者承兑人不知其事实而向持票人付款或者承兑所产生的债权。

### （四）破产债权的排除

有部分债权虽然在形式上符合关于破产债权要件的规定，但是法律将其排除在外,又称之为除斥债权。主要包括:(1)超过诉讼时效的债权;(2)未申报的债权;(3)尚未执行的滞纳金、罚款、罚金;(4)债权人参加破产程序支出的费用等。

## 二、破产债权的申报

所谓破产债权的申报就是指债权人在破产程序开始后,在法律规定的期限内,向管理人申报债权,作出其依破产程序行使权利的意思表示。破产债权申报是债权人参加破产程序并行使权利的前提和必经环节,债权人只有通过债权申报,才能依照破产程序,参加破产财产的分配。

### (一)破产债权申报的期限

人民法院受理破产申请后,应当确定债权人申报债权的期限。债权申报期限自人民法院发布受理破产申请公告之日起计算,最短不得少于 30 日,最长不得超过 3 个月。如果在人民法院确定的债权申报期限内,债权人未申报债权的,可以在破产财产最后分配前补充申报;但是,此前已进行的分配,不再对其补充分配。为审查和确认补充申报债权的费用,由补充申报人承担。

### (二)破产债权申报的法律效果

破产债权申报具有两方面的法律效果:首先,债权人可以依照破产法的规定行使权利,包括参加破产程序、出席债权人会议、参加破产清算、接受破产财产分配等。其次,具有中止债权诉讼时效的效力。破产程序是特别程序,法院受理破产财产后,债权人不能再通过其他诉讼程序要求债务人对其清偿。

### (三)破产债权申报的审查、核查、确认和异议

《破产法》对破产债权的申报确立了先由管理人审查,再经债权人会议核查,最后再由人民法院裁定确认的步骤。《破产法》规定:管理人收到债权申报材料后,应当登记造册,对申报的债权进行审查,并编制债权表。债权表和债权申报材料由管理人保存,供利害关系人查阅。而管理人编制的债权表,应当提交第一次债权人会议核查,债务人、债权人对债权表记载的债权无异议的,由人民法院裁定确认。同时,《破产法》也确立了相应的救济程序,即当债务人、债权人对债权表记载的债权有异议时,可以向受理破产申请的人民法院提起诉讼。

## 三、别除权

有财产担保的债权在民事强制执行中不受影响,在破产程序中,债务人的破产并不影响债务人财产上已设定的担保的效力,这种债权在破产程序中同样也享有优先权。而别除权就是针对这种民事权利在破产程序中运用的特点而起的名称,是指债权人因其债权设有物的担保而享有的在破产程序中就该担保财产单独、优先受偿的权利。《破产法》规定:对破产人的特定财产享有担保权的权利人,对该特定财产享有优先受偿的权利。该条规定中所设定的权利,就是别除权。别除权将破产人已经

设定担保的特定财产从破产财产中排除出来,赋予债权人就该财产变卖所得价款优先于其他债权人受偿的权利。这种权利从本质上讲,并不是破产法所创设的,而是从破产宣告前破产人特定财产上存在的担保效力沿袭而来。

# 第 7 节　债权人会议

## 一、债权人会议的一般规定

（一）债权人会议的概念

债权人会议是指在破产程序中,由全体债权人依照破产法组成的,以维护债权人共同利益为目的,表达全体债权人共同意志的议事和监督机构。由于在破产程序中债权人有多个,为了能够充分照顾每个债权人的合法权益,同时又能够保证破产程序顺利、有效率地进行,设立专门的债权人会议是十分必要的。

（二）债权人会议的组成和表决权

债权人会议由全体债权人组成,只要其债权在法律规定的期限内申报,就有权参加债权人会议。但债权人的表决权,依其债权的性质不同,表决权也有差异。根据我国《破产法》规定,依法申报债权的债权人为债权人会议的成员,有权参加债权人会议,享有表决权;债权尚未确定的债权人,除人民法院能够为其行使表决权而临时确定债权额的外,不得行使表决权;对债务人的特定财产享有担保权的债权人,未放弃优先受偿权利的,对于通过重整计划和破产财产的分配方案不享有表决权。此外,《破产法》还规定,债权人会议应当有债务人的职工和工会的代表参加并对有关事项发表意见。

（三）债权人会议的职权

债权人会议的职权是指债权人会议在法定议事范围内讨论并决定各项事务的权限,它是债权人各种活动的法律依据。我国《破产法》赋予了债权人会议广泛的权利,充分体现了债权人自治和对债权人利益保护的原则,总的来说,债权人会议的职权主要包括:(1)核查债权;(2)申请人民法院更换管理人,审查管理人的费用和报酬;(3)监督管理人;(4)选任和更换债权人委员会成员;(5)决定继续或者停止债务人的营业;(6)通过重整计划;(7)通过和解协议;(8)通过债务人财产的管理方案;(9)通过破产财产的变价方案;(10)通过破产财产的分配方案;(11)人民法院认为应当由债权人会议行使的其他职权。

（四）债权人会议的召开

债权人会议的召开有两种情形:首先,法律规定必须召开的债权人会议,即第一次债权人会议；其次，在必要时召开的债权人会议。我国《破产法》规定，第一次债权人会议应在债权申报期限届满之日起 15 日内召开。人民法院就裁定受理破产申请发出的通知和发布的公告中，应当载明第一次债权人会议召开的时间、地点。第一次债权人会议由人民法院召集并主持。以后的债权人会议在人民法院认为必要时，或者管理人、债权人委员会、占债权总额 1/4 以上的债权人向债权人会议主席提议时召开。召开债权人会议，管理人应当提前 15 日通知已知的债权人。

**（五）债权人会议主席**

债权人会议主席是债权人会议的主持人和召集人。《破产法》规定，债权人会议设主席一人，由人民法院从有表决权的债权人中指定。

**（六）债权人会议的决议**

**1. 决议通过的规则**

我国《破产法》对债权人会议决议的通过采用了人数和债权额双重标准，以便兼顾各类债权人的利益。按照法律规定，债权人会议的决议，由出席会议的有表决权的债权人过半数通过，并且其所代表的债权额占无财产担保债权总额的 1/2 以上。债权人会议通过和解协议的决议，除须出席会议的有表决权的债权人过半数通过外，还要求其所代表的债权额占无财产担保债权总额的 2/3 以上。

**2. 决议的效力**

债权人会议的决议，对全体债权人均有约束力，不论其是否出席债权人会议。但如果债权人认为债权人会议的决议违反法律规定，损害其利益的，可以自债权人会议作出决议之日起 15 日内，请求法院院裁定撤销该项决议，责令债权人会议依法重新作出决议。此外，一般认为债权人会议的决议对有财产担保的债权人不具有约束力。

## 二、债权人委员会

由于债权人会议不是常设机构，为了更好地监督破产程序的进行，保护债权人的合法权益，《破产法》设立了债权人委员会制度。债权人委员会成员由债权人会议选任的债权人代表和一名债务人职工代表或工会组织代表组成，并应当经人民法院书面认可。债权人委员会成员人数不得超过 9 人。

债权人委员会行使下列职权：(1)监督债务人财产的管理和处分；(2)监督破产财产分配；(3)提议召开债权人会议；(4)债权人会议委托的其他职权。管理人实施对债权人利益有重大影响的处分债务人财产的行为，应当向债权人委员会报告。债权人委员会执行职务时，有权要求管理人、债务人的有关人员对其职权范围内的事务作出说明或者提供有关文件。债权人委员会认为管理人的行为违反债权人会议决议，损害债权人利益，或者管理人、债务人拒绝接受监督的，可以就监督事项请求人民法院作出决定，人民法院应当在 5 日内作出相应的决定。

# 第 8 节　重　　整

## 一、重整的概念和特征

（一）重整的概念

重整制度，又称公司更生、司法康复，是指对可能或已经发生破产原因但又有再建希望的债务人，经利害关系人的申请，通过各方利益关系人的协商，在法院的主持下制定重整计划，进行生产经营整顿和债权债务清理的一种旨在使其摆脱困难、获得更生的特殊法律程序。由于破产的后果就是债务人的解体消灭，不仅造成职工失业等问题，债权人也往往不能得到充分清偿，对社会财富来说也是一种损失。所以，为了防止破产结果的产生，重整制度就应运而生了。

（二）重整的特征

重整作为一种再建型债务清理制度，其目的是使有复苏希望的企业法人，特别是大中型企业避免破产清算。其主要具有以下特征：

**1. 适用对象的特定性**

重整的原因主要是为了保持社会稳定和防止社会财富的流失，因此多数国家立法均将重整制度限于股份有限公司，但我国《破产法》对此没有明确限定。

**2. 申请重整的条件宽松性**

由于重整程序是积极的破产预防程序，所以并不是消极地等待破产条件的出现才可以启动这一程序，只要债务人有丧失清偿能力的可能即可申请重整。

**3. 重整程序的优先适用性**

重整程序不但优先于一般民事执行程序而且也优先于和解程序和清算程序。

**4. 重整程序还可以限制担保物权的行使**

破产清算程序以及和解程序都不能影响拥有担保物权的债权人依法行使别除权。但进入重整程序后，重整的效力及于设定担保的债务人的财产。

## 二、重整程序

（一）重整原因

重整原因是指重整开始的理由或当事人提出重整的条件。重整开始的条件比较宽松，并不要求债务人必须处于支付不能的状态。我国《破产法》规定，债务人不能清偿到期债务，并且资产不足以清偿全部债务或者明显缺乏清偿能力，或者有明显丧失清偿能力的可能的，申请人都可以提出重整申请。

（二）重整申请和审查

重整申请是重整申请人请求法院对债务人开始重整程序的意思表示。重整申请是重整开始的重要甚至唯一依据。重整程序的申请人范围广泛，不仅包括债务人、债权人，还包括被申请重整的企业的股东。我国《破产法》规定，重整申请人包括债务人、债权人或者出资额占债务人注册资本 1/10 以上的出资人。

重整申请应采取书面形式，申请人除提交申请书外，还应提交相关的书面证据材料。法院收到申请人提交的重整申请书和有关证据后，应当依法进行审查。经审查，认为重整申请符合破产法规定条件的，即应当作出准许债务人重整的裁定，并予以公告。

（三）重整的期间和法律效力

重整的期间是不固定的，《破产法》规定，自人民法院裁定债务人重整之日起至重整程序终止，为重整期间。

重整程序启动将产生以下法律效力：

**1. 对债务人的效力**

经债务人申请、人民法院批准，债务人可以在管理人的监督下自行管理财产和营业事务。重整程序开始后，对债务人产生的效力包括：第一，清偿债务的禁止；第二，允许债务人继续营业。

**2. 对管理人的效力**

债务人自行经营管理的，管理人负责监督，如果管理人负责管理财产和营业事务的，可以聘任债务人的经营管理人员继续负责营业事务。

**3. 对担保权人的效力**

在重整期间，对债务人的特定财产享有的担保权暂停行使。但是，担保物有损坏或者价值明显减少的可能，足以危害担保权人权利的，担保权人可以向人民法院请求恢复行使担保权。在重整期间，债务人或者管理人为继续营业而借款的，可以为该借款设定担保。

**4. 对破产取回权人的效力**

债务人合法占有的他人财产，该财产的权利人在重整期间要求取回的，应当符合事先约定的条件。

**5. 对出资人和企业管理人员的效力**

在重整期间，债务人的出资人不得请求投资收益分配。在重整期间，除经人民法院同意的外，债务人的董事、监事、高级管理人员不得向第三人转让其持有的债务人的股权。

（四）重整程序的终止

在重整期间，有下列情形之一的，经管理人或者利害关系人请求，人民法院应当裁定终止重整程序，并宣告债务人破产：(1)债务人的经营状况和财产状况继续恶化,缺乏挽救的可能性;(2)债务人有欺诈、恶意减少债务人财产或者其他显著不利于债权人的行为;(3)由于债务人的行为致使管理人无法执行职务。

## 三、重整计划

重整计划,也称重整方案,是指为了维持债务人继续营业,由债权人、债务人或其他利害关系人提议,经债权人会议认可并经法院批准,以通过重整挽救企业并清理债权债务关系的法律文书。

（一）重整计划的内容

重整计划的内容主要包括:(1)债务人的经营方案;(2)债权分类;(3)债权调整方案;(4)债权受偿方案;(5)重整计划的执行期限;(6)重整计划执行的监督期限;(7)有利于债务人重整的其他方案。

（二）重整计划的制定和表决

**1. 重整计划的制定分为两种情况**

(1)债务人自行管理财产和营业事务的,由债务人制作重整计划草案;(2)管理人负责管理财产和营业事务的,由管理人制作重整计划草案。

**2. 重整计划的表决**

人民法院应当自收到重整计划草案之日起 30 日内,召开债权人会议,各类债权人参加讨论,并依照不同债权人类型,分组对重整计划草案进行讨论和表决。出席会议的同一表决组的债权人过半数同意,并且其所代表的债权额占该组债权额 2/3 以上的,即为该组通过重整计划草案,所有小组表决均通过重整计划草案时,重整计划方能通过。部分表决组未通过重整计划草案的,债务人或管理人可以同该组协商,在协商后再表决一次,未通过重整计划草案的表决组拒绝再次表决或者再次表决仍未通过,但重整计划草案符合法定条件的,债务人或者管理人可以申请人民法院批准重整计划草案。

## 四、重整计划的执行

重整计划的执行,是重整程序的最终落脚点,也是重整目的能否实现的关键。重整计划经人民法院批准后,由债务人负责执行。债务人应当认真执行重整计划,严格按照重整计划规定的要求履行职责。重整计划应规定监督期,监督期间管理人负责监督重整计划的执行,管理人有权要求债务人向其报告重整计划执行情况和企业财务状况。监督期届满时,管理人应当向人民法院提交监督报告。自监督报告提交之日起,管理人的监督职责终止。管理人向人民法院提交监督报告,重整计划的利害关系人有权查阅。经管理人申请,人民法院可以裁定延长重整计划执行的监督期限。

按照重整计划减免的债务,自重整计划执行完毕时起,债务人不再承担清偿责任。

## 五、重整程序的终止

《破产法》规定，两种情况下重整程序应当终止：

（1）重整计划草案未获得通过且未依照法律规定获得批准，或者已通过的重整计划未获得批准的，人民法院应当裁定终止重整程序，并宣告债务人破产。

（2）债务人不能执行或者不执行重整计划的，人民法院经管理人或者利害关系人请求，应当裁定终止重整计划的执行，并宣告债务人破产。

人民法院裁定终止重整程序的，债权人在重整计划中作出的债权调整的承诺失去效力。债权人因执行重整计划所受的清偿仍然有效，债权未受清偿的部分作为破产债权。已受部分清偿债权人，只有在其他同顺位债权人所受清偿达到同一比例时，才能继续接受分配。此外，为执行重整计划提供的担保继续有效。

# 第 9 节 和 解

## 一、和解的概念

和解是债务人与债权人会议之间，就债务人延期偿还债务、减免偿还债务、进行企业整顿等事项达成协议，经人民法院认可后即可中止破产程序的制度。和解制度也是一种防止债务人破产的制度。和解分为破产程序开始前的和解与破产程序后的和解，我国破产法中的和解制度并非破产程序的必经环节，而是由当事人选择是否向人民法院提出申请。

## 二、和解程序

### （一）和解申请及审查

和解申请由债务人提出，和解申请应提交和解申请书与和解协议草案，并载明和解的理由、承诺以及通过和解所能解决的问题。

和解申请需要经过法院的审查，法院应从形式和实质两方面审查。法院经审查认为和解申请符合本法规定的，应当裁定和解，予以公告，并召集债权人会议讨论和解协议草案。

### （二）和解协议的达成

和解协议是债权人会议与债务人就债务清偿的期限、方法及减免等事项达成的协议，是由债权人会议讨论通过并经人民法院认可的法律文件。和解协议一般应具备以下内容：(1)清偿债务的财产来源；(2)清偿债务的办法；(3)清偿债务的期限。

和解协议草案须经债权人会议讨论，债权人会议通过和解协议的决议，由出席会议有表决权的债权人过半数同意，并且其所代表的债权额占无财产担保债权总额的2/3以上。债权人会议通过和解协议的，由人民法院裁定认可，终止和解程序，并予以公告。

和解协议草案经债权人会议表决未获得通过，或者已经债权人会议通过的和解协议未获得法院认可的，法院应当裁定终止和解程序，并宣告债务人破产。

### 三、和解协议的效力

和解协议经法院裁定认可后即发生法律效力，和解协议的法律效力主要包括以下几个方面：

#### （一）中止破产程序

和解协议一旦生效，破产程序即告中止。管理人应当向债务人移交财产和营业事务，债务人取得了占有、使用、处分其财产，进行正常生产经营活动的权利。

#### （二）对债务人的拘束力

和解协议对债务人具有约束力：首先，债务人应当按照和解协议规定的条件清偿债务；其次，因债务人的欺诈或者其他违法行为而成立的和解协议，人民法院应当裁定无效，并宣告债务人破产；最后，债务人不能执行或者不执行和解协议的，人民法院经和解债权人请求，应当裁定终止和解协议的执行，并宣告债务人破产。

#### （三）对债权人的拘束力

和解协议对全体和解债权人具有约束力，所谓和解债权人是指人民法院受理破产申请时对债务人享有无财产担保债权的人。和解债权人未依照破产法规定申报债权的，在和解协议执行期间不得行使权利；在和解协议执行完毕后，可以按照和解协议规定的清偿条件行使权利。但是和解债权人对债务人的保证人和其他连带债务人所享有的权利，不受和解协议的影响。

## 第 10 节　破 产 清 算

### 一、破产宣告

#### （一）破产宣告的概念

破产宣告是指法院依据当事人的申请或依职权，在确认债务人具有无法消除的破产原因时,所作出的宣告债务人破产并进行破产清算的裁定或者命令。破产宣告是破产制度中的重要环节。债务人一旦被宣告破产,破产程序即进入不可逆的阶段,不具有中止或回复的可能。破产宣告是破产清算程序的开始,标志着破产程序进入实质性环节。

(二)破产宣告的程序

破产宣告由人民法院以裁定形式作出。人民法院依照破产法规定宣告债务人破产,应当自裁定作出之日起 5 日内送达债务人和管理人,自裁定作出之日起10 日内通知债权人,并予以公告。破产宣告的裁定不能上诉,自作出之日起发生效力。

(三)破产宣告的除外

我国《破产法》规定,在破产宣告前,有下列情形之一的,人民法院应当裁定终结破产程序,不予宣告破产,并予以公告:(1)第三人为债务人提供足额担保或者为债务人清偿全部到期债务的;(2)债务人已清偿全部到期债务的。

(四)破产宣告的效力

**1. 对债务人的效力**

破产宣告后,债务人无论从身份还是其财产支配上,都发生了重大变化。首先,宣告破产后,债务人称为破产人,意味着债务人的行为能力被局限于仅能从事与破产清算相关的一些活动。其次,债务人财产称为破产财产,破产人丧失对其财产的支配权,而必须将破产财产的管理、处分权移交给破产管理人。

**2. 对债权人和第三人的效力**

破产宣告后,人民法院受理破产申请时对债务人享有的债权称为破产债权,债权人成为破产债权人。除对破产人的特定财产享有担保权的债权人,对该特定财产享有优先受偿的权利外,一般债权人的债权只能依照破产程序获得清偿,不得单独接受破产人的清偿。

## 二、破产财产的变价和分配

破产清算的目的是通过将债务人有限的财产公平的分配给破产债权人,从而实现破产债权的清偿。因此,妥善的收集、清理和变价破产财产后,尽快地将其分配给债权人就显得十分重要。

(一)破产财产的变价

破产财产包括金钱财产和非金钱财产,金钱财产可直接以货币形态进行分配,而非金钱财产由于其难以估值、容易损耗、不易分割等性质,必须将其转化为货币形态,方可进行分配,即所谓的变价。

变价出售破产财产应当通过拍卖进行。但是,债权人会议另有决议的除外。破产企业可以全部或者部分变价出售。企业变价出售时,可以将其中的无形资产和其他财产单独变价出售。

（二）破产财产的分配

**1. 破产财产分配方案**

破产财产分配方案由管理人拟定，并提交债权人会议讨论。债权人会议通过破产财产分配方案后，由管理人将该方案提请人民法院裁定认可。

**2. 破产财产分配的顺序**

在实施破产财产分配方案之前，应先从破产财产中优先清偿破产费用和共益债务。然后依照以下顺序进行清偿：（1）破产人所欠职工的工资和医疗、伤残补助、抚恤费用，所欠的应当划入职工个人账户的基本养老保险、基本医疗保险费用，以及法律、行政法规规定应当支付给职工的补偿金；（2）破产人欠缴的除前项规定以外的社会保险费用和破产人所欠税款；（3）普通破产债权。破产财产不足以清偿同一顺序的清偿要求的，按照比例分配。破产企业的董事、监事和高级管理人员的工资按照该企业职工的平均工资计算。

**3. 破产财产的提存**

（1）对于附生效条件或者解除条件的债权，管理人应当将其分配额提存。在最后分配公告日，生效条件未成就或者解除条件成就的，应当分配给其他债权人；在最后分配公告日，生效条件成就或者解除条件未成就的，应当交付给债权人。

（2）债权人未受领的破产财产分配额，管理人应当提存。债权人自最后分配公告之日起满 2 个月仍不领取的，视为放弃受领分配的权利，管理人或者人民法院应当将提存的分配额分配给其他债权人。

（3）破产财产分配时，对于诉讼或者仲裁未决的债权，管理人应当将其分配额提存。自破产程序终结之日起满 2 年仍不能受领分配的，人民法院应当将提存的分配额分配给其他债权人。

## 三、破产程序的终结

（一）破产程序终结概念和分类

破产程序的终结，就是指破产程序开始后，发生法律规定的使得破产程序完成或继续进行已无必要的原因，由法院裁定终结破产程序，从而结束破产案件。破产程序的终结不同于破产程序的中止，破产程序中止后，在法定事由消失或出现时，即可继续进行，而破产程序终结后不可能重新开始。

破产程序有正常终结和非正常终结两种情况。正常终结是指通过破产财产分配，债权人的债权已经得到全部或部分清偿，管理人在最后分配完结后，向人民法院提交破产财产分配报告，并提请人民法院裁定终结破产程序。非正常终结是指破产人无财产可供分配的，管理人请求人民法院裁定终结破产程序。

(二) 破产程序终结的效力

### 1. 对管理人的效力

管理人应当自破产程序终结之日起 10 日内,持人民法院终结破产程序的裁定,向破产人的原登记机关办理注销登记,管理人于办理注销登记完毕的次日终止执行职务。

### 2. 对破产债权人的效力

破产债权人就未获清偿部分债权对破产人的请求权消灭,但破产人的保证人和其他连带债务人,在破产程序终结后,对债权人依照破产清算程序未受清偿的债权,依法继续承担清偿责任。自破产程序终结之日起 2 年内,发现有下列情形之一的,债权人可以请求人民法院按照破产财产分配方案进行追加分配:(1)债务人对其财产的处置行为依法可撤销的;(2)债务人管理层非法侵占债务人财产的;(3)债务人对其财产处置行为依法为无效的;(4)发现债务人有新的可供分配的财产的。

### 3. 对破产人的效力

破产程序终结后,破产人必须依法注销,其法律主体地位归于消灭。

### 4. 对保证人和其他连带债务人的效力

破产人的保证人和其他连带债务人,在破产程序终结后,对债权人依照破产清算程序未受清偿的债权,依法继续承担清偿责任。

(三) 破产财产的追加分配

追加分配是指破产财产最后分配完毕或者破产程序终结后,又发现可供分配的破产财产时,经法院许可而实行的补充分配。《破产法》规定,自破产程序终结之日起 2 年内,有下列情形之一的,债权人可以请求人民法院按照破产财产分配方案进行追加分配:(1)发现依照《破产法》有关规定应当追回的财产的;(2)发现破产人有应当供分配的其他财产的。但是,财产数量不足以支付分配费用的,不再进行追加分配,由人民法院将其上交国库。


**复习思考题**

1. 简述破产管理人的资格。

2. 简述破产财产的概念及范围。

3. 简述破产费用与共益债务的概念及范围。

4. 试述重整程序。

5. 试述和解的效力。

6. 简述破产财产的变价和分配。


**推荐阅读书目**

1. 王卫国、朱晓娟等编著:《破产法原理、规则、案例》,清华大学出版社,2006 年版。

2. 王欣新:《破产法》(第三版),中国人民大学出版社,2011 年版。

3.[英]费奥娜·托米著,汤维建、刘静译:《英国公司和个人破产法》(第二版),北京大学出版社,2010 年版。

4. 许德风:《破产论——解释与功能比较的视角》,北京大学出版社,2015 年版。

5. 丁燕:《上市公司破产重整计划法律问题研究:理念、规划与实证》,法律出版社,2014 年版。

# 第10章 竞　争　法

**本章导读**

各种不正当竞争和垄断现象是市场经济的必然现象,竞争法规制各种限制竞争行为以维护市场竞争秩序,包括反不正当竞争法和反垄断法。本章介绍我国《反不正当竞争法》和《反垄断法》关于不正当竞争行为及垄断行为的规定,《反不正当竞争法》重点介绍包括欺骗性交易行为、商业贿赂行为、虚假宣传行为、侵犯商业秘密行为、不正当有奖销售行为、商业诽谤行为、不正当亏本销售等在内的不正当竞争行为和限制竞争行为的认定及法律责任;《反垄断法》重点介绍相关市场的界定以及垄断协议行为、滥用市场支配地位行为、经营者集中行为、行政性垄断行为等垄断行为的认定和法律责任。

**关键术语**

不正当竞争　垄断　相关市场　垄断协议　市场支配地位　经营者集中
行政性垄断

## 第1节　竞争法概述

### 一、竞争与竞争法的概念

竞争法中所称的竞争即市场竞争,是各类市场主体为实现自身的经济利益和既定目标,采取各种手段争取有利的交易机会或交易条件的行为。市场竞争具有如下特点:(1)市场竞争的主体是两个以上行业相同或相似、交易方向一致的经营者。(2)市场竞争的目的是为了争取交易机会或有利的交易条件,从而实现经营者自身经济利益的最大化。(3)市场竞争的手段和策略多种多样,包括服务竞争、价格竞争、广告宣传等。(4)市场竞争的结果是优胜劣汰。市场竞争本身对经济活动有积极的激励效应,通过市场竞争可以发挥商品生产价值规律的作用,良好的市场竞争是市场经济健康发展的基础。但市场竞争也必然带来一些消极因素,诸如垄断行为和不正当竞争行为,规范市场竞争秩序的竞争法便应运而生。

竞争法是调整在规制反竞争行为中所形成的社会关系的法律规范的总称①，主要包括反不正当竞争法和反垄断法。德国于 1896 年颁布的《反不正当竞争法》是世界上第一部反不正当竞争法；美国于 1890 年制定的《谢尔曼法》是世界上第一部反垄断法。

## 二、竞争法的立法模式

对于竞争法的两个组成部分——反不正当竞争法和反垄断法在立法技术上如何处理，世界各国的态度并不一致，由此形成了竞争法的三种立法模式：

（一）分立模式

所谓分立模式，即在立法时将反不正当竞争和反垄断分别立法，各自规范不正当竞争行为和垄断行为。这种模式以德国为代表，德国分别在 1896 年和 1957 年制定了《反不正当竞争法》和《反对限制竞争法》，前者规范不正当竞争行为；后者规范垄断和限制竞争行为。这种立法模式的优点在于立法的针对性较强，法律调整的范围相对清晰；缺点在于两部法律之间需要相互协调，可能增加执法成本，同时，对于界限模糊的反竞争行为可能导致重复规制或规制不足。

（二）合并模式

所谓合并模式，即在立法时将反不正当竞争法和反垄断法合并立法，制定统一的竞争法或公平交易法。这种模式以我国台湾地区为代表，台湾地区在 1991 年制定了"公平交易法"，统一规制各种不正当竞争行为和垄断行为，并且还为此设立了专门的执法机构：公平交易委员会。这种立法模式的优点在于统一的执法机构便于综合协调处理各种反竞争行为，成本相对较低；但这种模式的立法难度较大，技术欠缺则可能导致对一些反竞争行为规制乏力。

（三）分散模式

所谓分散模式，即立法时并不明确区分不正当竞争行为和垄断行为，也不以"反不正当竞争法"或"反垄断法"命名，而是针对现实生活中具体的不正当竞争行为和垄断行为，以单行法的方式进行规制。这种立法模式以美国为典型。美国针对不正当竞争和垄断行为多次立法，其中《谢尔曼法》《克莱顿法》以及《联邦贸易委员会法》等单行法是核心，同时辅之以相关判例。这种模式的优点是针对性强，较为实用和灵活；缺点是体系分散、缺乏统一规划、逻辑性不足。

我国目前采用的是分立模式，1993 年和 2007 年分别颁布了《中华人民共和国反不正当竞争法》和《中华人民共和国反垄断法》。

---

① 我国学者大多从调整对象的角度来定义竞争法。有学者认为竞争法是调整竞争关系的有机统一的法律规范系统。潘静成、刘文华：《经济法》（第三版），208 页，北京，中国人民大学出版社，2008。

### 三、我国竞争法的立法现状

我国竞争法的体系主要由《反不正当竞争法》和《反垄断法》构成,此外,在《广告法》《商标法》《专利法》《产品质量法》等其他单行法中也有个别关于不正当竞争行为的条文。本章重点介绍《反不正当竞争法》和《反垄断法》。

（一）反不正当竞争法

1993年9月颁布的《反不正当竞争法》是我国第一部用于规范市场竞争行为的法。当时正值我国市场经济建设初期,各种假冒、虚假宣传等不正当竞争行为萌发并日渐猖獗,行政性限制竞争、串通招投标等也相当普遍,因此,我国的《反不正当竞争法》除了规制典型的不正当竞争行为之外,还规定了几类限制竞争行为,包括公用企业限制竞争行为、行政性限制竞争行为、不正当亏本销售行为、搭售和附加不合理交易条件行为以及串通招投标行为。《反不正当竞争法》颁布之后,国家工商局连续出台了各种具体的解释性规定,如《关于禁止有奖销售活动中不正当竞争行为的若干规定》《关于禁止公用企业限制竞争行为的若干规定》《关于禁止仿冒知名商品特有的名称、包装、装潢的不正当竞争行为的若干规定》等;最高人民法院也出台了相关的司法解释,如2007年2月1日起施行的《最高人民法院关于审理不正当竞争民事案件应用法律若干问题的解释》。这些均为我国反不正当竞争法的法律渊源。新修订的《中华人民共和国反不正当竞争法》于2018年1月1日实施。

（二）反垄断法

《反垄断法》以法律的形式奠定了反垄断的一系列法律原则和基本框架后,各相关执法部门开始研究对反垄断法律原则进行细化的行政法规及部门规章。除了国务院和商务部在2008年到2009年之间发布的关于经营者集中的申报标准、申报程序和审查办法的一系列行政法规和部门规章外,国家工商行政管理总局颁布的《工商行政管理机关查处垄断协议、滥用市场支配地位案件程序规定》,和三个反垄断法配套规则《工商行政管理机关制止滥用行政权力排除、限制竞争行为的规定》《工商行政管理机关禁止滥用市场支配地位行为的规定》《工商行政管理机关禁止垄断协议行为的规定》分别于2011年2月1日起施行。国家发展和改革委员会《反价格垄断规定》《反价格垄断行政执法程序规定》2011年2月1日起施行。2019年8月国务院办公厅出台《关于促进平台经济规范健康发展的指导意见》、2020年11月国务院反垄断委员会制定出台《关于汽车业的反垄断指南》,2020年11月市场监督管理总局发布《关于平台经济领域的反垄断指南（征求意见稿）》。总体上看,我国已经构建了反垄断法律体系。

随着我国社会主义市场经济体制的确立,市场经济迅速发展。除了原来已经存在的地区垄断、部门垄断、行业垄断外,一些经济垄断的因素悄然萌发,国务院在《价格管理条例》《广告管理条例》《关于企业兼并的暂行办法》等行政法规中对各种价格垄断、广告经营活动的垄断以及可能导致垄断的企业兼并行为进行了规制。为了防范和规制各种经济垄断行为,我国颁布了《反垄断法》,于 2008 年 8 月 1 日实施,反垄断法被称为"市场经济宪法",西方 100 多年前已有相关法律。目前,世界上已有 80 多个国家制定了反垄断法。

案例 15

# 第 2 节　反不正当竞争法

## 一、不正当竞争行为概述

**(一) 不正当竞争行为的概念及特征**

不正当竞争行为是指经营者违反《反不正当竞争法》的规定,损害其他经营者的合法权益,扰乱社会经济秩序的行为。《反不正当竞争法》所规制的不正当竞争行为具有以下几方面的特征:

(1) 不正当竞争行为的主体是经营者,包括从事商品经营或服务(本节下文所称商品,如无特别说明,包含商品和服务)的自然人、法人和非法人组织。

(2) 经营者从事的是市场交易行为。经营者的市场交易行为区别于其内部管理行为和其他非市场交易行为,如设立分、子机构、公益性活动等。只有在市场交易中,才可能出现为了争取交易机会和更好的交易条件而扰乱竞争秩序的不正当竞争行为。

(3) 经营者的这种行为违反了自愿、平等、公平、诚实信用的原则和公认的商业道德,势必扰乱社会经济秩序,具有违法性。

(4) 经营者的行为具有社会危害性。不正当竞争行为破坏公平竞争的市场秩序,阻碍社会生产力发展,损害其他经营者和消费者的合法权益。

**(二) 不正当竞争行为与垄断行为的区别**

不正当竞争行为与垄断行为从行为的本质上看都是破坏市场机制的反竞争行为,其结果都损害其他经营者和消费者的合法权益,都属于竞争法的调整范畴。但不正当竞争毕竟不同于垄断,二者在以下几方面存在较大的区别:

**1. 主体不同**

虽然不正当竞争行为和垄断行为的主体一般都是经营者。但在我国,垄断行为除了一般经营者的垄断行为之外,还存在着行政性垄断,因此,我国垄断行为的主体除了经营者外,还有行政部门。此外,即便实施垄断行为的主体是经营者,一般也必须具有经济上的垄断地位或优势地位。而不正当竞争行为只要一般经营者即可实施。

**2. 行为的目的不同**

不正当竞争行为的目的一般是通过不正当的手段获得交易机会或有利的交易条

件等竞争利益；垄断行为的目的则是消除和排斥竞争。

**3. 实施的手段不同**

不正当竞争行为采取欺骗、仿冒、贿赂、低价等手段；垄断行为则采取联合、合并、滥用优势地位等手段。

**4. 后果不同**

不正当竞争行为的后果是对竞争秩序的破坏，导致其他经营者无法有序竞争；垄断行为的后果是对市场竞争格局的破坏，从而限制和消除竞争。

由于不正当竞争行为和垄断行为的上述区别，世界各国大多对二者采用了不同的法律调整方法。

## 二、不正当竞争行为的具体类型

我国《反不正当竞争法》规定了 11 类不正当竞争行为。包括：欺骗性交易行为、商业贿赂行为、虚假宣传行为、侵犯商业秘密行为、不正当有奖销售行为、商业诽谤行为、不正当亏本销售行为、公用企业的限制竞争行为、行政性限制竞争行为、搭售和附加不合理条件交易行为、串通招投标行为。在这 11 类不正当竞争行为中，不正当亏本销售行为、公用企业的限制竞争行为、行政性限制竞争行为、搭售和附加不合理条件交易行为、串通招投标行为实际上属于反垄断法的调整范畴。

（一）欺骗性交易行为

欺骗性交易行为是指经营者采用假冒、仿冒等欺骗性手段从事交易，引起交易相对人误信、误购，损害竞争对手的行为。

经营者不得实施下列混淆行为，引人误认为是他人商品或者与他人存在特定联系：（一）擅自使用与他人有一定影响的商品名称、包装、装潢等相同或者近似的标识；（二）擅自使用他人有一定影响的企业名称（包括简称、字号等）、社会组织名称（包括简称等）、姓名（包括笔名、艺名、译名等）；（三）擅自使用他人有一定影响的域名主体部分、网站名称、网页等；（四）其他足以引人误认为是他人商品或者与他人存在特定联系的混淆行为。立法将"引人误认为"作为核心的判断标准，对于擅自使用他人的标识作出了一个限定，要求该标识在相关领域有一定的影响。同时还增加了兜底性条款，让禁止混淆行为的规定在实践中涵盖的范围更广泛。

此外，上述经营者登记的企业名称违反规定的，应当及时办理名称变更登记；名称变更前，由原企业登记机关以统一社会信用代码代替其名称。

（二）商业贿赂行为

经营者不得采用财物或者其他手段贿赂下列单位或者个人，以谋取交易机会或者竞争优势，反不正当竞争法对商业贿赂行为进行了界定，将受贿主体明确为"（一）交易相对方的工作人员；（二）受交易相对方委托办理相关事务的单位或者个人；（三）利用职权或者影响力影响交易的单位或者个人"。对受贿人范围的限定，可以有力禁止"泛商业贿赂化",体现了对市场行为审慎监管的态度,保护新出现的交易模式和市场创新。对员工商业贿赂行为作出特别规定:"经营者的工作人员进行贿赂的,应当认定为经营者的行为;但是,经营者有证据证明该工作人员的行为与为经营者谋取交易机会或者竞争优势无关的除外。"这将有利于经营者规范自身行为和行政机关开展执法工作。

**1. 贿赂的手段**

根据国家工商总局《关于禁止商业贿赂行为的暂行规定》第 2 条,"财物"是指现金和实物,包括经营者为销售或购买商品,假借促销费、宣传费、赞助费、科研费、劳务费、咨询费、佣金等名义,或者以报销各种费用等方式,给付对方单位或个人的财物;"其他手段"是指提供国内外各种名义的旅游、考察等给付财物以外的其他利益。根据该规定第 8 条,除了按照商业惯例赠送小额广告礼品外,经营者在商品交易中向对方单位或个人附赠现金或者物品均视为商业贿赂行为。

**2. 行贿和受贿都违法**

暗中收受现金、实物或其他好处的,构成商业受贿;同时,暗中给予对方现金、实物或其他好处的,构成商业行贿。

**3. 回扣与折扣的区别**

《反不正当竞争法》禁止"账外暗中"给予对方"回扣";并不禁止经营者在交易的过程中"明示给对方折扣、给中间人佣金",但要求给付方和接收方都必须"如实入账"。因此,必须注意区分回扣和折扣。根据《反不正当竞争法》的规定,二者的根本区别在于是否在双方的财务账簿中明确如实记载。如果如实入账,则为"明示",其性质为"折扣",是经营者给予对方的价格优惠;不入账,则为"暗中",其性质为"回扣",是一种商业贿赂行为。

**(三)虚假宣传行为**

经营者不得对其商品的性能、功能、质量、销售状况、用户评价、曾获荣誉等作虚假或者引人误解的商业宣传,欺骗、误导消费者。经营者不得通过组织虚假交易等方式,帮助其他经营者进行虚假或者引人误解的商业宣传。

明确经营者不得对其商品的"销售状况""用户评价"等作虚假或者引人误解的商业宣传,欺骗、误导消费者;不得通过组织虚假交易等方式,帮助其他经营者进行虚假或者引人误解的商业宣传。也就是说,除了对经营者自己产品的虚假宣传外,帮助他人进行刷单、炒信、删除差评、虚构交易、虚假荣誉等行为,也将受到严厉查处,像"网络水军"等不法经营者将受到严厉处罚。

**(四)侵犯商业秘密行为**

商业秘密是指不为公众所知悉、具有商业价值并经权利人采取相应保密措施的技术信息和经营信息。侵犯商业秘密的行为:

(1)以盗窃、贿赂、欺诈、胁迫或者其他不正当手段获取权利人的商业秘密;

(2)披露、使用或者允许他人使用以前项手段获取的权利人的商业秘密;

(3)违反约定或者违反权利人有关保守商业秘密的要求,披露、使用或者允许他人使用其所掌握的商业秘密。

新反不正当竞争,第一,完善了商业秘密的概念,删除了"营利性"要求,使得失败的实验数据成为商业秘密保护的客体,扩大了对知识产权的保护范围;第二,对不正当获取商业秘密的手段增加了"欺诈"的内容;第三,加强商业秘密保护,加大了对侵犯商业秘密行为的行政处罚力度,并要求监督检查部门及其工作人员对调查过程中知悉的商业秘密负有保密义务;第四,第三人明知或者应知商业秘密权利人的员工、前员工或者其他单位、个人实施侵犯商业秘密的行为,仍获取、披露、使用或者允许他人使用该商业秘密的,视为侵犯商业秘密。

**(五)不正当有奖销售行为**

有奖销售行为是指经营者在销售商品或提供服务时,附带性地向购买者提供物品、金钱或者其他经济上的利益的行为。根据购买者不同的获奖方式,可以将有奖销售行为分为附赠式的有奖销售和抽奖式的有奖销售两种方式。有奖销售是较为常见的经营者促销的手段,一般而言并不违法,但如果有奖销售违反了法律的限制性规定,违背了诚实信用原则,超越了法律和商业道德的界限,则可能被认定为不正当竞争行为。不正当有奖销售行为有三种:

(1)所设奖的种类、兑奖条件、奖金金额或者奖品等有奖销售信息不明确,影响兑奖;(2)采用谎称有奖或者故意让内定人员中奖的欺骗方式进行有奖销售;(3)抽奖式的有奖销售,最高奖的金额超过5万元。

**(六)商业诽谤行为**

商业诽谤行为是指经营者自己或利用他人,编造、传播虚假信息或误导性信息,损害竞争对手的商业信誉、商品声誉。商业诽谤行为的表现形式主要包括:

(1)经营者在公开场合,用散发公开信、召开新闻发布会、在新闻媒体上刊登对比性、声明性广告等形式,捏造、散布虚假事实,贬低竞争对手的商业信誉和商品信誉。

(2)在对外经营过程中,向业务客户及消费者散布虚假事实,以贬低竞争对手的商誉。

(3)唆使他人在公众中造谣并传播、散布竞争对手所售商品质量有问题,使公众对该商品失去信赖,以便自己的同类产品取而代之。

(4)组织人员,以顾客或者消费者的名义,向有关经济监督部门作关于竞争对手产品质量低劣、服务质量差、侵害消费者权益等情况的虚假投诉,从而达到贬低其商业信誉的目的。

**(七)利用互联网技术实施不正当竞争的行为**

反不正当竞争法对利用软件等技术手段在互联网领域干扰、限制、影响其他经营者及用户的行为作了规定,对利用互联网技术实施不正当竞争进行规制。"经营者利用网络从事生产经营活动,不得利用技术手段,通过影响用户选择或者其他方式,实施下列妨碍、破坏其他经营者合法提供的网络产品或者服务正常运行的行为:(1)未经其他经营者同意,在其合法提供的网络产品或者服务中,插入链接、强制进行目标跳转;(2)误导、欺骗、强迫用户修改、关闭、卸载其他经营者合法提供的网络产品或者服务;(3)恶意对其他经营者合法提供的网络产品或者服务实施不兼容;(4)其他妨碍、破坏其他经营者合法提供的网络产品或者服务正常运行的行为。"

### 三、不正当竞争行为的监督检查及法律责任

（一）反不正当竞争法的监督检查机关及其权限

我国反不正当竞争法的监督检查机关是县级以上人民政府的工商行政管理部门。工商行政管理部门在监督检查和查处不正当竞争行为时享有以下职权:

(1)询问权。监督检查机关有权按照规定程序询问被检查的经营者、利害关系人、证明人,并要求提供证明材料或者与不正当竞争行为有关的其他资料。

(2)查询复制权。监督检查机关在监督不正当竞争行为时,有权查询、复制与不正当竞争行为有关的协议、账册、单据、文件、记录、业务函电和其他资料。

(3)检查权。监督检查机关检查与不正当竞争行为有关的财物,必要时可以责令被检查的经营者说明该商品的来源和数量,暂停销售,听候检查,不得转移、隐匿、销毁财物。

(4)处罚权。监督检查机关有权对经营者的不正当竞争行为进行处罚,包括:责令违法的经营者停止违法行为,没收其违法所得,并可以根据情节处以罚款、吊销营业执照,可以查封、扣押与涉嫌不正当竞争行为有关的财物,查询涉嫌不正当竞争行为的经营者的银行账户等行政强制措施。

当事人负有配合调查的义务,对拒不配合、拒绝接受调查的当事人检察机关可以追究其责任。

（二）法律责任

《反不正当竞争法》规定了各类不正当竞争行为的法律责任,加重了对违法行为的处罚力度,最高可以罚款300万元。除了混淆行为没有规定起罚点外,不当有奖销售行为的起罚点规定为5万元,商业贿赂、侵犯商业秘密、商业诋毁、妨碍、破坏其他经营者合法提供的网络产品或者服务正常运行的,起罚点是10万元,虚假宣传行为的起罚点是20万元。

反不正当竞争法是维护市场竞争秩序的基础性法律。我国反不正当竞争法进一步厘清了与商标法、广告法、反垄断法等相关法律制度的关系,保持了法律规定的协调一致。第一,与商标法相衔接。有关商标侵权的规定,对《商标法》规定的将他人注册商标、未注册的驰名商标作为企业名称中的字号使用,误导公众,构成不正当竞争的情形,增加了相应规制条款。第二,厘清了与广告法的关系。对经营者违反新的

《反不正当竞争法》进行虚假宣传,属于发布虚假广告的,依照广告法的规定处罚。第三,与反垄断法的清晰划分。有关公用事业单位限制竞争、行政垄断、低于成本价销售的内容,由反垄断法进行规制。

案例 16

# 第 3 节　反 垄 断 法

## 一、垄断与《反垄断法》概述

### (一) 垄断的概念

经济学上的垄断是指少数企业凭借其雄厚的经济实力,对生产和市场进行控制,并在一定的市场领域内从实质上限制竞争的一种市场状态。[1]法律意义上垄断的概念是随着反垄断法的产生而出现的,但世界各国反垄断法对于垄断的界定并不一致,根据美国《布莱克法律词典》的解释,垄断是指"一个或几个私人或公司享有特权或市场优势,对某一特定市场或贸易实施的排他性控制,或对某一特定产品的生产、销售、供应的全部控制……垄断还表现为一个或少数几个企业支配产品或服务的销售市场的结构状态。"[2]我国《反垄断法》并没有明确界定垄断行为,而是采用了列举的方式阐明哪些是垄断行为,我国学者一般认为,法律所禁止和反对的垄断是指违反法律或社会公共利益,通过合谋性协议、安排或协同行为,或者通过滥用经济优势地位,排斥或控制其他正当的经济活动,在一定的生产领域或流通领域内实质上限制竞争的经济行为。[3]由此可见,经济学意义上的垄断与法律所禁止和限制的垄断外延有很大区别,后者的外延明显小于前者,从法律对垄断的规制来看,垄断有合法垄断和非法垄断之分,在任何国家都存在法定合法垄断和自然合法垄断的情况,反垄断法只对非法垄断进行调整。因此,反垄断法中所称的垄断具有两个明显的特征:社会危害性和违法性。由于垄断行为排除和限制竞争,扰乱市场秩序,因而具有社会危害性;同时,由于其违背社会公共利益和公认的商业道德,造成较大的社会危害,立法才对其进行限制,实施这些垄断行为具有违法性。

根据我国《反垄断法》《反不正当竞争法》以及其他法律法规的相关规定,法律所调整的垄断行为包括:垄断协议、滥用市场支配地位、经营者集中、行政性垄断等。

---

①　刘瑞复:《中国经济法律百科全书》,764 页,北京,中国政法大学出版社,1995。

②　*Black's Law Dictionary* (*sixth edition*),West Publishing Co. 1990,p. 1006.

③　潘静成、刘文华:《经济法》(第三版),216 页,北京,中国人民大学出版社,2008。

（二）《反垄断法》概述

**1. 立法目的**

《反垄断法》的立法目的是为了预防和制止垄断行为,保护市场公平竞争,提高经济运行效率,维护消费者利益和社会公共利益,促进社会主义市场经济健康发展。

**2.《反垄断法》适用**

一般来说,一国法律适用的地域范围仅限于本国境内。因此,《反垄断法》规定:中华人民共和国境内经济活动中的垄断行为,适用本法。

随着经济全球化的不断推进,各国之间的经济联系日益密切,国外的垄断行为对国内市场竞争产生的影响也日益突出,为了维护国内的竞争秩序、保护国内经营者和消费者的合法权益,越来越多的国家确立了本国反垄断法的域外效力。我国《反垄断法》规定了该法的域外效力:中华人民共和国境外的垄断行为,对境内市场竞争产生排除、限制影响的,适用本法。

**3. 适用除外制度**

各国根据经济发展和公共利益的需要,往往都在立法时对于一些特定行业或特定情况直接规定不适用反垄断法,即为反垄断法适用除外制度。我国《反垄断法》规定下列行为不适用反垄断法:(1)正当行使知识产权。"独占性"本身就是知识产权的基本属性,依法独占实施知识产权是权利人根据《知识产权法》获得的基本权利,原则上不构成垄断。因此,我国《反垄断法》规定:经营者依照有关知识产权的法律、行政法规规定行使知识产权的行为,不适用本法;但是,经营者滥用知识产权,排除、限制竞争的行为,适用本法。(2)农业生产。农业是我国国民经济的基础,农业生产本身也存在着许多的自然和社会风险,因而农业生产者联合起来以抵御各种风险的行为不能认定为垄断,我国《反垄断法》规定:农业生产者及农村经济组织在农产品生产、加工、销售、运输、储存等经营活动中实施的联合或者协同行为,不适用本法。

## 二、相关市场的界定

（一）界定相关市场的意义

任何竞争行为(包括具有或可能具有排除、限制竞争效果的行为)都是相对的,是根据一定的市场范围来界定的。界定相关市场就是明确经营者竞争的市场范围。在禁止经营者达成垄断协议、禁止经营者滥用市场支配地位、控制具有或者可能具有排除、限制竞争效果的经营者集中等反垄断执法工作中,均可能涉及相关市场的界定问题。

科学合理地界定相关市场,对识别竞争者和潜在竞争者、判定经营者市场份额和市场集中度、认定经营者的市场地位、分析经营者的行为对市场竞争的影响、判断经营者行为是否违法以及在违法情况下须承担的法律责任等关键问题,具有重要的作用。因此,相关市场的界定是对竞争行为进行分析的起点,是反垄断执法工作的重要步骤。为此,美国在1997年的《横向并购指南》中对"商品市场"进行了界定,我国国务院反垄断委员会于2009年5月24日专门制定了《关于相关市场界定的指南》,用以指导反垄断执法中对垄断行为的认定。

(二) 相关市场的含义

根据《关于相关市场界定的指南》,相关市场是指经营者在一定时期内就特定商品或者服务(以下统称商品)进行竞争的商品范围和地域范围。因此相关市场包括相关商品市场和相关地域市场。

相关商品市场,是根据商品的特性、用途及价格等因素,由需求者认为具有较为紧密替代关系的一组或一类商品所构成的市场。这些商品表现出较强的竞争关系,在反垄断执法中可以作为经营者进行竞争的商品范围。

相关地域市场,是指需求者获取具有较为紧密替代关系的商品的地理区域。这些地域表现出较强的竞争关系,在反垄断执法中可以作为经营者进行竞争的地域范围。

此外,当生产周期、使用期限、季节性、流行时尚性或知识产权保护期限等已构成商品不可忽视的特征时,界定相关市场还应考虑时间性。

(三) 界定相关市场的角度和必须考虑的因素

根据《关于相关市场界定的指南》,界定相关市场一般从两种角度:需求替代角度和供给替代角度。从不同角度界定所考虑的因素有所不同。所谓需求替代是根据需求者对商品功能用途的需求、质量的认可、价格的接受以及获取的难易程度等因素,从需求者的角度确定不同商品之间的替代程度;所谓供给替代是根据其他经营者改造生产设施的投入、承担的风险、进入目标市场的时间等因素,从经营者的角度确定不同商品之间的替代程度。

**1. 相关商品市场的界定**

从需求替代角度界定相关商品市场必须考虑的因素包括:需求者因商品价格或其他竞争因素变化,转向或考虑转向购买其他商品的证据;商品的外形、特性、质量和技术特点等总体特征和用途;商品之间的价格差异;商品的销售渠道等。从供给角度界定相关商品市场,一般考虑的因素包括:其他经营者对商品价格等竞争因素的变化作出反应的证据;其他经营者的生产流程和工艺,转产的难易程度,转产需要的时间,转产的额外费用和风险,转产后所提供商品的市场竞争力,营销渠道等。

**2. 相关地域市场的界定**

从需求替代角度界定相关地域市场,可以考虑的因素包括:需求者因商品价格或其他竞争因素变化,转向或考虑转向其他地域购买商品的证据;商品的运输成本和运输特征;多数需求者选择商品的实际区域和主要经营者商品的销售分布;地域间的贸易壁垒,包括关税、地方性法规、环保因素、技术因素等。从供给角度界定相关地域市场时,一般考虑的因素包括:其他地域的经营者对商品价格等竞争因素的变化作出反应的证据;其他地域的经营者供应或销售相关商品的即时性和可行性,如将订单转向其他地域经营者的转换成本等。

## 三、具体的垄断行为及其法律规制

### (一) 垄断协议

#### 1. 垄断协议的含义及类型

《反垄断法》规定:本法所称垄断协议,是指排除、限制竞争的协议、决定或其他协同行为。经营者之间达成垄断协议是非常常见的垄断行为,往往可以造成固定价格、划分市场、其他经营者入市障碍等后果,对市场竞争危害严重,因而为各国反垄断法所禁止。

垄断协议包括横向垄断协议和纵向垄断协议。横向垄断协议是在生产或销售过程中处于同一层次的经营者之间(如生产商与生产商之间、批发商与批发商之间)达成的垄断协议,主要包括固定价格、划分市场、产量控制、联合抵制等具体形式。纵向垄断协议是指在生产或销售过程中处于不同阶段的经营者之间(如生产商与批发商之间、批发商与零售商之间)达成的垄断协议,主要包括限定转售价格、转售地域等。

#### 2. 《反垄断法》规制的垄断协议

(1) 横向垄断协议。根据我国《反垄断法》,具有竞争关系的经营者达成的以下协议为横向垄断协议,应予规制:

① 固定或者变更商品价格协议。这种横向垄断协议也称价格卡特尔,经营者之间达成价格协议,抛弃市场价格形成机制,阻止价值规律发挥作用,严重损害消费者合法权益,是世界各国反垄断法共同打击的最为严厉的垄断行为。

② 限制商品的生产数量或者销售数量协议。这种协议被统称为限制数量协议,经营者之间通过限制商品的生产数量或销售数量,控制商品价格,从而间接实现价格卡特尔。

③ 分割销售市场或者原材料采购市场协议。这种协议又被称为划分市场协议,经营者之间通过划分销售地域、划分客户、划分原料来源等方式,约定互不跨区域采购和销售,从而实现在各自区域内的垄断,排除竞争行为。

④ 限制购买新技术、新设备或者限制开发新技术、新产品协议。这种协议被称为限制创新协议,经营者之间通过限制创新,缓解竞争压力,在不增加任何开发投入成本的基础上维持现有市场份额、价格和利润。这种协议保护落后,严重阻碍了社会技术的进步和消费者的合法权益。

⑤ 联合抵制交易协议。这种协议是指具有竞争关系的经营者联合起来,共同抵制与其他特定的经营者进行交易的行为,比如,共同抵制不配合价格卡特尔的同类经营者,共同抵制不配合供货商纵向协议的销售商等。共同抵制交易协议将导致同类

经营者步调一致,限制产业链上的经营者竞争。

⑥ 国务院反垄断执法机构认定的其他垄断协议。由于现实生活中的情况千变万化,前述五种垄断协议并不能完全概括经营者之间的横向垄断协议,因此,制定该兜底条款,只要经反垄断执法机构认定属于同类经营者之间联合,排除或限制竞争,破坏市场竞争秩序,损害消费者及其他经营者合法权益的协议,都应当在反垄断法的规制范围之内。

(2) 纵向垄断协议。根据我国《反垄断法》规定,经营者与交易相对人达成的以下纵向垄断协议,应予规制:

① 限定转售价格协议。包括经营者和交易相对人协议固定向第三人转售商品的价格和限定向第三人转售商品的最低价格。

② 限定转售范围协议。包括经营者和交易相对人协议限定转售的地域范围和客户范围,排除同类销售商之间的竞争,从而维持市场份额和商品价格。

③ 国务院反垄断执法机构认定的其他垄断协议。这也是《反垄断法》关于纵向垄断协议的兜底条款,只要经反垄断执法机构认定属于经营者和交易相对人之间达成协议,分割市场、排除或限制竞争,破坏市场竞争秩序,损害消费者及其他经营者合法权益的协议,都应当在反垄断法的规制范围之内。

**3. 垄断协议豁免制度**

所谓垄断协议豁免,是指经营者之间的协议、决议或其他协同行为。虽然排除、限制了竞争,但该类协议在其他方面所带来的好处要大于其对竞争秩序带来的损害,因此,法律规定对其豁免,不适用反垄断法。《反垄断法》规定,经营者能够证明所达成的协议属于下列情形之一的,适用豁免制度:

(1) 为改进技术、研究开发新产品的。与限制创新协议相反,这种协议的目的是为了促进产品和技术的创新,应予以鼓励。

(2) 为提高产品质量、降低成本、增进效率,统一产品规格、标准或者实行专业化分工的。这种协议被称为标准化协议,经营者之间达成标准化卡特尔可以实现专业化分工、统一产品质量、提高生产效率、降低成本,无损于市场竞争,有利于增加消费者福利,不应禁止。

(3) 为提高中小经营者经营效率,增强中小经营者竞争力的。这种协议被称为中小企业合作协议,鉴于中小企业在市场竞争中处于弱势地位,为了与大企业相竞争,中小企业之间达成技术研发、生产合作以及原料采购等方面的协议,可以不受反垄断法限制。

(4) 为实现节约能源、保护环境、救灾救助等社会公共利益的。这类协议由于其目的在于维护社会公共利益,因而可以豁免。

(5) 因经济不景气,为缓解销售量严重下降或者生产明显过剩的。这种协议被称为"不景气卡特尔",是在特定时期,由于经济不景气,为了解决生产过剩、走出困境,实现行业经济复苏,因而可以豁免。

(6)为保障对外贸易和对外经济合作中的正当利益的。这种协议是从国际竞争的角度出发,为了保护国内企业在国际市场上的竞争利益,各国往往允许国内企业达成诸如划分国外市场、限定出口价格等出口协议。

(7)法律和国务院规定的其他情形。

其中,属于第(1)项至第(5)项情形,适用垄断协议豁免的,经营者还应当证明所达成的协议不会严重限制相关市场的竞争,并且能够使消费者分享由此产生的利益。

**4. 相关主体订立和实施垄断协议的法律责任**

(1)经营者违反本法规定,达成并实施垄断协议的,由反垄断执法机构责令停止违法行为,没收违法所得,并处上一年度销售额 1% 以上 10% 以下的罚款;尚未实施所达成的垄断协议的,可以处 50 万元以下的罚款。经营者主动向反垄断执法机构报告达成垄断协议的有关情况并提供重要证据的,反垄断执法机构可以酌情减轻或者免除对该经营者的处罚。

(2)行业协会违反本法规定,组织本行业的经营者达成垄断协议的,反垄断执法机构可以处 50 万元以下的罚款;情节严重的,社会团体登记管理机关可以依法撤销登记。

(二)滥用市场支配地位

**1. 市场支配地位的界定**

市场支配地位是指经营者在相关市场内具有能够控制商品价格、数量或者其他交易条件,或者能够阻碍、影响其他经营者进入相关市场能力的市场地位。这种市场地位意味着企业或企业集团能够左右市场竞争或者不受市场竞争机制的制约,不必考虑竞争者或交易对方的反应就可以自由定价或者自由作出其他经济决策。反垄断法中所称的市场支配地位一般具有以下特征:(1)市场支配地位可以由一个经营者单独拥有或少数几个经营者共同拥有;(2)具有市场支配地位的经营者具有单方面排除竞争的能力;(3)市场支配地位可以通过该经营者享有的市场份额、控制市场竞争和排除市场竞争的能力、其他经营者进入相关市场的难度等因素表现出来。

根据我国《反垄断法》规定,认定经营者具有市场支配地位,应当依据下列因素:

(1)该经营者在相关市场的市场份额,以及相关市场的竞争状况。市场份额是指一个经营者的销售量(或销售额)在市场同类产品中所占的比重,直接反映经营者的商品在市场上所处的地位。相关市场的竞争状况是指市场上同类经营者的经营和发展状况,包括同类经营者的数量、销售份额的比例、是否存在相关经营者进入市场障碍、同类商品定价情况等。《反垄断法》规定,有下列情形之一的,可以推定经营者具有市场支配地位:①一个经营者在相关市场的市场份额达到 1/2 的;②两个经营者在相关市场的市场份额合计达到 2/3 的;③三个经营者在相关市场的市场份额合计达到 3/4 的。有其中第②项、第③项规定的情形,其中有的经营者市场份额不足

1/10 的，不应当推定该经营者具有市场支配地位。被推定具有市场支配地位的经营者，有证据证明不具有市场支配地位的，不应当认定其具有市场支配地位。

（2）该经营者控制销售市场或者原材料采购市场的能力。这种能力包括经营者对产销两头的控制能力，比如影响或决定原材料供应渠道、供应价格以及产品销售价格、数量、范围等方面的能力。

（3）该经营者的财力和技术条件。经营者的财力包括现实财力和潜在财力。现实财力是指经营者现在已经拥有的财务资源，包括企业的注册资本、负债以及通过生产经营使资本增值的能力；潜在财力是指经营者在一定时期内从外部融资的能力，在经营者需要的时候可以转化为现实财力。经营者的技术条件主要是指经营者软硬件技术装备、研发能力、技术创新和应用能力、知识产权状况等。

（4）其他经营者对该经营者在交易上的依赖程度。影响交易依赖程度的因素包括与该经营者之间的交易频率、交易量、持续时间以及转向其他经营者的难度等。

（5）其他经营者进入相关市场的难易程度。影响经营者进入相关市场的因素包括市场准入政策、资金和技术规模、基础设施条件、销售渠道等。

（6）与认定该经营者市场支配地位有关的其他因素。

### 2. 滥用市场支配地位的反垄断法规制

反垄断法并不禁止经营者具有市场支配地位，而是禁止具有市场支配地位的经营者滥用其支配地位从事排除、限制竞争的行为，损害其他经营者和消费者的合法权益。《反垄断法》规定，禁止具有市场支配地位的经营者从事下列滥用市场支配地位的行为：（1）以不公平的高价销售商品或者以不公平的低价购买商品。（2）没有正当理由，以低于成本的价格销售商品。如在《反不正当竞争法》部分所述，除了四种合法的亏本销售以外，其他低于成本销售商品旨在挤垮竞争对手，从而达到长期支配市场的目的。（3）没有正当理由，拒绝与交易相对人进行交易。（4）没有正当理由，限定交易相对人只能与其进行交易或者只能与其指定的经营者进行交易。（5）没有正当理由搭售商品，或者在交易时附加其他不合理的交易条件。（6）没有正当理由，对条件相同的交易相对人在交易价格等交易条件上实行差别待遇。（7）国务院反垄断执法机构认定的其他滥用市场支配地位的行为。

经营者滥用市场支配地位的，由反垄断执法机构责令停止违法行为，没收违法所得，并处上一年度销售额 1%以上 10%以下的罚款。

（三）经营者集中

经营者集中是指经营者通过合并及购买股权或资产等方式进行的企业经营行为，包括：经营者合并；经营者通过取得股权或者资产的方式取得对其他经营者的控制权；经营者通过合同等方式取得对其他经营者的控制权或者能够对其他经营者施加决定性影响。经营者集中直接的后果可能导致同一竞争领域的经营者数量减少，相关市场竞争程度降低，产生和加强市场支配力量，可能排除和限制竞争，损害消费者利益。因此,各国反垄断法都将特定的经营者集中行为作为反垄断的调整范围,并规定了经营者集中申报和审查制度。

**1. 经营者集中申报制度**

(1) 强制申报制度。我国《反垄断法》规定了经营者集中的强制申报制度,要求除了法律规定的特殊情况外,经营者集中行为必须向国务院反垄断执法机构申报,未经申报不得实施集中行为。经营者向国务院反垄断执法机构申报集中,应当提交相应的文件:①申报书,申报书应当载明参与集中的经营者的名称、住所、经营范围、预定实施集中的日期和国务院反垄断执法机构规定的其他事项;②集中对相关市场竞争状况影响的说明;③集中协议;④参与集中的经营者经会计师事务所审计的上一会计年度财务会计报告;⑤国务院反垄断执法机构规定的其他文件、资料。

(2) 申报豁免。《反垄断法》规定,经营者集中有下列情形之一的,可以不向国务院反垄断执法机构申报:①参与集中的一个经营者拥有其他每个经营者50%以上有表决权的股份或者资产的;②参与集中的每个经营者50%以上有表决权的股份或者资产被同一个未参与集中的经营者拥有的。

**2. 经营者集中审查制度**

(1) 审查时间。《反垄断法》规定,国务院反垄断执法机构应当自收到经营者提交的文件、资料之日起30日内,对申报的经营者集中进行初步审查,作出是否实施进一步审查的决定,并书面通知经营者。国务院反垄断执法机构决定实施进一步审查的,应当自决定之日起90日内审查完毕,作出是否禁止经营者集中的决定,并书面通知经营者。在下列特殊情况下,国务院反垄断执法机构经书面通知经营者,可以延长前款规定的审查期限,但最长不得超过60日:①经营者同意延长审查期限的;②经营者提交的文件、资料不准确,需要进一步核实的;③经营者申报后有关情况发生重大变化的。国务院反垄断执法机构逾期未作出决定的,经营者可以实施集中。

(2) 审查内容及结果。审查经营者集中,应当考虑下列因素:①参与集中的经营者在相关市场的市场份额及其对市场的控制力;②相关市场的市场集中度;③经营者集中对市场进入、技术进步的影响;④经营者集中对消费者和其他有关经营者的影响;⑤经营者集中对国民经济发展的影响;⑥国务院反垄断执法机构认为应当考虑的影响市场竞争的其他因素。

经营者集中具有或者可能具有排除、限制竞争效果的,国务院反垄断执法机构应当作出禁止经营者集中的决定。但是,经营者能够证明该集中对竞争产生的有利影响明显大于不利影响,或者符合社会公共利益的,国务院反垄断执法机构可以作出对经营者集中不予禁止的决定。对不予禁止的经营者集中,国务院反垄断执法机构可以决定附加减少集中对竞争产生不利影响的限制性条件。国务院反垄断执法机构应当将禁止经营者集中的决定或者对经营者集中附加限制性条件的决定,及时向社会公布。对外资并购境内企业或者以其他方式参与经营者集中,涉及国家安全的,除依照本法规定进行经营者集中审查外,还应当按照国家有关规定进行国家安全审查。

**3. 法律责任**

经营者违法实施集中的,由国务院反垄断执法机构责令停止实施集中、限期处分股份或者资产、限期转让营业以及采取其他必要措施恢复到集中前的状态,可以处50万元以下的罚款。

**(四) 行政性垄断**

**1. 行政性垄断行为的具体类型**

行政垄断是指政府及其所属部门以及其他经法律法规授权具有管理公共事务职能的组织滥用行政权力,排斥、限制或妨碍自由竞争的行为。具体而言,《反垄断法》规定的行政性垄断行为包括:

(1) 滥用行政权力,限定或者变相限定单位或者个人经营、购买、使用其指定的经营者提供的商品。

(2) 滥用行政权力,实施下列行为,妨碍商品在地区之间的自由流通:①对外地商品设定歧视性收费项目、实行歧视性收费标准,或者规定歧视性价格;②对外地商品规定与本地同类商品不同的技术要求、检验标准,或者对外地商品采取重复检验、重复认证等歧视性技术措施,限制外地商品进入本地市场;③采取专门针对外地商品的行政许可,限制外地商品进入本地市场;④设置关卡或者采取其他手段,阻碍外地商品进入或者本地商品运出;⑤妨碍商品在地区之间自由流通的其他行为。

(3) 滥用行政权力,以设定歧视性资质要求、评审标准或者不依法发布信息等方式,排斥或者限制外地经营者参加本地的招标投标活动。

(4) 滥用行政权力,采取与本地经营者不平等待遇等方式,排斥或者限制外地经营者在本地投资或者设立分支机构。

(5) 滥用行政权力,强制经营者从事本法规定的垄断行为。

(6) 滥用行政权力,制定含有排除、限制竞争内容的规定。

**2. 法律责任**

行政机关和法律、法规授权的具有管理公共事务职能的组织滥用行政权力,实施排除、限制竞争行为的,由上级机关责令改正;对直接负责的主管人员和其他直接责任人员依法给予处分。反垄断执法机构可以向有关上级机关提出依法处理的建议。法律、行政法规对行政机关和法律、法规授权的具有管理公共事务职能的组织滥用行政权力实施排除、限制竞争行为的处理另有规定的,依照其规定。

### 四、反垄断法实施机制

#### (一) 执法机构及其职权

**1. 反垄断执法机构及其职责**

根据《反垄断法》规定,国务院设立反垄断委员会,专门负责组织、协调、指导反垄断工作,国务院反垄断执法机构根据工作需要,可以授权省、自治区、直辖市人民政府相应的机构,依照本法规定负责有关反垄断执法工作。

国务院反垄断执法机构的职责包括:研究拟定有关竞争政策;组织调查、评估市场总体竞争状况,发布评估报告;制定、发布反垄断指南;协调反垄断行政执法工作;国务院规定的其他职责。

**2. 反垄断执法机构的权限**

(1) 反垄断调查和处理权。反垄断执法机构依法对涉嫌垄断行为进行调查和对非法垄断行为依法作出处理决定。在调查涉嫌垄断行为时,反垄断执法机构向主要负责人书面报告并经批准后可以采取下列措施:①检查权。反垄断执法机构可以进入被调查的经营者的营业场所或者其他有关场所进行检查。②询问权。反垄断执法机构可以询问被调查的经营者、利害关系人或者其他有关单位或者个人,要求其说明有关情况。③查阅、复制权。反垄断执法机构可以查阅、复制被调查的经营者、利害关系人或者其他有关单位或者个人的有关单证、协议、会计账簿、业务函电、电子数据等文件、资料。④证据保全权。反垄断执法机构可以查封、扣押相关证据。⑤查询权。反垄断执法机构可以查询经营者的银行账户。

(2) 行政处罚权。①反垄断调查过程中的处罚权。如果在反垄断执法机构依法实施的审查和调查的过程中,有关单位和人员拒绝提供有关材料、信息,或者提供虚假材料、信息,或者隐匿、销毁、转移证据,或者有其他拒绝、阻碍调查行为的,反垄断执法机构有权责令其改正,对个人可以处 2 万元以下的罚款,对单位可以处 20 万元以下的罚款;情节严重的,对个人处 2 万元以上 10 万元以下的罚款,对单位处 20 万元以上 100 万元以下的罚款;构成犯罪的,依法移送有关部门追究刑事责任。②对垄断行为的处罚权。对于各类认定为垄断的行为,反垄断执法机关有权根据具体情况作出责令停止违法行为、没收违法所得、罚款、撤销登记等处罚。

#### (二) 垄断案件的行政调查和处理

**1. 处理程序**

(1) 立案。反垄断执法机构可以直接依职权对垄断行为进行立案调查;任何单位和个人对于垄断行为都有权向反垄断执法机构举报,举报采用书面形式并提供相关事实和证据的,反垄断执法机构应当进行必要的调查。

(2) 调查。反垄断执法机构调查涉嫌垄断行为,执法人员不得少于 2 人,并应当出示执法证件。执法人员进行询问和调查,应当制作笔录,并由被询问人或者被调查人签字。被调查的经营者、利害关系人或者其他有关单位或者个人应当配合反垄断执法机构依法履行职责,不得拒绝、阻碍反垄断执法机构的调查。被调查的经营者、利害关系人有权陈述意见。反垄断执法机构应当对被调查的经营者、利害关系人提出的事实、理由和证据进行核实。反垄断执法机构及其工作人员对执法过程中知悉的商业秘密负有保密义务。

(3) 处理。反垄断执法机构对涉嫌垄断行为调查核实后,认为构成垄断行为的,应当依法作出处理决定,并可以向社会公布。

(4) 救济。如果经营者对反垄断执法机构作出的关于经营者集中的决定不服,可以先依法申请行政复议;对行政复议决定不服的,可以依法提起行政诉讼。对反垄断执法机构作出的其他决定不服的,可以依法申请行政复议或者提起行政诉讼。

**2. 经营者承诺**

对反垄断执法机构调查的涉嫌垄断行为,被调查的经营者承诺在反垄断执法机构认可的期限内采取具体措施消除该行为后果的,反垄断执法机构可以决定中止调查。中止调查的决定应当载明被调查的经营者承诺的具体内容。

反垄断执法机构决定中止调查的,应当对经营者履行承诺的情况进行监督。经营者履行承诺的,反垄断执法机构可以决定终止调查。有下列情形之一的,反垄断执法机构应当恢复调查:(1)经营者未履行承诺的;(2)作出中止调查决定所依据的事实发生重大变化的;(3)中止调查的决定是基于经营者提供的不完整或者不真实的信息作出的。

(三) 法律责任

经营者实施垄断行为所承担的法律责任包括民事责任、行政责任和刑事责任。经营者实施垄断行为给他人造成损失的,依法承担民事责任。经营者实施不同的垄断行为可能承担责令停止违法行为、没收违法所得、罚款、撤销登记等行政责任;构成犯罪的,依法承担刑事责任。

**复习思考题**

1. 我国《反不正当竞争法》规定的不正当竞争行为有哪些?

2. 试述相关市场的含义及其界定。

3. 简述垄断协议的具体类型。

4. 试述市场支配地位的界定及滥用市场支配地位的反垄断法规制。

5. 简述经营者集中申报及审查制度。

**推荐阅读书目**

1. 徐士英:《竞争法论》,世界图书出版公司,2007 年版。

2. 王晓晔:《反垄断法》,法律出版社,2011 年版。

3. 王先林：《反垄断法与创新发展——兼论反垄断与保护知识产权的协调发展》,《法学》2016 年第 12 期。

4. 王先林：《产业政策的两个关键词：法律与竞争》,《探索与争鸣》2017 年第 1 期。

5. 李国海：《反垄断法律责任专题研究》,武汉大学出版社,2018 年版。

6. [美]盖尔霍恩：《反垄断法与经济学》(第 5 版),法律出版社,2009 年版。

7. 时建中：《三十一国竞争法典》,中国政法大学出版社,2009 年版。

# 第11章　产品质量法

**本章导读**

产品质量问题是现代社会的一个突出问题,不仅影响社会经济发展,也影响到社会生活的每一个方面。世界各国无不通过加强产品质量立法进行干预,我国通过产品质量法对产品质量进行监管是市场规制法律体系的一个重要内容,对于促进经济社会健康发展具有十分重要的意义。本章将着重介绍我国产品质量的监督与管理,产品质量法关于生产者、销售者的产品质量义务的规定,以及产品质量责任方面的内容。

**关键术语**

产品　产品质量　产品损害赔偿责任

## 第1节　产品质量法概述

## 一、产品质量法

### 1. 产品质量立法

产品质量法是指调整在产品的生产、销售、使用、消费过程中,因产品质量引起的社会关系的法律规范的总称。产品质量立法是各国干预市场运行机制,保护消费者权益、维护市场秩序的重要手段。可以看出,国际上产品责任法的调整范围正日益扩大。我国十分重视产品质量立法,目前已经形成了法律、法规、规章、司法解释等多层次的产品质量立法体系。

1993年2月22日,第七届全国人大常委会通过了《中华人民共和国产品质量法》;2000年7月8日第九届全国人大常委会第一次修正。2009年8月27日第十一届全国人大常委会再次予以修正。2018年12月29日,第十三届全国人大常委会进行了第三次修正。①

---

①　2004年国务院颁布《关于进一步加强食品安全工作的决定》,2006年颁布《国家重大食品安全事故应急预案》。2007年颁布《关于加强食品等产品安全监督管理的特别规定》。1997年卫生部发布《食品行政处罚办法》、1999年发布《食品中毒事故处理办法》;2002年发布新的《食品添加剂卫生管理办法》。2004年发布《散装食品卫生管理规定》。2003年国家质检总局发布《食品生产加工企业质量安全监督管理办法》。2007年商务部发布《流通领域食品安全管理办法》。从2000年起,国务院产品质量监督部门组织实施了产品质量国家免检制度,国家质检总局2008年9月18日决定废止《产品免于质量监督检查管理办法》。

### 2. 产品质量法的调整对象

产品质量法是调整产品质量监督管理关系和产品质量责任关系的法律规范的总称。我国产品质量法调整的对象为：第一，产品质量监督管理关系。这一关系是发生在行政机关在履行产品监督管理职能的过程中与生产经营者之间的关系，是管理、监督与被管理、被监督的关系；第二，产品质量责任关系。这一关系是发生在生产经营者与消费者，用户及其相关第三人之间的、因产品质量问题引发的损害赔偿责任关系，是一种在商品交易关系中发生的平等主体间的经济关系。

## 二、产品质量法的适用

我国产品质量法所调整的范围广泛，分别由各个有关单行法予以具体规定。(1)适用的一般规定。在我国境内从事产品生产、销售(包括销售进口商品)均适用《中华人民共和国产品质量法》的规定。根据《中华人民共和国产品质量法》(2009 年)规定，我国产品质量法中"产品是指经过加工，制作，用于销售的产品"。(2)适用的特殊规定。建设工程不适用本法规定；但是，建设工程使用的建筑材料、建筑物构件和设备，属于《产品质量法》规定的产品范围的，适用本法规定。《中华人民共和国食品卫生安全法》规定，供食用的源于农业的初级产品(以下称"食用农产品")的质量安全管理，遵守《中华人民共和国农产品质量安全法》的规定。转基因食品的安全管理还应当遵守有关行政法规的规定。机动车安全技术检验机构(简称"安检机构")开展机动车安全技术检验以及对安检机构实施监督管理应当遵守《中华人民共和国产品质量法实施细则》的规定。(3)除外规定。根据我国的产品质量立法，以下客体不适用《产品质量法》：第一，建议工程；第二，军工产品质量监督管理办法，由国务院、中央军委另行规定；第三，各种直接取自于自然界，未经加工的天然品(如原油、原煤、原矿、天然气)和初级农产品——各种种植业、畜牧业和渔业产品，但不包括经过加工的此类产品；第四，非为销售而加工、制作的产品，如纯为科学研究或自己使用而加工、制作的产品；第五，《农产品质量安全法》所调整的"来源于农业的初级产品"①。

## 三、产品质量

产品质量指产品应具有的、符合人们需要的各种特性和特征的总和。根据国际标准化组织颁布的《质量术语》对产品质量的界定，"产品特性"指产品必须具备规定的，或潜在需要的性能，也即产品自身应固有的安全性、适用性的一般性能，以及可替换性、可维修性等性能。在我国，产品质量是指国家有关法律、法规、质量标准以及合同

---

① 2002—2007 年，国家相关部委先后发布了《无公害产品管理办法》《肥料登记管理办法》《动物源性饲料产品安全卫生管理办法》《农作物种子质量监督抽查管理办法》《农产品产地安全管理办法》《农产品包装和标准管理办法》等法规。2006 年 4 月 29 日，第十届全国人大常委会通过了《农产品质量安全法》，并于 2006 年 11 月 1 日起开始施行。

规定的对产品适用性、安全性和其他特性的要求。

我国《产品质量法》规定产品质量应当符合下列要求：(1)不存在危及人身、财产安全的不合理的危险，有保障人体健康和人身、财产安全的国家标准、行业标准的，应当符合该标准；(2)具备产品应当具备的使用性能，但是，对产品存在使用性能的瑕疵作出说明的除外；(3)符合在产品或者其包装上注明采用的产品标准，符合以产品说明、实物样品等方式表明的质量状况。《中华人民共和国食品安全法》对食品安全标准和对禁止生产经营的食品进行了具体规定。

# 第2节　产品质量的监督

## 一、产品质量监管体制

国务院市场监督管理部门主管全国产品质量监督工作。国务院有关部门在各自的职责范围内负责产品质量监督工作。县级以上地方市场监督管理部门主管本行政区域内的产品质量监督工作。县级以上地方人民政府有关部门在各自的职责范围内负责产品质量监督工作。法律对产品质量的监督部门另有规定的，依照有关法律的规定执行。

县级以上市场监督管理部门根据已经取得的违法嫌疑证据或者举报，对涉嫌违反本法规定的行为进行查处时，可以行使下列职权：(1)对当事人涉嫌从事违反本法的生产、销售活动的场所实施现场检查；(2)向当事人的法定代表人、主要负责人和其他有关人员调查、了解与涉嫌从事违反本法的生产、销售活动有关的情况；(3)查阅、复制当事人有关的合同、发票、账簿以及其他有关资料；(4)对有根据认为不符合保障人体健康和人身、财产安全的国家标准、行业标准的产品或者有其他严重质量问题的产品，以及直接用于生产、销售该项产品的原辅材料、包装物、生产工具，予以查封或者扣押。

市场监督管理部门或者其他国家机关以及产品质量检验机构不得向社会推荐生产者的产品；不得以对产品进行监制、监销等方式参与产品经营活动。

## 二、产品质量监管制度

由于产品质量的检验的复杂性，各国都采取了多元化的监管制度。

### (一)产品质量检验管理制度

产品质量检验是指国家按照特定的标准，对产品质量进行检测，以判明产品是否合格的活动。《产品质量法》对产品质量检验采取了强制性抽查。

产品质量应当检验合格，不得以不合格产品冒充合格产品。国家对产品质量实行以抽查为主要方式的监督检查制度,对可能危及人体健康和人身、财产安全的产品,影响国计民生的重要工业产品以及消费者、有关组织反映有质量问题的产品进行抽查。对依法进行的产品质量监督检查,生产者、销售者不得拒绝。抽查的样品应当在市场上或者企业成品仓库内的待销产品中随机抽取。监督抽查工作由国务院产品质量监督部门规划和组织。县级以上地方产品质量监督部门在本行政区域内也可以组织监督抽查。法律对产品质量的监督检查另有规定的,依照有关法律的规定执行。国家监督抽查的产品,地方不得另行重复抽查;上级监督抽查的产品,下级不得另行重复抽查。

根据监督抽查的需要,可以对产品进行检验。检验抽取样品的数量不得超过检验的合理需要,并不得向被检查人收取检验费用。监督抽查所需检验费用按照国务院规定列支。生产者、销售者对抽查检验的结果有异议的,可以自收到检验结果之日起 15 日内向实施监督抽查的产品质量监督部门或者其上级产品质量监督部门申请复检,由受理复检的产品质量监督部门作出复检结论。对依法进行的产品质量监督检查,生产者、销售者不得拒绝。

监督抽查的产品质量不合格的,由实施监督抽查的产品质量监督部门责令其生产者、销售者限期改正。逾期不改正的,由省级以上人民政府产品质量监督部门予以公告;公告后经复查仍不合格的,责令停业,限期整顿;整顿期满后经复查产品质量仍不合格的,吊销营业执照。监督抽查的产品有严重质量问题的,依照产品质量法第五章的有关规定处罚。

（二）标准化管理制度

按照我国《标准化法》的规定,凡工业产品的品种、规格、质量、等级或者安全、卫生要求,工业产品的设计、生产、检验、包装、储存、运输、使用方法或者生产、储存、运输中的安全、卫生要求,工业生产的技术术语、符号、代号和制图方法等,需要统一的技术要求,应当制定标准。产品质量标准按其制定的部门或单位以及适用范围的不同,分为国家标准、行业标准。

我国《标准化法》将标准按性质的不同,分为强制性标准和推荐性标准。强制性标准是必须执行的标准,它包括部分国家标准和行业标准以及全部地方标准,主要有药品标准,食品卫生标准,兽药标准,产品及产品生产、储运和使用中的安全、卫生标准,劳动安全、卫生标准,运输安全标准,国家需要控制的重要产品质量标准,等等。推荐性标准是不具有强制执行效力,由执行者自愿采用的标准,强制性标准以外的标准是推荐性标准,国际标准也是推荐性标准。

（三）企业质量体系认证制度

国家根据国际通用的质量管理标准,推行企业质量体系认证制度。

**1. 企业质量体系认证**

企业根据自愿原则可以向国务院市场监督管理部门认可的或者国务院市场监督

管理部门授权的部门认可的认证机构申请企业质量体系认证。经认证合格的,由认证机构颁发企业质量体系认证证书。

### 2. 产品质量认证

国家参照国际先进的产品标准和技术要求,推行产品质量认证制度。企业根据自愿原则可以向国务院市场监督管理部门认可的或者国务院市场监督管理部门授权的部门认可的认证机构申请产品质量认证。经认证合格的,由认证机构颁发产品质量认证证书,准许企业在产品或者其包装上使用产品质量认证标志。

### 3. 产品质量检验机构资质制度

首先,产品质量检验机构门槛。产品质量检验机构必须具备相应的检测条件和能力,经省级以上人民政府市场监督管理部门或者其授权的部门考核合格后,方可承担产品质量检验工作。法律、行政法规对产品质量检验机构另有规定的,依照有关法律、行政法规的规定执行。其次,产品质量检验机构独立性要求。从事产品质量检验、认证的社会中介机构必须依法设立,不得与行政机关和其他国家机关存在隶属关系或者其他利益关系。最后,产品质量检验机构法定义务。产品质量检验机构、认证机构必须依法按照有关标准,客观、公正地出具检验结果或者认证证明。产品质量认证机构应当依照国家规定对准许使用认证标志的产品进行认证后的跟踪检查;对不符合认证标准而使用认证标志的,要求其改正;情节严重的,取消其使用认证标志的资格。

（四）产品质量规划与奖励制度

### 1. 产品质量经济和社会发展规划

各级人民政府应当把提高产品质量纳入国民经济和社会发展规划。加强对产品质量工作的统筹规划和组织领导,引导、督促生产者、销售者加强产品质量管理,提高产品质量,组织各有关部门依法采取措施,制止产品生产、销售中的违法行为。

### 2. 生产者内部控制制度

生产者、销售者应当建立健全内部产品质量管理制度,严格实施岗位质量规范、质量责任以及相应的考核办法。

### 3. 产品标准与奖励

国家鼓励推行科学的质量管理方法,采用先进的科学技术,鼓励企业产品质量达到并且超过行业标准、国家标准和国际标准。对产品质量管理先进和产品质量达到国际先进水平、成绩显著的单位和个人给予奖励。

（五）产品质量举报与申诉制度

我国采取国家监管和社会监督相结合的产品质量规制策略,利用社会力量合舆论对产品产品质量进行规制。

### 1. 产品的质量状况信息披露制度

国务院和省、自治区、直辖市人民政府的市场监督管理部门应当定期发布其监督抽查的产品的质量状况公告。产品生产者应当对各自生产的产品质量状况,按照法律法规的规定履行信息披露义务。

**2. 产品质量举报制度**

任何单位和个人有权对违反产品质量法规定的行为,向市场监督管理部门或者其他有关部门检举。市场监督管理部门和有关部门应当为检举人保密,并按照省、自治区、直辖市人民政府的规定给予奖励。

**3. 产品质量举报申诉制度**

消费者有权就产品质量问题,向产品的生产者、销售者查询;向市场监督管理部门及有关部门申诉,接受申诉的部门应当负责处理。保护消费者权益的社会组织可以就消费者反映的产品质量问题建议有关部门负责处理,支持消费者对因产品质量造成的损害向人民法院起诉。

**（六）缺陷产品召回制度**

汽车召回制度始于 20 世纪 60 年代的美国,经过发展,美国在运输、公共健康与福利、食品与药品、商业和贸易、农业等许多领域建立了产品召回制度。各国纷纷效仿建立了自己的缺陷产品召回制度。

《消费者权益保护法》规定,经营者发现其提供的商品或者服务存在严重缺陷,即使正确使用商品或者接受服务仍然可能对人身、财产安全造成危害的,应当立即向有关行政部门报告和告知消费者,并采取防止危害发生的措施。该规定是建立我国产品召回制度的依据,但是该条并没有具体规定产品召回制度。2004 年 10 月 1 日开始施行的《缺陷汽车产品召回管理规定》建立了我国的汽车召回制度。目前,产品召回制度在我国正逐步扩大适用范围并日益健全,2007 年国家质量监督检验检疫总局颁布了《食品召回管理规定》,建立了我国的食品召回制度;2009 年 2 月的《食品安全法》以法律形式予以确认。2010 年 7 月 1 日起施行的《中华人民共和国侵权法》正式以法律形式确立了我国的产品召回制度。

2021 年 1 月起生效的《中华人民共和国民法典》第 1206 条规定,产品投入流通后发现存在缺陷的,生产者、销售者应当及时采取停止销售、警示、召回等补救措施;未及时采取补救措施或者补救措施不力造成损害扩大的,对扩大的损害也应当承担侵权责任。取召回措施的,生产者、销售者应当负担被侵权人因此支出的必要费用。

# 第 3 节　生产者、销售者的产品质量义务

## 一、生产者的产品质量义务

产品或者其包装上的标识必须真实,并符合下列要求:(1)有产品质量检验合格

证明。（2）有中文标明的产品名称、生产厂厂名和厂址。（3）根据产品的特点和使用要求，需要标明产品规格、等级、所含主要成分的名称和含量的，用中文相应予以标明；需要事先让消费者知晓的，应当在外包装上标明，或者预先向消费者提供有关资料。（4）限期使用的产品，应当在显著位置清晰地标明生产日期和安全使用期或者失效日期。（5）使用不当，容易造成产品本身损坏或者可能危及人身、财产安全的产品，应当有警示标志或者中文警示说明。裸装的食品和其他根据产品的特点难以附加标识的裸装产品，可以不附加产品标识。（6）易碎、易燃、易爆、有毒、有腐蚀性、有放射性等危险物品以及储运中不能倒置和其他有特殊要求的产品，其包装质量必须符合相应要求，依照国家有关规定作出警示标志或者中文警示说明，标明储运注意事项。

生产者应当对其生产的产品质量负责。产品质量应当符合下列要求：（1）不存在危及人身、财产安全的不合理的危险，有保障人体健康和人身、财产安全的国家标准、行业标准的，应符合该标准；（2）具备产品应当具备的使用性能，但是，对产品存在使用性能的瑕疵作出说明的除外；（3）符合在产品或者其包装上注明采用的产品标准，符合以产品说明、实物样品等方式表明的质量状况。

## 二、销售者的产品质量义务

（1）销售者应当建立并执行进货检查验收制度，验明产品合格证明和其他标识。

（2）销售者应当采取措施，保持销售产品的质量。

（3）销售者的不作为义务。销售者不得销售失效、变质的产品；不得伪造产地，伪造或者冒用他人的厂名、厂址；不得伪造或者冒用认证标识、名优标志等质量标志；销售产品，不得掺杂、掺假，以假充真、以次充好，以不合格产品冒充合格产品。

## 三、产品法律责任

产品法律责任制度是产品质量法律规制必不可少的内容，产品法律责任制度包括契约责任、侵权责任、行政责任和侵权责任。产品质量契约责任依据《中华人民共和国民法典》合同编的有关规定执行。《中华人民共和国民法典》侵权责任编第四章还专门对产品责任进行了规定。

### 1. 产品质量侵权责任

第一，责任主体。因产品存在缺陷造成他人损害的，生产者应当承担侵权责任。被侵权人可以向产品的生产者请求赔偿，也可以向产品的销售者请求赔偿。产品缺陷由生产者造成的，销售者赔偿后，有权向生产者追偿。因销售者的过错使产品存在缺陷的，生产者赔偿后，有权向销售者追偿。

因运输者、仓储者等第三人的过错使产品存在缺陷，造成他人损害的，产品的生产者、销售者赔偿后,有权向第三人追偿。

第二,责任形式。因产品缺陷危及他人人身、财产安全的,被侵权人有权请求生产者、销售者承担停止侵害、排除妨碍、消除危险等侵权责任。

产品投入流通后发现存在缺陷的,生产者、销售者应当及时采取停止销售、警示、召回等补救措施;未及时采取补救措施或者补救措施不力造成损害扩大的,对扩大的损害也应当承担侵权责任。依法采取召回措施的,生产者、销售者应当负担被侵权人因此支出的必要费用。

明知产品存在缺陷仍然生产、销售,或者没有依据前条规定采取有效补救措施,造成他人死亡或者健康严重损害的,被侵权人有权请求相应的惩罚性赔偿。

**2. 产品质量行政责任和刑事责任**

第一,生产者、销售者。生产者、销售者存在 6 种产品质量责任:(1)生产、销售不符合保障人体健康和人身、财产安全的国家标准、行业标准的产品;(2)在产品中掺杂、掺假,以假充真,以次充好,或者以不合格产品冒充合格产品;(3)生产国家明令淘汰的产品的,销售国家明令淘汰并停止销售的产品;(4)销售失效、变质的产品;(5)伪造产品产地的,伪造或者冒用他人厂名、厂址的,伪造或者冒用认证标志等质量标志;(6)产品标识不符合产品质量法规定。

第二,产品质量检验机构和认证机构。产品质量检验机构、认证机构伪造检验结果或者出具虚假证明的,责令改正,对单位和直接负责的主管人员、其他直接责任人员处以罚款;有违法所得的,并处没收违法所得;情节严重的,取消其检验资格、认证资格;构成犯罪的,依法追究刑事责任。产品质量检验机构、认证机构出具的检验结果或者证明不实,造成损失的,应当承担相应的赔偿责任;造成重大损失的,撤销其检验资格、认证资格。产品质量认证机构对不符合认证标准而使用认证标志的产品,未依法要求其改正或者取消其使用认证标志资格的,对因产品不符合认证标准给消费者造成的损失,情节严重的,撤销其认证资格。

第三,各级人民政府工作人员和其他国家机关工作人员。法定情形是:(1)包庇、放纵产品生产、销售中违反产品质量法规定行为的;(2)向从事违反产品质量法规定的生产、销售活动的当事人通风报信,帮助其逃避查处的;(3)阻挠、干预产品质量监督部门或者工商行政管理部门依法对产品生产、销售中违反产品质量法规定的行为进行查处,造成严重后果的。

产品质量监督部门在产品质量监督抽查中超过规定的数量索取样品或者向被检查人收取检验费用的,由上级产品质量监督部门或者监察机关责令退还;情节严重的,对直接负责的主管人员和其他直接责任人员依法给予行政处分。

## 四、产品质量争议处理

因产品质量发生民事纠纷时,当事人可以通过协商或者调解解决。当事人不愿通过协商、调解解决或者协商、调解不成的，可以根据当事人各方的协议向仲裁机构申请仲裁；当事人各方没有达成仲裁协议的，可以向人民法院起诉。

依据《民法典》第 188 条，因产品存在缺陷造成法律另有规定的，依照其规定。但是，自权利受到损害之日起超过 20 年的，人民法院不予保护，有特殊情况的，人民法院可以根据权利人的申请决定延长。根据《产品质量法》的规定，因产品存在缺陷造成损害要求赔偿的请求权，在造成损害的缺陷产品交付最初消费者满 10 年丧失；但是，尚未超过明示的安全使用期的除外。

### 复习思考题

1. 简述我国的产品质量监督制度。
2. 简述我国产品质量标准体系的构成。
3. 论述我国产品质量法律责任的内容。
4. 论述我国的产品质量检验管理制度。

### 推荐阅读书目

1. 国务院法制办公室：《中华人民共和国产品质量法注解与配套》，中国法制出版社，2008 年版。

2. 于华江：《食品安全法》，对外经济贸易大学出版社，2010 年版。

3. 李俊：《产品质量法案例评析》，对外经贸大学出版社，2012 年版。

4. 姬厚实：《论产品质量法中产品瑕疵的认定》，理论界，2009 年第 8 期。

5. 李剑：《论销售者的产品缺陷责任——兼议〈产品质量法〉第 42 条与第 43 条的关系》，当代法学，2011 年第 4 期。

# 第 12 章　消费者权益保护法

**本章导读**

　　实现消费者权益是市场经济的根本目标,消费者运动的发展推动了消费者权益保护法律制度的建立,明确了广大消费者的基本权利和经营者的相应义务,使消费者的合法权益得到切实、充分、有效的保护,同时也为规范经营者的行为,加强对商品和服务的监督提供了明确的法律依据。本章的主要内容包括消费者的概念、消费者的权利、经营者的义务、消费争议的解决等内容。

**关键术语**

　　消费者　权利保护　消费争议　消费侵权

## 第 1 节　概　　述

### 一、消费者的概念

　　国内外一般都将消费者看作是从事生活消费的主体,"生活消费"通常指个人或者家庭的消费。美国的消费者保护法中所称的"消费者"(Consumer),是指为满足个人和家庭需要而取得和使用贷款、购买动产、不动产和各类服务的个人。国际标准化组织消费者政策委员会界定"消费者"为"以个人消费为目的而购买或者使用商品和服务的个体社会成员"。我国《消费者权益保护法》第 2 条规定,消费者为满足个人生活消费的需要而购买、使用商品或者接受服务,其权益受本法保护。消费者权益保护法未作规定的,则受其他有关法律、法规保护。

　　消费者保护发端于西方发达国家的护消费者利益的运动。产业革命之后,在经济发达的美国等国家,由于先进的生产技术和细微的专业化分工,客观上使得消费者越来越难以判断自己消费行为的合理性和产品的真实性。但是,当时的垄断集团利用市场的优势抬高物价、出售假货等,对消费者利益构成了强大的威胁。于是,广大消费者纷纷行动起来,开展保护消费者利益的运动,成立消费者协会,酝酿消费者保护立法。随后,这种保护消费者利益的运动在其他国家蓬勃兴起。

　　消费者运动的发展,极大地推动了建立消费者保护法律制度的进程。1962 年

3 月 15 日,美国总统约翰·肯尼迪在国会发表的《关于保护消费者利益的总统特别咨文》中,提出了消费者的四项权利,即安全权、知情权、选择权和监督权。这四项权利为世界各国所公认,3 月 15 日因此成为"国际消费者权益日"。

## 二、消费者保护法

### (一) 保护立法

我国保护消费者的立法比较多,《产品质量法》《标准化法》《食品卫生法》《药品管理法》《反不正当竞争法》《价格法》等都从不同方面涉及消费者利益保护。为了全面有效地保护消费者的合法权益,1993 年 10 月,我国第八届人大四次会议通过了《消费者权益保护法》,自 1994 年 1 月 1 日起施行,成为保护消费者权益的主导性法律,2013 年 10 月 25 日予以修订,自 2014 年 3 月 15 日起施行。

**1. 基本原则**

(1) 经营者的守法原则。

(2) 自愿、平等、公平、诚实信用原则。

(3) 国家干预和社会监督原则。

**2. 适用范围**

我国《消费者权益保护法》的适用范围主要包括两部分:

(1) 主体方面,消费者和经营者。消费者为生活消费需要而购买、使用商品或者接受服务,其权益受《消费者权益保护法》保护;经营者为消费者提供其生产、销售的商品或者提供服务时,应当遵守《消费者权益保护法》。

(2) 行为方面,主要是购买、使用商品或者接受服务的行为受《消费者权益保护法》调整;其次,农民购买、使用直接用于农业生产的生产资料,参照《消费者权益保护法》执行。

### (二) 保护机构

消费者的权利是法律基于消费者的弱者地位而特别赋予的权利,对于它的保护,必须借助于相关的机构和部门,除了立法机关以外,以下机构成为保护消费者权利的主体。

**1. 各级政府**

各级人民政府负责组织、协调、督促有关行政部门在各自的职责范围内采取必要的保护措施,保护消费者的合法权益。各级人民政府应当加强监督,预防危害消费者人身、财产安全行为的发生,及时制止危害消费者人身、财产安全的行为。此外,各级人民政府应当支持消费者协会履行职责。

**2. 消费者组织**

消费者组织是社会上消费者的联合体。1891 年世界上第一个旨在保护消费者利益的消费者组织——纽约消费者协会在美国纽约成立。1898 年美国各地的消费

者组织联合组成了全国性的消费者同盟。1983 年,国际消费者联盟组织将每年的
3 月 15 日定为国际消费者权益日。

消费者协会和其他消费者组织是依法成立的对商品和服务进行社会监督的保护
消费者合法权益的社会团体。目前,我国的消费者组织有三种:(1)消费者协会;
(2)消费者委员会;(3)消费者权益保护委员会。中国消费者协会于 1984 年 2 月成
立,其他各省、市相继设立本地区的消费者协会。1987 年,国际消费者组织联盟接纳
其为其正式成员。

消费者协会履行下列职能:(1)向消费者提供消费信息和咨询服务;(2)参与有
关行政部门对商品和服务的监督、检查;(3)就有关消费者合法权益的问题,向有关
行政部门反映、查询,提出建议;(4)受理消费者的投诉,并对投诉事项进行调查、调
解;(5)投诉事项涉及商品和服务质量问题的,可以提请鉴定部门鉴定,鉴定部门应
当告知鉴定结论;(6)就损害消费者合法权益的行为,支持受损害的消费者提起诉
讼;(7)在群体性消费事件中,支持受损害的消费者提起公益诉讼;(8)对损害消费者
合法权益的行为,通过大众传播媒介予以揭露、批评。

消费者组织是一个公益性的组织,不得从事商品经营和营利性服务,不得以牟利
为目的向社会推荐商品和服务。否则,属于违法,也不能保证其工作的公正性。

案例 17

# 第 2 节　消费者权利保护的内容

## 一、消费者的权利

### (一)安全权

消费者的安全权是指消费者在购买、使用商品和接受服务时享有人身、财产安全
不受损害的权利。安全权是消费者的基本权利,消费者有权要求经营者提供的商品
和服务,符合保障人身、财产安全的要求。经营者应当保证其提供的商品或者服务符
合保障人身、财产安全的要求。对可能危及人身、财产安全的商品和服务,应当向消
费者作出真实的说明和明确的警示,并说明和标明正确使用商品或者接受服务的方
法以及防止危害发生的方法。当经营者发现其提供的商品或者服务存在严重缺陷
时,即使正确使用商品或者接受服务仍然可能对人身、财产安全造成危害的,应当立
即向有关行政部门报告和告知消费者,并采取防止危害发生的措施。消费者因购买、
使用商品或者接受服务受到人身、财产损害的,享有依法获得赔偿的权利,经营者理
应承担相应的责任。

### (二)知情权

知情权是知道(商品或服务)真实情况的权利。消费者在消费过程中享有知悉其

购买、使用的商品或者接受的服务的真实情况的权利。依据《消费者权益保护法》,消费者享有知悉其购买、使用的商品或者接受的服务的真实情况的权利;有权根据商品或者服务的不同情况,要求经营者提供商品的价格、产地、生产者、用途、性能、规格、等级、主要成分、生产日期、有效期限、检验合格证明、使用方法说明书、售后服务,或者服务的内容、规格、费用等有关情况。为此,要求经营者做到以下几点:

**1. 明示的质量保证**

(1)应当向消费者提供有关商品或者服务的真实信息,不得做引人误解的虚假宣传;(2)对消费者就其提供的商品或者服务的质量和使用方法等问题提出的询问,应当作出真实、明确的答复;(3)应当标明其真实名称和标记(包括租赁他人柜台或者场地的经营者),商店提供商品应当明码标价。

**2. 默示的质量保证**

(1)应当保证在正常使用商品或者接受服务的情况下其提供的商品或者服务应当具有的质量、性能、用途和有效期限;但消费者在购买该商品或者接受该服务前已经知道其存在瑕疵的除外。(2)经营者以广告、产品说明、实物样品或者其他方式表明商品或者服务的质量状况的,应当保证其提供的商品或者服务的实际质量与表明的质量状况相符。

**3. 经营者提供商品或者服务**

按照国家规定或者与消费者的约定,承担包修、包换、包退或者其他责任的,应当按照国家规定或者约定履行,不得故意拖延或者无理拒绝。

(三) 自主交易权

自主交易权指消费者自主地选择商品或服务,且在交易中获得质量保证、价格合理、计量准确等的权利,有权拒绝经营者的强制交易行为。

(四) 人格权

人格权是法律赋予公民的基本权利,包括自然人的生命健康权、姓名权、肖像权、名誉权、隐私权和法人及其他组织的名称权、名誉权等。现代世界各国宪法均将人格权的保护放在重要位置,民法中也有进一步详细的规定。《消费者权益保护法》明确规定,消费者在购买、使用商品和接受服务时,享有其人格尊严、民族风俗习惯得到尊重的权利。经营者不得对消费者进行侮辱、诽谤,不得搜查消费者的身体及其携带的物品,不得侵犯消费者的人身自由。

该规定是宪法关于公民人格权在消费领域的体现,《宪法》规定,中华人民共和国公民的人格尊严不受侵犯。禁止用任何方法对公民进行侮辱、诽谤和诬告陷害。

《消费者权益保护法》还规定了要尊重消费者的民族风俗习惯,这与我国的多民族国情相适应。各民族在自身的发展过程中,形成了生活领域的风俗习惯,其中很多成为民族文化的组成部分,尊重民族风俗习惯是我国民族政策的重要内容。

（五）监督权

依据《消费者权益保护法》第 15 条规定,消费者享有对商品和服务以及保护消费者权益工作进行监督的权利。消费者有权检举、控告侵害消费者权益的行为和国家机关及其工作人员在保护消费者权益工作中的违法失职行为,有权对保护消费者权益工作提出批评、建议。

消费者从能亲身感受并监督经营者的生产、经营行为,能够达到较好的监督效果,因此,国家鼓励、支持一切组织和个人通过控告、检举、批评、建议等方式,对损害消费者合法权益的行为进行社会监督,监督的方式不外乎以上方式。消费者协会是消费者权益保护组织,消费者享有依法成立维护自身合法权益的社会团体的权利,通过结社实现更有力的监督。

为了保障消费者的监督权,我国《消费者权益保护法》第 17 条规定,经营者应当听取消费者对其提供的商品或者服务的意见,接受消费者的监督。该法第 21 条规定,经营者提供商品或者服务,应当按照国家有关规定或者商业惯例向消费者出具购货凭证或者服务单据;消费者索要购货凭证或者服务单据的,经营者必须出具。

## 二、经营者的义务

经营者的义务指经营者在与消费者的商品交换关系中所承担的责任。通过经营者义务的履行,保证消费者权利的实现。我国《消费者权益保护法》规定的经营者的主要义务如下:

（一）保证商品和服务安全

（1）经营者应当保证其提供的商品或者服务符合保障人身、财产安全的要求。对可能危及人身、财产安全的商品和服务,应当向消费者作出真实的说明和明确的警示,并说明和标明正确使用商品或者接受服务的方法以及防止危害发生的方法。

（2）经营者发现其提供的商品或者服务存在严重缺陷,即使正确使用商品或者接受服务仍然可能对人身、财产安全造成危害的,应当立即向有关行政部门报告和告知消费者,并采取防止危害发生的措施。

（3）经营者提供商品或者服务,按照国家规定或者与消费者的约定,承担包修、包换、包退或者其他责任的,应当按照国家规定或者约定履行,不得故意拖延或者无理拒绝。

《消费者权益保护法》第 23 条规定:经营者提供的机动车、计算机、电视机、电冰箱、空调器、洗衣机等耐用商品或者装饰装修等服务,消费者自接受商品或者服务之日起 6 个月内发现瑕疵,发生争议的,由经营者承担有关瑕疵的举证责任。

（二）提供真实信息

经营者应当向消费者提供有关商品或者服务的真实信息,不得做引人误解的虚假宣传。经营者对消费者就其提供的商品或者服务的质量和使用方法等问题提出的询问,应当作为真实、明确的答复。经营者应当标明其真实名称和标记,提供商品和服务应当明码标价。租赁他人柜台或者场地的经营者,应当标明其真实名称和标记,不要冒充他人名称和标记。

(三)禁止非公平交易

现代市场经济中不正当竞争的加剧,使有些商品供给者视损害消费者利益为获取利润的途径之一,他们竞相采取不公平的商业行为或限制性商业行为,在质量、数量、价格、商标等各个方面竭尽各种欺诈手段,严重损害了消费者的合法权益。为此,消费者权益保护法作出了明确规定,禁止经营者的不公平交易行为。

**1. 保证质量**

经营者应当保证在正常使用商品或者接受服务的情况下其提供的商品或者服务应当具有的质量、性能、用途和有效期限;但消费者在购买该商品或者接受该服务前已经知道其存在瑕疵的除外。经营者以广告、产品说明、实物样品或者其他方式表明商品或者服务的质量状况的,应当保证其提供的商品或者服务的实际质量与表明的质量状况相符。

经营者采用网络、电视、电话、邮购等方式销售商品,消费者有权自收到商品之日起 7 日内退货,且无需说明理由,但下列商品除外:(1)消费者定做的;(2)鲜活易腐的;(3)在线下载或者消费者拆封的音像制品、计算机软件等数字化商品;(4)交付的报纸、期刊。除前款所列商品外,其他根据商品性质并经消费者在购买时确认不宜退货的商品,不适用无理由退货。

**2. 免责无效**

经营者不得以格式合同、通知、声明、店堂告示等方式作出对消费者不公平、不合理的规定,或者减轻、免除其损害消费者合法权益应当承担的民事责任。格式合同、通知、声明、店堂告示等含有上述所列内容的,其内容无效。

(四)禁止侵犯消费者人格权

消费者权益保护法的宗旨是保护消费者在有偿获得商品或接受服务时免受人身、财产损害或侵害。而人格权是人身权的重要组成部分,理应得到应有保护。因此规定,经营者不得对消费者进行侮辱、诽谤,不得搜查消费者的身体及其携带的物品,不得侵犯消费者的人身自由。由此,经营者侵犯消费者人格权的情形主要有三种:

(1)对消费者进行侮辱、诽谤;

(2)搜查消费者的身体及其携带的物品;

(3)侵犯消费者的人身自由。

(五)保护个人信息的义务

《消费者权益保护法》第 29 条规定:经营者收集、使用消费者个人信息,应当遵循合法、正当、必要和保密的原则,明示收集、使用信息的目的、方式和范围,并经消费者同意。

（六）自觉接受监督

经营者应当听取消费者对其提供的商品或者服务的意见，接受消费者的监督。经营者提供商品或者服务，应当按照国家有关规定或者商业惯例向消费者出具购货凭证或者服务单据；消费者索要购货凭证或者服务单据的，经营者必须出具。该凭证是监督经营者最有力的证据，日后发现经营者提供的商品或服务有质量问题，可以依据凭证获得相应地赔偿及修补。无形中，出具凭证对经营者有一种警示作用。

# 第 3 节　消费争议的解决

## 一、消费争议的概念

消费争议指消费者与经营者之间发生的与消费者权益有关的争议，其特点为：

（1）争议发生于消费过程，消费者为生活消费需要在购买、使用商品及接受服务的过程中，其合法权益受到侵害；

（2）争议主体特定，发生在消费者和经营者之间；

（3）争议内容特定，往往是关于消费者的权利或者经营者的义务的争议。

## 二、消费争议的解决途径

消费者和经营者发生消费者权益争议的，可以通过下列途径解决：

**1. 协商和解**

协商和解是解决民事争议的常用方式，消费者争议属于民事权益争议的范畴，因而，协商和解也是解决消费者争议的常用方式。

**2. 调解**

调解由争议双方当事人在第三方的主持下，本着自愿的原则，就有关争议问题进行自愿协商，达成解决问题的协议，双方签字生效。《消费者权益保护法》第 34 条规定，在消费者权益争议发生时，请求消费者协会调解。消费者协会是消费者权益保护的法定机构，调解消费者权益争议是该机构的法定职责之一。

**3. 申诉**

消费者向有关行政部门申诉是解决消费纠纷的一种常见方法。申诉解决消费争议，由于国家权力的介入，具有较强的力度和效力。尤其是依法对经营者违法行为的处罚，有效地保护了消费者的权益。

**4. 仲裁**

仲裁是指双方当事人在其民商事纠纷发生前或者发生后达成协议，自愿将他们之间的争议交给他们共同选定的第三者裁决,第三者作出的裁决对他们发生法律效力的一种纠纷解决的方式或制度。

**5. 诉讼**

通过上述途径解决以后,消费者仍不满意,或者认为有关部门的处理不当,可以向人民法院提起诉讼,也可以在消费者争议发生后直接向人民法院提起诉讼。人民法院受理后,按照民事诉讼程序进行审理。法院对消费争议的判定结果,一经生效,当事人必须执行或者由国家强制执行。因此,在一定意义上来说,诉讼是解决消费纠纷的最后途径,通过其他方式或途径无法解决的消费争议,都可以通过司法诉讼途径加以解决。

案例 18

# 第 4 节　消费侵权的法律责任

消费侵权的法律责任是指经营者和有关国家机关工作人员违反我国消费者权益保护法等相关法律、法规的规定,实施了侵犯消费者合法权益的行为所应承担的法律后果。依据消费者权益保护法,消费侵权的法律责任共有民事、行政、刑事三种形式。

## 一、消费侵权的民事责任

消费侵权的民事责任是指经营者因违反经营义务给消费者造成损害所应承担的民事法律后果,它主要是一种损害赔偿责任或者民事救济手段,旨在使受到伤害的消费者被侵犯的权益得以恢复。

**(一)责任条件**

经营者提供商品或者服务有下列情形之一的,除《消费者权益保护法》另有规定外,应当依照《中华人民共和国产品质量法》和其他有关法律、法规的规定,承担民事责任:(1)商品存在缺陷的;(2)不具备商品应当具备的使用性能而出售时未作说明的;(3)不符合在商品或者其包装上注明采用的商品标准的;(4)不符合商品说明、实物样品等方式表明的质量状况的;(5)生产国家明令淘汰的商品或者销售失效、变质的商品的;(6)销售的商品数量不足的;(7)服务的内容和费用违反约定的;(8)对消费者提出的修理、重作、更换、退货、补足商品数量、退还货款和服务费用或者赔偿损失的要求,故意拖延或者无理拒绝的;(9)法律、法规规定的其他损害消费者权益的情形。

**(二)责任主体**

现代社会,社会分工的精细、协作的加强,产品从生产、流通到消费,其间经历了复杂的环节,给消费者受到产品侵害后的赔偿带来诸多不便,其中最为关键的是确定承担损害赔偿的主体或者责任人。《消费者权益保护法》第35～39条规定：

(1) 消费者在购买、使用商品时，其合法权益受到损害的，可以向销售者要求赔偿。销售者赔偿后，属于生产者的责任或者属于向销售者提供商品的其他销售者的责任的，销售者有权向生产者或者其他销售者追偿。

(2) 消费者或者其他受害人因商品缺陷造成人身、财产损害的，可以向销售者要求赔偿，也可以向生产者要求赔偿。属于生产者责任的，销售者赔偿后，有权向生产者追偿。属于销售者责任的，生产者赔偿后，有权向销售者追偿。

(3) 消费者在接受服务时，其合法权益受到损害的，可以向服务者要求赔偿。

(4) 消费者在购买、使用商品或者接受服务时，其合法权益受到损害，因原企业分立、合并的，可以向变更后承受其权利义务的企业要求赔偿。

(5) 使用他人营业执照的违法经营者提供商品或者服务，损害消费者合法权益的，消费者可以向其要求赔偿，也可以向营业执照的持有人要求赔偿。

(6) 消费者在展销会、租赁柜台购买商品或者接受服务，其合法权益受到损害的，可以向销售者或者服务者要求赔偿。展销会结束或者柜台租赁期满后，也可以向展销会的举办者、柜台的出租者要求赔偿。展销会的举办者、柜台的出租者赔偿后，有权向销售者或者服务者追偿。

(7) 消费者因经营者利用虚假广告提供商品或者服务，其合法权益受到损害的，可以向经营者要求赔偿。广告的经营者发布虚假广告的，消费者可以请求行政主管部门予以惩处。广告的经营者不能提供经营者的真实名称、地址的，应当承担赔偿责任。

(8) 消费者通过网络交易平台购买商品或者接受服务，其合法权益受到损害的，可以向销售者或者服务者要求赔偿。网络交易平台提供者不能提供销售者或者服务者的真实名称、地址和有效联系方式的，消费者也可以向网络交易平台提供者要求赔偿。

（三）责任类型

**1. 侵犯人身权的民事责任**

(1) 人身伤害赔偿：经营者提供商品或者服务，造成消费者或者其他受害人人身伤害的，应当支付医疗费、治疗期间的护理费、因误工减少的收入等费用，造成残疾的，还应当支付残疾者生活自助费、生活补助费、残疾赔偿金以及由其抚养的人所必需的生活费等费用；

(2) 死亡赔偿：经营者提供商品或者服务，造成消费者或者其他受害人死亡的，应当支付丧葬费、死亡赔偿金以及由死者生前抚养的人所必需的生活费等费用；

(3) 经营者对消费者进行侮辱、诽谤，搜查消费者的身体及其携带的物品等侵害消费者的人格尊严或者侵犯消费者人身自由的，应当停止侵害、恢复名誉、消除影响、赔礼道歉，并赔偿损失。

**2. 侵犯财产权的民事责任**

(1) 经营者提供商品或者服务,造成消费者财产损害的,应当按照消费者的要求,以修理、重作、更换、退货、补足商品数量、退还货款和服务费用或者赔偿损失等方式承担民事责任。消费者与经营者另有约定的,按照约定履行。

(2) 对国家规定或者经营者与消费者约定包修、包换、包退的商品,经营者应当负责修理、更换或者退货。在保修期内两次修理仍不能正常使用的,经营者应当负责更换或者退货。对包修、包换、包退的大件商品,消费者要求经营者修理、更换、退货的,经营者应当承担运输等合理费用。

(3) 经营者以邮购或者以预收款方式提供商品或者服务的,应当按照约定提供。未按照约定提供的,应当按照消费者的要求履行约定或者退回货款或预付款;并应当承担预付款的利息、消费者必须支付的合理费用。

(4) 依法经有关行政部门认定为不合格的商品,消费者要求退货的,经营者应当负责退货。

(5) 经营者提供商品或者服务有欺诈行为的,应当按照消费者的要求增加赔偿其受到的损失,增加赔偿的金额为消费者购买商品的价款或者接受服务的费用的一倍。

损害赔偿是消费侵权所承担的民事责任的核心内容,但我国现行《消费者权益保护法》对消费者的权利受侵犯后,保护力度明显偏小,仅在第 41、42 条作出了十分有限的规定,且限制于经济赔偿。与入世后国外商家对国内消费者造成权利侵害的情况日渐增多的情况不相适应。

**3. 侵犯精神利益的民事责任**

精神损害赔偿在我国现行的《消费者权益保护法》尚无明文规定,但是在最高人民法院的司法解释和地方消费者权益保护立法中,已经予以认可。精神利益的损害赔偿范围包括:经营者提供的商品或者服务造成消费者或者其他受害人人体伤害、人身死亡,给受害人本人及其亲属造成精神痛苦,以及经营者提供商品或者服务,侵害消费者人格尊严或者人身自由,给受害者造成的社会评价的降低或者思想情感上的创伤。因此,我国法院在处理消费者损害案件中大都从这些方面考虑。

**材料**

发达国家在保护消费者权益方面都明确规定高额精神损害赔偿。2002 年 6 月,《上海市消费者权益保护条例(修订草案)》(以下简称《条例》)已正式将精神损害赔偿纳入该条例当中,在该条例第六章第 56 条明确规定:有下列情形之一(侮辱或者诽谤消费者、搜查消费者的身体或者携带物品、侵犯消费者人身自由、致消费者具有人格意义的特定纪念物品永久性灭失或者毁损、法律与法规规定应当赔偿精神损害抚慰金的其他情形),对消费者造成精神损害的,经营者应当停止侵害、恢复名誉、消除影响、赔礼道歉、赔偿损失;造成严重后果的,经营者除承担上述民事责任以外,还应当赔偿消费者相应的精神损害抚慰金,具体分为三种方式:(1)致人残疾的,为残疾赔偿金;(2)致人死亡的,为死亡赔偿金;(3)其他损害情形的精神抚慰金。

**4. 经营者欺诈的惩罚性赔偿责任**

经营者提供商品或者服务有欺诈行为的,应当按照消费者的要求增加赔偿其受到的损失,增加赔偿的金额为消费者购买商品的价款或者接受服务的费用的 3 倍;增加赔偿的金额不足 500 元的,为 500 元。法律另有规定的,依照其规定。

欺诈消费者的行为是指经营者在提供商品或者服务中,采取虚假或者其他不正当手段欺骗、误导消费者,使消费者的合法权益受到损害的行为。

## 二、消费侵权的行政责任

(1) 经营者有下列情形之一,应当承担消费侵权的行政责任:①生产、销售的商品不符合保障人身、财产安全要求的;②在商品中掺杂、掺假,以假充真,以次充好,或者以不合格商品冒充合格商品的;③生产国家明令淘汰的商品或者销售失效、变质的商品的;④伪造商品的产地,伪造或者冒用他人的厂名、厂址,伪造或者冒用认证标志、名优标志等质量标志的;⑤销售的商品应当检验、检疫而未检验、检疫或者伪造检验、检疫结果的;⑥对商品或者服务做引人误解的虚假宣传的;⑦对消费者提出的修理、重作、更换、退货、补足商品数量、退还货款和服务费用或者赔偿损失的要求,故意拖延或者无理拒绝的;⑧侵害消费者人格尊严或者侵犯消费者人身自由的;⑨法律、法规规定的对损害消费者权益应当予以处罚的其他情形。

(2) 拒绝、阻碍有关行政部门工作人员依法执行职务,未使用暴力、威胁方法的。

(3) 国家机关工作人员玩忽职守或者包庇经营者侵害消费者合法权益的行为的,由其所在单位或者上级机关给予行政处分。

经营者对行政处罚决定不服的,可以自收到处罚决定之日起 15 日内向上一级机关申请复议。对复议决定不服的,可以自收到复议决定书之日起 15 日内向人民法院提起诉讼;也可以直接向人民法院提起诉讼。

## 三、消费侵权的刑事责任

依据我国刑法及《消费者保护法》,消费侵权的刑事责任包括以下三方面内容:

(1) 消费者提供商品或者服务,造成消费者或者其他受害人人身伤害、死亡等情形,构成犯罪的,依法追究刑事责任;

(2) 以暴力、威胁等方法阻碍有关行政部门工作人员依法执行职务的,依法追究刑事责任;

(3) 国家机关工作人员玩忽职守或者包庇经营者侵害消费者合法权益的行为的,情节严重,构成犯罪的,依法追究刑事责任。

**复习思考题**

1. 什么是消费者？
2. 消费者有哪些权利？
3. 消费者权益争议的解决途径有哪些？
4. 侵害消费者权益的法律责任有哪些？
5. 网络消费者权益如何保护？

**推荐阅读书目**

1. 应飞虎：《消费者立法中的信息工具》，现代法学，2019 年第 2 期。
2. 李昌麒、许明月：《消费者保护法》，法律出版社，2005 年版。
3. 金福海：《消费者法论》，北京大学出版社，2005 年版。
4. 王先林：《消费者权益保护法概论》，安徽人民出版社，2002 年版。
5. 王力：《论网络消费者权益的法律保护》，《法治与社会》，2018 年第 14 期。
6. 李友根：《论广告法中的"消费者"》，中国工商管理，2012 年第 9 期。

# 第13章 财 政 法

**本章导读**

财政法是规范市场经济主体、维护市场经济秩序的重要工具,同时也是国家参与国民收入分配和再分配的重要工具和国家宏观调控的重要手段。财政法的主要内容有财政法总论、预算法、国债法、政府采购法等,其中预算法、政府采购法是本章的核心组成部分。

**关键术语**

财政法原则　预算管理职权　国债　政府采购　财政转移支付

## 第1节　财政法总论

### 一、财政法的概念

财政法是调整在国家为了满足公共需求而取得、使用和管理国家财政资金过程中发生的经济关系的法律规范的总称。财政法是调整国家对财政收支关系经济法的重要部门法,是国家实现经济职能和社会公共职能的重要工具,在宏观调控和保障社会公平方面具有重要的作用。

(一)财政法调整的对象

财政法的调整对象,是国家在财政收入、财政支出和财政管理过程中发生的经济关系,即财政关系。财政关系包括以下内容:

**1. 财政收支管理关系**

具体包括财政收入关系、财政支出关系和财政管理关系,是国家在财政活动中形成的最主要、最广泛的社会关系。

**2. 财政活动程序关系**

财政活动程序关系是根据法定程序进行财政活动过程中形成的社会关系。

**3. 财政管理体制关系**

是不同级次政府以及相关国家机关之间进行财政管理权限划分过程中所发生的社会关系,是财政收支管理关系和财政活动程序关系存在的前提。

**（二）财政法的特征**

财政法的特征是财政法的本质，是财政法区别于其他部门法特有的征象。财政法的特征主要表现为以下几个方面：

**1. 国家主体性**

国家始终是财政关系中的主体一方，在财政活动过程中居于主导地位，从而使得财政法具备公法的性质。

**2. 法域特定性**

财政法的宗旨、原则和调整的方法都具有自己的独特性，其作用的领域为财政领域，与刑法、行政法等公法的其他部门法作用的领域明显不同。

**3. 调整对象的独特性**

财政法调整的对象是财政关系，公法中的其他部门法以及经济法中的其他部门法都无法调整。

## 二、财政法的基本原则

财政法的基本原则主要包括：财政民主主义、财政法定主义、财政健全主义和财政平等主义。财政民主主义着眼于财政的民主基础，财政法定主义着眼于财政的法律形式，财政健全主义着眼于财政的安全稳健，财政平等主义着眼于财政的公平合理。这四个基本原则虽然独立表述，但相互间仍然存在内在的联系。总体而言，财政民主主义是整个财政法的基础，在财政法体系中居于核心地位。

**（一）财政民主主义原则**

财政民主主义来源于现代国家普遍认可的国民主权原理，国家权力来源于人民的授权，人民应该有一定的渠道和途径从法律上参与授权的过程。财政权力并不是一种独立于人民权利的自在物，而是来源于人民主权，受制于人民主权。财政应否支出、如何开支，财政收入的规模和种类等，都应该由人民通过一定的法律程序加以决定。

从制度上看，代议制是财政民主主义原则得以实现的制度保障，在我国则表现为重大财政事项由人民代表大会审查决定的人民代表大会制度。保证人民代表对重大财政事项的最终决策权，是财政民主主义的首要原则。

**（二）财政法定主义原则**

财政法定主义是财政民主主义的具体体现。所谓财政"法定"，是指财政行为必须满足合法性的要件，必须得到法律的明确许可或立法机关的专门授权。财政法定主义原则主要包括：(1)财政权力(利)法定；(2)财政义务法定；(3)财政程序法定；(4)财政责任法定。

**（三）财政健全主义原则**

财政健全主义所关注的是财政运行的安全稳健，其核心即在于能否将公债作为财政支出的资金来源。该原则主要包括：（1）经常性财政收支平衡原则；（2）国债只能用于公共性建设项目原则；（3）国债应遵循实体法上的风险防范原则；（4）地方政府发行国债主体资格有限原则。

（四）财政平等主义原则

从法学的角度看，财政公平包含着对正义的价值追求，从制度上则主要体现一种平等的对待，它既包括财政收入方面义务人的平等牺牲，也包括财政开支方面权利人的平等受益，还包括在财政程序方面的同等条件同等处理等内容。

## 三、财政法体系

财政法调整的对象决定财政法的体系。财政法调整的对象为财政关系，而财政关系包括财政管理体制关系、财政收支管理关系和财政活动程序关系，因此，财政法的体系就由财政管理体制法、财政收支管理法和财政活动程序法三个部门法构成。具体而言，财政法的体系主要包括以下内容：

### 1. 财政法总则

总则主要规定财政法的宗旨、任务、基本原则和适用范围，以及财政法主体的法律地位、财政管理体制等内容，是财政法的最基本的行为准则。

### 2. 预算法

预算法是调整国家的基本财政分配关系的法律准则，在整个财政法体系中处于关键地位。预算法规定国家预算的原则、体制、管理职权、预算收支范围、预算编制、预算执行和监督、预算调整等内容。

### 3. 税法

税法调整税收关系，是财政法的重要组成部分。税法包括税收实体法（如税收原则、税收管理体制、各类税种等内容）和税收程序法（如税收征收管理、违法处理等内容）。由于税法的诸多特殊性，以及税法在保障财政收入、宏观调控等方面的重要性，本书以专章的形式，专门地介绍税法。

### 4. 国债法

国债法调整国债在发行、使用、偿还和管理过程中发生的经济关系。国债法主要规定国债发行主体、发行对象与发行方式；国债使用原则、用途；国债偿还方式、方法；国债发行机构、职责以及违反国债法法律责任等内容。

### 5. 政府采购法

政府采购法是调整政府在采购过程中形成的经济关系的法律规范。政府采购法主要包括政府采购遵循的原则、目的，政府采购方式、程序、合同，政府采购监督检查、法律责任等内容。

### 6. 财政转移支付法

财政转移支付法是调整在财政转移支付过程中发生的经济关系的法律规范的总

称。财政转移支付法主要规定转移支付的模式、支付方式/支付环节、机构设置以及监督制约等内容。

# 第2节　预　算　法

## 一、预算和预算法概述

预算是指经法定程序批准的国家各级政府和实行预算管理的部门、单位在一定时期的财政或财务计划,预算一般由中央预算和地方预算组成。

预算法是指国家在进行预算资金筹集、分配、使用和管理过程中产生的经济关系(即预算关系)的法律规范的总称。预算法是财政法体系的核心和基础,对预算活动、国债活动、政府采购活动和政府转移支付活动等均具有规范价值。

预算关系包括预算程序关系和预算实体关系两个方面,其中预算程序关系是指预算主体在履行预算编制、议定、执行的程序执行过程中发生的经济关系,预算实体关系是指在预算资金的组织、获取、分配和使用过程中所发生的经济关系。

预算法有广义预算法和狭义预算法之分。广义上的预算法,是指凡规定有预算方面内容的法律、行政法规、地方性法规、自治条例、规章、司法解释和国家签订或加入国际条约等法律文件的总称。狭义上的预算法,专指国家制定和颁布实施的预算法律或法典。1994年3月22日由第八届全国人民代表大会第二次会议通过的《中华人民共和国预算法》(以下简称《预算法》)是我国现行的狭义的预算法。2014年8月31日第十二届全国人民代表大会常务委员会第十次会议《全国人大常务委员会》第一次修正,自2015年1月1日起施行。2018年12月29日第十三届全国人大常委会第七次会议对其进行第二次修正,2020年10月11日《中华人民共和国预算法实施条例》施行。

## 二、预算体系的构成

预算包括一般公共预算、政府性基金预算、国有资本经营预算、社会保险基金预算。一般公共预算、政府性基金预算、国有资本经营预算、社会保险基金预算应当保持完整、独立。政府性基金预算、国有资本经营预算、社会保险基金预算应当与一般公共预算相衔接。

预算体系是指依据国家政权结构形成的国家预算的统一协调的整体。预算体系是划分各级预算管理权限和收支范围的前提条件,也为预算管理提供组织保证。

为建立现代财政制度,体现预算的完整性原则,实行全口径预算管理,《预算法》

第 4 条明确规定"政府的全部收入和支出都应当纳入预算",遵循预算公开原则,强调预算必须接受社会监督,建立现代财政制度。

依照"一级政府、一级财政"的原则,我国《预算法》规定,国家实行"一级政府、一级预算"。根据我国的五级政权结构,我国的预算分为五级,即:(1)中央预算;(2)省、自治区、直辖市预算;(3)设区的市、自治州的预算;(4)县、自治县、不设区的市、市辖区的预算;(5)乡、民族乡、镇预算。这五级预算又可以分为中央预算和地方预算两大类,共同组成国家的总预算。

中央预算由中央各部门的预算组成,其内容包括地方向中央上解的收入数额和中央对地方返还或给予补助的数额。

地方预算由各省级总预算组成,包括省级总预算在内的地方各级总预算,是由本级政府预算和汇总的下一级总预算组成。若下一级只有本级预算,则下一级的总预算就是下一级的本级预算。

《预算法》第 32、37、46 条等多处作出明确规定,各级预算支出要按其功能和经济性质分类编制,细化预算。

全面实施预算绩效管理是推进国家治理体系和治理能力现代化的内在要求,是深化财税体制改革、建立现代财政制度的重要内容。《预算法实施条例》在预算管理各环节细化完善了绩效管理的有关要求,推动预算和绩效管理深度融合,主要从三个方面作了规定:一是完善预算绩效管理制度。规定预算执行中政府财政部门组织和指导预算资金绩效监控、绩效评价;各部门、各单位实施绩效监控,定期向本级政府财政部门报送预算执行情况报告和绩效评价报告。二是强化绩效结果应用。规定对评估后的专项转移支付,设立的有关要求变更,或者实际绩效与目标差距较大、管理不够完善的,应当予以调整。绩效评价结果应当按照规定作为改进管理和编制以后年度预算的依据。三是进一步明确职责。规定各级政府财政部门有权监督本级各部门及其所属各单位的预算管理有关工作,对各部门的预算执行情况和绩效进行评价、考核。

## 三、预算管理职权

预算管理职权是指确定和支配国家预算的权力和对于国家预算编制、审查、批准、执行、调整和监督权力的总称。预算管理职权按照主体层次不同分为中央预算管理职权和地方预算管理职权。根据《预算法》的规定,我国预算管理职权在同级或不同级别的相关国家机关之间横向和纵向的划分为:

(一) 各级权力机关的预算管理权

### 1. 各级人大的预算管理职权

县级以上各级人大的预算管理职权:(1)审查权。即有权审查本级总预算草案及本级总预算执行情况的报告。(2)批准权。即有权批准预算和本级预算执行的报告。(3)变更撤销权。即有权撤销本级人大常委会、本级政府关于预算、决算不适当的决定。

设立预算的乡、民族乡、镇,由于不设立人大常委会,其人大的预算管理职权不仅包括审查权、批准权、变更撤销权,还包括监督权,即有权监督本级预算的执行。

**2. 各级人大常委会的预算管理职权**

县级以上各级人大常委会的预算管理职权包括:(1)监督权。即有权监督本级总预算的执行。(2)审批权。即有权审批本级预算的调整方案以及本级政府的决算。(3)撤销权。全国人大常委会有权撤销国务院和省级人大及其常委会制定的同宪法、法律相抵触的关于预算、决算的行政法规、决定和命令,以及地方性法规的决议;地方人大常委会有权撤销本级政府和下一级人大及其常委会关于预算、决算不适当的决定、命令和决议。

(二)各级政府机关的预算管理职权

县级以上各级政府的预算管理职权是:(1)编制权。即有权编制本级预算、决算草案,以及本级预算的调整方案。(2)报告权。即有权向本级人大作关于本级总预算草案报告;有权将下一级政府报送备案的预算汇总后报本级人大常委会备案;有权向本级权力机关报告本级总预算的执行情况。(3)执行权。即有权组织本级总预算的执行。(4)决定权。即有权决定本级预算预备费的动用。(5)监督权。即有权监督本级各部门和下级政府的预算执行。(6)变更撤销权。

乡级政府的预算管理职权包括编制权、报告权、执行权、决定权,其具体内容同上。

(三)各级财政部门的预算管理职权

各级财政部门的预算管理职权是政府相关职权的具体化,其主要内容有:(1)编制权。即有权具体编制本级预算、决算草案,以及本级预算的调整方案。(2)执行权。即有权组织本级总预算的执行。(3)提案权。即有权提出本级预算预备费的动用方案。(4)报告权。即有权向本级政府和上一级财政部门报告本级总预算的执行情况。

## 四、预算收支范围

我国实行中央和地方分税制,在划分中央与地方事权的基础上,确定中央与地方财政支出范围,并按税种划分中央与地方预算收入的财政管理体制。县级以上地方各级政府应当根据中央和地方分税制的原则和上级政府的有关规定,确定本级政府对下级政府的财政管理体制。

**1. 一般公共预算收入**

一般公共预算收入包括各项税收收入、行政事业性收费收入、国有资源(资产)有偿使用收入、转移性收入和其他收入。行政事业性收费收入是指国家机关、事业单位等依照法律法规规定,按照国务院规定的程序批准,在实施社会公共管理以及在向公民、法人和其他组织提供特定公共服务过程中,按照规定标准向特定对象收取费用形成的收入。称国有资源(资产)有偿使用收入是指,矿藏、水流、海域、无居民海岛以及法律规定属于国家所有的森林、草原等国有资源有偿使用收入,按照规定纳入一般公共预算管理的国有资产收入等。转移性收入是指上级税收返还和转移支付、下级上解收入、调入资金以及按照财政部规定列入转移性收入的无隶属关系政府的无偿援助。

### 2. 一般公共预算支出

一般公共预算支出按照其功能分类,包括一般公共服务支出,外交、公共安全、国防支出,农业、环境保护支出,教育、科技、文化、卫生、体育支出,社会保障及就业支出和其他支出。一般公共预算支出按照其经济性质分类,包括工资福利支出、商品和服务支出、资本性支出和其他支出。

### 3. 预算收支办法

政府性基金预算、国有资本经营预算和社会保险基金预算的收支范围,按照法律、行政法规和国务院的规定执行。

中央预算与地方预算有关收入和支出项目的划分、地方向中央上解收入、中央对地方税收返还或者转移支付的具体办法,由国务院规定,报全国人民代表大会常务委员会备案。

上级政府不得在预算之外调用下级政府预算的资金。下级政府不得挤占或者截留属于上级政府预算的资金。

### 4. 转移支付

国家实行财政转移支付制度。财政转移支付应当规范、公平、公开,以推进地区间基本公共服务均等化为主要目标。财政转移支付包括中央对地方的转移支付和地方上级政府对下级政府的转移支付,以为均衡地区间基本财力、由下级政府统筹安排使用的一般性转移支付为主体。按照法律、行政法规和国务院的规定可以设立专项转移支付,用于办理特定事项。建立健全专项转移支付定期评估和退出机制。市场竞争机制能够有效调节的事项不得设立专项转移支付。上级政府在安排专项转移支付时,不得要求下级政府承担配套资金。但是,按照国务院的规定应当由上下级政府共同承担的事项除外。

一般性转移支付的范围包括均衡性转移支付,对革命老区、民族地区、边疆地区、贫困地区的财力补助,其他一般性转移支付。我国预算法规范转移支付预算下达,并建立建立健全专项转移支付定期评估和退出机制。明确转移支付预计数提前下达、预算下达和资金拨付均由财政部门办理。同时,为提高预算编制的完整性、准确性,对转移支付预计数提前下达的比例和有关要求作了明确。

县级以上各级政府财政部门应当会同有关部门建立健全专项转移支付定期评估

和退出机制,对评估后符合法律、行政法规和国务院规定,有必要继续执行的,可以继续执行;设立的有关要求变更,或者实际绩效与目标差距较大、管理不够完善的,应当予以调整;设立依据失效或者废止的,应当予以取消。

## 五、预算管理程序

### (一)预算的编制

#### 1. 预算编制的原则

(1)复式预算原则。(2)财政收支平衡原则。即实行量入为出,不列财政赤字。(3)真实合法原则。即列入预算的收入,不得隐瞒、少列,不得将上一年度非正常收入作为编制预算收入的依据。(4)统筹兼顾原则。即在编制财政预算支出时,要统筹兼顾,确保重点。

#### 2. 预算编制的方法和程序

国务院下达关于编制下一年度预算草案的指示,其具体事项由国务院财政部门部署,省、自治区、直辖市政府在国务院规定的时间内,将本级总预算草案报国务院审核汇总。

国务院财政部门应在每年全国人民代表大会举行的 1 个月前,将中央预算草案的主要内容提交全国人民代表大会财政经济委员会进行初步审查。省、自治区、直辖市、设区的市、自治州政府财政部门应在本级人民代表大会举行的 1 个月前,将本级预算草案的主要内容提交本级人民代表大会有关的专门委员会或根据本级人民代表大会常务委员会主任会议的决定提交本级人民代表大会常务委员会有关的工作委员会进行初步审查。县、自治县、不设区的市、市辖区政府的财政部门应当在本级人民代表大会举行的 1 个月前,将本级预算草案的主要内容提交本级人民代表大会常务委员会进行初步审查。

### (二)预算的审批

预算的审批是指国家各级权力机关对同级政府提出的预算草案进行审查和批准的活动,是使预算草案转变为正式预算的关键阶段。

根据《预算法》的规定,国务院在全国人民代表大会举行会议时,向大会作中央和地方预算草案的报告;地方各级政府在本级人民代表大会举行会议时,向大会作本级总预算草案的报告。中央预算由全国人民代表大会审查和批准;地方各级政府预算由本级人民代表大会审查和批准。各级政府预算经本级人大批准后,本级政府财政部门及时向本级各部门批复预算;各部门及时向所属各单位批复预算。

### (三)预算的执行

预算的执行是指各级财政部门和其他预算主体组织预算收入和划拨预算支出的活动,是经批准的预算付诸实施的重要阶段,其具体工作由本级财政部门执行。

预算收入征收部门,严格依照法律、行政法规的规定,及时足额地征收预算收入。

不得截留、占用或挪用预算收入。同时,应上缴预算收入的部门和单位必须按规定及时、足额上缴国家金库,不得截留、挪用或拖欠。

各级政府财政部门必须按照有关规定,及时足额地拨付预算资金,政府各部门、各单位必须按照预算执行各项支出。

预算收入与支出必须通过国库进行。依照《预算法》的规定,县级以上的各级预算必须设立国库,具备条件的乡级预算也应设立国库。国库是国家进行预算收支活动的出纳机关,其库款的支配权只属于本级财政部门。

（四）预算的调整

预算的调整是指经各级人大会批准的预算,在执行中因特殊情况需要增加支出或减少收入,使原批准的收支平衡的预算的总支出超过总收入,或使原批准的预算中举借的债务的数额增加的部分变更。各级政府对于必须要调整的预算,应当编制预算调整方案。

中央预算的调整方案必须提请全国人大常务委员会审查和批准;县级以上地方预算的调整方案必须提请本级人大常务委员会审查和批准;乡、民族乡、镇预算的调整方案必须提请本级人大会审查和批准。未经审批,预算不得调整。在预算执行过程中,因上级政府返还或给予的补助引起的预算收支的变化,不属于预算调整。

（五）决算

决算是指财政部门对年度预算执行结果的总结,其主要内容包括决算草案编制和审批。

**1. 决算草案编制**

决算草案由政府各部门、各单位,在每一预算年度终了后按照国务院规定的时间,按照合法、准确完整、报送及时的原则进行编制。

**2. 决算草案的审批**

国务院财政部门编制中央决算草案,报国务院审定后,有国务院提请全国人代会常务委员会审查批准;县级以上地方各级政府财政部门编制本级决算草案,报本级政府审定后,有本级政府提请本级人大会常务委员会审查批准;乡、民族乡、镇政府编制本级决算草案,提请本级人大会审查批准。各级政府决算经批准后,财政部门应当向本级各部门批复决算。

（六）对预算、决算的监督和法律责任

**1. 对预算、决算的监督**

(1)立法机关对预算、决算的监督。各级人大及其常委会有权对预决算进行监督,并有权对预决算中的重大事项或特定的问题组织调查。人大代表或常务委员会组成人员在举行会议时,对预决算中的有关问题享有询问权和质询权。(2)行政机关对预算、决算的监督。各级政府有权对下级政府的预算执行情况进行监督,对下级政府在预算执行中违反法律、行政法规以及国家方针政策的行为予以制止和纠正。

(3)政府专门机构对预算、决算的监督。各级政府财政部门负责监督本级各部门及所属各单位预算的执行；各级政府审计部门对本级各部门、各单位和下级政府的预算执行、决算实行进行监督。(4)社会监督。《预算法》对预算公开作出全面规定，第14条、第35条和第94条对公开的范围、主体、时限和法律责任等提出明确具体的要求，对转移支付、政府债务、机关运行经费等社会高度关注事项要求公开作出说明。

## 2. 预算法律责任

第一，各级政府及有关部门有下列行为之一的，责令改正，对负有直接责任的主管人员和其他直接责任人员追究行政责任：①未依照预算法规定，编制、报送预算草案、预算调整方案、决算草案和部门预算、决算以及批复预算、决算的；②违反预算法规定，进行预算调整的；③未依照预算法规定对有关预算事项进行公开和说明的；④违反规定设立政府性基金项目和其他财政收入项目的；⑤违反法律、法规规定使用预算预备费、预算周转金、预算稳定调节基金、超收收入的；⑥违反预算法规定开设财政专户的。

第二，各级政府及有关部门、单位有下列行为之一的，责令改正，对负有直接责任的主管人员和其他直接责任人员依法给予降级、撤职、开除的处分：①未将所有政府收入和支出列入预算或者虚列收入和支出的；②违反法律、行政法规的规定，多征、提前征收或者减征、免征、缓征应征预算收入的；③截留、占用、挪用或者拖欠应当上缴国库的预算收入的；④违反预算法规定，改变预算支出用途的；⑤擅自改变上级政府专项转移支付资金用途的；⑥违反预算法规定拨付预算支出资金，办理预算收入收纳、划分、留解、退付，或者违反预算法规定冻结、动用国库库款或者以其他方式支配已入国库库款的。

第三，各级政府部门、各单位违反预算法举借债务或者为他人债务提供担保，或者挪用重点支出资金，或者在预算之外及超预算标准建设楼堂馆所的，责令改正，对负有直接责任的主管人员和其他直接责任人员给予撤职、开除的处分。

第四，各级政府有关部门、单位及其工作人员有下列行为之一的，责令改正，追回骗取、使用的资金，有违法所得的没收违法所得，对单位给予警告或者通报批评；对负有直接责任的主管人员和其他直接责任人员依法给予处分：①违反法律、法规的规定，改变预算收入上缴方式的；②以虚报、冒领等手段骗取预算资金的；③违反规定扩大开支范围、提高开支标准的；④其他违反财政管理规定的行为。

其他法律对上述违反预算法行为的处理、处罚另有规定的，依照其规定。

违预算法规定，构成犯罪的，依法追究刑事责任。

## 第 3 节　政府采购法

### 一、政府采购与政府采购法概述

（一）政府采购概述

**1. 政府采购的概念**

政府采购，是指各级国家机关、事业单位和团体组织，使用财政性资金，按照法定的方式和程序，采购依法制定的集中采购目录以内的或者采购限额标准以上的货物、工程和服务的行为。

**2. 政府采购的特点**

（1）政府采购资金是财政性资金，这是政府采购的首要特点；（2）政府采购人的特定性，其采购人包括特定的采购人和分散的采购人两类；（3）政府采购程序的法定性。

**3. 政府采购的对象**

政府采购包括货物、工程和服务三大类。货物是指各种形态和种类的物品，包括原材料、燃料、设备、产品等。工程是指建设工程，包括建筑物和构筑物的新建、改建、扩建、装修、拆除、修缮等。服务是指除货物和工程以外的其他政府采购对象。

采购是指以合同方式有偿取得货物、工程和服务的行为，具体包括购买、租赁、委托、雇用等。

采购货物、工程和服务均统一执行依照政府采购法规定的权限制定的政府集中采购目录和采购限额标准。

**4. 政府采购的原则**

（1）公开透明原则；（2）公平竞争原则；（3）公正原则；（4）诚实信用原则。

（二）政府采购法概述

**1. 政府采购法的概念**

政府采购法是指调整在政府采购过程中形成的社会关系的法律规范。政府采购法有狭义和广义之分。狭义的政府采购法是指 2002 年 6 月 29 日第九届全国人民代表大会常务委员会第 28 次会议通过，2014 年 8 月 31 日第十二届全国人大常务委员会修订的《中华人民共和国政府采购法》，《中华人民共和国政府采购法实施条例》自 2015 年 3 月 1 日起施行。广义的政府采购法是指政府在采购过程中形成的社会关系的法律规范的总称，包括政府采购法，也包括民法、行政法中调整政府采购行为的法律规范。

**2. 政府采购法的适用范围**

（1）政府采购的适用地域范围。凡是在我国境内发生的政府采购，必须统一按照政府采购法的规定进行。(2)政府采购人的范围。政府采购人是指除国有企业之外的各级国家机关、事业单位和团体组织。(3)政府采购的资金范围。政府采购的资金为财政性资金,包括预算内财政资金和预算外财政资金。(4)政府采购的形式范围。政府采购是以合同形式,通过购买、租赁、委托、雇佣的方式有偿取得货物、工程和服务。(5)政府采购的项目范围。只有纳入了政府采购目录以内或限额标准以上的项目,才是政府采购的项目范围,不在政府采购目录以内或限额标准以下的项目,不适用政府采购法。

## 二、政府采购当事人

政府采购当事人是指在政府采购活动中享有权利和承担义务的各类主体,包括:(1)采购人。采购人是指依法进行政府采购的国家机关、事业单位、团体组织。(2)供应商。供应商是指向采购人提供货物、工程或者服务的法人、其他组织或者自然人。(3)采购代理机构。采购代理机构是指根据采购人委托办理采购事宜的代理机构,包括政府设立的集中采购机构和政府部门认定资格的采购代理机构。

## 三、政府采购方式和程序

### (一)政府采购方式

(1)公开招标采购。公开招标采购是指采购人按照法定程序,发布招标公告,由不特定的潜在的供应商参加投标,采购人按照事先确定的标准从所有投标中又评选出中标供应商,并与之签订政府采购合同的采购方式。我国政府采购法规定,公开招标应作为政府采购的主要方式。

(2)邀请招标采购。是指对于只能从有限范围的供应商处采购的特殊货物或服务,或者采用公开招标方式的费用占政府采购项目总价值的比例过大的货物或服务,采购人根据供应商的业绩和信誉,向若干供应商发出投标邀请书,由被邀请的供应商参加投标竞争,从中选择中标者的采购方式。

(3)竞争性谈判采购是指采购人通过与多家供应商的谈判,从中确定最优供应商的一种采购方式。符合下列条件之一的情况,可以采用该种采购方式:①招标后无供应商投标或无合格标的或重新招标未能成立;②技术复杂和性质特殊,不能确定详细规格或具体要求;③招标时间不能满足用户紧急需要;④不能事先计算出价格总额。

(4)单一来源采购是指虽然达到招标采购的数额标准,但由于种种原因,只能由一家供应商提供的采购方式。符合下列条件之一的情况,可以采用该种采购方式:①供应商唯一;②发生不可预见的紧急情况不能从其他供应商处采购;③必须保证原有采购项目一致性或服务配套的要求,须从原供应商处添购,且添购金额不超过原采购合同金额的10%。

（5）询价采购是指采购人向有关供应商发出询价单让其报价，在报价基础上进行比较并确定最优供应商的一种采购方式。采用该种采购方式的条件是：采购的货物规格、标准统一，现货货源充足，价格变化幅度较小的政府采购项目。

（6）其他采购方式是指国务院政府采购监管部门认定的如批量采购、小额采购和定点采购等其他政府采购方式。

（二）政府采购程序

（1）行政管理程序。负有编制部门预算职责的部门在编制下一财政年度部门预算时，应当将该财政年度政府采购的项目及资金预算列出，报本级财政部门汇总。部门预算按预算管理权限和程序对当年度政府采购项目进行审批。

（2）采购合同订立程序。

（3）采购合同履行验收程序。采购人或者其委托的采购代理机构应当组织对供应商履约的验收。大型或者复杂的政府采购项目，应当邀请国家认可的质量检测机构参加验收工作。验收方成员应当在验收书上签字，并承担相应的法律责任。

## 四、政府采购合同

政府采购合同原则上适用《合同法》，采购人和供应商之间的权利和义务，应当按照平等、自愿的原则以合同方式约定。但如果《政府采购法》对政府采购合同有专门规定，有限适用《政府采购法》。

**1．政府采购合同的订立**

政府采购合同订立涉及的内容有：（1）必须是书面合同形式；（2）国务院政府采购监管部门有权规定政府采购合同必备的条款；（3）中标、成交通知书对采购人和中标、成交供应商均具备法律效力；（4）采购人对采购代理机构的授权委托书应当是合同附件；（5）采购人对政府管理部门有报备义务。

**2．政府采购合同的履行**

经采购人同意，中标、成交供应商可以依法采取分包方式履行合同，中标、成交供应商就采购项目和分包项目向采购人负责，分包供应商就分包项目承担责任。政府采购合同履行中，采购人需追加与合同标的相同的货物、工程或者服务的，在不改变合同其他条款的前提下，可以与供应商协商签订补充合同，但所有补充合同的采购金额不得超过原合同采购金额的 10%。

**3．政府采购合同的变更和终止**

（1）政府采购合同的双方当事人不得擅自变更、中止或者终止合同；（2）政府采购合同继续履行将损害国家利益和社会公共利益的，双方当事人应当变更、中止或者终止合同；（3）有过错的一方应当承担赔偿责任，双方都有过错的，各自承担相应的责任。

### 五、质疑、投诉和监督检查

**(一)保护供应商权利的质疑制度**

供应商认为采购文件、采购过程和中标、成交结果使自己的权益受到损害的,可以在知道或者应知其权益受到损害之日起7个工作日内,以书面形式向采购人提出质疑,采购人应当在收到供应商的书面质疑后7个工作日内作出答复,并以书面形式通知质疑供应商和其他有关供应商,但答复的内容不得涉及商业秘密。

**(二)保护供应商权利的投诉制度**

质疑供应商对采购人、采购代理机构的答复不满意或者采购人、采购代理机构未在规定的时间内作出答复的,可以在答复期满后15个工作日内向同级政府采购监督管理部门投诉。政府采购监督管理部门应当在收到投诉后30个工作日内,对投诉事项作出处理决定,并以书面形式通知投诉人和与投诉事项有关的当事人。投诉人对政府采购监督管理部门的投诉处理决定不服或者政府采购监督管理部门逾期未作处理的,可以依法申请行政复议或者向人民法院提起行政诉讼。

**(三)保护国家公共利益和第三者利益的监督检查制度**

强化政府采购的源头管理和结果管理:一是明确采购人需求责任;二是规范采购方式的选择;三是强化验收环节把关。此外,加强监督检查,监督检查的主要内容是:(1)有关政府采购的法律、行政法规和规章的执行情况;(2)采购范围、采购方式和采购程序的执行情况;(3)政府采购人员的职业素质和专业技能。

**(四)政府采购回避制度**

《政府采购法》第12条建立了政府采购回避制度,确定"利害关系"为回避前提条件,回避的具体情形包括:参加采购活动前3年内与供应商存在劳动关系,参加采购活动前3年内担任供应商的董事、监事,参加采购活动前3年内是供应商的控股股东或者实际控制人,与供应商的法定代表人或者负责人有夫妻、直系血亲、三代以内旁系血亲或者近姻亲关系等,朋友、同学等关系可能影响政府采购活动公平、公正进行的。《实施条例》还具体规定了供应商之间,以及采购人、采购代理机构与供应商之间虽然不存在利害关系,但存在恶意串通的可能的七种表现形式。

**(五)采购信息公开制度**

政府采购全过程信息公开:一是采购信息公开。政府采购项目信息应当在指定媒体上发布。采购项目预算金额应当在采购文件中公开。二是采购文件公开。三是中标、成交结果公开。四是采购合同公开。五是投诉处理结果公开。

### 六、法律责任

政府采购法律责任可以分为采购人法律责任、采购代理机构法律责任、供应商法律责任、政府采购监督管理部门及其工作人员法律责任、其他单位或者个人法律责任五种。

### 1. 采购人、采购代理机构法律责任

采购人、采购代理机构有下列情形之一的,责令限期改正,给予警告,可以并处罚款,对直接负责的主管人员和其他直接责任人员,由其行政主管部门或者有关机关给予处分,并予通报:①应当采用公开招标方式而擅自采用其他方式采购的;②擅自提高采购标准的;③以不合理的条件对供应商实行差别待遇或者歧视待遇的;④在招标采购过程中与投标人进行协商谈判的;⑤中标、成交通知书发出后不与中标、成交供应商签订采购合同的;⑥拒绝有关部门依法实施监督检查的。

### 2. 采购人、采购代理机构及其工作人员法律责任

采购人、采购代理机构有下列情形之一,构成犯罪的,依法追究刑事责任;尚不构成犯罪的,处以罚款,有违法所得的,并处没收违法所得,属于国家机关工作人员的,依法给予行政处分:①与供应商或者采购代理机构恶意串通的;②在采购过程中接受贿赂或者获取其他不正当利益的;③在有关部门依法实施的监督检查中提供虚假情况的;④开标前泄露标底的。

有上述违法行为之一,影响中标、成交结果或者可能影响中标、成交结果的,按下列情况分别处理:①未确定中标、成交供应商的,终止采购活动;②中标、成交供应商已经确定但采购合同尚未履行的,撤销合同,从合格的中标、成交候选人中另行确定中标、成交供应商;③采购合同已经履行的,给采购人、供应商造成损失的,由责任人承担赔偿责任。

采购人、采购代理机构违反政府采购法的规定,隐匿、销毁应当保存的采购文件或者伪造、变造采购文件的,由政府采购监督管理部门处以 2 万元以上 10 万元以下的罚款,对其直接负责的主管人员和其他直接责任人员依法给予处分;构成犯罪的,依法追究刑事责任。

### 3. 采购人法律责任

采购人对应当实行集中采购的政府采购项目,不委托集中采购机构实行集中采购的,由政府采购监督管理部门责令改正;拒不改正的,停止按预算向其支付资金,由其上级行政主管部门或者有关机关依法给予其直接负责的主管人员和其他直接责任人员处分。

采购人未依法公布政府采购项目的采购标准和采购结果的,责令改正,对直接负责的主管人员依法给予处分。

### 4. 供应商法律责任

供应商有下列情形之一的,处以采购金额千分之五以上千分之十以下的罚款,列入不良行为记录名单,在一至三年内禁止参加政府采购活动,有违法所得的,并处没

收违法所得,情节严重的,由工商行政管理机关吊销营业执照;构成犯罪的,依法追究刑事责任:①提供虚假材料谋取中标、成交的;②采取不正当手段诋毁、排挤其他供应商的;③与采购人、其他供应商或者采购代理机构恶意串通的;④向采购人、采购代理机构行贿或者提供其他不正当利益的;⑤在招标采购过程中与采购人进行协商谈判的;⑥拒绝有关部门监督检查或者提供虚假情况的。供应商有前款第①至⑤项情形之一的,中标、成交无效。

### 5. 采购代理机构法律责任

采购代理机构在代理政府采购业务中有违法行为的,按照有关法律规定处以罚款,可以在一至三年内禁止其代理政府采购业务,构成犯罪的,依法追究刑事责任。

### 6. 政府采购监督管理部门及其工作人员法律责任

第一,政府采购监督管理部门对供应商的投诉逾期未作处理的,给予直接负责的主管人员和其他直接责任人员行政处分。第二,政府采购监督管理部门对集中采购机构业绩的考核,有虚假陈述,隐瞒真实情况的,或者不作定期考核和公布考核结果的,应当及时纠正,由其上级机关或者监察机关对其负责人进行通报,并对直接负责的人员依法给予行政处分。第三,集中采购机构在政府采购监督管理部门考核中,虚报业绩,隐瞒真实情况的,处以2万元以上20万元以下的罚款,并予以通报;情节严重的,取消其代理采购的资格。第四,政府采购监督管理部门工作人员在实施监督检查中违反本法规定滥用职权,玩忽职守,徇私舞弊的,依法给予行政处分;构成犯罪的,依法追究刑事责任。

### 7. 其他单位或者个人法律责任

任何单位或者个人阻挠和限制供应商进入本地区或者本行业政府采购市场的,责令限期改正;拒不改正的,由该单位、个人的上级行政主管部门或者有关机关给予单位责任人或者个人处分。

最后,政府采购当事人有《政府采购法》第71条、第72条、第77条违法行为之一,给他人造成损失的,并应同时承担民事责任。

**复习思考题**

1. 我国财政法应遵循哪些原则?
2. 中国财政法体系包括哪些内容?
3. 各级财政部门的预算管理职权主要有哪些?
4. 违反预算法应当承担的法律责任有哪些?
5. 目前我国国债发行的条件和发行方式有哪些?
6. 政府采购的方式有哪些?
7. 我国现行的财政转移支付制度包括哪些内容?

**推荐阅读书目**

1. 张馨:《公共财政论纲》,经济科学出版社,1999 年版。
2. [美]丹尼斯·C.缪勒:《公共选择理论》,中国社会科学出版社,1999 年版。
3. 曾军平:《公共选择与政治立宪》,上海财经大学出版社,2008 年版。

# 第14章 税 法

**本章导读**

本章主要介绍税法概论、税收实体法和税收程序法三个部分。税法概论对税法基础内容进行介绍,包括税法的基本概念、税法要素、税法体系等。税收实体法主要对中国现行主要税种进行介绍,包括增值税、消费税、企业所得税、个人所得税等。税收程序法主要介绍税收征收管理的基本流程及相关规定。

**关键术语**

税法 税收法律关系 纳税义务人 征税对象 税率 流转税 所得税
财产税 税收保全措施 税收强制执行措施

## 第1节 税 法 概 论

### 一、税收

税收是国家为满足社会公共需要,凭借社会公共权力,强制地、无偿地参与社会产品或国民收入分配,体现以国家为主体的一种分配活动。其基本职能是满足国家的基本财政需要和对经济运行实施有效的调控,具有强制性、无偿性、固定性三个基本特征。

税收法定原则是税法中一项十分重要的基本原则。它肇始于英国,现已为当今各国所公认,成为现代税法普遍实行的基本原则。税收法定原则要求由立法者决定全部税收问题的税法基本原则,即如果没有相应法律作前提,政府则不能征税,公民也没有纳税的义务。税收法定原则包括极为丰富的内容:税收主体必须依且仅依法律的规定征税;纳税主体必须依且仅依法律的规定纳税。税收法定原则的基本精神在各国宪法或税法的各个具体制度中都有体现,具体内容包括三个部分:税种法定、税收要素法定、程序法定。我国《宪法》第56条规定:"中华人民共和国公民有依照法律纳税的义务。"这是税收法定原则的宪法根据,但仅能说明公民的纳税义务要依据法律产生和履行,并未说明更重要的方面,即征税主体应依照法律的规定征税,因而该规定无法全面体现税收法定主义的精神。《税收征收管理法》第3条规定:"税收的开征、停征以及减税、免税、退税、补税,依照法律的规定执行;法律授权国务院规定的,依照国务院制定的行政法规的规定执行。任何机关、单位和个人不得违反法律、行政法规的规定,擅自作出税收开征、停征以及减税、免税、退税、补税和其他同税收法律、行政法规相抵触的决定。"这一规定较全面地反映了税收法定原则的要求,使税收法定原则在我国税收的法治中得到了进一步的确立和完善。

## 二、税法

税法是国家制定的用以调整国家与纳税人之间在征纳税方面的权利与义务关系的法律规范的总称,是国家依法征税、纳税人依法纳税的行为准则。我国税法的主要目的是为国家组织财政收入提供法律保障,为国家宏观调控提供一种经济法律手段。有利于维护和促进市场经济秩序,规范征纳双方的权利和义务规定,同时也有利于维护国家权益,促进国际经济交往的顺利开展。

税法有广义与狭义之分,广义的税法是指国家立法机关、政府及其有关部门制定的有关税收方面的法律、法规、规章等的总称;狭义的税法则仅指国家立法机关或其授权制定的税收法律,即严格意义上的税法。本章的税法使用的广义的税法。

## 三、税收法律关系

(一)税收法律关系概念

税收法律关系是指税法所确认和调整的国家与纳税人之间、国家和国家之间以及各级政府之间,在税收分配过程中形成的权利与义务关系。国家征税与纳税人纳税,形式上是利益分配的关系,但经过法律明确其双方的权利和义务后,就上升为一种特定的法律关系。税收征纳双方都必须按照税法的规定,依法征税,依法纳税。

(二)税收法律关系的构成

税收法律关系由主体、客体和内容三个方面,与其他法律关系相比,有其特有的规定性。

### 1. 主体

税收法律关系的主体是在税收法律关系中享有权利和承担义务的当事人,有征税主体和纳税主体两个方面。具体而言,征税主体是代表国家行使征税职责的国家行政机关,包括国家各级税务机关、海关和财政机关;纳税主体是指依法履行纳税义务的人,包括法人、自然人和其他组织,在华的外国企业、组织、外籍人、无国籍人,以及在华虽然没有机构、场所但有来源于中国境内所得的外国企业或组织。我国对于税收法律关系中纳税主体的确定,采取属地兼属人的原则。

### 2. 客体

税收法律关系的客体是税收征纳双方的权利和义务共同指向的对象,即征税对象。例如所得税法律关系客体就是生产经营所得和其他所得,财产税法律关系客体就是财产等。不同税种其客体也有所不同,国家可以通过对征税对象进行调整,体现其不同的行业、产业等政策意图。

### 3. 内容

税收法律关系的内容是税收征纳双方各自所享有的权利和各自应承担的义务,它是税收法律关系中最本质的规定,是税法的灵魂。税收法律关系的内容规定征纳双方各自可以有哪些行为,不可以有哪些行为,以及违反规定所需承担的法律责任。

具体而言,税务机关的权利主要表现在依法进行税务管理、征收税款、税务检查及对违法者进行处罚。义务主要是向纳税人宣传、咨询、辅导解读税法,及时足额解缴税款,依法受理纳税人对税收争议的申诉等。纳税人的权利主要有多缴税款退还权、延期纳税权、依法申请减免税权、请求国家赔偿权、申请行政复议和提起诉讼权等。义务主要是按税法规定办理税务登记、进行纳税申报、接受税务检查、依法缴纳税款等。

#### (三) 税收法律关系的产生、变更与消灭

税法是引起税收法律关系的前提条件,但税法本身并不能产生具体的税收法律关系。税收法律关系的产生、变更和消灭,必须有能够引起税收法律关系产生、变更或消灭的税收法律事实。这种税收法律事实,可以是税收法律事件或者税收法律行为。一般指税务机关依法征税的行为和纳税人的经济活动行为,发生这种行为才能产生、变更或消灭税收法律关系。例如,纳税人开业经营即产生税收法律关系,纳税人转业或停业就造成税收法律关系的变更或消灭。

## 四、税法要素

税法要素是指各种单行税法具有的共同的基本要素的总称,即税收实体法的构成要素。任何一部税收实体法都要至少规定对谁征税、对什么征税、征多少税等内容。一般而言,税法的构成要素包括总则、纳税义务人、征税对象、税率、纳税环节、纳税期限、纳税地点、税负调整措施等项目,其中纳税义务人、征税对象和税率三个要素是税法的基本要素。

#### (一) 纳税义务人

纳税义务人,又称纳税主体或纳税人,是税法规定的直接负有纳税义务的单位和个人,它首先解决对谁征税的问题,是税法的一个基本要素。

与纳税义务人相关的两个概念有负税人和扣缴义务人。前者指税收负担的实际承担者,征税会导致纳税人收入数额的减少,因而纳税人就会存在税收负担的转嫁动机和行为,通过提高售价将其承担的税收"向后"转移给消费者或购买人,或压低购价将税负"向前"转移给销售者。从而税法规定的纳税人与经济上的税收实际负担人并不一定相同。后者指依法负有代纳税人代扣代缴或代收代缴纳税人应纳税款的单位和个人。例如个人所得税法规定,对个人的工资薪金所得,由支付工资薪金的一方代

为扣缴工资薪金项目应纳的所得税。

（二）征税对象

征税对象，又称课税对象或征税客体，它规定对什么征税，是征纳双方权利义务共同指向的客体或标的物。征税对象是区别一种税与另一种税的重要标志，是税法的一个基本要素。如消费税的征税对象是该税税法所列举的应税消费品。

与征税对象相关的两个概念有税目和税基。前者是征税对象的具体化，即具体的征税项目。并非所有的征税对象都要规定税目，有些税种如企业所得税，不分课税对象的具体项目，一律按照课税对象的应税数额采用同一税率计征税款，不需要单独设置税目。后者又叫计税依据，是税法中规定的据以计算各种应征税款的直接数量依据，是征税对象在量上的具体化和每种税应纳税额的根据。计税依据包括从价计征和从量计征两种形式，从价计征按照征税对象的货币价值计算，从量计征直接按照征税对象的自然单位计算。

（三）税率

税率是征税对象的征收比例或征收额度，在纳税人和征税对象既定的情况下，税率的高低直接决定纳税人承担税收的轻重，因此，税率是衡量税负高低与否的重要标志，体现国家征税的深度，是税法的一个基本要素。

我国现行税率主要有比例税率、累进税率、定额税率三种形式。其中定额税率即固定税额，累进税率是把征税划分不同的等级再规定不同等级的税率。等级越高，适用的税率也越高。我国现行个人所得税采用超额累进税率，土地增值税采用超率累进税率。所谓超额累进税率，是把征税对象按数额大小分成若干等级，每一等级规定一个税率，税率依次提高，但每一纳税人的征税对象则依其所属等级同时适用几个税率分别计算，并且，每一次计算仅以征税对象数额超过上一级的部分作为计算基数，然后将计算结果相加得出应纳税款数额。超率累进税率的计算与超额累进税率的原理相同，只是税率累进的依据不是征税对象的数额，而是征税对象相应的差别比率。相对比率每超过一个级距的，对超过的部分就按照高一级的税率计算征税。

（四）纳税环节

纳税环节是指税法规定的征税对象确定的应该缴纳税款的环节。纳税环节有广义和狭义之分，广义的纳税环节指全部课税对象在再生产中的分布情况。狭义的纳税环节特指应税商品在流转过程中应纳税的环节。按某一种税纳税环节的多少，可以将该税种划分为一次课征制或多次课征制。

（五）纳税期限

纳税期限是税法规定纳税人发生纳税义务后税款缴纳时间的限定。它与纳税义务发生时间不同。纳税义务发生时间是纳税人应税行为发生的时间，是一个"时间点"，而纳税期限体现为每隔固定时间汇总一次纳税义务的时间，是一个"时间段"。

（六）纳税地点

纳税地点是税法中规定纳税人、扣缴义务人缴纳税款的具体地点。一般基于税款的源泉控制和便利原则设定。

（七）税负调整措施

税负调整措施包括减轻税负的措施和加重税负措施两个方面，由于经济情况千差万别和纳税人情况也有差异，税法在上述要素规定外，需要有相应的税收负担调整措施。

**1. 减轻税负措施**

（1）减税免税。减税是从纳税人的应纳税额中减征部分税额的措施，免税是免除纳税人全部应纳税额的措施。减免税按其性质划分，可分为法定减免、特定减免和临时减免等；按其方式划分，可分为税基式减免、税率式减免和税额式减免等。

（2）起征点与免征额。起征点和免征额的规定也是减轻税负的措施。其中起征点是征税对象达到征税数额开始计税的界限，免征额是征税对象全部数额中规定免予计税的数额。两者的区分，前者是未达到的不征税，达到的则要就其全数征税，不做扣除；后者是未达到的不征税，达到的仅就超出部分征税。因此，起征点只是部分优惠，未达到起征点的纳税人才能享受，免征额是普遍优惠，所有纳税人都允许扣除该固定数额，即免征额。

**2. 加重税负措施**

（1）税收附加、税收加成和加倍。税收附加是在征收一种税的同时，再以该税种作为计税依据，据以征收的附加性质的税收，例如教育费附加。税收加成是指对课税对象依据税率计算应纳税额基础上，对税额再加征一定成数的税款。一成即 10%，十成即为一倍。

（2）税收罚则。主要是对纳税人违反税法规定的行为采取的处罚措施。

（八）附则

附则一般都规定与该法紧密相关的内容，如该法的解释权、生效时间等。

## 五、我国现行的税法体系

（一）税收实体法体系

我国的税收实体法，是 1949 年新中国成立后，经过几次较大的改革逐步演变而来。税收实体法共计 18 个税种，按征税对象的性质，大致可分为以下五类：

**1. 流转税类**

包括增值税、消费税、营业税和关税等税种。主要在生产、流通、服务和进出口等方面发挥调节作用。

**2. 所得税类**

包括企业所得税、个人所得税等种税。主要是在国民收入形成以后，对生产经营者的利润和个人的纯收入发挥调节作用。

**3．财产和行为税类**

包括房产税、车船税、印花税和契税等种税。主要是对某些财产和行为发挥调节作用。

**4．资源税类**

包括资源税、土地增值税、城镇土地使用税等种税。主要是对因开发和利用自然资源差异而形成的级差收入发挥调节作用。

**5．行为目的税类**

包括城市维护建设税、车辆购置税、耕地占用税、船舶吨税和烟叶税等种税。主要是对特定对象和特定行为发挥调节作用，以期达到特定的目的。

现行税种的税法中，除了企业所得税、个人所得税、车船税是以国家法律的形式发布实施外，其他各税种的税法都是经过全国人民代表大会授权立法，由国务院以暂行条例的形式发布实施的。这些法律、法规共同构成我国的税收实体法体系。

（二）税收程序法体系

我国的税收程序法体系，按照税收征收管理机关的不同分别规定。上述 18 个税种中，关税和船舶吨税由海关负责征收管理，并按《海关法》和《进出口关税条例》等有关规定执行；其余税种由税务机关负责征收管理，并按《税收征管法》等有关规定执行。但耕地占用税和契税，在部分地区由财政机关负责征收，比照《税收征管法》执行。

# 第 2 节　增值税法和消费税法

## 一、增值税

增值税是指对在我国境内销售货物或提供加工、修理修配劳务（以下简称"应税劳务"），交通运输业、邮政业、通信业、部分现代服务业（以下简称"应税服务"），以及进口货物的单位和个人，就其销售货物、提供应税劳务、提供应税服务的增值额和货物进口金额为计税依据征收的一种流转类税种。我国增值税的基本法律依据是 2008 年 11 月 10 日国务院发布的《中华人民共和国增值税暂行条例》。2016 年 2 月 6 日和 2017 年 11 月 19 日两次修订。《中华人民共和国增值税法》2019 年 12 月 26 日公布。

（一）征税范围

**1．纳税人**

在中华人民共和国境内销售货物或者加工、修理修配劳务（简称"劳务"），销售服务、无形资产、不动产以及进口货物的单位和个人，为增值税的纳税人，应当缴纳增值税。

**2. 纳税义务发生时间**

增值税纳税义务发生时间：①发生应税销售行为，为收讫销售款项或者取得索取销售款项凭据的当天；先开具发票的，为开具发票的当天。②进口货物，为报关进口的当天。

增值税扣缴义务发生时间为纳税人增值税纳税义务发生的当天。

纳税人进口货物，应当自海关填发海关进口增值税专用缴款书之日起 15 日内缴纳税款。

**3. 征收机关**

增值税由税务机关征收，进口货物的增值税由海关代征。个人携带或者邮寄进境自用物品的增值税，连同关税一并计征。具体办法由国务院关税税则委员会会同有关部门制定。

纳税人出口货物适用退（免）税规定的，应当向海关办理出口手续，凭出口报关单等有关凭证，在规定的出口退（免）税申报期内按月向主管税务机关申报办理该项出口货物的退（免）税。境内单位和个人跨境销售服务和无形资产适用退（免）税规定的，应当按期向主管税务机关申报办理退（免）税。

**4. 增值税专用发票**

纳税人发生应税销售行为，应当向索取增值税专用发票的购买方开具增值税专用发票，并在增值税专用发票上分别注明销售额和销项税额。属于下列情形之一的，不得开具增值税专用发票：①应税销售行为的购买方为消费者个人的；②发生应税销售行为适用免税规定的。

（二）纳税义务人和扣缴义务人

**1. 纳税义务人**

（1）一般规定。凡在我国境内销售或者进口货物、提供应税劳务和应税服务的单位和个人都是增值税纳税义务人。单位包括企业和行政单位、事业单位、军事单位、社会团体及其他单位，个人包括个体工商户和其他个人。在境内销售或者进口货物、提供应税劳务的单位租赁或承包其他单位或者个人经营的，承租人或者承包人为纳税人。

（2）纳税人划分。增值税实行凭专用发票抵扣税款的征收办法，实际征管中，为了便于征管，我国又把增值税纳税人按其会计核算水平、经营规模等的不同，划分为一般纳税人和小规模纳税人两种，采取不同的增值税计税方法。

**2. 扣缴义务人**

境外的单位或个人在境内销售应税劳务而在境内未设有经营机构的，其应纳税款以境内代理人为扣缴义务人；在境内没有代理人的，以购买方或接收方为扣缴义务人。

（三）税率与征收率

**1. 基本税率**

我国增值税一般纳税人销售或进口货物、提供应税劳务，提供应税服务，除法律另有规定的之外，一律适用 17％的基本税率。

**2. 低税率**

我国增值税一般纳税人适用的低税率主要有 13％、11％和 6％三种：

（1）11％税率。纳税人销售交通运输、邮政、基础电信、建筑、不动产租赁服务，销售不动产，转让土地使用权，销售或者进口下列货物：第一，粮食等农产品、食用植物油、食用盐；第二，自来水、暖气、冷气、热水、煤气、石油液化气、天然气、二甲醚、沼气、居民用煤炭制品；第三，图书、报纸、杂志、音像制品、电子出版物；第四，饲料、化肥、农药、农机、农膜；第五，国务院规定的其他货物。

（2）6％税率。纳税人销售服务、无形资产，除适用 17％、11％和零税率的以外。

**3. 零税率**

纳税人出口货物，税率为零；但是，国务院另有规定的除外。境内单位和个人跨境销售国务院规定范围内的服务、无形资产，税率为零。

税率的调整由国务院决定。

**4. 征收率**

（1）一般规定。增值税征收率的规定主要适用于小规模纳税人。2009 年 1 月 1 日起，小规模纳税人的征收率统一调整为 3％。小规模纳税人销售自己使用过的固定资产减按 2％征收增值税。

（2）其他规定。

① 下列情形的一般纳税人，可以在流通环节选择按简易计税方法依照 3％征收率计算缴纳增值税：药品经营企业（有药品经营许可证，批发或零售）销售的生物制品；单采血浆站销售非临床用人体血液，不得开具增值税专用发票；拍卖行取得的货物拍卖收入；寄售商店代销寄售物品（包括居民个人寄售的物品在内）；典当业销售死当物品；经国务院或国务院授权机关批准的免税商店零售的免税品，不得开具增值税专用发票；固定业户临时外出经营。

② 下列情形的一般纳税人，按照简易办法依照 3％征收率，减按 2％征收增值税：销售自己使用过的固定资产（增值税转型或"营改增"试点以前购入的，或属于《条例》第 10 条规定不得抵扣且未抵扣进项税额的）；纳税人购进或自制固定资产时为小规模纳税人，认定一般纳税人后再销售该固定资产；选择简易办法缴纳增值税的一般纳税人，销售其按规定不得抵扣且未抵扣进项税额的固定资产；销售旧货，即进入二次流通的具有部分使用价值的货物。

（四）计征办法

**1. 一般纳税人的计征办法**

第一,计算公式。除小规模纳税人外,纳税人销售货物、劳务、服务、无形资产、不动产(统称应税销售行为)应纳税额为当期销项税额抵扣当期进项税额后的余额。应纳税额计算公式:应纳税额＝当期销项税额－当期进项税额。

当期销项税额小于当期进项税额不足抵扣时,其不足部分可以结转下期继续抵扣。

第二,销项税额。纳税人发生应税销售行为,按照销售额和法定的税率计算并向购买方收取的增值税额,为销项税额。销项税额计算公式:销项税额＝销售额×税率。

销售额为纳税人发生应税销售行为向购买方收取的全部价款和价外费用,但是不包括收取的销项税额。

销售额以人民币计算。纳税人以人民币以外的货币结算销售额的,应当折合成人民币计算。

纳税人发生应税销售行为的价格明显偏低并无正当理由的,由主管税务机关核定其销售额。

第三,进项税额。纳税人购进货物、劳务、服务、无形资产、不动产支付或者负担的增值税额,为进项税额。

下列进项税额准予从销项税额中抵扣:

(1) 从销售方取得的增值税专用发票上注明的增值税额。

(2) 从海关取得的海关进口增值税专用缴款书上注明的增值税额。

(3) 购进农产品,除取得增值税专用发票或者海关进口增值税专用缴款书外,按照农产品收购发票或者销售发票上注明的农产品买价和11％的扣除率计算的进项税额,国务院另有规定的除外。进项税额计算公式:

$$进项税额＝买价×扣除率$$

(4) 自境外单位或者个人购进劳务、服务、无形资产或者境内的不动产,从税务机关或者扣缴义务人取得的代扣代缴税款的完税凭证上注明的增值税额。

纳税人购进货物、劳务、服务、无形资产、不动产,取得的增值税扣税凭证不符合法律、行政法规或者国务院税务主管部门有关规定的,其进项税额不得从销项税额中抵扣。

下列项目的进项税额不得从销项税额中抵扣:

(1) 用于简易计税方法计税项目、免征增值税项目、集体福利或者个人消费的购进货物、劳务、服务、无形资产和不动产;

(2) 非正常损失的购进货物,以及相关的劳务和交通运输服务;

(3) 非正常损失的在产品、产成品所耗用的购进货物(不包括固定资产)、劳务和交通运输服务;

（4）国务院规定的其他项目。

如果当期销项税额小于当期进项税额,其不足抵扣的部分可以结转到下期继续抵扣。

同时,一般纳税人销售或者提供财政部和国家税务总局规定的特定货物、应税劳务、应税服务,可以选择按照简易计税方法计税,一经选择,36 个月内不得变更。

**2. 小规模纳税人适用的计征办法**

小规模纳税人发生应税销售行为,实行按照销售额和征收率计算应纳税额的简易办法,并不得抵扣进项税额。应纳税额计算公式:

$$应纳税额 = 销售额 \times 征收率$$

小规模纳税人的标准由国务院财政、税务主管部门规定。

**3. 扣缴义务人适用的计税方法**

境外单位或个人在境内提供应税服务,在境内未设有经营机构的,扣缴义务人按照下列公式计算应扣缴税额:

$$应扣缴税额 = 接受方支付的价款 / (1 + 税率) \times 税率$$

（五）征收管理

**1. 纳税义务发生时间**

纳税人发生应税销售行为,其增值税纳税义务发生时间为取得销售款或取得索取销售款凭据的当天;先开具发票的,为开具发票的当天。

**2. 纳税期限**

（1）按期纳税。分为 1 日、3 日、5 日、10 日或者 15 日、1 个月或者 1 个季度。纳税人以 1 个月或者 1 个季度为 1 个纳税期的,自期满之日起 15 日内申报纳税;以 1 日、3 日、5 日、10 日或者 15 日为 1 个纳税期的,自期满之日起 5 日内预缴税款,于次月 1 日起 15 日内申报纳税并结清上月应纳税款。

（2）按次纳税。纳税人不能按照固定期限纳税的,可以按次纳税。

扣缴义务人解缴税款的期限,依照上述规定执行。纳税人进口货物,应当自海关填发进口增值税专用缴款书之日起 15 日内缴纳税款。

**3. 纳税地点**

（1）固定业户应当向其机构所在地的主管税务机关申报纳税。总机构和分支机构不在同一县（市）的,应当分别向各自所在地的主管税务机关申报纳税;经国务院财政、税务主管部门或者其授权的财政、税务机关批准,可以由总机构汇总向总机构所在地的主管税务机关申报纳税。

（2）固定业户到外县（市）销售货物或者劳务,应当向其机构所在地的主管税务机关报告外出经营事项,并向其机构所在地的主管税务机关申报纳税;未报告的,应当向销售地或者劳务发生地的主管税务机关申报纳税;未向销售地或者劳务发生地的主管税务机关申报纳税的,由其机构所在地的主管税务机关补征税款。

(3) 非固定业户销售货物或者劳务,应当向销售地或者劳务发生地的主管税务机关申报纳税;未向销售地或者劳务发生地的主管税务机关申报纳税的,由其机构所在地或者居住地的主管税务机关补征税款。

(4) 进口货物,应当向报关地海关申报纳税。扣缴义务人应当向其机构所在地或者居住地的主管税务机关申报缴纳其扣缴的税款。

## 二、消费税

消费税是对我国境内生产、委托加工、进口和零售应税消费品行为征收的一种流转类税种。现行消费税的基本规范是 2009 年 1 月 1 日起施行的《中华人民共和国消费税暂行条例》。消费税属于非中性税种,是对货物普遍征收增值税的基础上,选择一些特殊消费品加征的一道流转税,实际上体现为增值税的高税率。消费税具有征税范围的选择性、征税环节的单一性、征税税率的差异性和征税方法的灵活性等特点。

(一)征税范围

我国现行消费税的征税范围为生产、委托加工、进口及零售的应税消费品。主要基于以下几点考虑:(1)一些过度消费会对身体健康、社会秩序、生态环境等方面造成危害的特殊消费品,如烟、酒、鞭炮;(2)奢侈品和非生活必需品,如贵重首饰及珠宝玉石、化妆品;(3)高能耗及高档消费品,如摩托车、小汽车;(4)不可再生和替代的石油类消费品,如成品油;(5)具有一定财政意义的消费品,如汽车轮胎。

目前,消费税应税消费品具体包括 15 个税目,分别是:烟、酒、化妆品、贵重首饰及珠宝玉石、鞭炮焰火、成品油、摩托车、小汽车、高尔夫球及球具、高档手表、游艇、木制一次性筷子、实木地板、电池、涂料。

(二)纳税义务人

在中华人民共和国境内生产、委托加工、进口及零售应税消费品的单位和个人,为消费税纳税义务人。经国务院批准,自 1995 年 1 月 1 日起,金银首饰消费税由生产销售环节征收。

(三)税率

消费税税率有比例税率和定额税率两种形式具体依照《中华人民共和国消费税暂行条例》所附的《消费税税目税率表》执行。

(四)计征办法

**1. 实行从价定率计征办法**

其计算公式为:应纳税额=销售额×税率。

**2. 实行从量定额计征办法**

消费税仅对黄酒、啤酒、成品油等税目实行定额税率。其应纳税额计算公式为:

$$应纳税额=销售数量×单位税额$$

**3. 实行复合计征办法**

消费税的征税范围中,对卷烟、白酒采用复合计征方法。其计算公式为:

应纳税额＝销售数量×定额税率＋销售额×比例税率

（五）征收管理

**1. 纳税义务发生时间**

纳税人生产的应税消费品于销售时纳税,进口的应税消费品,于报关进口环节纳税,金银首饰、钻石及钻石饰品在零售时纳税。

**2. 纳税期限**

(1) 按期纳税。分为 1 日、3 日、5 日、10 日或者 15 日、1 个月或者 1 个季度。纳税人以 1 个月或者 1 个季度为 1 个纳税期的,自期满之日起 15 日内申报纳税;以 1 日、3 日、5 日、10 日或者 15 日为 1 个纳税期的,自期满之日起 5 日内预缴税款,于次月 1 日起 15 日内申报纳税并结清上月应纳税款。

(2) 按次纳税。纳税人不能按照固定期限纳税的,可以按次纳税。

**3. 纳税地点**

纳税人销售的应税消费品,以及自产自用的应税消费品,除国务院财政、税务主管部门另有规定外,应当向纳税人机构所在地或者居住地的主管税务机关申报纳税;委托个人加工的应税消费品,由委托方向其机构所在地主管税务机关申报纳税;纳税人销售的应税消费品,如因质量等原因由购买者退回时,经所在地主管税务机关审核批准后,可退还已征收的消费税税款。

# 第 3 节 企业所得税法和个人所得税法

## 一、企业所得税

企业所得税是以企业取得的生产经营所得和其他所得为征税对象所征收的一种所得类税种。现行企业所得税的基本规范是 2007 年 3 月 16 日第十届全国人民代表大会第五次全体会议通过的《中华人民共和国企业所得税法》,该法于 2017 年 2 月 24 日和 2018 年 12 月 29 日两次修正。2007 年 11 月 28 日国务院第 197 次常务会议通过的《中华人民共和国企业所得税法实施条例》。2008 年 1 月 1 日起施行。

（一）纳税义务人

企业所得税的纳税人,是指在中华人民共和国境内的企业和其他取得收入的组织(以下统称"企业"),不包括个人独资企业和合伙企业。

企业按其是否负有就其来源于境内、外所得向中国政府缴税的义务,可以企业分为居民企业和非居民企业,居民纳税人须就其境内、外所得向我国缴纳企业所得税,非居民只需就起来源于境内的所得向我国缴纳企业所得税。

### 1. 居民企业

居民企业是指依法在中国境内成立,或者依照外国(地区)法律成立但实际管理机构在中国境内的企业。

### 2. 非居民企业

非居民企业是指依照外国(地区)法律成立且实际管理机构不在中国境内,但在中国境内设立机构、场所的,或者在中国境内未设立机构、场所,但有来源于中国境内所得的企业。

（二）征税对象

### 1. 居民企业的征税对象

居民企业应当就其来源于中国境内、境外的所得缴纳企业所得税。

### 2. 非居民企业的征税对象

非居民企业在中国境内设立机构、场所的,应当就其所设机构、场所取得的来源于中国境内的所得,以及发生在中国境外但与其所设机构、场所有实际联系的所得,缴纳企业所得税。非居民企业在中国境内未设立机构、场所的,或者虽设立机构、场所但取得的所得与其所设机构、场所没有实际联系的,应当就其来源于中国境内的所得缴纳企业所得税。

（三）税率

### 1. 基本税率

企业所得税实行比例税率,基本税率为 25%,适用于居民企业和在我国境内设立机构场所的非居民企业。

### 2. 低税率

对非居民企业在中国境内未设立机构、场所的,或者虽设立机构、场所但取得的所得与其所设机构、场所没有实际联系的,其来源于中国境内的所得适用 20% 的税率,实际征收时适用 10% 的税率。

（四）计税依据

企业所得税的计税依据是应纳税所得额,即企业每一纳税年度的收入总额,减除不征税收入、免税收入、各项扣除以及允许弥补的以前年度亏损后的余额。其基本计算公式为:

$$应纳税所得额＝收入总额－不征税收入－免税收入－$$
$$各项扣除－允许弥补的以前年度亏损$$

### 1. 收入总额

包括企业以货币形式和非货币形式从各种来源取得的收入,具体有：销售货物收入、提供劳务收入、转让财产收入、股息、红利等权益性投资收益、利息收入、租金收入、特许权使用费收入、接受捐赠收入、其他收入。

**2．不征税收入和免税收入**

（1）不征税收入指：财政拨款、依法收取并纳入财政管理的行政事业性收费、政府性基金、国务院规定的其他不征税收入。

（2）免税收入指：国债利息收入；符合条件的居民企业之间的股息、红利等权益性投资收益；在中国境内设立机构、场所的非居民企业从居民企业取得与该机构、场所有实际联系的股息、红利等权益性投资收益；符合条件的非营利组织的收入。

**3．各项扣除**

《企业所得税法》规定，企业实际发生的与取得收入有关的、合理的支出，包括成本、费用、税金、损失和其他支出，准予在计算应纳税所得额时扣除。企业发生的支出应当区分收益性支出和资本性支出。收益性支出在发生当期直接扣除；资本性支出应当分期扣除或者计入有关资产成本，不得在发生当期直接扣除。企业的不征税收入用于支出所形成的费用或者财产，不得扣除或者计算对应的折旧、摊销扣除。除企业所得税法和本条例另有规定外，企业实际发生的成本、费用、税金、损失和其他支出，不得重复扣除。

**4．亏损弥补**

《企业所得税法》规定，企业纳税年度发生的亏损，准予向以后年度结转，用以后年度的所得弥补，但结转年限最长不得超过 5 年。

（五）税收优惠

税法规定的企业所得税的税收优惠方式包括免税、减税、加计扣除、创业投资企业优惠、加速折旧、减计收入、税额抵免、特殊行业优惠等。

（六）征收管理

**1．纳税期限**

企业所得税按年计征，分月或分季预缴，年终汇算清缴，多退少补。纳税人应当自月份或季度终了之日起 15 日内，向税务机关报送预缴企业所得税纳税申报表。年度终了后 5 个月内，向税务机关报送年度企业所得税纳税申报表，结清应缴应退税款。

**2．纳税地点**

（1）除税收法律法规另有规定的除外，居民企业以企业登记注册地为纳税地点，但是登记地在境外的，以实际管理机构所在地为纳税地点。

（2）居民企业在中国境内设立不具有法人资格的营业机构时，应当汇总计算缴纳企业所得税。

（3）非居民企业在中国境内设立机构场所的，应当就其机构场所所取得的来源中国境内的所得，以及发生在中国境外但与其机构场所有实际联系的所得，以机构场所所在地为纳税地点；非居民企业在中国境内设立两个或者两个以上机构场所的，经税务机关审核批准，可以选择由其主要机构场所汇总缴纳企业所得税。

（4）非居民企业未设立机构场所的，或者虽设立机构场所，但取得是所得与其机构场所没有实际练习的，以扣缴义务人所在地为纳税地点。

（5）除国务院另有规定除外，企业之间不得合并缴纳企业所得税。

## 二、个人所得税

个人所得税是对自然人取得的各种应税所得为征税对象征收的一种所得类税种。现行个人所得税的基本法律规范是 2011 年 9 月 1 日起施行的《中华人民共和国个人所得税法》，2018 年 8 月 31 日修正，2019 年 1 月 1 日起施行。

（一）纳税人

个人所得税的纳税人是指取得应税所得的自然人，包括：中国公民、个体工商户，个人独资企业、合伙企业投资者、外籍个人，香港、澳门和台湾同胞。个人所得税的纳税人按照住所标准、居住时间标准等，分为居民纳税人和非居民纳税人，并分别承担不同的纳税义务。

**1. 居民纳税人**

居民纳税人是指在中国境内有住所，或者无住所而在中国境内居住满 183 天的个人。居民纳税义务人负有无限纳税义务，须就其来源于我国境内、境外的全部所得，向我国缴纳个人所得税。

**2. 非居民纳税人**

非居民纳税人是指在中国境内无住所又不居住，或者无住所在中国境内居住不满一年的个人。非居民纳税人承担有限纳税义务，仅需就其来源于我国境内的所得，向我国缴纳个人所得税。

（二）征税对象

下列各项个人所得，应当缴纳个人所得税：

（1）工资、薪金所得；（2）劳务报酬所得；（3）稿酬所得；（4）特许权使用费所得；（5）经营所得；（6）利息、股息、红利所得；（7）财产租赁所得；（8）财产转让所得；（9）偶然所得。

居民个人取得前款第一项至第四项所得（以下称"综合所得"），按纳税年度合并计算个人所得税；非居民个人取得前款第一项至第四项所得，按月或者按次分项计算个人所得税。纳税人取得前款第五项至第九项所得，依照本法规定分别计算个人所得税。

（三）税率

1. 综合所得，适用 3%～45% 的超额累进税率。

**个人所得税税率表一**

（综合所得适用）

| 级数 | 全年应纳税所得额 | 税率/% |
|------|------------------|--------|
| 1 | 不超过 36 000 元的 | 3 |
| 2 | 超过 36 000 元至 144 000 元的部分 | 10 |
| 3 | 超过 144 000 元至 300 000 元的部分 | 20 |
| 4 | 超过 300 000 元至 420 000 元的部分 | 25 |
| 5 | 超过 420 000 元至 660 000 元的部分 | 30 |
| 6 | 超过 660 000 元至 960 000 元的部分 | 35 |
| 7 | 超过 960 000 元的部分 | 45 |

2. 经营所得，适用 5%～35% 的超额累进税率。

**个人所得税税率表二**

（经营所得适用）

| 级数 | 全年应纳税所得额 | 税率/% |
|------|------------------|--------|
| 1 | 不超过 30 000 元的 | 5 |
| 2 | 超过 30 000 元至 90 000 元的部分 | 10 |
| 3 | 超过 90 000 元至 300 000 元的部分 | 20 |
| 4 | 超过 300 000 元至 500 000 元的部分 | 30 |
| 5 | 超过 500 000 元的部分 | 35 |

3. 利息、股息、红利所得，财产租赁所得，财产转让所得和偶然所得，适用比例税率，税率为 20%。

**（四）计税依据**

应纳税所得额的计算：（1）居民个人的综合所得，以每一纳税年度的收入额减除费用六万元以及专项扣除、专项附加扣除和依法确定的其他扣除后的余额，为应纳税所得额。

（2）非居民个人的工资、薪金所得，以每月收入额减除费用 5 000 元后的余额为应纳税所得额；劳务报酬所得、稿酬所得、特许权使用费所得，以每次收入额为应纳税所得额。

（3）经营所得，以每一纳税年度的收入总额减除成本、费用以及损失后的余额，为应纳税所得额。

（4）财产租赁所得，每次收入不超过 4 000 元的，减除费用 800 元；4 000 元以上的，减除 20% 的费用，其余额为应纳税所得额。

（5）财产转让所得，以转让财产的收入额减除财产原值和合理费用后的余额，为应纳税所得额。

(6)利息、股息、红利所得和偶然所得,以每次收入额为应纳税所得额。劳务报酬所得、稿酬所得、特许权使用费所得以收入减除20%的费用后的余额为收入额。稿酬所得的收入额减按70%计算。个人将其所得对教育、扶贫、济困等公益慈善事业进行捐赠,捐赠额未超过纳税人申报的应纳税所得额30%的部分,可以从其应纳税所得额中扣除;国务院规定对公益慈善事业捐赠实行全额税前扣除的,从其规定。本条第一款第一项规定的专项扣除,包括居民个人按照国家规定的范围和标准缴纳的基本养老保险、基本医疗保险、失业保险等社会保险费和住房公积金等;专项附加扣除,包括子女教育、继续教育、大病医疗、住房贷款利息或者住房租金、赡养老人等支出,具体范围、标准和实施步骤由国务院确定,并报全国人民代表大会常务委员会备案。

（五）个人所得税免征与减征

1. 下列各项个人所得,免征个人所得税:(1)省级人民政府、国务院部委和中国人民解放军军以上单位,以及外国组织、国际组织颁发的科学、教育、技术、文化、卫生、体育、环境保护等方面的奖金;(2)国债和国家发行的金融债券利息;(3)按照国家统一规定发给的补贴、津贴;(4)福利费、抚恤金、救济金;(5)保险赔款;(6)军人的转业费、复员费、退役金;(7)按照国家统一规定发给干部、职工的安家费、退职费、基本养老金或者退休费、离休费、离休生活补助费;(8)依照有关法律规定应予免税的各国驻华使馆、领事馆的外交代表、领事官员和其他人员的所得;(9)中国政府参加的国际公约、签订的协议中规定免税的所得;(10)国务院规定的其他免税所得。前款第十项免税规定,由国务院报全国人民代表大会常务委员会备案。

2. 有下列情形之一的,可以减征个人所得税,具体幅度和期限,由省、自治区、直辖市人民政府规定,并报同级人民代表大会常务委员会备案:(1)残疾、孤老人员和烈属的所得;(2)因自然灾害遭受重大损失的。国务院可以规定其他减税情形,报全国人民代表大会常务委员会备案。

3. 居民个人从中国境外取得的所得,可以从其应纳税额中抵免已在境外缴纳的个人所得税税额,但抵免额不得超过该纳税人境外所得依照本法规定计算的应纳税额。

（六）征收管理

**1. 纳税申报**

第一,个人所得税以所得人为纳税人,以支付所得的单位或者个人为扣缴义务人。纳税人有中国公民身份号码的,以中国公民身份号码为纳税人识别号;纳税人没有中国公民身份号码的,由税务机关赋予其纳税人识别号。扣缴义务人扣缴税款时,纳税人应当向扣缴义务人提供纳税人识别号。

第二,有下列情形之一的,纳税人应当依法办理纳税申报:①取得综合所得需要办理汇算清缴;②取得应税所得没有扣缴义务人;③取得应税所得,扣缴义务人未扣缴税款；④取得境外所得；⑤因移居境外注销中国户籍；⑥非居民个人在中国境内从两处以上取得工资、薪金所得；⑦国务院规定的其他情形。扣缴义务人应当按照国家规定办理全员全额扣缴申报，并向纳税人提供其个人所得和已扣缴税款等信息。

第三，有下列情形之一的，税务机关有权按照合理方法进行纳税调整：①个人与其关联方之间的业务往来不符合独立交易原则而减少本人或者其关联方应纳税额，且无正当理由；②居民个人控制的，或者居民个人和居民企业共同控制的设立在实际税负明显偏低的国家(地区)的企业，无合理经营需要，对应当归属于居民个人的利润不作分配或者减少分配；③个人实施其他不具有合理商业目的的安排而获取不当税收利益。税务机关依照前款规定作出纳税调整，需要补征税款的，应当补征税款，并依法加收利息。

### 2. 汇算清缴

居民个人取得综合所得，按年计算个人所得税；有扣缴义务人的，由扣缴义务人按月或者按次预扣预缴税款；需要办理汇算清缴的，应当在取得所得的次年 3 月 1 日至 6 月 30 日内办理汇算清缴。预扣预缴办法由国务院税务主管部门制定。居民个人向扣缴义务人提供专项附加扣除信息的，扣缴义务人按月预扣预缴税款时应当按照规定予以扣除，不得拒绝。非居民个人取得工资、薪金所得，劳务报酬所得，稿酬所得和特许权使用费所得，有扣缴义务人的，由扣缴义务人按月或者按次代扣代缴税款，不办理汇算清缴。

纳税人取得经营所得，按年计算个人所得税，由纳税人在月度或者季度终了后 15 日内向税务机关报送纳税申报表，并预缴税款；在取得所得的次年 3 月 31 日前办理汇算清缴。纳税人取得利息、股息、红利所得，财产租赁所得，财产转让所得和偶然所得，按月或者按次计算个人所得税，有扣缴义务人的，由扣缴义务人按月或者按次代扣代缴税款。

纳税人取得应税所得没有扣缴义务人的，应当在取得所得的次月 15 日内向税务机关报送纳税申报表，并缴纳税款。纳税人取得应税所得，扣缴义务人未扣缴税款的，纳税人应当在取得所得的次年 6 月 30 日前，缴纳税款；税务机关通知限期缴纳的，纳税人应当按照期限缴纳税款。居民个人从中国境外取得所得的，应当在取得所得的次年 3 月 1 日至 6 月 30 日内申报纳税。非居民个人在中国境内从两处以上取得工资、薪金所得的，应当在取得所得的次月 15 日内申报纳税。纳税人因移居境外注销中国户籍的，应当在注销中国户籍前办理税款清算。

扣缴义务人每月或者每次预扣、代扣的税款，应当在次月 15 日内缴入国库，并向税务机关报送扣缴个人所得税申报表。纳税人办理汇算清缴退税或者扣缴义务人为纳税人办理汇算清缴退税的，税务机关审核后，按照国库管理的有关规定办理退税。

### 3. 纳税管理

公安、人民银行、金融监督管理等相关部门应当协助税务机关确认纳税人的身份、金融账户信息。教育、卫生、医疗保障、民政、人力资源社会保障、住房城乡建设、公安、人民银行、金融监督管理等相关部门应当向税务机关提供纳税人子女教育、继续教育、大病医疗、住房贷款利息、住房租金、赡养老人等专项附加扣除信息。个人转让不动产的，税务机关应当根据不动产登记等相关信息核验应缴的个人所得税，登记机构办理转移登记时，应当查验与该不动产转让相关的个人所得税的完税凭证。个人转让股权办理变更登记的，市场主体登记机关应当查验与该股权交易相关的个人所得税的完税凭证。有关部门依法将纳税人、扣缴义务人遵守税法的情况纳入信用信息系统，并实施联合激励或者惩戒。

案例 19

## 第 4 节　税 收 程 序 法

税收程序法是税收实体法的对称，指以国家税收活动中所发生的程序关系为调整对象的税法，是规定国家征税权行使程序和纳税人纳税义务履行程序的法律规范的总称。其内容主要包括税收确定程序、税收征收程序、税收检查程序和税务争议的解决程序。我国现行的税收程序法主要是《中华人民共和国税收征管管理法》全国人大常委会分别于 1995 年 2 月 28 日、2013 年 6 月 29 日、2015 年 4 月 24 日进行了三次修正。《中华人民共和国税收征收管理法实施细则》2002 年 9 月 7 日国务院令第 362 号公布，并于 2012 年 11 月 9 日、2013 年 7 月 18 日、2016 年 2 月 6 日分别予以修正。在适用范围上，我国耕地占用税、契税、农业税、牧业税征收管理的具体办法，由国务院另行制定。关税及海关代征税收的征收管理，依照法律、行政法规的有关规定执行。

## 一、税收权利与义务

### 1. 税收法定

税收法定原则在税收程序法方面要求：税收的开征、停征以及减税、免税、退税、补税，依照法律的规定执行；法律授权国务院规定的，依照国务院制定的行政法规的规定执行。任何机关、单位和个人不得违反法律、行政法规的规定，擅自作出税收开征、停征以及减税、免税、退税、补税和其他同税收法律、行政法规相抵触的决定。纳税人依照法律、行政法规的规定办理减税、免税。地方各级人民政府、各级人民政府主管部门、单位和个人违反法律、行政法规规定，擅自作出的减税、免税决定无效，税务机关不得执行，并向上级税务机关报告。

为了规范税收征收行为,我国税收征管法规定征税主体法定,除税务机关、税务人员以及经税务机关依照法律、行政法规委托的单位和人员外,任何单位和个人不得进行税款征收活动。我国税收征管法还规定了征税主体行为法定:税务机关依照法律、行政法规的规定征收税款,不得违反法律、行政法规的规定开征、停征、多征、少征、提前征收、延缓征收或者摊派税款。农业税应纳税额按照法律、行政法规的规定核定。

**2. 纳税义务**

法律、行政法规规定负有纳税义务的单位和个人为纳税人。法律、行政法规规定负有代扣代缴、代收代缴税款义务的单位和个人为扣缴义务人。纳税人、扣缴义务人必须依照法律、行政法规的规定缴纳税款、代扣代缴、代收代缴税款。

纳税人有合并、分立情形的应当向税务机关报告,并依法缴清税款。纳税人合并时未缴清税款的,应当由合并后的纳税人继续履行未履行的纳税义务;纳税人分立时未缴清税款的,分立后的纳税人对未履行的纳税义务应当承担连带责任。

欠缴税款数额较大的纳税人在处分其不动产或者大额资产之前,应当向税务机关报告。

**3. 纳税人权利**

纳税人在税收法治中享有广泛的权利,从税收程序的角度来看,我国纳税人依法享有申请减税、免税、退税的权利。纳税人、扣缴义务人对税务机关所作出的决定,享有陈述权、申辩权;依法享有申请行政复议、提起行政诉讼、请求国家赔偿等权利。

我国宪法规定了公民的检举、控告权利,在税收法治中表现为纳税人、扣缴义务人有权控告和检举税务机关、税务人员的违法违纪行为。

## 二、税务管理

**1. 税务管理体制**

国务院税务主管部门主管全国税收征收管理工作。各地国家税务局和地方税务局应当按照国务院规定的税收征收管理范围分别进行征收管理。地方各级人民政府应当依法加强对本行政区域内税收征收管理工作的领导或者协调,支持税务机关依法执行职务,依照法定税率计算税额,依法征收税款。各有关部门和单位应当支持、协助税务机关依法执行职务。税务机关依法执行职务,任何单位和个人不得阻挠。

**2. 税收信息共享制度**

国家加强税收征收管理信息系统的现代化建设,建立、健全税务机关与政府其他管理机关的信息共享制度。纳税人、扣缴义务人和其他有关单位应当按照国家有关规定如实向税务机关提供与纳税和代扣代缴、代收代缴税款有关的信息。

税务机关应当广泛宣传税收法律、行政法规,普及纳税知识,无偿地为纳税人提供纳税咨询服务。纳税人、扣缴义务人有权向税务机关了解国家税收法律、行政法规的规定以及与纳税程序有关的情况。

### 3. 税务机关内部控制制度

第一,各级税务机关应当建立、健全内部制约和监督管理制度。上级税务机关应当对下级税务机关的执法活动依法进行监督。各级税务机关应当对其工作人员执行法律、行政法规和廉洁自律准则的情况进行监督检查。第二,税务机关负责征收、管理、稽查、行政复议的人员的职责应当明确,并相互分离、相互制约。第三,税务人员征收税款和查处税收违法案件,与纳税人、扣缴义务人或者税收违法案件有利害关系的,应当回避。

### 4. 税收举报奖励制度

任何单位和个人都有权检举违反税收法律、行政法规的行为。收到检举的机关和负责查处的机关应当为检举人保密。税务机关应当按照规定对检举人给予奖励。

纳税人、扣缴义务人有权要求税务机关为纳税人、扣缴义务人的情况保密。税务机关应当依法为纳税人、扣缴义务人的情况保密。

### 5. 税务登记管理

企业,企业在外地设立的分支机构和从事生产、经营的场所,个体工商户和从事生产、经营的事业单位(统称从事生产、经营的纳税人)自领取营业执照之日起 30 日内,持有关证件,向税务机关申报办理税务登记。税务机关应当于收到申报的当日办理登记并发给税务登记证件。工商行政管理机关应当将办理登记注册、核发营业执照的情况,定期向税务机关通报。上述规定以外的纳税人办理税务登记和扣缴义务人办理扣缴税款登记的范围和办法,由国务院规定。

从事生产、经营的纳税人,税务登记内容发生变化的,自工商行政管理机关办理变更登记之日起 30 日内或者在向工商行政管理机关申请办理注销登记之前,持有关证件向税务机关申报办理变更或者注销税务登记。

### 6. 税务账户、账簿与证件管理

从事生产、经营的纳税人应当按照国家有关规定,持税务登记证件,在银行或者其他金融机构开立基本存款账户和其他存款账户,并将其全部账号向税务机关报告。银行和其他金融机构应当在从事生产、经营的纳税人的账户中登录税务登记证件号码,并在税务登记证件中登录从事生产、经营的纳税人的账户账号。税务机关依法查询从事生产、经营的纳税人开立账户的情况时,有关银行和其他金融机构应当予以协助。

纳税人按照国务院税务主管部门的规定使用税务登记证件。税务登记证件不得转借、涂改、损毁、买卖或者伪造。

纳税人、扣缴义务人按照有关法律、行政法规和国务院财政、税务主管部门的规定设置账簿,根据合法、有效凭证记账,进行核算。

从事生产、经营的纳税人、扣缴义务人必须按照国务院财政、税务主管部门规定的保管期限保管账簿、记账凭证、完税凭证及其他有关资料。账簿、记账凭证、完税凭证及其他有关资料不得伪造、变造或者擅自损毁。

### 7. 纳税人内部制度备案

从事生产、经营的纳税人的财务、会计制度或者财务、会计处理办法和会计核算软件,应当报送税务机关备案。纳税人、扣缴义务人的财务、会计制度或者财务、会计处理办法与国务院或者国务院财政、税务主管部门有关税收的规定抵触的,依照国务院或者国务院财政、税务主管部门有关税收的规定计算应纳税款、代扣代缴和代收代缴税款。

### 8. 发票管理

第一,税务机关是发票的主管机关,负责发票印制、领购、开具、取得、保管、缴销的管理和监督。第二,单位、个人在购销商品、提供或者接受经营服务以及从事其他经营活动中,应当按照规定开具、使用、取得发票。发票的管理办法由国务院规定。第三,增值税专用发票由国务院税务主管部门指定的企业印制;其他发票,按照国务院税务主管部门的规定,分别由省、自治区、直辖市国家税务局、地方税务局指定企业印制。未经法定的税务机关指定,不得印制发票。第四,国家根据税收征收管理的需要,积极推广使用税控装置。纳税人应当按照规定安装、使用税控装置,不得损毁或者擅自改动税控装置。

## 三、纳税申报

### 1. 纳税申报

纳税申报是纳税人和扣缴义务人依法向税务机关提交书面或电子形式的纳税报告的法律行为。纳税人必须依照法律、行政法规规定或者税务机关依照法律、行政法规的规定确定的申报期限、申报内容如实办理纳税申报,报送纳税申报表、财务会计报表以及税务机关根据实际需要要求纳税人报送的其他纳税资料。扣缴义务人必须依照法律、行政法规规定或者税务机关依照法律、行政法规的规定确定的申报期限、申报内容如实报送代扣代缴、代收代缴税款报告表以及税务机关根据实际需要要求扣缴义务人报送的其他有关资料。

### 2. 申报方式

纳税人、扣缴义务人可以直接到税务机关办理纳税申报或者报送代扣代缴、代收代缴税款报告表,也可以按照规定采取邮寄、数据电文或者其他方式办理申报、报送事项。

### 3. 延期申报

纳税人、扣缴义务人不能按期办理纳税申报或者报送代扣代缴、代收代缴税款报告表的,经税务机关核准,可以延期申报。经核准延期办理前款规定的申报、报送事项的,应当在纳税期内按照上期实际缴纳的税额或者税务机关核定的税额预缴税款,并在核准的延期内办理税款结算。

## 四、税款征收

税款征收是税收程序制度的中心环节,是全部税收管理制度的目的和归宿。

为便于税款征收,我国税收征管法规定了税款与各种债权的顺位关系。税务机关征收税款,税收优先于无担保债权,法律另有规定的除外;纳税人欠缴的税款发生在纳税人以其财产设定抵押、质押或者纳税人的财产被留置之前的,税收应当先于抵押权、质权、留置权执行。纳税人欠缴税款,同时又被行政机关决定处以罚款、没收违法所得的,税收优先于罚款、没收违法所得。税务机关应当对纳税人欠缴税款的情况定期予以公告。

纳税人有欠税情形而以其财产设定抵押、质押的,应当向抵押权人、质权人说明其欠税情况。抵押权人、质权人可以请求税务机关提供有关的欠税情况。

### 1. 代扣代收

扣缴义务人依照法律、行政法规的规定履行代扣、代收税款的义务。对法律、行政法规没有规定负有代扣、代收税款义务的单位和个人,税务机关不得要求其履行代扣、代收税款义务。扣缴义务人依法履行代扣、代收税款义务时,纳税人不得拒绝。纳税人拒绝的,扣缴义务人应当及时报告税务机关处理。税务机关按照规定付给扣缴义务人代扣、代收手续费。

纳税人、扣缴义务人按照法律、行政法规规定或者税务机关依照法律、行政法规的规定确定的期限,缴纳或者解缴税款。纳税人因有特殊困难,不能按期缴纳税款的,经省、自治区、直辖市国家税务局、地方税务局批准,可以延期缴纳税款,但是最长不得超过3个月。

税务机关征收税款时,必须给纳税人开具完税凭证。扣缴义务人代扣、代收税款时,纳税人要求扣缴义务人开具代扣、代收税款凭证的,扣缴义务人应当开具。

### 2. 核定征收

纳税人有下列情形之一的,税务机关有权核定其应纳税额:(1)依照法律、行政法规的规定可以不设置账簿的;(2)依照法律、行政法规的规定应当设置账簿但未设置的;(3)擅自销毁账簿或者拒不提供纳税资料的;(4)虽设置账簿,但账目混乱或者成本资料、收入凭证、费用凭证残缺不全,难以查账的;(5)发生纳税义务,未按照规定的期限办理纳税申报,经税务机关责令限期申报,逾期仍不申报的;(6)纳税人申报的计税依据明显偏低,又无正当理由的。税务机关核定应纳税额的具体程序和方法由国务院税务主管部门规定。

企业或者外国企业在中国境内设立的从事生产、经营的机构、场所与其关联企业之间的业务往来,应当按照独立企业之间的业务往来收取或者支付价款、费用;不按照独立企业之间的业务往来收取或者支付价款、费用,而减少其应纳税的收入或者所得额的,税务机关有权进行合理调整。

对未按照规定办理税务登记的从事生产、经营的纳税人以及临时从事经营的纳税人,由税务机关核定其应纳税额,责令缴纳;不缴纳的,税务机关可以扣押其价值相当于应纳税款的商品、货物。扣押后缴纳应纳税款的,税务机关必须立即解除扣押,并归还所扣押的商品、货物;扣押后仍不缴纳应纳税款的,经县以上税务局(分局)局长批准,依法拍卖或者变卖所扣押的商品、货物,以拍卖或者变卖所得抵缴税款。

**3. 税收保全与税收强制执行**

第一,税收保全。税务机关有根据认为从事生产、经营的纳税人有逃避纳税义务行为的,可以在规定的纳税期之前,责令限期缴纳应纳税款;在限期内发现纳税人有明显的转移、隐匿其应纳税的商品、货物以及其他财产或者应纳税的收入的迹象的,税务机关可以责成纳税人提供纳税担保。如果纳税人不能提供纳税担保,经县以上税务局(分局)局长批准,税务机关可以采取下列税收保全措施:(一)书面通知纳税人开户银行或者其他金融机构冻结纳税人的金额相当于应纳税款的存款;(二)扣押、查封纳税人的价值相当于应纳税款的商品、货物或者其他财产。纳税人在前款规定的限期内缴纳税款的,税务机关必须立即解除税收保全措施;限期期满仍未缴纳税款的,经县以上税务局(分局)局长批准,税务机关可以书面通知纳税人开户银行或者其他金融机构从其冻结的存款中扣缴税款,或者依法拍卖或者变卖所扣押、查封的商品、货物或者其他财产,以拍卖或者变卖所得抵缴税款。个人及其所扶养家属维持生活必需的住房和用品,不在税收保全措施的范围之内。

纳税人在限期内已缴纳税款,税务机关未立即解除税收保全措施,使纳税人的合法利益遭受损失的,税务机关应当承担赔偿责任。

第二,税收强制执行。从事生产、经营的纳税人、扣缴义务人未按照规定的期限缴纳或者解缴税款,纳税担保人未按照规定的期限缴纳所担保的税款,由税务机关责令限期缴纳,逾期仍未缴纳的,经县以上税务局(分局)局长批准,税务机关可以采取下列强制执行措施:

(1)通知扣缴。书面通知其开户银行或者其他金融机构从其存款中扣缴税款。

(2)扣押、查封、依法拍卖或者变卖。扣押、查封、依法拍卖或者变卖其价值相当于应纳税款的商品、货物或者其他财产,以拍卖或者变卖所得抵缴税款。税务机关采取强制执行措施时,对纳税人、扣缴义务人、纳税担保人未缴纳的滞纳金同时强制执行。个人及其所扶养家属维持生活必需的住房和用品,不在强制执行措施的范围之内。税务机关扣押商品、货物或者其他财产时,必须开付收据;查封商品、货物或者其他财产时,必须开付清单。

(3)税收代位权与撤销权。欠缴税款的纳税人因怠于行使到期债权,或者放弃到期债权,或者无偿转让财产,或者以明显不合理的低价转让财产而受让人知道该情形,对国家税收造成损害的,税务机关可以依照《合同法》第73条、第74条的规定行使代位权、撤销权。税务机关依照前款规定行使代位权、撤销权的,不免除欠缴税款的纳税人尚未履行的纳税义务和应承担的法律责任。

(4) 限制出境。欠缴税款的纳税人或者他的法定代表人需要出境的,应当在出境前向税务机关结清应纳税款、滞纳金或者提供担保。未结清税款、滞纳金,又不提供担保的,税务机关可以通知出境管理机关阻止其出境。

第三,采取税收保全措施、强制执行措施的权力,不得由法定的税务机关以外的单位和个人行使。税务机关采取税收保全措施和强制执行措施必须依照法定权限和法定程序,不得查封、扣押纳税人个人及其所扶养家属维持生活必需的住房和用品。

税务机关滥用职权违法采取税收保全措施、强制执行措施,或者采取税收保全措施、强制执行措施不当,使纳税人、扣缴义务人或者纳税担保人的合法权益遭受损失的,应当依法承担赔偿责任。

**4. 税收退还与追征**

第一,税收退还。纳税人超过应纳税额缴纳的税款,税务机关发现后应当立即退还;纳税人自结算缴纳税款之日起三年内发现的,可以向税务机关要求退还多缴的税款并加算银行同期存款利息,税务机关及时查实后应当立即退还;涉及从国库中退库的,依照法律、行政法规有关国库管理的规定退还。

第二,税款补缴。因税务机关的责任,致使纳税人、扣缴义务人未缴或者少缴税款的,税务机关在三年内可以要求纳税人、扣缴义务人,但是不得加收滞纳金。

第三,纳税人未按照规定期限缴纳税款的,扣缴义务人未按照规定期限解缴税款的,税务机关除责令限期缴纳外,从滞纳税款之日起,按日加收滞纳税款万分之五的滞纳金。

第四,税款追征。因纳税人、扣缴义务人计算错误等失误,未缴或者少缴税款的,税务机关在三年内可以追征税款、滞纳金;有特殊情况的,追征期可以延长到五年。对偷税、抗税、骗税的,税务机关追征其未缴或者少缴的税款、滞纳金或者所骗取的税款,不受期限的限制。

**5. 税款入库**

国家税务局和地方税务局应当按照国家规定的税收征收管理范围和税款入库预算级次,将征收的税款缴入国库。对审计机关、财政机关依法查出的税收违法行为,税务机关应当根据有关机关的决定、意见书,依法将应收的税款、滞纳金按照税款入库预算级次缴入国库,并将结果及时回复有关机关。

## 五、税务检查

### 1. 税务检查权限

税务机关对从事生产、经营的纳税人以前纳税期的纳税情况依法进行税务检查时,发现纳税人有逃避纳税义务行为,并有明显的转移、隐匿其应纳税的商品、货物以及其他财产或者应纳税的收入的迹象的,可以依法定的批准权限采取税收保全措施或者强制执行措施。

纳税人、扣缴义务人必须接受税务机关依法进行的税务检查,如实反映情况,提供有关资料,不得拒绝、隐瞒。

税务机关依法进行税务检查时,有权向有关单位和个人调查纳税人、扣缴义务人和其他当事人与纳税或者代扣代缴、代收代缴税款有关的情况,有关单位和个人有义务向税务机关如实提供有关资料及证明材料。

税务机关调查税务违法案件时,对与案件有关的情况和资料,可以记录、录音、录像、照相和复制。

税务机关派出的人员进行税务检查时,应当出示税务检查证和税务检查通知书,并有责任为被检查人保守秘密;未出示税务检查证和税务检查通知书的,被检查人有权拒绝检查。

税收征管法规定的行政处罚,罚款额在二千元以下的,可以由税务所决定。

**2. 税务检查范围**

税务机关有权对下列事项进行检查:(1)检查纳税人的账簿、记账凭证、报表和有关资料,检查扣缴义务人代扣代缴、代收代缴税款账簿、记账凭证和有关资料;(2)到纳税人的生产、经营场所和货物存放地检查纳税人应纳税的商品、货物或者其他财产,检查扣缴义务人与代扣代缴、代收代缴税款有关的经营情况;(3)责成纳税人、扣缴义务人提供与纳税或者代扣代缴、代收代缴税款有关的文件、证明材料和有关资料;(4)询问纳税人、扣缴义务人与纳税或者代扣代缴、代收代缴税款有关的问题和情况;(5)到车站、码头、机场、邮政企业及其分支机构检查纳税人托运、邮寄应纳税商品、货物或者其他财产的有关单据、凭证和有关资料;(6)经县以上税务局(分局)局长批准,凭全国统一格式的检查存款账户许可证明,查询从事生产、经营的纳税人、扣缴义务人在银行或者其他金融机构的存款账户。税务机关在调查税收违法案件时,经设区的市、自治州以上税务局(分局)局长批准,可以查询案件涉嫌人员的储蓄存款。税务机关查询所获得的资料,不得用于税收以外的用途。

## 六、法律责任

**1. 纳税人与扣缴义务人法律责任**

纳税人有下列行为之一的,由税务机关责令限期改正,可以处 2 000 元以下的罚款;情节严重的,处 2 000 元以上 1 万元以下的罚款:(1)未按照规定的期限申报办理税务登记、变更或者注销登记的;(2)未按照规定设置、保管账簿或者保管记账凭证和有关资料的;(3)未按照规定将财务、会计制度或者财务、会计处理办法和会计核算软件报送税务机关备查的;(4)未按照规定将其全部银行账号向税务机关报告的;(5)未按照规定安装、使用税控装置,或者损毁或者擅自改动税控装置的。纳税人不办理税务登记的,由税务机关责令限期改正;逾期不改正的,经税务机关提请,由工商行政管理机关吊销其营业执照。纳税人未按照规定使用税务登记证件,或者转借、涂改、损毁、买卖、伪造税务登记证件的,处2 000元以上1万元以下的罚款;情节严重的,处1万元以上5万元以下的罚款。

扣缴义务人未按照规定设置、保管代扣代缴、代收代缴税款账簿或者保管代扣代缴、代收代缴税款记账凭证及有关资料的,由税务机关责令限期改正,可以处2 000元以下的罚款;情节严重的,处2 000元以上5 000元以下的罚款。

纳税人未按照规定的期限办理纳税申报和报送纳税资料的,或者扣缴义务人未按照规定的期限向税务机关报送代扣代缴、代收代缴税款报告表和有关资料的,由税务机关责令限期改正,可以处2 000元以下的罚款;情节严重的,可以处2 000元以上1万元以下的罚款。

纳税人伪造、变造、隐匿、擅自销毁账簿、记账凭证,或者在账簿上多列支出或者不列、少列收入,或者经税务机关通知申报而拒不申报或者进行虚假的纳税申报,不缴或者少缴应纳税款的,是偷税。对纳税人偷税的,由税务机关追缴其不缴或者少缴的税款、滞纳金,并处不缴或者少缴的税款50%以上5倍以下的罚款;构成犯罪的,依法追究刑事责任。扣缴义务人采取前款所列手段,不缴或者少缴已扣、已收税款,由税务机关追缴其不缴或者少缴的税款、滞纳金,并处不缴或者少缴的税款50%以上5倍以下的罚款;构成犯罪的,依法追究刑事责任。

纳税人、扣缴义务人编造虚假计税依据的,由税务机关责令限期改正,并处5万元以下的罚款。纳税人不进行纳税申报,不缴或者少缴应纳税款的,由税务机关追缴其不缴或者少缴的税款、滞纳金,并处不缴或者少缴的税款50%以上5倍以下的罚款。

纳税人欠缴应纳税款,采取转移或者隐匿财产的手段,妨碍税务机关追缴欠缴的税款的,由税务机关追缴欠缴的税款、滞纳金,并处欠缴税款50%以上5倍以下的罚款;构成犯罪的,依法追究刑事责任。

以假报出口或者其他欺骗手段,骗取国家出口退税款的,由税务机关追缴其骗取的退税款,并处骗取税款1倍以上5倍以下的罚款;构成犯罪的,依法追究刑事责任。对骗取国家出口退税款的,税务机关可以在规定期间内停止为其办理出口退税。

以暴力、威胁方法拒不缴纳税款的,是抗税,除由税务机关追缴其拒缴的税款、滞纳金外,依法追究刑事责任。情节轻微,未构成犯罪的,由税务机关追缴其拒缴的税款、滞纳金,并处拒缴税款1倍以上5倍以下的罚款。

纳税人、扣缴义务人在规定期限内不缴或者少缴应纳或者应解缴的税款,经税务机关责令限期缴纳,逾期仍未缴纳的,税务机关除依照本法第四十条的规定采取强制执行措施追缴其不缴或者少缴的税款外,可以处不缴或者少缴的税款50%以上5倍以下的罚款。

扣缴义务人应扣未扣、应收而不收税款的，由税务机关向纳税人追缴税款，对扣缴义务人处应扣未扣、应收未收税款50％以上3倍以下的罚款。

纳税人、扣缴义务人逃避、拒绝或者以其他方式阻挠税务机关检查的，由税务机关责令改正，可以处1万元以下的罚款；情节严重的，处1万元以上5万元以下的罚款。

纳税人、扣缴义务人的开户银行或者其他金融机构拒绝接受税务机关依法检查纳税人、扣缴义务人存款账户，或者拒绝执行税务机关作出的冻结存款或者扣缴税款的决定，或者在接到税务机关的书面通知后帮助纳税人、扣缴义务人转移存款，造成税款流失的，由税务机关处10万元以上50万元以下的罚款，对直接负责的主管人员和其他直接责任人员处1 000元以上1万元以下的罚款。

**2. 非法印制发票法律责任**

非法印制发票的，由税务机关销毁非法印制的发票，没收违法所得和作案工具，并处1万元以上5万元以下的罚款；构成犯罪的，依法追究刑事责任。

从事生产、经营的纳税人、扣缴义务人有税收违法行为，拒不接受税务机关处理的，税务机关可以收缴其发票或者停止向其发售发票。

**3. 税务机关与税务人员法律责任**

税务机关违反规定擅自改变税收征收管理范围和税款入库预算级次的，责令限期改正，对直接负责的主管人员和其他直接责任人员依法给予降级或者撤职的行政处分。

税务机关、税务人员查封、扣押纳税人个人及其所扶养家属维持生活必需的住房和用品的，责令退还，依法给予行政处分；构成犯罪的，依法追究刑事责任。

税务人员与纳税人、扣缴义务人勾结，唆使或者协助纳税人、扣缴义务人有本法第63条、第65条、第66条规定的行为，构成犯罪的，依法追究刑事责任；尚不构成犯罪的，依法给予行政处分。

税务人员利用职务上的便利，收受或者索取纳税人、扣缴义务人财物或者谋取其他不正当利益，构成犯罪的，依法追究刑事责任；尚不构成犯罪的，依法给予行政处分。

税务人员徇私舞弊或者玩忽职守，不征或者少征应征税款，致使国家税收遭受重大损失，构成犯罪的，依法追究刑事责任；尚不构成犯罪的，依法给予行政处分。税务人员滥用职权，故意刁难纳税人、扣缴义务人的，调离税收工作岗位，并依法给予行政处分。税务人员对控告、检举税收违法违纪行为的纳税人、扣缴义务人以及其他检举人进行打击报复的，依法给予行政处分；构成犯罪的，依法追究刑事责任。税务人员违反法律、行政法规的规定，故意高估或者低估农业税计税产量，致使多征或者少征税款，侵犯农民合法权益或者损害国家利益，构成犯罪的，依法追究刑事责任；尚不构成犯罪的,依法给予行政处分。

违反法律、行政法规的规定提前征收、延缓征收或者摊派税款的,由其上级机关或者行政监察机关责令改正,对直接负责的主管人员和其他直接责任人员依法给予行政处分。

违反法律、行政法规的规定,擅自作出税收的开征、停征或者减税、免税、退税、补税以及其他同税收法律、行政法规相抵触的决定的,除依照本法规定撤销其擅自作出的决定外,补征应征未征税款,退还不应征收而征收的税款,并由上级机关追究直接负责的主管人员和其他直接责任人员的行政责任;构成犯罪的,依法追究刑事责任。

税务人员在征收税款或者查处税收违法案件时,未依法进行回避的,对直接负责的主管人员和其他直接责任人员,依法给予行政处分。

未依法为纳税人、扣缴义务人、检举人保密的,对直接负责的主管人员和其他直接责任人员,由所在单位或者有关单位依法给予行政处分。

未经税务机关依法委托征收税款的,责令退还收取的财物,依法给予行政处分或者行政处罚;致使他人合法权益受到损失的,依法承担赔偿责任;构成犯罪的,依法追究刑事责任。

**4. 处罚豁免**

违反税收法律、行政法规应当给予行政处罚的行为,在五年内未被发现的,不再给予行政处罚。

## 七、纳税争议解决

纳税人、扣缴义务人、纳税担保人同税务机关在纳税上发生争议时,必须先依照税务机关的纳税决定缴纳或者解缴税款及滞纳金或者提供相应的担保,然后可以依法申请行政复议;对行政复议决定不服的,可以依法向人民法院起诉。当事人对税务机关的处罚决定、强制执行措施或者税收保全措施不服的,可以依法申请行政复议,也可以依法向人民法院起诉。当事人对税务机关的处罚决定逾期不申请行政复议也不向人民法院起诉、又不履行的,作出处罚决定的税务机关可以采取规定的强制执行措施,或者申请人民法院强制执行。

**复习思考题**

1. 如何理解税收法律关系的构成?

2. 税法的基本要素有哪些? 它们各自的内容是什么?

3. 现行税收实体法体系包括哪些税种?

4. 增值税的视同销售行为有哪些?

5. 消费税开征的意义是什么?

6. 什么是应税所得额? 应税所得额的计算,企业所得税与个人所得税有什么区别?

7. 账簿、凭证管理的基本要求有哪些?

8. 税款征收的主要内容有哪些?

9. 税收保全措施和税收强制执行措施的关系是什么?

10. 税收违法行为主要有哪些?

## 推荐阅读书目

1. 杨斌:《税收学》,科学出版社,2011 年版。

2. 吴旭东:《税收管理》,中国人民大学出版社,2014 年版。

3. 盖地:《企业税务筹划理论与实务》,东北财经大学出版社,2015 年版。

4. 刘剑文:《重塑半壁财产法:财税法的新思维》,法律出版社,2009 年版。

5. 翟继光:《财税法基础理论研究》,中国政法大学出版社,2017 年版。

# 第 15 章　国有资产管理法

**本章导读**

国有资产管理的基本价值是优化国有资产结构,促进国有资产保值和增值实现国家对经济的宏观调控,也是现代市场经济条件下经济法干预市场失灵的重要方式之一。国有资产按照其实际占有者的不同,可以分为企业占有的国有资产、行政事业单位占有的国有资产和其他单位占有的国有资产,本章所指的国有资产管理是指对国家投入到各类企业的国有资产的保值和增值的管理,主要涉及国有资产的权属管理、评估管理、产权转让管理、监督管理等方面。本章重点介绍有关国有资产的产权界定、登记、产权纠纷处理制度、国有资产评估管理制度、国有资产的产权转让管理制度、国有资产的监督管理制度等具体法律制度。

**关键术语**

国有资产　国有资产管理　国有资产产权　国有资产产权登记　国有资产评估　国有资产产权转让　企业国有资产监督管理

## 第 1 节　国有资产管理法概述

### 一、国有资产

国有资产指属于国家所有的一切财产和财产权利的总和,是国家所有权的客体,国家是国有资产所有权的唯一主体。国家属于历史范畴,随着国家的产生而形成和发展。《民法典》对无线电频谱资源的国家所有权属性进行了确认,是一个历史性地地道道的进步,随着数据时代的发展,预计会有更多无形财产或数据资源会被纳入国有资产的范畴。

在现实经济生活中,国有资产包括法律上确定为国家所有的并能为国家提供未来效益的各种经济资源的总和,在具体形态上表现为各种财产、物资、债权和其他权益。我国《民法典》物权编第五章将所有权分为,国家所有权和集体所有权、私人所有权,并作了具体规定:

#### 1. 国有资产的行使主体

国务院代表国家行使所有权。法律另有规定的,依照其规定。国有资产权利分类行使：第一，国家机关对其直接支配的不动产和动产，享有占有、使用以及依照法律和国务院的有关规定处分的权利。第二，国家举办的事业单位对其直接支配的不动产和动产，享有占有、使用以及依照法律和国务院的有关规定收益、处分的权利。第三，国家出资的企业，由国务院、地方人民政府依照法律、行政法规规定分别代表国家履行出资人职责，享有出资人权益。

### 2. 国有资产的范围

我国长期实行公有制，积累了数量极为巨大，形态极其丰富的国有资产。《民法典》以概括性的规定和具体列举的方式进行了规定。《民法典》第 246 条规定，法律规定属于国家所有的财产，属于国家所有即全民所有。《民法典》第 247 条至第 254 条分别进行了具体规定：第一，矿藏、水流、海域属于国家所有。第二，无居民海岛属于国家所有，国务院代表国家行使无居民海岛所有权。第三，城市的土地属于国家所有。法律规定属于国家所有的农村和城市郊区的土地，属于国家所有。第四，森林、山岭、草原、荒地、滩涂等自然资源，属于国家所有，但是法律规定属于集体所有的除外。第五，法律规定属于国家所有的野生动植物资源，属于国家所有。第六，无线电频谱资源属于国家所有。第七，法律规定属于国家所有的文物，属于国家所有。第八，国防资产属于国家所有。第九，铁路、公路、电力设施、电信设施和油气管道等基础设施，依照法律规定为国家所有的，属于国家所有。

在学理上还可以按照不同的标准将国有资产分为不同的种类，按照国有资产的基本属性分，国有资产可以分为资源性国有资产和非资源性国有资产；按照国有资产的实际占有者来分，可以分为行政事业单位占有的国有资产、企业占有的国有资产以及其他单位占有的国有资产，本章所讲的国有资产管理主要是对企业占有的国有资产的管理；按是否将国有资产投入经营来划分，可以将国有资产分为经营性国有资产与非经营性国有资产；按照国有资产存在的形式划分，可以分为有形国有资产与无形国有资产。

### 3. 国有资产的保护

第一，国家所有的财产受法律保护，禁止任何组织或者个人侵占、哄抢、私分、截留、破坏。第二，履行国有财产管理、监督职责的机构及其工作人员，应当依法加强对国有财产的管理、监督，促进国有财产保值增值，防止国有财产损失；滥用职权，玩忽职守，造成国有财产损失的，应当依法承担法律责任。第三，违反国有财产管理规定，在企业改制、合并分立、关联交易等过程中，低价转让、合谋私分、擅自担保或者以其他方式造成国有财产损失的，应当依法承担法律责任。

在我国，国有资产管理具有特殊的价值。国有资产是党领导一切的物质基础，是社会主义基本经济制度的物质保证，是实现以人民为中心，促进民生事业的依赖。由于国有资产巨大的数量和广阔的分布，国有资产管理具有了调节国民经济，干预市场经济的良好机能。

## 二、国有资产管理法的概念及其调整对象

国有资产管理法是指调整在管理和利用国有资产过程中所发生的经济关系的法律规范的总称。国有资产管理法的法律渊源主要包括:(1)宪法中关于国有资产管理的规定。对于国有资产管理体系的建立和完善具有纲领性意义。(2)法律。全国人民代表大会以及全国人大常委会制定的关于国有资产管理的法律,如《企业国有资产法》《民法典》《公司法》《证券法》等法律中有关国有资产管理的规定。(3)行政法规。国务院制定的关于国有资产管理的行政性法规,如《国有资产评估管理办法》《国有资产监督管理暂行条例》《国有资产产权界定条例》《企业国有资产产权登记管理办法》等。(4)部门规章。国务院所属部委根据法律和国务院的行政性法规、决定、命令,在本部门的权限内发布的关于国有资产管理的规章和规范性的命令和指示。如财政部发布的《国有资产评估管理若干问题的规定》、国务院国有资产监督管理委员会发布的《企业国有资产评估管理办法》等。(5)地方性法规、地方政府规章和有关规范性文件。如《安徽省行政事业单位国有资产管理办法》等。

国有资产管理法的调整对象主要包括以下几个方面:

**1. 国有资产权属管理法律制度**

主要包括:(1)国有资产产权界定法律制度,它主要明确国有资产产权界定的范围与原则;(2)国有资产产权登记制度,它主要规定有关国有资产产权的取得、变更和注销;(3)国有资产产权纠纷处理制度,它主要规定国有资产产权纠纷处理的非司法性程序。

**2. 国有资产评估管理法律制度**

主要规定国有资产评估的主体、原则、程序和评估方法。

**3. 国有资产产权转让管理法律制度**

主要规定国有资产转让的原则、程序、监督管理以及有关国有资产的无偿划拨、法律责任等制度。

**4. 国有资产监督管理法律制度**

主要规定国有资产监督管理部门的设置、职能以及法律责任。

目前,我国国有资产管理的相关法律只有企业国有资产法,行政事业性国有资产的管理方面尚无法可依,执行的是《行政单位国有资产管理暂行办法》和《事业单位国有资产管理暂行办法》两个部门规章以及各级地方政府及部门出台的规范性文件。法规层级较低,约束性不强,内容过时,已经不能很好地适应当前资产管理的要求。因此,加强立法,统筹监管,完善国有资产绩效评估实现绩效管理是今后的发展方向。

## 第 2 节　国有资产权属管理制度

国有资产权属管理制度是指对国有资产产权进行界定,对国有资产产权纠纷进行处理,最终明晰产权并进行登记的法律制度。主要包括三个方面的内容:国有资产产权界定法律制度、企业国有资产登记法律制度及国有资产产权纠纷处理法律制度。

### 一、国有资产产权界定

（一）国有资产产权界定的概念和原则

**1. 国有资产产权界定的依据**

依据《国有资产产权界定和产权纠纷处理暂行办法》,产权界定系指国家依法划分财产所有权和经营权、使用权等财产权归属,明确各类产权主体行使权利的财产范围及管理权限的一种法律行为。国有资产产权界定是指对国有资产的所有权以及经营权、使用权等产权的归属进行确定,从而明确各类产权主体行使权利的范围以及管理权限的一种法律行为。对国有资产的产权进行科学的界定,对于调整与国有资产相关的产权利益关系非常重要。因此,国家对此十分重视,宪法和《民法典》为国有资产产权界定提供了根本的遵循。有关部门先后发布了《国有资产产权界定和产权纠纷处理暂行办法》《集体企业国有资产产权界定暂行办法》《城镇集体所有制企业、单位清产核资产权界定暂行办法》《集体科技企业产权界定若干问题的规定》等法规、规章,对国有资产产权界定的原则、方法以及产权纠纷的处理作出了详细规定。

**2. 国有资产产权界定的原则**

根据《国有资产产权界定和产权纠纷处理暂行办法》第 4 条规定,产权界定应遵循"谁投资、谁拥有产权"的原则进行。在界定过程中,既要维护国有资产所有者及经营使用者的合法权益,又不得侵犯其他财产所有者的合法权益。要保证:由国家投资的,其资产的所有权归国家所有;由集体投资的,其所有权归集体所有;享受经营权的主体利用国有资产投资形成的收益,仍归其继续经营和使用。

（二）国有资产产权界定的内容

**1. 企业国有资产产权界定**

（1）全民所有制企业中的国有资产产权界定。全民所有制企业即资产全部为全民所有即国家所有的国有企业。根据《国有资产产权界定和产权纠纷处理暂行办法》的规定,全民所有制企业中的产权界定依下列办法处理:①有权代表国家投资的部门和机构以货币、实物和所有权属于国家的土地使用权、知识产权等向企业投资,形成的国家资本金,界定为国有资产。②全民所有制企业运用国家资本金及在经营中借入的资金等所形成的税后利润经国家批准留给企业作为增加投资的部分以及从税后利润中提取的盈余公积金、公益金和未分配利润等,界定为国有资产。③以全民所有制企业和行政事业单位担保,完全用国内外借入资金投资创办的或完全由其他单位借款创办的全民所有制企业,其收益积累的净资产,界定为国有资产。④全民所有制企业接受馈赠形成的资产,界定为国有资产。⑤在实行《企业财务通则》《企业会计准则》以前,全民所有制企业从留利中提取的职工福利基金、职工奖励基金和"两则"实行后用公益金购建的集体福利设施而相应增加的所有者权益,界定为国有资产。⑥全民所有制企业中党、团、工会组织等占用企业的财产,不包括以个人缴纳党费、团费、会费以及按国家规定由企业拨付的活动经费等结余购建的资产,界定为国有资产。

(2) 集体所有制企业中的国有资产产权界定。集体所有制企业是指财产属于劳动群众集体所有,实行共同劳动,以按劳分配为主要分配方式的社会主义经济组织。根据《国有资产产权界定和产权纠纷处理暂行办法》和《集体企业国有资产产权界定暂行办法》的规定,集体所有制企业中国有资产产权界定依下列办法办理:①全民单位以货币、实物和所有权属于国家的土地使用权、知识产权等独资(包括几个全民单位合资)创办的以集体所有制名义注册登记的企业单位,其资产所有权界定按照前述全民所有制企业的产权界定办法规定办理。但依国家法律、法规规定或协议约定并经国有资产管理部门认定的属于无偿资助的除外。②全民单位用国有资产在非全民单位独资创办的集体企业中的投资以及按照投资份额应取得的资产收益留给集体企业发展生产的资本金及其权益,界定为国有资产。③集体企业依据国家规定享受税前还贷形成的资产,其中属于国家税收应收未收的税款部分,界定为国有资产;集体企业依据国家规定享受减免税形成的资产,其中列为"国家扶持基金"等投资性的减免税部分界定为国有资产。经国有资产管理部门会同有关部门核定数额后,继续留给集体企业使用,由国家收取资产占用费。上述国有资产的增值部分由于历史原因无法核定的,可以不再追溯产权。集体企业改组为股份制企业时,改组前税前还贷形成的资产中国家税收应收未收的税款部分和各种减免税形成的资产中列为"国家扶持基金"等投资性的减免税部分界定为国家股,其他减免税部分界定为企业资本公积金。④集体企业使用银行贷款、国家借款等借贷资金形成的资产,全民单位只提供担保的,不界定为国有资产;但履行了连带责任的,全民单位应予追索清偿或经协商转为投资。⑤供销、手工业、信用等合作社中由国家拨入的资本金(含资金或者实物)界定为国有资产,经国有资产管理部门会同有关部门核定数额后,继续留给合作社使用,由国家收取资产占用费。上述国有资产的增值部分由于历史原因无法核定的,可以不再追溯产权。⑥集体企业和合作社无偿占用国有土地的,应由国有资产管理部门会同土地管理部门核定其占用土地的面积和价值量,并依法收取土地占用费。集体企业和合作社改组为股份制企业时,国有土地折价部分,形成的国家股份或其他所有者权益,界定为国有资产。

(3) 中外合资、合作经营企业中的国有资产产权界定。根据《国有资产产权界定和产权纠纷处理暂行办法》的规定,中外合资经营企业中国有资产产权界定依下列办法处理:①中方以国有资产出资投入的资本总额,包括现金、厂房建筑物、机器设备、场地使用权、无形资产等形成的资产,界定为国有资产。②企业注册资本增加,按双方协议,中方以分得利润向企业再投资或优先购买另一方股份的投资活动中所形成的资产,界定为国有资产。③可分配利润及从税后利润中提取的各项基金中中方按投资比例所占的相应份额,不包括已提取用于职工奖励、福利等分配给个人消费的基金,界定为国有资产。④中方职工的工资差额,界定为国有资产。⑤企业根据中国法律和有关规定按中方工资总额一定比例提取的中方职工的住房补贴基金,界定为国有资产。⑥企业清算或完全解散时,馈赠或无偿留给中方继续使用的各项资产,界定为国有资产。中外合作经营企业中的有关国有资产产权的界定参照中外合资经营企业的规定执行。

(4) 股份制企业、联营制企业中的国有资产产权界定。根据《国有资产产权界定和产权纠纷处理暂行办法》的规定,股份制企业中国有资产所有权界定依下列办法处理:①国家机关或其授权单位向股份制企业投资形成的股份,包括现有已投入企业的国有资产折成的股份,构成股份制企业中的国家股,界定为国有资产。②全民所有制企业向股份制企业投资形成的股份,构成国有法人股,界定为国有资产。③股份制企业公积金、公益金中,全民单位按照投资应占有的份额,界定为国有资产。④股份制企业未分配利润中,全民单位按照投资比例所占的相应份额,界定为国有资产。联营企业中的国有资产产权界定参照股份制企业规定的原则办理。

### 2. 全民所有制单位之间的产权界定

这里所指的全民所有制单位,包括国家机关、事业单位、国有企业等。

(1) 全民所有制单位之间产权界定的原则。根据《国有资产产权界定和产权纠纷处理暂行办法》的规定,全民所有制单位之间的产权界定应按分级分工管理的原则,分别明确其与中央、地方、部门之间的管理关系,非经有权管理其所有权的人民政府批准或双方约定,并办理产权划转手续,不得变更资产的管理关系。全民单位对国家授予其使用或经营的资产拥有使用权或经营权。除法律、法规另有规定者外,不得在全民单位之间无偿调拨其资产。全民所有制企业之间是平等竞争的法人实体,相互之间可以投资入股,按照"谁投资、谁拥有产权"的原则,企业法人的对外长期投资或入股,属于企业法人的权益,不受非法干预或侵占。

(2) 全民所有制单位之间产权界定的方法。国家机关投资创办的企业和其他经济实体,应与国家机关脱钩,其产权由国有资产管理部门会同有关部门委托有关机构管理。国家机关所属事业单位经批准以其占用的国有资产出资创办的企业和其他经济实体,其产权归该单位拥有。

对全民单位由于历史原因或管理问题造成的有关房屋产权和土地使用权关系不清或有争议的,依下列办法处理:①全民单位租用房产管理部门的房产,因各种历史原因全民单位实际上长期占用,并进行过多次投入、改造或翻新,房产结构和面积发生较大变化的,可由双方协商共同拥有产权。②对数家全民单位共同出资或由上级主管部门集资修建的职工宿舍、办公楼等,应在核定各自出资份额的基础上,由出资单位按份共有或共同共有其产权。③对有关全民单位已办理征用手续的土地,但被另一些单位或个人占用,应由原征用土地一方进行产权登记,办理相应法律手续。已被其他单位或个人占用的,按规定实行有偿使用。④全民单位按国家规定以优惠价向职工个人出售住房,凡由于分期付款,或者在产权限制期内,或者由于保留溢值分配权等原因,产权没有完全让渡到个人之前,全民单位对这部分房产应视为共有财产。

对电力、邮电、铁路和城市市政公用事业等部门,按国家规定由行业统一经营管理,可由国有资产管理部门委托行业主管部门根据历史因素及其行业管理特点,对使用单位投入资金形成的资产,依下列办法处理:①使用单位投入资金形成的资产交付这些行业进行统一管理,凡已办理资产划转手续的,均作为管理单位法人资产;凡没有办理资产划转手续的,可根据使用单位与管理单位双方自愿的原则,协商办理资产划转手续或资产代管手续。②对使用单位投入资金形成的资产,未交付这些行业统一管理而归使用单位自己管理的,产权由使用单位拥有。③对由电力部门代管的农电资产,凡已按规定办理有关手续,并经过多次更新改造,技术等级已发生变化,均作为电力企业法人资产。④凡属于上述部门的企业代管其他企业、单位的各项资产,在产权界定或清产核资过程中找不到有关单位协商或办理手续的,经通告在一定期限后,可以视同为无主资产,归国家所有,其产权归代管企业。⑤对于地方政府以征收的电力建设资金或集资、筹资等用于电力建设形成的资产,凡属于直接投资实行按资分利的,在产权界定中均按投资比例划分投入资本份额;属于有偿使用已经或者将要还本付息的,其产权划归电力企业。

（三）国有资产产权界定的组织实施

根据《国有资产产权界定和产权纠纷处理暂行办法》的规定,国有资产产权界定工作,按照资产的现行分级分工管理关系,由各级国有资产管理部门会同有关部门进行。省级以上国有资产管理部门应当成立产权界定和产权纠纷调处委员会,具体负责产权界定及纠纷处理事宜。占有、使用国有资产的单位,发生下列情形的,应当进行产权界定:(1)与外方合资、合作的;(2)实行股份制改造和与其他企业联营的;(3)发生兼并、拍卖等产权变动的;(4)国家机关及其所属事业单位创办企业和其他经济实体的;(5)国有资产管理部门认为需要界定的其他情形。

产权界定依下列程序进行:(1)全民单位的各项资产及对外投资,由全民单位首先进行清理和界定,其上级主管部门负责督促和检查。必要时也可以由上级主管部门或国有资产管理部门直接进行清理和界定。(2)全民单位经清理、界定已清楚属于国有资产的部分,按财务隶属关系报同级国有资产管理部门认定。(3)经认定的国有资产,须按规定办理产权登记等有关手续。占用国有资产的其他单位的产权界定,可以参照上述程序办理。

## 二、企业国有资产产权登记法律制度

### (一) 企业国有资产产权登记的概念

企业国有资产产权登记是指国有资产管理部门代表政府对占有国有资产的各类企业的资产、负债、所有者权益等产权状况进行登记,依法确认产权归属关系的行为。企业国有资产产权登记不是简单地将企业的国有资产登记在册,更重要的是,登记在册后,要依法确认其权属关系。产权登记是根据我国国情探索出来的加强国有资产管理的一种方法,对于完善国有资产基础管理制度,建立现代企业制度均有重要意义。

### (二) 企业国有资产产权登记的对象

根据《企业国有资产产权登记管理办法》及《企业国有资产产权登记管理办法实施细则》的规定,下列已取得或申请取得法人资格的企业和国家授权投资的机构,应当按规定申办企业国有资产产权登记:(1)国有企业;(2)国有独资公司;(3)国家授权投资的机构;(4)占有、使用国有资产的集体企业;(5)国有企业、国有独资公司投资设立的企业;(6)其他形式占有、使用国有资产的企业。

有限责任公司、股份有限公司、中外合资经营企业、中外合作经营企业和联营企业,应由国有股权持有单位或委托企业按规定申办企业国有资产产权登记。邮电、铁路、金融等行业中的特殊单位,应根据管理需要办理国有资产产权登记。

### (三) 企业国有资产产权登记的内容

企业国有资产产权登记分为占有产权登记、变动产权登记和注销产权登记。

#### 1. 占有产权登记

申请取得法人资格的企业应当于申请办理工商注册登记前 30 日内,向国有资产管理部门办理产权登记,填写《企业国有资产产权登记表》;已取得法人资格的企业未办理产权登记的,应当通过所出资的企业向产权登记机关申办占有产权登记。占有产权登记的主要内容:(1)出资人名称、住所、出资金额及法定代表人;(2)企业名称、住所及法定代表人;(3)企业的资产、负债及所有者权益;(4)企业实收资本、国有资本;(5)企业投资情况;(6)国务院国有资产管理部门规定的其他事项。国有资产管理部门向企业核发的国有资产产权登记表,是企业的资信证明文件。

#### 2. 变动产权登记

企业发生下列情形之一的,应当申办变动产权登记:(1)企业名称、住所或法定代表人改变的;(2)企业组织形式发生变动的;(3)企业国有资本额发生增减变动的;

(4)企业国有资本出资者发生变动的;(5)产权登记机关规定的其他情形。企业发生上述(1)种情形的,应当于工商行政管理部门核准变动登记后 30 日内向原产权登记机关办理变动产权登记;企业发生上述(2)至(5)种情形的,应当于政府有关部门批准或企业股东大会或董事会作出决定之日起 30 日内,向工商行政管理部门申请变更登记前,向原产权登记机关办理变动产权登记。

**3. 注销产权登记**

企业发生下列情形之一的,应当办理注销产权登记:(1)企业解散、被依法撤销或者被依法宣告破产的。企业解散的,应当在向工商行政管理部门申请企业法人注销登记前 30 日内,向原产权登记机关申办注销产权登记;企业被依法撤销的,应当于工商行政管理部门批准之日起 30 日内向原产权登记机关申办注销产权登记;企业被依法宣告破产的,应当自法院裁定之日起 60 日内由企业破产清算机构向原产权登记机关申办注销产权登记。(2)企业转让全部产权或者企业被划转的。(3)有法律规定的其他情形的。

(四)企业国有资产产权登记的年度检查

根据《企业国有资产产权登记管理办法》及《企业国有资产产权登记管理办法实施细则》的规定,企业应当于每一年度终了后 90 日内,办理产权年度检查登记。企业申办产权登记年度检查时应当按产权登记机关的规定上报企业国有资产经营年度报告书和填写《企业国有资产产权登记年度检查表》,报告书列明下列四个方面的内容:(1)出资人的资金实际到位情况;(2)企业国有资产的结构变化,包括企业对外投资情况;(3)国有资产增减、变动情况;(4)国务院国有资产管理部门规定的其他事项。企业年检合格后,由产权登记主管机关在企业产权登记证上加盖年检合格章,并核填有关数据。企业产权登记年度检查的具体内容和要求由国家国有资产管理局每年另行布置,并实行年检公告制度。省、自治区、直辖市国有资产管理部门应于每个公历年度终了后 150 日内,编制并向同级政府和国家国有资产管理局报送产权登记与产权变动状况分析报告。

(五)企业国有资产产权登记的法律责任

企业违反《企业国有资产产权登记管理办法》的规定,有下列行为之一的,由国有资产管理部门责令改正、通报批评,可以处以 10 万元以下的罚款,并提请政府有关部门对企业领导人员和直接责任人员按照规定给予纪律处分:(1)在规定的期限内不办理产权登记的;(2)隐瞒真实情况、未如实办理产权登记的;(3)不按照规定办理产权年度检查登记的;(4)伪造、涂改、出卖或者出借国有资产产权登记表的。

国有资产管理部门工作人员在办理产权登记中玩忽职守、徇私舞弊、滥用职权、谋取私利,构成犯罪的,依法追究刑事责任;尚不构成犯罪的,依法给予行政处分。

### 三、国有资产产权纠纷处理

(一)国有资产产权纠纷的概念与处理原则

国有资产产权纠纷,是指由于国有资产财产所有权及经营权、使用权等产权归属不清而发生的争议。国有资产产权纠纷的处理应本着实事求是、公正、公平的原则依法进行。

目前,我国国有资产产权纠纷处理重要依据国家国有资产管理局印发的《国有资产产权界定和产权纠纷处理暂行办法》(国资法规发〔1993〕68 号)《民法典》《民事诉讼法》《行政复议法》等。产权纠纷处理实行分类处理的办法,(1)全民所有制单位之间因对国有资产的经营权、使用权等发生争议而产生的纠纷,应在维护国有资产权益的前提,争议解决的方式主要有:当事人协商、同级或共同上一级国有资产管理部门调解和裁定、有权管辖的人民政府裁定、国务院拥有最终裁定权。(2)全民所有制单位与其他经济成分之间发生的产权纠纷,由全民单位提出处理意见,经同级国有资产管理部门同意后,与对方当事人采取协商方式解决或依司法程序处理。

我国的国有资产产权纠纷处理的法律规定无论是在实体法,还是程序法上都还没有实现对各类产权的平等保护,离市场经济的要求还有很大的距离。

(二)国有资产产权纠纷的处理程序

**1. 全民所有制单位之间的国有资产产权纠纷处理程序**

全民所有制单位之间因对国有资产的经营权、使用权等发生争议而产生的纠纷,应在维护国有资产权益的前提下,由当事人协商解决。协商不能解决的,应向同级或共同上一级国有资产管理部门申请调解和裁定,必要时报有权管辖的人民政府裁定,国务院拥有最终裁定权。对国有资产管理部门的裁定不服的,可以在收到裁定书之日起 15 日内,向上一级国有资产管理部门申请复议,上一级国有资产管理部门应当自收到复议申请之日起 60 日内作出复议决定。

**2. 全民所有制单位与其他经济成分之间的国有资产产权纠纷处理程序**

全民所有制单位与其他经济成分之间发生的产权纠纷,由全民所有制单位提出处理意见,经同级国有资产管理部门同意后,与对方当事人协商解决。协商不能解决的,依司法程序处理。

## 第 3 节　国有资产评估管理法律制度

### 一、国有资产评估的概念

国有资产评估是指根据国家法律法规,由专门的机构和人员按照法定的程序,运用科学的方法对国有资产某一时点的价格进行评定和估价的过程。国有资产评估必须严格依照国家的法律法规进行。目前涉及国有资产评估的法律、法规主要有《国有资产评估管理办法》《国有资产评估管理办法施行细则》《国有资产评估项目备案管理办法》《国有资产评估项目抽查办法》《国有资产评估项目核准管理办法》《国有资产评估若干问题的规定》《国有资产评估违法行为处理办法》《资产评估机构审批管理办法》《企业国有资产评估管理暂行办法》《企业国有资产法》等。

## 二、国有资产评估的对象

根据财政部有关《国有资产评估管理若干问题的规定》，国有资产占有单位在发生下列情形的情况下，应当对有关资产进行评估：(1)整体或部分改建为有限责任公司或者股份有限公司；(2)以非货币资产对外投资；(3)合并、分立、清算；(4)除上市公司以外的原股东股权比例变动；(5)除上市公司以外的整体或者部分产权（股权）转让；(6)资产转让、置换、拍卖；(7)整体资产或者部分资产租赁给非国有单位；(8)确定涉讼资产价值；(9)法律、行政法规规定的其他需要进行评估的事项。

根据国务院国有资产监督管理委员会《企业国有资产评估管理暂行办法》规定，各级国有资产监督管理机构履行出资人职责的企业及其各级子企业有下列情形时，应当进行资产评估：(1)以非货币资产偿还债务；(2)收购非国有单位的资产；(3)接受非国有单位以非货币资产出资或抵债。经各级人民政府及其授权部门批准，对整体企业或者部分资产实施无偿划转；国有独资企业、行政事业单位下属的独资企业（事业单位）之间的合并、资产（产权）划转、置换和转让，可以不进行评估。

根据《企业国有资产法》的规定，国有独资企业、国有独资公司和国有资本控股公司合并、分立、改制，转让重大财产，以非货币财产对外投资，清算或者有法律、行政法规以及企业章程规定应当进行资产评估的其他情形的，应当按照规定对有关资产进行评估。

## 三、国有资产评估的机构

根据2005年财政部《资产评估机构审批管理办法》的规定，资产评估机构是指依法设立、取得资产评估资格，从事资产评估业务活动的社会中介机构，资产评估机构组织形式为合伙制或者有限责任公司制。资产评估机构应当依法取得资产评估资格，遵守有关法律、法规、执业准则和执业规范。

财政部为全国资产评估主管部门，依法负责审批管理、监督全国资产评估机构，统一制定资产评估机构管理制度。各省、自治区、直辖市财政厅（局）负责对本地区资产评估机构进行审批管理和监督。资产评估协会负责对资产评估行业进行自律性管理，协助资产评估主管部门对资产评估机构进行管理与监督检查。

### 四、国有资产评估的方法

根据《国有资产评估管理办法》《国有资产评估管理办法施行细则》的规定,对国有资产的评估方法主要包括以下 5 种:收益现值法、重置成本法、现行市价法、清算价格法以及国务院国有资产管理行政主管部门规定的其他评估方法。资产评估机构进行资产评估时,应根据不同的评估目的和对象,选用规定的一种或几种方法进行评定估算。选用几种方法评估,应对各种方法评出的结果进行比较和调整,得出合理的资产重估价值。

（一）收益现值法

收益现值法是将评估对象剩余寿命期间每年（或每月）的预期收益,用适当的折现率折现,累加得出评估基准日的现值,以此估算资产价值的方法。所谓收益现值是指根据资产未来预期获得能力的大小,以适当的折现率将未来收益折成的现值。所谓剩余寿命是指资产从评估之日起到丧失获利能力的年限。用收益现值法进行资产评估的,应当根据被评估资产合理的预期获利能力和适当的折现率,计算出资产的现值,并以此评定重估价值。

（二）重置成本法

重置成本法是现时条件下被评估资产全新状态的重置成本减去该项资产的实体性贬值、功能性贬值和经济性贬值,估算资产价值的方法。实体性贬值是由于使用磨损和自然耗损造成的贬值。功能性贬值是由于技术相对落后造成的贬值。经济性贬值是由于外部经济环境变化引起的贬值。用重置成本法进行资产评估的,应当根据该资产在全新情况下的重置成本,减去按重置成本计算的已使用年限的累积折旧额,考虑资产功能变化、成新率等因素,评定重估价值;或者根据资产的使用期限,考虑资产功能变化等因素重新确定成新率,评定重估价值。

（三）现行市价法

现行市价法是通过市场调查,选择一个或几个与评估对象相同或类似的资产作为比较对象,分析比较对象的成交价格和交易条件,进行对比调整,估算出资产价值的方法。用现行市价法进行资产评估的,应当参照相同或者类似资产的市场价格,评定重估价值。

（四）清算价格法

清算价格法适用于依照《中华人民共和国企业破产法》的规定,经人民法院宣告破产的企业的资产评估。用清算价格法进行资产评估的,应当根据企业清算时其资产可变现的价值,评定重估价值。

（五）国务院国有资产管理行政主管部门规定的其他评估方法

根据《国有资产评估管理办法》的规定,对流动资产中的原材料、在制品、协作件、库存商品、低值易耗品等进行评估时,应当根据该项资产的现行市场价格、计划价格,考虑购置费用、产品完工程度、损耗等因素,评定重估价值。对有价证券的评估,参照市场价格评定重估价值;没有市场价格的考虑票面价值、预期收益等因素,评定重估价值。对占有单位的无形资产,区别下列情况评定重估价值:(1)外购的无形资产,根据购入成本及该项资产具有的获得利能力评定价值;(2)自创或者自身拥有的无形资产,根据其形成时所需实际成本及该项资产具有的获得能力评定价值;(3)自创或者自身拥有的未单独计算成本的无形资产,根据该项资产具有的获利能力评定价值。

### 五、国有资产评估的法律责任

根据《国有资产评估管理办法》的规定,占有单位违反本办法的规定,提供虚假情况和资料,或者与资产评估机构串通作弊,致使资产评估结果失实的,国有资产管理行政主管部门可以宣布资产评估结果无效,并可以根据情节轻重,单处或者并处下列处罚:(1)通报批评;(2)限期改正,并可以处以相当于评估费用以下的罚款;(3)提请有关部门对单位主管人员和直接责任人员给予行政处分,并可以处以相当于本人3个月基本工资以下的罚款。资产评估机构作弊或者玩忽职守,致使资产评估结果失实的,国有资产管理行政主管部门可以宣布资产评估结果无效,并可根据情节轻重,对该资产评估机构给予下列处罚:(1)警告;(2)停业整顿;(3)吊销国有资产评估资格证书。

国有资产管理行政主管部门或者行业主管部门工作人员违反本办法,利用职权谋取私利,或者玩忽职守,造成国有资产损失的,国有资产管理行政主管部门或者行业主管部门可以按照干部管理权限,给予行政处分,并可以处以相当本人3个月基本工资以下的罚款。利用职权谋取私利的,由有查处权的部门依法追缴其非法所得。情节严重,构成犯罪的,由司法机关依法追究刑事责任。

## 第4节    企业国有产权转让制度

### 一、企业国有产权转让的概念和原则

企业国有产权转让,是指依法将国家对企业的出资所形成的权益转移给其他单位或者个人的行为。企业国有产权转让的原则包括:

**1. 经济结构调整原则**

国有资产转让应当有利于国有经济布局和结构的战略性调整,符合国家和地区产业政策的要求,实现企业组织结构与产业结构的优化。

**2. 等价有偿原则**

企业产权转让要遵循价值规律,实行等价交换。

**3．公开、公平、公正原则**

除按照国家规定可以直接协议转让的以外,国有资产转让应当在依法设立的产权交易场所公开进行。转让方应当如实披露有关信息,征集受让方。征集产生的受让方为两个以上的,转让应当采用公开竞价的交易方式。

## 二、企业国有产权转让的程序

（一）审议批准程序

企业国有产权转让应当做好可行性研究,按照内部决策程序进行审议,并形成书面决议。国有独资企业的产权转让,应当由总经理办公会议审议。国有独资公司的产权转让,应当由董事会审议;没有设立董事会的,由总经理办公会议审议。涉及职工合法权益的,应当听取转让标的企业职工代表大会的意见,对职工安置等事项应当经职工代表大会讨论通过。对于国民经济关键行业、领域中对受让方有特殊要求的,企业实施资产重组中将企业国有产权转让给所属控股企业的国有产权转让,经省级以上国有资产监督管理机构批准后,可以采取协议转让方式转让国有产权。

（二）清产核资与资产评估程序

企业国有产权转让事项经批准或者决定后,转让方应当组织转让标的企业按照有关规定开展清产核资,根据清产核资结果编制资产负债表和资产移交清册,并委托会计师事务所实施全面审计(包括按照国家有关规定对转让标的企业法定代表人的离任审计)。资产损失的认定与核销,应当按照国家有关规定办理。

转让所出资企业国有产权导致转让方不再拥有控股地位的,由同级国有资产监督管理机构组织进行清产核资,并委托社会中介机构开展相关业务。

在清产核资和审计的基础上,转让方应当委托具有相关资质的资产评估机构依照国家有关规定进行资产评估。评估报告经核准或者备案后,作为确定企业国有产权转让价格的参考依据。在产权交易过程中,当交易价格低于评估结果的 90％时,应当暂停交易,在获得相关产权转让批准机构同意后方可继续进行。

（三）公告程序

转让方应当将产权转让公告委托产权交易机构刊登在省级以上公开发行的经济或者金融类报刊和产权交易机构的网站上,公开披露有关企业国有产权转让信息,广泛征集受让方。产权转让公告期为 20 个工作日。

转让方披露的企业国有产权转让信息应当包括下列内容:(1)转让标的的基本情况;(2)转让标的企业的产权构成情况;(3)产权转让行为的内部决策及批准情况;(4)转让标的企业近期经审计的主要财务指标数据;(5)转让标的企业资产评估核准或者备案情况;(6)受让方应当具备的基本条件;(7)其他须披露的事项。

（四）征集确定受让方

在征集确定受让方时,转让方可以对受让方的资质、商业信誉、经营情况、财务状况、管理能力、资产规模等提出必要的受让条件。受让方一般应当具备下列条件：(1)具有良好的财务状况和支付能力；(2)具有良好的商业信用；(3)受让方为自然人的,应当具有完全民事行为能力；(4)国家法律、行政法规规定的其他条件。

受让方为外国及我国香港特别行政区、澳门特别行政区、台湾地区的法人、自然人或者其他组织的,受让企业国有产权应当符合国务院公布的《指导外商投资方向规定》及其他有关规定。

（五）转让成交

经公开征集产生两个以上受让方时,转让方应当与产权交易机构协商,根据转让标的的具体情况采取拍卖或者招投标方式组织实施产权交易。采取拍卖、招标方式转让企业国有产权的,应当按照法律有关规定组织实施。

经公开征集只产生一个受让方或者按照有关规定经国有资产监督管理机构批准的,可以采取协议转让的方式。采取协议转让方式的,转让方应当与受让方进行充分协商,依法妥善处理转让中所涉及的相关事项后,草签产权转让合同,并按照《企业国有产权转让管理暂行办法》规定的程序进行审议。转让企业国有产权导致转让方不再拥有控股地位的,在签订产权转让合同时,转让方应当与受让方协商提出企业重组方案,包括在同等条件下对转让标的企业职工的优先安置方案。

企业国有产权转让的全部价款,受让方应当按照产权转让合同的约定支付。转让价款原则上应当一次付清。如金额较大、一次付清确有困难的,可以采取分期付款的方式。采取分期付款方式的,受让方首期付款不得低于总价款的30%,并在合同生效之日起5个工作日内支付；其余款项应当提供合法的担保,并应当按同期银行贷款利率向转让方支付延期付款期间利息,付款期限不得超过一年。转让企业国有产权取得的净收益,按照国家有关规定处理。

企业国有产权转让成交后,转让方与受让方应当签订产权转让合同,并应当取得产权交易机构出具的产权交易凭证。转让和受让双方应当凭产权交易机构出具的产权交易凭证,按照国家有关规定及时办理相关产权登记手续。

## 三、企业国有产权的无偿划转

（一）企业国有产权无偿划转的概念与原则

企业国有产权无偿划转,是指企业国有产权在政府机构、事业单位、国有独资企业、国有独资公司之间的无偿转移。根据《企业产权无偿划转管理暂行办法》的规定,企业国有产权无偿划转应当遵循以下原则：(1)符合国家有关法律法规和产业政策的规定；(2)符合国有经济布局和结构调整的需要；(3)有利于优化产业结构和提高企业核心竞争力；(4)划转双方协商一致。

（二）企业国有产权无偿划转的程序

划转双方应当在可行性研究的基础上,按照内部决策程序进行审议,并形成书面决议。划入方(划出方)为国有独资企业的,应当由总经理办公会议审议;已设立董事会的,由董事会审议。划入方(划出方)为国有独资公司的,应当由董事会审议;尚未设立董事会的,由总经理办公会议审议。所涉及的职工分流安置事项,应当经被划转企业职工代表大会审议通过。划出方应当就无偿划转事项通知本企业(单位)债权人,并制定相应的债务处置方案。划转双方应当组织被划转企业按照有关规定开展审计或清产核资,以中介机构出具的审计报告或经划出方国资监管机构批准的清产核资结果作为企业国有产权无偿划转的依据。

划转双方协商一致后,应当签订企业国有产权无偿划转协议。划转协议应当包括下列主要内容:(1)划入、划出双方的名称与住所;(2)被划转企业的基本情况;(3)被划转企业国有产权数额及划转基准日;(4)被划转企业涉及的职工分流安置方案;(5)被划转企业涉及的债权、债务(包括拖欠职工债务)以及或有负债的处理方案;(6)划转双方的违约责任;(7)纠纷的解决方式;(8)协议生效条件;(9)划转双方认为必要的其他条款。

企业国有产权在同一国资监管机构所出资企业之间无偿划转的,由所出资企业共同报国资监管机构批准。企业国有产权在不同国资监管机构所出资企业之间无偿划转的,依据划转双方的产权归属关系,由所出资企业分别报同级国资监管机构批准。实施政企分开的企业,其国有产权无偿划转所出资企业或其子企业持有的,由同级国资监管机构和主管部门分别批准。下级政府国资监管机构所出资企业国有产权无偿划转上级政府国资监管机构所出资企业或其子企业持有的,由下级政府和上级政府国资监管机构分别批准。企业国有产权在所出资企业内部无偿划转的,由所出资企业批准并抄报同级国资监管机构。

批准企业国有产权无偿划转事项,应当审查下列书面材料:(1)无偿划转的申请文件;(2)总经理办公会议或董事会有关无偿划转的决议;(3)划转双方及被划转企业的产权登记证;(4)无偿划转的可行性论证报告;(5)划转双方签订的无偿划转协议;(6)中介机构出具的被划转企业划转基准日的审计报告或同级国资监管机构清产核资结果批复文件;(7)划出方债务处置方案;(8)被划转企业职代会通过的职工分流安置方案;(9)其他有关文件。企业国有产权无偿划转事项经批准后,划出方和划入方调整产权划转比例或者划转协议有重大变化的,应当按照规定程序重新报批。

无偿划转事项按照规定程序批准后,划转协议生效。划转协议生效以前,划转双方不得履行或者部分履行。划转双方应当依据相关批复文件及划转协议,进行账务调整,按规定办理产权登记等手续。

(三) 企业国有产权无偿划转的禁止

有下列情况之一的,禁止企业进行国有资产的无偿划转:(1)被划转企业主业不符合划入方主业及发展规划的;(2)中介机构对被划转企业划转基准日的财务报告出具否定意见、无法表示意见或保留意见的审计报告的;(3)无偿划转涉及的职工分流安置事项未经被划转企业的职工代表大会审议通过的;(4)被划转企业或有负债未有妥善解决方案的;(5)划出方债务未有妥善处置方案的。

## 四、国有股东转让所持上市公司股份

### (一)国有股东所持上市公司股份转让的原则

为规范国有股东转让所持上市公司股份行为,推动国有资源优化配置,防止国有资产损失,维护证券市场稳定,2007年7月,国务院国有资产监督委员会发布了《国有股东转让所持上市公司股份管理暂行办法》。该办法规定,国有股东转让所持上市公司股份应坚持公开、公平、公正的原则,符合国家的有关法律、行政法规和规章制度的规定,符合国家或地区的产业政策及国有经济布局和结构战略性调整方向,有利于促进国有资产保值增值,有利于提高企业核心竞争力。《证券法》第60条规定,国有独资企业、国有独资公司、国有资本控股公司买卖上市交易的股票,必须遵守国家有关规定。

### (二)国有股东所持上市公司股份转让的方式

根据该办法的规定,国有股东将其持有的上市公司股份可以通过证券交易系统、以协议方式、无偿划转或间接转让的方式进行转让。国有股东转让所持有的上市公司股份应当权属清晰。权属关系不明确和存在质押、抵押、司法冻结等法律限制转让情况的股份不得转让。

#### 1. 通过证券交易系统的转让

国有控股股东通过证券交易系统转让上市公司股份,同时符合以下两个条件的,由国有控股股东按照内部决策程序决定,并在股份转让完成后7个工作日内报省级或省级以上国有资产监督管理机构备案:(1)总股本不超过10亿股的上市公司,国有控股股东在连续三个会计年度内累计净转让股份(累计转让股份扣除累计增持股份后的余额,下同)的比例未达到上市公司总股本的5%;总股本超过10亿股的上市公司,国有控股股东在连续三个会计年度内累计净转让股份的数量未达到5 000万股或累计净转让股份的比例未达到上市公司总股本的3%。(2)国有控股股东转让股份不涉及上市公司控制权的转移。多个国有股东属于同一控制人的,其累计净转让股份的数量或比例应合并计算。国有控股股东转让股份不符合上述规定的两个条件之一的,应将转让方案逐级报国务院国有资产监督管理机构审核批准后实施。

国有参股股东通过证券交易系统在一个完整会计年度内累计净转让股份比例未达到上市公司总股本5%的,由国有参股股东按照内部决策程序决定,并在每年1月31日前将其上年度转让上市公司股份的情况报省级或省级以上国有资产监督管理机构备案;达到或超过上市公司总股本5%的,应将转让方案逐级报国务院国有资产监督管理机构审核批准后实施。国有股东采取大宗交易方式转让上市公司股份的,转让价格不得低于该上市公司股票当天交易的加权平均价格。

## 2. 通过协议转让

国有股东拟协议转让上市公司股份的,在内部决策后,应当及时按照规定程序逐级书面报告省级或省级以上国有资产监督管理机构,并应当同时将拟协议转让股份的信息书面告知上市公司,由上市公司依法公开披露该信息,向社会公众进行提示性公告。公开披露文件中应当注明,本次股份拟协议转让事项须经相关国有资产监督管理机构同意后才能组织实施。省级或省级以上国有资产监督管理机构收到国有股东拟协议转让上市公司股份的书面报告后,应在 10 个工作日内出具意见。

国有股东获得国有资产监督管理机构对拟协议转让上市公司股份事项的意见后,应当书面告知上市公司,由上市公司依法公开披露国有股东所持上市公司股份拟协议转让信息。

国有股东收到拟受让方提交的受让申请及受让方案后,应当对受让方案进行充分的研究论证,并在综合考虑各种因素的基础上择优选取受让方。国有控股股东拟采取协议转让方式转让股份并不再拥有上市公司控股权的,应当聘请在境内注册的专业机构担任财务顾问,财务顾问应当具有良好的信誉及近 3 年内无重大违法违规记录。

国有股东协议转让上市公司股份的价格应当以上市公司股份转让信息公告日(经批准不须公开股份转让信息的,以股份转让协议签署日为准,下同)前 30 个交易日的每日加权平均价格算术平均值为基础确定;确需折价的,其最低价格不得低于该算术平均值的 90%。存在下列特殊情形的,国有股东协议转让上市公司股份的价格按以下原则分别确定:(1)国有股东为实施资源整合或重组上市公司,并在其所持上市公司股份转让完成后全部回购上市公司主业资产的,股份转让价格由国有股东根据中介机构出具的该上市公司股票价格的合理估值结果确定。(2)国有及国有控股企业为实施国有资源整合或资产重组,在其内部进行协议转让且其拥有的上市公司权益和上市公司中的国有权益并不因此减少的,股份转让价格应当根据上市公司股票的每股净资产值、净资产收益率、合理的市盈率等因素合理确定。

国有股东选择受让方后,应当及时与受让方签订转让协议。国有股东与拟受让方签订股份转让协议后,应及时履行信息披露等相关义务,同时应按规定程序报国务院国有资产监督管理机构审核批准。国有股东应及时收取上市公司股份转让价款。拟受让方以现金支付股份转让价款的,国有股东应在股份转让协议签订后 5 个工作日内收取不低于转让收入 30% 的保证金,其余价款应在股份过户前全部结清。在全部转让价款支付完毕或交由转让双方共同认可的第三方妥善保管前,不得办理转让股份的过户登记手续。

## 3. 国有股东所持上市公司股份的无偿划转

国有股东所持上市公司股份可以依法无偿划转给政府机构、事业单位、国有独资企业以及国有独资公司持有。国有独资公司作为划入或划出一方的,应当符合《中华人民共和国公司法》的有关规定。上市公司股份划转双方应当在可行性研究的基础上,按照内部决策程序进行审议,并形成无偿划转股份的书面决议文件。国有股东无偿划转所持上市公司股份可能影响其偿债能力时,上市公司股份划出方应当就无偿划转事项制定相应的债务处置方案。上市公司股份无偿划转由划转双方按规定程序逐级报国务院国有资产监督管理机构审核批准。

**4. 国有股东所持上市公司股份的间接转让**

国有股东所持上市公司股份的间接转让是指国有股东因产权转让或增资扩股等原因导致其经济性质或实际控制人发生变化的行为。国有股东所持上市公司股份间接转让应当充分考虑对上市公司的影响,并按照本办法有关国有股东协议转让上市公司股份价格的确定原则合理确定其所持上市公司股份价格,上市公司股份价格确定的基准日应与国有股东资产评估的基准日一致。国有股东资产评估的基准日与国有股东产权持有单位对该国有股东产权变动决议的日期相差不得超过1个月。上市公司国有控股股东所持上市公司股份发生间接转让的,应当聘请在境内注册的专业机构担任财务顾问,并对国有产权拟受让方或国有股东引进的战略投资者进行尽职调查,并出具尽职调查报告。

国有股东所持上市公司股份间接转让的,国有股东应在产权转让或增资扩股方案实施前(其中,国有股东国有产权转让的,应在办理产权转让鉴证前,国有股东增资扩股的,应在公司工商登记前),由国有股东逐级报国务院国有资产监督管理机构审核批准。

## 五、企业国有产权转让的法律责任

### (一) 转让方与受让方的责任

在企业国有产权转让过程中,转让方、转让标的企业和受让方有下列行为之一的,国有资产监督管理机构或者企业国有产权转让相关批准机构应当要求转让方终止产权转让活动,必要时应当依法向人民法院提起诉讼,确认转让行为无效。(1)未按本办法有关规定在产权交易机构中进行交易的;(2)转让方、转让标的企业不履行相应的内部决策程序、批准程序或者超越权限、擅自转让企业国有产权的;(3)转让方、转让标的企业故意隐匿应当纳入评估范围的资产,或者向中介机构提供虚假会计资料,导致审计、评估结果失真,以及未经审计、评估,造成国有资产流失的;(4)转让方与受让方串通,低价转让国有产权,造成国有资产流失的;(5)转让方、转让标的企业未按规定妥善安置职工、接续社会保险关系、处理拖欠职工各项债务以及未补缴欠缴的各项社会保险费,侵害职工合法权益的;(6)转让方未按规定落实转让标的企业的债权债务,非法转移债权或者逃避债务清偿责任的,以企业国有产权作为担保的,转让该国有产权时,未经担保权人同意的;(7)受让方采取欺诈、隐瞒等手段影响转让方的选择以及产权转让合同签订的;(8)受让方在产权转让竞价、拍卖中,恶意串通压低价格,造成国有资产流失的。

对以上行为中转让方、转让标的企业负有直接责任的主管人员和其他直接责任人员,由国有资产监督管理机构或者相关企业按照人事管理权限给予警告,情节严重的,给予纪律处分,造成国有资产损失的,应当负赔偿责任;由于受让方的责任造成国有资产流失的,受让方应当依法赔偿转让方的经济损失;构成犯罪的,依法移送司法机关追究刑事责任。

（二）社会中介机构的责任

社会中介机构在企业国有产权转让的审计、评估和法律服务中违规执业的,由国有资产监督管理机构将有关情况通报其行业主管机关,建议给予相应处罚;情节严重的,可要求企业不得再委托其进行企业国有产权转让的相关业务。

（三）产权交易机构的责任

产权交易机构在企业国有产权交易中弄虚作假或者玩忽职守,损害国家利益或者交易双方合法权益的,依法追究直接责任人员的责任,国有资产监督管理机构将不再选择其从事企业国有产权交易的相关业务。

（四）国有产权转让批准机构及其有关人员的责任

企业国有产权转让批准机构及其有关人员违反本办法,擅自批准或者在批准中以权谋私,造成国有资产流失的,由有关部门按照干部管理权限,给予纪律处分;构成犯罪的,依法移送司法机关追究刑事责任。

## 第 5 节　国有资产监督管理制度

### 一、国有资产的监督管理机构

根据《企业国有资产法》《企业国有资产监督管理暂行条例》的规定,我国国有资产管理机构采取的三级管理机构的模式,即国务院和省、自治区、直辖市人民政府以及设区的市、自治州政府分别设立国有资产监督管理机构。国务院确定的关系国民经济命脉和国家安全的大型国家出资企业,重要基础设施和重要自然资源等领域的国家出资企业,由国务院代表国家履行出资人职责。其他的国家出资企业,由地方人民政府代表国家履行出资人职责。国有资产监督管理机构的主要义务是:推进国有资产合理流动和优化配置,推动国有经济布局和结构的调整;保持和提高关系国民经济命脉和国家安全领域国有经济的控制力和竞争力,提高国有经济的整体素质;探索有效的企业国有资产经营体制和方式,加强企业国有资产监督管理工作,促进企业国有资产保值增值,防止企业国有资产流失;指导和促进国有及国有控股企业建立现代企业制度,完善法人治理结构,推进管理现代化;尊重、维护国有及国有控股企业经营自主权,依法维护企业合法权益,促进企业依法经营管理,增强企业竞争力;指导和协调解决国有及国有控股企业改革与发展中的困难和问题。

## 二、国有资产监督管理机构的职责

（一）对国家出资企业管理者的选择与考核

国有资产监督管理机构依照法律、行政法规以及企业章程的规定,任免或者建议任免国家出资企业的下列人员:任免国有独资企业的经理、副经理、财务负责人和其他高级管理人员;任免国有独资公司的董事长、副董事长、董事、监事会主席和监事;向国有资本控股公司、国有资本参股公司的股东会、股东大会提出董事、监事人选。

对拟任命或者建议任命的董事、监事、高级管理人员的人选,应当按照规定的条件和程序进行考察。考察合格的,按照规定的权限和程序任命或者建议任命。国有资产监督管理机构应当建立企业负责人经营业绩考核制度,与其任命的企业负责人签订业绩合同,根据业绩合同对企业负责人进行年度考核和任期考核。国有资产监督管理机构应当依照有关规定,确定所出资企业中的国有独资企业、国有独资公司的企业负责人的薪酬,依据考核结果,决定其向所出资企业派出的企业负责人的奖惩。

（二）对企业重大事项的管理

国有资产监督管理机构出资企业中的国有独资企业、国有独资公司的重组、股份制改造方案和国有独资公司章程,必须由国有资产监督管理机构审核批准。

国有资产监督管理机构依照法定程序决定其所出资企业中的国有独资企业、国有独资公司的分立、合并、破产、解散、增减资本、发行公司债券等重大事项。其中,重要的国有独资企业、国有独资公司分立、合并、破产、解散,应当由国有资产监督管理机构审核后,报本级人民政府批准。

国有资产监督管理机构出资企业中的国有股权转让,由国有资产监督管理机构决定,其中转让全部国有股权或者转让部分国有股权致使国家不再拥有控股地位的,必须报本级人民政府批准。

国有资产监督管理机构依照公司法的规定,派出股东代表、董事,参加国有控股的公司、国有参股的公司的股东会、董事会。

国有控股的公司、国有参股的公司的股东会、董事会决定公司的分立、合并、破产、解散、增减资本、发行公司债券、任免企业负责人等重大事项时,国有资产监督管理机构派出的股东代表、董事,应当按照国有资产监督管理机构的指示发表意见,行使表决权。国有资产监督管理机构依照国家有关规定组织协调所出资企业中的国有独资企业、国有独资公司的兼并破产工作,并配合有关部门做好企业下岗职工安置等工作。国有资产监督管理机构依照国家有关规定拟订所出资企业收入分配制度改革的指导意见,调控所出资企业工资分配的总体水平。

（三）对企业国有资产的管理与监督

国有资产监督管理机构负责企业国有资产的产权界定、产权登记、资产评估监管、清产核资等基础管理工作,协调所出资企业之间的国有资产产权纠纷。对出资企业的国有资产收益、企业的重大投融资规划、发展战略和规划,依法行使出资人职责。

国有资产监督管理机构代表本级人民政府向其所出资的国有独资公司、国有独资企业派出监事会。

国有资产监督管理机构依法对所出资企业的财务进行监督。国有企业应定期报告财务状况、生产经营状况、国有资产保值增值状况。

## 三、国有资产监督管理的法律责任

（一）国有资产监督管理部门的责任

国有资产监督管理机构不按规定任免或者建议任免所出资企业的企业负责人,或者违法干预所出资企业的生产经营活动,侵犯其合法权益,造成企业国有资产损失或者其他严重后果的,对直接负责的主管人员和其他直接责任人员依法给予行政处分;构成犯罪的,依法追究刑事责任。

（二）国有企业及其负责人的责任

所出资企业中的国有独资企业、国有独资公司未按照规定向国有资产监督管理机构报告财务状况、生产经营状况和国有资产保值增值状况的,予以警告;情节严重的,对直接负责的主管人员和其他直接责任人员依法给予纪律处分。国有及国有控股企业的企业负责人滥用职权、玩忽职守,造成企业国有资产损失的,应负赔偿责任,并对其依法给予纪律处分;构成犯罪的,依法追究刑事责任。对企业国有资产损失负有责任受到撤职以上纪律处分的国有及国有控股企业的企业负责人,5 年内不得担任任何国有及国有控股企业的企业负责人;造成企业国有资产重大损失或者被判处刑罚的,终身不得担任任何国有及国有控股企业的企业负责人。

**复习思考题**

1. 国有资产管理法的概念和调整对象是什么?
2. 国有资产产权纠纷的处理程序是什么?
3. 国有资产产权占有登记的内容是什么?
4. 国有资产评估的方法有哪些?
5. 国有股东所持上市公司股份转让的方式有哪些?
6. 国有资产监督管理机构的职责有哪些?

**推荐阅读书目**

1. 屈茂辉:《中国国有资产法研究》,人民法院出版社,2002 年版。

2. 周绍朋：《新世纪的国有企业改革与国有资产管理体制研究》，中国人民大学出版社，2006 年版。

3. 沈贵明：《企业法演变与经济法科学化发展》，东方法学，2009 年第 4 期。

4. 胡智强：《我国国有企业实施管理层收购的法律思考》，法学，2004 年第 8 期。

5. 郑海航、戚聿东、吴冬梅：《国有资产管理体制与国有控股公司研究》：经济管理出版社，2010 年版。

6. 王洁筠：《基于国企分类视角的国有资产管理体制改革思路探讨》，《企业改革与管理》2018 年第 1 期。

7. 王军：《国企改革与国家所有权的神话》，《中外法学》2005 年第 3 期。

8. 夏凡：《从竞争中性看国有资产管理体制改革中国经济时报》，2018 年 11 月 29 日。

9. 徐晓松：《国家股权及其制度价值——兼论国有资产管理体制改革的走向》，2018 年第 1 期。

# 第16章 银 行 法

**本章导读**

  银行体系在现代市场经济中具有举足轻重的地位,加强对银行业的监管不仅是银行业自身发展的需要,也是促进金融与经济安全,实现国家宏观调控,维护市场经济健康发展的内在需要。市场经济国家的银行至少有三大类,即中央银行、商业银行和政策性银行,本章分别介绍调整此三类银行的组织及其业务经营的法律规范以及作为我国银行业监管机构的银监会,同时介绍了银行业的监督管理制度;由于我国对外资银行的监管有别于普通商业银行的监管,故本章还专门介绍了外资银行法。

**关键术语**

  中央银行  金融监管  银监会  商业银行  政策性银行  外资银行

## 第1节 银行法概述

### 一、银行

  银行业是金融业间接融资的主体,银行是依法成立的经营货币信贷业务的金融机构,是商品货币经济发展到一定阶段的产物。银行它的产生大体上分为三个阶段:第一阶段:出现了货币兑换业和兑换商。第二阶段:增加了货币保管和收付业务即由货币兑换业演变成货币经营业。第三阶段:兼营货币保管、收付、结算、放贷等业务,这时货币兑换业便发展为银行业。

  银行按类型分可以为:中央银行、政策性银行、商业银行、投资银行、世界银行等,它们的职责各不相同,例如:各国的中央银行一般都承担金融监管职能。此外,各国还有政策性银行、商业银行、投资银行等。世界银行(英文:World Bank,缩写:WB)则是联合国属下的一个专门机构,负责长期贷款的国际金融机构。世界银行原名国际复兴开发银行(the International Bank for Reconstruction and Development),是为发展中国家资本项目提供贷款的国际金融机构。它是世界银行的官方目标为消除贫困,根据其有关协定规定,其所有决定都必须旨在推动外商直接投资和国际贸易,以及为资本投资提供便利。世界银行由两个机构组成:国际复兴开发银行

(IBRD)与国际开发协会(IDA)。世界银行与世界银行集团并不一样,后者包括世界银行、国际金融公司(IFC)、多边投资担保机构(MIGA)以及国际投资争端解决中心(ICSID)。长期以来,世界银行在资助国家克服穷困和提高生活水平方面发挥了独特的作用。

我国的银行业以中央银行和政策性银行、商业银行等为主体,此外,由于市场经济的深入发展,我国也出现了此外,财务公司、互联网金融等新兴金融,以及小额贷款、融资性担保等地方金融。

银行业金融机构与非银行业金融机构的区别在于能否吸收存款。在我国的金融机构分类中,商业银行、信用社、财务公司、各种类型的租赁公司①均可吸收不同范围的存款,可以归类为银行业金融机构。银行还可以进一步划分为全国性银行和区域性银行。全国性银行名称不带地理名称,只有商号,可在全国设立分支机构,有较高的实缴资本等要求。区域性银行只能在一定的行政区内经营,实缴资本等方面的要求较低。我国银行业的迅速发展迫切要求通过立法,进行统一界定和分类,并进行立法规范。

## 二、银行法

银行法是指调整各类银行的组织及其业务经营的法律规范的总称,是银行在充当信用中介和提供其他金融服务时所必须遵循的法律规范。银行法的体系包括以下几个方面:

(1) 银行组织法,是我国银行体系中所有银行以及从事特定银行业务的非银行金融机构的法律地位的法律规范的总称。银行组织法的作用是规定银行等金融机构的法律主体资格,赋予不同银行参加金融活动时各自的权利、义务,确定银行组织机构的形式和经营规则等。我国现有的银行组织法包括《中国人民银行法》《商业银行法》《公司法》《外资金融机构管理条例》等。

(2) 银行业务法。调整银行之间以及银行与客户之间,在经营货币或其他信用业务等活动中所形成的经济关系的法律规范的总称。我国的银行业务法包括:《票据法》《储蓄管理条例》《利率管理暂行规定》《贷款通则》等。

(3) 银行管理法。调整国家中央银行和有关国家经济管理机关对银行业进行监督管理和宏观调控过程中形成的社会关系的法律规范的总称。我国的银行管理法包括:《中国人民银行法》《外汇管理条例》《结汇售汇付汇的管理规定》《人民币利率管理规定》等。

---

① 长期来,在我国的融资租赁市场,融资租赁公司分三类管理:银监会审批的金融租赁公司,商务部审批的外资融资租赁公司和商务部、国税总局审批的内资融资租赁公司。监管主体不同导致同样的业务既可能被定义为金融业,也可能被定义为商贸流通业,包括财务制度和缴纳的税收也不同,需要统一规范。

银行组织法、银行业务法和银行管理法相互协调配合,共同构成了我国银行法体系不可分割的有机整体。但长期以来我国只有《商业银行法》,对于其他存款类金融机构没有完善的立法,只在 2003 年银监会分设时出台了《银行业监督管理法》,授权银监会对资产管理公司、信托公司、财务公司、金融租赁公司等金融机构进行监管,但对这些机构的经营和监管没有明确法律界定。并且,在对一些新型金融业态和机构的监管上,也没有明确的法律授权。为了统一规范金融机构的行为,有必要完善银行业的法律制度,制定一部统一的银行业法律。

## 第 2 节　中央银行法

中央银行是在一国金融体系中居于主导地位,负责制定和执行国家货币政策,调节和控制全国的货币流通和信用活动,依法实施金融监管的特殊的金融机构。[①] 中央银行法是调整中央银行在履行职能过程中所发生的各种社会关系的法律规范的总称。

中国人民银行是我国的中央银行。1995 年 3 月全国人民代表大会通过了《中华人民共和国中国人民银行法》,2003 年 12 月全国人大常委会对该法进行了修正。

### 一、中央银行的职能

关于中央银行的职能,一般有两种分类方法:一种是将中央银行的职能归纳为发行的银行、政府的银行、银行的银行、金融调控的银行和金融监管的银行五个方面;另一种是将之归纳为金融调控、金融监管与公共服务三大职能。

依据《人民银行法》第 2 条的规定,中国人民银行在国务院领导下,制定和执行货币政策,防范和化解金融风险,维护金融稳定。中国人民银行的金融监管职能有三次剥离,即保险业监管职能、证券业监管职能和银行业监管职能分别剥离给保监会、证监会和银监会。但根据《人民银行法》第 4 条和第 5 章的规定,中国人民银行仍享有一定的金融监管职能。

(一)金融调控职能

中央银行的金融调控活动围绕货币供应量展开,手段即货币政策工具主要包括存款准备金、再贷款与再贴现、公开市场操作等。由此,中央银行在行使金融调控职能时的权责包括:

(1)确定存款准备金率并收受存款准备金。为了保护存款人的利益,以及调整

---

[①]　汪鑫:《金融法学》,21 页,北京,中国政法大学出版社,2007。

流通中货币量的需要,商业银行必须在其吸收的存款内提取一定比例的数额,缴存中央银行,此即为存款准备金。而中央银行所确定的提取和缴存准备金的比例,称为"存款准备金率"。收受存款准备金的主要作用在于调节和控制货币供应量。

(2)确定再贷款率与再贴现率并办理再贷款与再贴现。再贷款是中央银行对普通金融机构提供的短期信贷;再贴现是普通金融机构将其所有的票据背书转让给中央银行而兑取现款,中央银行扣除自兑取日至到期日之间的利息和贴现费用。再贷款与再贴现实质上都是中央银行对普通金融机构的放款,通过调整再贷款率与再贴现率,影响金融机构向中央银行借款的成本,并间接影响市场利率,进而实现对货币供应量的调控。

(3)进行公开市场操作。公开市场操作是中央银行在金融市场买卖有价证券或者其他金融资产,以此影响货币供应量和市场利率的行为。

《中国人民银行法》第4章第23条规定,中国人民银行为执行货币政策,可以运用下列货币政策工具:①要求银行业金融机构按照规定的比例交存存款准备金;②确定中央银行基准利率;③为在中国人民银行开立账户的银行业金融机构办理再贴现;④向商业银行提供贷款;⑤在公开市场上买卖国债、其他政府债券和金融债券及外汇;⑥国务院确定的其他货币政策工具。

**(二)公共服务职能**

中央银行也提供金融服务,只是其服务的对象只包括政府和金融机构。

中央银行对政府提供的金融服务体现为:中央银行代表政府贯彻执行财政金融政策,代为管理国家财政收支以及为国家提供各种金融服务。根据《中国人民银行法》的有关规定,中国人民银行行使"政府的银行"的职能所具有的权责具体表现在:(1)持有、管理和经营国家外汇储备、黄金储备;(2)依照法律、行政法规的规定经理国库;(3)代表国务院财政部门向各金融机构组织发行、兑付国债和其他政府债券,但不得直接认购、包销国债和其他政府债券;(4)以法律规定的额度、条件和方式对政府提供信用,但不得对政府财政透支,不得向地方政府、各级政府部门提供贷款。

中央银行以凌驾于一般商业银行和其他金融机构的地位,与商业银行和其他金融机构发生业务往来,组织全国的资金、票据清算。结合《中国人民银行法》的有关规定,可以将中国人民银行行使"银行的银行"职能所具有的权责概括为以下几个方面:(1)收受并保管银行业金融机构按照规定的比例交存的存款准备金;(2)为在中国人民银行开立账户的银行业金融机构办理再贴现;(3)向商业银行提供贷款;(4)为银行业金融机构提供支付、清算业务。

**(三)金融监管职能**

金融监管即金融监督和管理的简称,是指金融主管当局依法对金融机构和金融活动实施规制和约束,促使其依法稳健运行的一系列活动的总称。各国由于政治、经济、地理和历史条件的不同,分别建立或采用了不同的金融监管体制。

我国目前实行分业监管体制,证监会、保监会、银监会分别负责监管证券业、保险业和银行业;中国人民银行依法检测金融市场的运行情况,对金融市场实行宏观调控,促进其协调发展。根据《人民银行法》第 4 条的规定,中国人民银行还具体监督管理银行间同业拆借市场和银行间债券市场、银行间外汇市场和黄金市场,负责金融机构反洗钱工作和管理信贷征信业。

具体而言,中国人民银行具有以下金融监管权。

(1) 中国人民银行有权对金融机构以及其他单位和个人的下列行为进行检查监督:①执行有关存款准备金管理规定的行为;②与中国人民银行特种贷款有关的行为;③执行有关人民币管理规定的行为;④执行有关银行间同业拆借市场、银行间债券市场管理规定的行为;⑤执行有关外汇管理规定的行为;⑥执行有关黄金管理规定的行为;⑦代理中国人民银行经理国库的行为;⑧执行有关清算管理规定的行为;⑨执行有关反洗钱规定的行为。

(2) 中国人民银行根据执行货币政策和维护金融稳定的需要,可以建议国务院银行业监督管理机构对银行业金融机构进行检查监督。

(3) 当银行业金融机构出现支付困难,可能引发金融风险时,为了维护金融稳定,中国人民银行经国务院批准,有权对银行业金融机构进行检查监督。

(4) 中国人民银行根据履行职责的需要,有权要求银行业金融机构报送必要的资产负债表、利润表以及其他财务会计、统计报表和资料。

(5) 中国人民银行应当和国务院银行业监督管理机构、国务院其他金融监督管理机构建立监督管理信息共享机制。

## 二、中央银行的法律地位和组织机构

### (一) 法律地位

中央银行的法律地位,是中央银行赖以正常履行职能的法律基础,一般认为,中央银行是相对独立于政府的,通过特殊金融业务实现金融调控和金融管理的国家机关法人。

由于中央银行既是一个国家机关法人,又是一个特殊的金融机构,因而中央银行与政府的关系有别于其他的国家机关。中央银行相对独立于政府表现在:无论中央银行是否隶属于政府的某个部门,中央银行都有权自主地决定其职责内的事,政府没有权力制约;但必要时或法律规定的情形下,政府部门可向中央银行发布指令。应当指出,中央银行对于政府的独立性只能是相对的。

《中华人民共和国中国人民银行法》对中国人民银行的相对独立性作出了全面、妥善的规定:该法第 2 条第 2 款和第 5、第 6、第 7 条等法条规定了中国人民银行在国务院领导下依法独立执行货币政策,履行职责,开展业务,不受地方政府、各级政府部门、社会团体和个人的干涉,除法律规定的须报国务院批准的有关货币政策事项外的其他货币政策事项由中国人民银行作出决定后即可执行,并报国务院备案。

（二）组织机构

**1. 领导机构**

中国人民银行实行行长负责制。中国人民银行设行长一人,副行长若干人。中国人民银行行长的人选,根据国务院总理的提名,由全国人民代表大会决定;全国人民代表大会闭会期间,由全国人民代表大会常务委员会决定,由中华人民共和国主席任免。中国人民银行副行长由国务院总理任免。

**2. 咨询议事机构**

中国人民银行设立货币政策委员会。根据1997年国务院依据授权颁布的《中国人民银行货币政策委员会条例》,货币政策委员会属于咨询议事机构,即在综合分析宏观经济形势的基础上,依据国家的宏观经济调控目标,对规定的货币政策事项进行讨论,并提出建议。

**3. 分支机构**

中国人民银行根据履行职责的需要设立分支机构,作为中国人民银行的派出机构。中国人民银行对分支机构实行统一领导和管理。

中国人民银行的分支机构根据中国人民银行的授权,维护本辖区的金融稳定,承办有关业务。现在,中国人民银行跨行政区域设立9个分行;改中国人民银行北京分行和重庆分行为2个营业管理部;在没有设立分行的省会城市设立20个中心支行,原地级市分行以及经济特区分行更名为中心支行,原1 827个县级支行名称不变、职责不变。由此可见中国人民银行的分支机构已基本上是按经济区域设置的,而并非按行政区域设置。

## 三、中央银行货币发行制度

中央银行货币发行是指中央银行向流通中投放通货(现金货币)的行为。

《中国人民银行法》对人民币的发行和管理作了专章规定,主要内容包括:

（1）中华人民共和国的法定货币是人民币,以人民币支付中华人民共和国境内的一切公共的和私人的债务,任何单位和个人不得拒收。人民币的单位为元,人民币辅币单位为角、分。

（2）人民币由中国人民银行统一印制、发行。禁止任何单位和个人印制、发售代币票券,以代替人民币在市场上流通。

（3）残缺、污损的人民币,按照中国人民银行的规定兑换,并由中国人民银行负责收回、销毁。

（4）禁止伪造、变造人民币。禁止出售、购买伪造、变造的人民币。禁止运输、持有、使用伪造、变造的人民币。禁止故意毁损人民币。禁止在宣传品、出版物或者其他商品上非法使用人民币图样。

(5) 中国人民银行设立人民币发行库,在其分支机构设立分支库。分支库调拨人民币发行基金,应当按照上级库的调拨命令办理。任何单位和个人不得违反规定,动用发行基金。

# 第 3 节  银行业监管法

根据第十届全国人大通过的国务院机构改革方案,国务院决定设立中国银行业监督管理委员会(以下简称"银监会"),统一监管银行、金融资产管理公司、信托投资公司以及其他存款类金融机构,维护银行业的合法、稳健运行。2003 年 4 月银监会正式挂牌,2003 年 12 月全国人民代表大会常务委员会通过了《中华人民共和国银行业监督管理法》(以下简称《银行业监管法》);2006 年 10 月全国人民代表大会常务委员会对该法进行了修正。

## 一、银监会的组织机构

银监会是国务院直属事业单位,实行垂直管理模式,在中央为银监会,一般在各省设立银监局,在各地级市设立银监分局。银监会在处置银行业金融机构风险、查处有关金融违法行为等监督管理活动中,地方政府、各级有关部门应当予以配合和协助。

从事银行业监督管理工作的人员,应当具备与其任职相适应的专业知识和业务工作经验;应当忠于职守,依法办事,公正廉洁,不得利用职务便利牟取不正当的利益,不得在金融机构等企业中兼任职务;应当依法保守国家秘密,并有责任为其监督管理的银行业金融机构及当事人保守秘密。

## 二、银监会的监督管理职责

根据《银行业监管法》第 3 章的规定,银监会主要职责包括:

(一) 制定规则职责

(1) 银监会依照法律、行政法规制定并发布对银行业金融机构及其业务活动监督管理的规章、规则。

(2) 制定银行业金融机构的审慎经营规则。

银行业金融机构应当严格遵守审慎经营规则,审慎经营规则,由法律、行政法规规定,也可以由银监会依照法律、行政法规制定。

(3) 负责统一编制全国银行业金融机构的统计数据、报表,并按照国家有关规定予以公布。

（二）日常监管职责

**1. 审查批准**

银监会依照法律、行政法规规定的条件和程序,审查批准银行业金融机构的设立、变更、终止以及业务范围。未经银监会批准,任何单位或者个人不得设立银行业金融机构或者从事银行业金融机构的业务活动。

对申请设立银行业金融机构,或者银行业金融机构变更持有资本总额或者股份总额达到规定比例以上的股东的,银监会应当对股东的资金来源、财务状况、资本补充能力和诚信状况进行审查;对银行业金融机构业务范围内的业务品种,属于银监会规定并公布需要审查批准或者备案的,应当按照规定经银监会审查批准或者备案。

银监会应当在规定的期限,对下列申请事项作出批准或者不批准的书面决定;决定不批准的,应当说明理由:(1)银行业金融机构的设立,自收到申请文件之日起6个月内;(2)银行业金融机构的变更、终止,以及业务范围和增加业务范围内的业务品种,自收到申请文件之日起3个月内;(3)审查董事和高级管理人员的任职资格,自收到申请文件之日起30日内。

**2. 任职资格管理**

银监会对银行业金融机构的董事和高级管理人员实行任职资格管理。2005年银监会第38次主席会议审议并原则通过《银行业金融机构董事和高级管理人员任职资格管理办法》和《银行业金融机构董事和高级管理人员履职监管指引》,对银行业金融机构高级管理人员任职资格的监管范围、任职条件、日常管理、资格终止等监管要求作出明确规定。

**3. 实施并表监管**

并表监管是指在单一法人监管的基础上,对银行集团的资本、财务以及风险进行全面和持续的监管,识别、计量、监控和评估银行集团的总体风险状况。《银行业监管法》规定,银监会应当对银行业金融机构实行并表监督管理。据此,2008年2月18日,中国银监会发布《银行并表监管指引(试行)》(以下简称《指引》)。《指引》共7章,83条,分别为总则、并表监管范围、并表监管要素、并表监管方式、跨境并表监管、银行集团的并表管理和附则七个部分。《指引》不仅适用于商业银行作为母公司所构成的银行集团,还涵盖了中国银监会监管的所有机构,包括在华注册的外资金融机构法人、财务公司、信托公司等组成的集团。

**4. 实施非现场监管和现场检查**

银监会应当对银行业金融机构的业务活动及其风险状况进行非现场监管,建立银行业金融机构监督管理信息系统,分析、评价银行业金融机构的风险状况。

银监会应当制定现场检查程序,对银行业金融机构的业务活动及其风险状况进行现场检查。其现场检查行为应当规范。

**5．对银行业自律组织的活动进行指导和监督**

银行业自律组织的章程应当报国务院银行业监督管理机构备案。

（三）风险预警管理和突发事件处理

银监会应当建立银行业金融机构监督管理评级体系和风险预警机制,根据银行业金融机构的评级情况和风险状况,确定对其现场检查的频率、范围和需要采取的其他措施。

银监会应当建立银行业突发事件的发现、报告岗位责任制度。发现可能引发系统性银行业风险、严重影响社会稳定的突发事件的,应当立即向银监会负责人报告;负责人认为需要向国务院报告的,应当立即向国务院报告,并告知中国人民银行、国务院财政部门等有关部门。

（四）金融监管的协调

**1．监管信息共享机制**

银监会应当和中国人民银行、国务院其他金融监督管理机构建立监督管理信息共享机制。

**2．回复中国人民银行的建议**

对中国人民银行提出的检查银行业金融机构的建议,银监会应当自收到建议之日起 30 日内予以回复。

**3．会同处理突发事件**

银监会应当会同中国人民银行、国务院财政部门等有关部门建立银行业突发事件处置制度,制定银行业突发事件处置预案,明确处置机构和人员及其职责、处置措施和处置程序,及时、有效地处置银行业突发事件。

**4．开展与银行业监督管理有关的国际交流、合作活动**

## 三、银监会的监督管理措施

（一）持续性监管措施

**1．要求报送资料**

银监会根据履行职责的需要,有权要求银行业金融机构按照规定报送资产负债表、利润表和其他财务会计、统计报表、经营管理资料以及注册会计师出具的审计报告。

**2．现场检查**

银监会根据审慎监管的要求,可以采取下列措施进行现场检查:(1)进入银行业金融机构进行检查;(2)询问银行业金融机构的工作人员,要求其对有关检查事项作出说明;(3)查阅、复制银行业金融机构与检查事项有关的文件、资料,对可能被转移、隐匿或者毁损的文件、资料予以封存;(4)检查银行业金融机构运用电子计算机管理业务数据的系统。

进行现场检查,应当经银行业监督管理机构负责人批准。现场检查时,检查人员不得少于 2 人,并应当出示合法证件和检查通知书;检查人员少于 2 人或者未出示合法证件和检查通知书的,银行业金融机构有权拒绝检查。

**3. 要求谈话和说明**

银监会根据履行职责的需要,可以与银行业金融机构董事、高级管理人员进行监督管理谈话,要求银行业金融机构董事、高级管理人员就银行业金融机构的业务活动和风险管理的重大事项作出说明。

**4. 责令信息披露**

银监会应当责令银行业金融机构按照规定,如实向社会公众披露财务会计报告、风险管理状况、董事和高级管理人员变更以及其他重大事项等信息。

**5. 违反审慎经营规则强制措施**

银行业金融机构违反审慎经营规则的,银监会或者其省一级派出机构应当责令限期改正;逾期未改正的,或者其行为严重危及该银行业金融机构的稳健运行、损害存款人和其他客户合法权益的,经银监会或者其省一级派出机构负责人批准,可以区别情形,采取下列措施:(1)责令暂停部分业务、停止批准开办新业务;(2)限制分配红利和其他收入;(3)限制资产转让;(4)责令控股股东转让股权或者限制有关股东的权利;(5)责令调整董事、高级管理人员或者限制其权利;(6)停止批准增设分支机构。

银行业金融机构整改后,应当向银监会或者其省一级派出机构提交报告。银监会或者其省一级派出机构经验收,符合有关审慎经营规则的,应当自验收完毕之日起 3 日内解除对其采取的前款规定的有关措施。

**(二)危机处理与市场退出监管措施**

银行业金融机构已经或者可能发生信用危机,严重影响存款人和其他客户合法权益的,银监会可以依法对该银行业金融机构实行接管或者促成机构重组,接管和机构重组依照有关法律和国务院的规定执行。

银行业金融机构有违法经营、经营管理不善等情形,不予撤销将严重危害金融秩序、损害公众利益的,银监会有权予以撤销。

银行业金融机构被接管、重组或者被撤销的,银监会有权要求该银行业金融机构的董事、高级管理人员和其他工作人员,按照银监会的要求履行职责。

在接管、机构重组或者撤销清算期间,经国务院银行业监督管理机构负责人批准,对直接负责的董事、高级管理人员和其他直接责任人员,可以采取下列措施:(1)直接负责的董事、高级管理人员和其他直接责任人员出境将对国家利益造成重大损失的,通知出境管理机关依法阻止其出境;(2)申请司法机关禁止其转移、转让财产或者对其财产设定其他权利。

**(三)违法行为查处措施**

**1. 查询与冻结措施**

经负责人批准,银监会或者其省一级派出机构有权查询涉嫌金融违法的银行业金融机构及其工作人员以及关联行为人的账户;对涉嫌转移或者隐匿违法资金的,经银行业监督管理机构负责人批准,可以申请司法机关予以冻结。

**2. 违法调查措施**

银监会依法对银行业金融机构进行检查时,经设区的市一级以上银行业监督管理机构负责人批准,可以对与涉嫌违法事项有关的单位和个人采取下列措施:(1)询问有关单位或者个人,要求其对有关情况作出说明;(2)查阅、复制有关财务会计、财产权登记等文件、资料;(3)对可能被转移、隐匿、毁损或者伪造的文件、资料,予以先行登记保存。

银监会采取上述措施,调查人员不得少于 2 人,并应当出示合法证件和调查通知书;调查人员少于二人或者未出示合法证件和调查通知书的,有关单位或者个人有权拒绝。对依法采取的措施,有关单位和个人应当配合,如实说明有关情况并提供有关文件、资料,不得拒绝、阻碍和隐瞒。

## 第 4 节　商业银行法

商业银行是指依法设立的吸收公众存款、发放贷款、办理结算等业务的企业法人。我国商业银行体系包括四大国有商业银行、股份制商业银行、村镇银行和外资商业银行。① 1995 年 5 月全国人民代表大会常务委员会通过了《中华人民共和国商业银行法》(以下简称《商业银行法》);2003 年 12 月 27 日和 2015 年 8 月 29 日,全国人民代表大会常务委员会对该法进行了修正。

### 一、商业银行的设立与变更

(一)商业银行的设立条件

设立商业银行,应当经国务院银行业监督管理机构审查批准。未经国务院银行业监督管理机构批准,任何单位和个人不得从事吸收公众存款等商业银行业务,任何单位不得在名称中使用"银行"字样。

根据《商业银行法》规定,设立商业银行应该具备下列条件:

(1)有符合本法和《中华人民共和国公司法》规定的章程;(2)有符合本法规定的注册资本最低限额;(3)有具备任职专业知识和业务工作经验的董事、高级管理人员;(4)有健全的组织机构和管理制度;(5)有符合要求的营业场所、安全防范措施和

---

① 我国对中外合资商业银行、外商独资银行、外国银行分行和代表处的设立、业务开展、终止等方面的监管另有专门的法规予以规范,本章另设第五节介绍。

与业务有关的其他设施。设立商业银行,还应当符合其他审慎性条件。

设立全国性商业银行的注册资本最低限额为 10 亿元人民币。设立城市商业银行的注册资本最低限额为 1 亿元人民币,设立农村商业银行的注册资本最低限额为 5 000 万元人民币。注册资本应当是实缴资本。国务院银行业监督管理机构根据审慎监管的要求可以调整注册资本最低限额,但不得少于前款规定的限额。

(二)商业银行的设立程序

**1. 申请**

设立商业银行,申请人应当首先向国务院银行业监督管理机构提交申请书、可行性研究报告等文件、资料。上述申请经审查符合规定的,申请人应当填写正式申请表,并提交章程草案等文件、资料。

**2. 批准并登记**

经批准设立的商业银行,由国务院银行业监督管理机构颁发经营许可证,并凭该许可证向工商行政管理部门办理登记,领取营业执照。

商业银行应当依照法律、行政法规的规定使用经营许可证。禁止伪造、变造、转让、出租、出借经营许可证。

**3. 公告**

经批准设立的商业银行,由国务院银行业监督管理机构予以公告。商业银行自取得营业执照之日起无正当理由超过 6 个月未开业的,或者开业后自行停业连续 6 个月以上的,由国务院银行业监督管理机构吊销其经营许可证,并予以公告。

(三)商业银行分支机构的设立

商业银行根据业务需要可以在中华人民共和国境内外设立分支机构。商业银行分支机构不具有法人资格,在总行授权范围内依法开展业务,其民事责任由总行承担。商业银行对其分支机构实行全行统一核算,统一调度资金,分级管理的财务制度。

商业银行设立分支机构必须经国务院银行业监督管理机构审查批准。商业银行应当按照规定向分支机构拨付与其经营规模相适应的营运资金额。拨付各分支机构营运资金额的总和,不得超过总行资本金总额的 60%。

经批准设立的商业银行分支机构,由国务院银行业监督管理机构颁发经营许可证,并凭该许可证向工商行政管理部门办理登记,领取营业执照。商业银行分支机构经批准设立,由国务院银行业监督管理机构予以公告。商业银行分支机构自取得营业执照之日起无正当理由超过 6 个月未开业的,或者开业后自行停业连续 6 个月以上的,由国务院银行业监督管理机构吊销其经营许可证,并予以公告。

(四)商业银行的变更

**1. 组织形式的变更**

商业银行的分立、合并,适用《中华人民共和国公司法》的规定。商业银行的分立、合并,应当经国务院银行业监督管理机构审查批准。

**2. 其他事项的变更**

商业银行有下列变更事项之一的,应当经国务院银行业监督管理机构批准:(1)变更名称;(2)变更注册资本;(3)变更总行或者分支行所在地;(4)调整业务范围;(5)变更持有资本总额或者股份总额 5% 以上的股东;(6)修改章程;(7)国务院银行业监督管理机构规定的其他变更事项。

更换董事、高级管理人员时,应当报经国务院银行业监督管理机构审查其任职资格。

任何单位和个人购买商业银行股份总额 5% 以上的,应当事先经国务院银行业监督管理机构批准。

## 二、商业银行的业务规则

商业银行以安全性、流动性、效益性为经营原则,实行自主经营,自担风险,自负盈亏,自我约束。商业银行依法开展业务,不受任何单位和个人的干涉。

商业银行的经营范围由商业银行章程规定,报国务院银行业监督管理机构批准。根据《商业银行法》第 3 条的规定,商业银行可以经营下列部分或者全部业务:(1)吸收公众存款;(2)发放短期、中期和长期贷款;(3)办理国内外结算;(4)办理票据承兑与贴现;(5)发行金融债券;(6)代理发行、代理兑付、承销政府债券;(7)买卖政府债券、金融债券;(8)从事同业拆借;(9)买卖、代理买卖外汇;(10)从事银行卡业务;(11)提供信用证服务及担保;(12)代理收付款项及代理保险业务;(13)提供保管箱服务;(14)经国务院银行业监督管理机构批准的其他业务。商业银行经中国人民银行批准,可以经营结汇、售汇业务。

### (一)吸收公众存款业务基本规则

吸收公众存款是指商业银行接受客户的货币资金,对客户负即期或定期偿负的义务。保护存款人的利益是商业银行开展吸收公众存款业务应遵循的基本原则。为保护存款人的利益,商业银行办理个人储蓄存款业务,应当遵循存款自愿、取款自由、存款有息、为存款人保密的原则。对个人储蓄存款,除法律另有规定,商业银行有权拒绝任何单位或者个人查询、冻结、扣划。对单位存款,除法律、行政法规另有规定,商业银行有权拒绝任何单位或者个人查询;除法律另有规定,商业银行有权拒绝任何单位或者个人冻结、扣划。

此外,《商业银行法》第 31～33 条还规定商业银行应履行下列义务:(1)商业银行应当按照中国人民银行规定的存款利率的上下限,确定存款利率,并予以公告。商业银行不得违反规定提高或者降低利率以及采用其他不正当手段,吸收存款。(2)商业银行应当按照中国人民银行的规定,向中国人民银行交存存款准备金,留足备付金。(3)商业银行应当保证存款本金和利息的支付,不得拖延、拒绝支付存款本金和利息。

(二)发放贷款业务基本规则

发放贷款是指商业银行处于债权人的地位,在借款人应定期或随时偿还本息的条件下,将货币资金贷给借款人。"效益性、安全性、流动性"原则是商业银行发放贷款的根本原则。

**1. 贷款指导思想**

商业银行根据国民经济和社会发展的需要,在国家产业政策指导下开展贷款业务。

**2. 贷款审查**

商业银行贷款,应当对借款人的借款用途、偿还能力、还款方式等情况进行严格审查。商业银行贷款,应当实行审贷分离、分级审批的制度。

**3. 以担保贷款为原则**

商业银行贷款,借款人应当提供担保。经商业银行审查、评估,确认借款人资信良好,确能偿还贷款的,可以不提供担保。

**4. 贷款利率**

商业银行应当按照中国人民银行规定的贷款利率的上下限,确定贷款利率。商业银行不得违反规定提高或者降低利率以及采用其他不正当手段,发放贷款。

**5. 资产负债比例要求**

规定资产负债比例,是为了保持金融机构资产的安全性和流动性,防范和减少资产风险,保证资产质量,进而维护金融机构的稳健。商业银行贷款,应当遵守下列资产负债比例管理的规定:(1)资本充足率,即商业银行资本总额与加权风险资产总额的比例不得低于8%;(2)贷款余额与存款余额的比例不得超过75%;(3)流动性资产余额与流动性负债余额的比例不得低于25%;(4)对同一借款人的贷款余额与商业银行资本余额的比例不得超过10%;(5)国务院银行业监督管理机构对资产负债比例管理的其他规定。

**6. 关系人贷款的限制**

商业银行不得向关系人发放信用贷款;向关系人发放担保贷款的条件不得优于其他借款人同类贷款的条件。关系人是指:(1)商业银行的董事、监事、管理人员、信贷业务人员及其近亲属;(2)前项所列人员投资或者担任高级管理职务的公司、企业和其他经济组织。

**7. 放款自由**

任何单位和个人不得强令商业银行发放贷款或者提供担保。商业银行有权拒绝任何单位和个人强令要求其发放贷款或者提供担保。

**8. 贷款收回**

借款人应当按期归还贷款的本金和利息。借款人到期不归还担保贷款的,商业银行依法享有要求保证人归还贷款本金和利息或者就该担保物优先受偿的权利。商业银行因行使抵押权、质权而取得的不动产或者股权,应当自取得之日起 2 年内予以处分。借款人到期不归还信用贷款的,应当按照合同约定承担责任。

（三）其他业务基本规则

**1．不得从事的业务**

商业银行在中华人民共和国境内不得从事信托投资和证券经营业务,不得向非自用不动产投资或者向非银行金融机构和企业投资,但国家另有规定的除外。

**2．票据结算业务规则**

商业银行办理票据承兑、汇兑、委托收款等结算业务,应当按照规定的期限兑现,收付入账,不得压单、压票或者违反规定退票。有关兑现、收付入账期限的规定应当公布。

**3．同业拆借业务规则**

商业银行从事同业拆借业务,应当遵守中国人民银行的规定。禁止利用拆入资金发放固定资产贷款或者用于投资。拆出资金限于交足存款准备金、留足备付金和归还中国人民银行到期贷款之后的闲置资金。拆入资金用于弥补票据结算、联行汇差头寸的不足和解决临时性周转资金的需要。

**4．发行债券和境外借款业务规则**

商业银行发行金融债券或者到境外借款,应当依照法律、行政法规的规定报经批准。

**5．营业时间、手续费收取、保存资料规定**

商业银行的营业时间应当方便客户,并予以公告。商业银行应当在公告的营业时间内营业,不得擅自停止营业或者缩短营业时间。

商业银行办理业务,提供服务,按照规定收取手续费。

商业银行应当按照国家有关规定保存财务会计报表、业务合同以及其他资料。

（四）工作人员的法定义务

商业银行的工作人员应当遵守法律、行政法规和其他各项业务管理的规定,不得有下列行为:(1)利用职务上的便利,索取、收受贿赂或者违反国家规定收受各种名义的回扣、手续费;(2)利用职务上的便利,贪污、挪用、侵占本行或者客户的资金;(3)违反规定徇私向亲属、朋友发放贷款或者提供担保;(4)在其他经济组织兼职;(5)泄露其在任职期间知悉的国家秘密、商业秘密;(6)违反法律、行政法规和业务管理规定的其他行为。

## 三、商业银行的监督管理

（一）内部控制

根据《商业银行法》的规定,商业银行应当按照有关规定,制定本行的业务规则,建立、健全本行的风险管理和内部控制制度;应当建立、健全本行对存款、贷款、结算、呆账等各项情况的稽核、检查制度；对分支机构应当进行经常性的稽核和检查监督。

（二）外部监管

**1. 备置并报送有关财务会计报表**

商业银行应当依照法律和国家统一的会计制度以及银监会的有关规定，建立、健全本行的财务、会计制度。商业银行应当按照国家有关规定，真实记录并全面反映其业务活动和财务状况，编制年度财务会计报告，及时向银监会、中国人民银行和国务院财政部门报送。商业银行不得在法定的会计账册外另立会计账册。商业银行应当按照规定向银监会、中国人民银行报送资产负债表、利润表以及其他财务会计、统计报表和资料。商业银行应当于每一会计年度终了 3 个月内，按照银监会的规定，公布其上一年度的经营业绩和审计报告。

**2. 接受现场检查**

银监会有权依照《商业银行法》的有关规定，随时对商业银行的存款、贷款、结算、呆账等情况进行检查监督。商业银行应当按照银监会的要求，提供财务会计资料、业务合同和有关经营管理方面的其他信息。中国人民银行有权依照《中国人民银行法》的有关规定对商业银行进行检查监督。

**3. 接受审计监督**

商业银行应当依法接受审计机关的审计监督。

## 四、商业银行的接管和终止

（一）接管

接管是当金融机构已经或者可能发生信用危机，严重影响存款人的利益时，由监管机构派遣人员进驻并在一定期限内行使其经营管理权的制度。[①]

**1. 接管的前提与目的**

商业银行已经或者可能发生信用危机，严重影响存款人的利益时，银监会可以对该银行实行接管。接管的目的是对被接管的商业银行采取必要措施，以保护存款人的利益，恢复商业银行的正常经营能力。被接管的商业银行的债权债务关系不因接管而变化。

**2. 接管决定**

接管由银监会决定，并组织实施。银监会的接管决定应当载明下列内容：（1）被接管的商业银行名称；（2）接管理由；（3）接管组织；（4）接管期限。接管决定由银监会予以公告。

**3. 接管的实施**

接管自接管决定实施之日起开始。自接管开始之日起，由接管组织行使商业银

---

① 汪鑫：《金融法学》，93 页，北京，中国政法大学出版社，2007。

行的经营管理权力。接管期限届满,银监会可以决定延期,但接管期限最长不得超过2年。

**4. 宣告破产**

商业银行不能支付到期债务,经银监会同意,由人民法院依法宣告其破产。商业银行被宣告破产的,由人民法院组织银监会,进行清算,按照清偿计划及时偿还存款本金和利息等债务。

**5. 接管的终止**

有下列情形之一的,接管终止:(1)接管决定规定的期限届满或者银监会决定的接管延期届满;(2)接管期限届满前,该商业银行已恢复正常经营能力;(3)接管期限届满前,该商业银行被合并或者被依法宣告破产。

(二) 终止

商业银行因解散、被撤销和被宣告破产而终止。

**1. 解散**

商业银行因分立、合并或者出现公司章程规定的解散事由需要解散的,应当向银监会提出申请,并附解散的理由和支付存款的本金和利息等债务清偿计划,经银监会批准后解散。商业银行解散的,应当依法成立清算组,进行清算,按照清偿计划及时偿还存款本金和利息等债务。银监会监督清算过程。

**2. 撤销**

商业银行因吊销经营许可证被撤销的,银监会应当依法及时组织清算,会同有关部门和有关人员成立清算组,进行清算。商业银行破产清算时,在支付清算费用、所欠职工工资和劳动保险费用后,应当优先支付个人储蓄存款的本金和利息。

# 第 5 节　政策性银行法

政策性银行是指那些多由政府创立、参股或保证的,不以营利为目的,专门为贯彻、配合政府社会经济政策或意图,在特定的业务领域内,直接或间接地从事政策性融资活动,充当政府发展经济、促进社会进步、进行宏观经济管理工具的金融机构。政策性银行法是关于政策性银行的设立宗旨、组织体制、经营目标、业务领域和经营方式的法律规范的总称。

1994 年,我国先后成立了 3 家政策性银行,即国家开发银行、中国农业发展银行和中国进出口银行。3 家政策性银行分工明确、运作有序,在对特定领域的支持、发展和对规范商业性银行的职能等方面都发挥了重要的作用。

## 一、国家开发银行

国家开发银行于 1994 年 3 月成立,直属国务院领导,按照独立核算,自主、保本经营,责权利相统一的原则,开展政策性金融业务。国家开发银行经批准可在国内外设置必要的办事机构,目前在全国设有 32 家分行和 4 家代表处。

设立国家开发银行的主要目的一方面是为国家重点建设融通资金,保证关系国民经济全局和社会发展的重点建设顺利进行;另一方面把当时分散管理的国家投资基金集中起来,建立投资贷款审查制度,赋予国家开发银行一定的投资贷款决策权,并要求其承担相应的责任与风险,以防止盲目投资,重复建设。

2007 年初召开的全国金融工作会议决定,推进国家开发银行、中国进出口银行和农业发展银行等三大政策性银行改革,按照建立现代金融企业制度的要求,全面推行商业化运作,自主经营、自担风险、自负盈亏,主要从事中长期业务。经国务院批准,国家开发银行于 2008 年 12 月 11 日整体改制为国家开发银行股份有限公司,公司注册资本金为人民币 3 000 亿元。

## 二、中国农业发展银行

中国农业发展银行于 1994 年 4 月成立,总行设在北京,在行政上直属国务院领导,资本金人民币 200 亿元由财政部核拨。

中国农业发展银行在机构设置上实行总行、一级分行、二级分行、支行制;在管理上实行总行一级法人制,总行行长为法定代表人,行长一人及副行长若干人均由国务院任命。系统内实行垂直领导的管理体制,各分支机构在总行授权范围内依法依规开展业务经营活动。其分支机构按照开展农业政策性金融业务的需要,并经银监会批准设置。截至 2006 年底,除总行及总行营业部外,设立省级分行 30 个;地(市)分行(含省级分行营业部)330 个,地(市)分行营业部 210 个,县(市)支行 1 600 个,县级办事处 3 个。

中国农业发展银行的主要任务是:按照国家的法律、法规和方针、政策,以国家信用为基础,筹集农业政策性信贷资金,承担国家规定的农业政策性金融业务,代理财政性支农资金的拨付,为农业和农村经济发展服务。中国农业发展银行成立以来,国务院对其业务范围进行过多次调整。中国农业发展银行目前的主要业务是:(1)办理粮食、棉花、油料收购、储备、调销贷款。(2)办理肉类、食糖、烟叶、羊毛、化肥等专项储备贷款。(3)办理粮食、棉花、油料加工企业和农、林、牧、副、渔业的产业化龙头企业贷款。(4)办理粮食、棉花、油料种子贷款。(5)办理粮食仓储设施及棉花企业技术设备改造贷款。(6)办理农业小企业贷款和农业科技贷款。(7)办理农业基础设施建设贷款。支持范围限于农村路网、电网、水网(包括饮水工程)、信息网(邮政、电信)建设,农村能源和环境设施建设。(8)办理农业综合开发贷款。支持范围限于农田水利基本建设、农业技术服务体系和农村流通体系建设。(9)办理农业生产资料贷款。支持范围限于农业生产资料的流通和销售环节。(10)代理财政支农资金的拨付。(11)办理业务范围内企事业单位的存款及协议存款、同业存款等业务。(12)办理开户企事业单位结算。(13)发行金融债券。(14)资金交易业务。(15)办理代理保险、代理资金结算、代收代付等中间业务。(16)办理粮棉油政策性贷款企业进出口贸易项下的国际结算业务以及与国际业务相配套的外汇存款、外汇汇款、同业外汇拆借、代客外汇买卖和结汇、售汇业务。(17)办理经国务院或中国银行业监督管理委员会批准的其他业务。

### 三、中国进出口银行

中国进出口银行于 1994 年成立,总部设于北京,为独立法人,实行自主、保本经营,企业化管理。在行政上直属国务院领导,注册资本金为人民币 33.8 亿元,由财政部核拨。中国进出口银行在国内设立了 11 家营业性分支机构。此外,还在国内设有 4 个代表处,在境外设有东南非代表处、巴黎代表处和圣彼得堡代表处,并与 300 家银行建立了代理行关系。

中国进出口银行的主要职责是贯彻执行国家产业政策、外经贸政策、金融政策和外交政策,为扩大我国机电产品、成套设备和高新技术产品出口,推动有比较优势的企业开展对外承包工程和境外投资,促进对外关系发展和国际经贸合作,提供政策性金融支持。为此,中国进出口银行经营和办理下列业务:(1)为机电产品和成套设备等资本性货物进出口提供卖方信贷、买方信贷;(2)办理与机电产品进出口信贷有关的外国政府贷款、混合贷款、出口信贷的转贷,以及中国政府对外国政府贷款、混合贷款的转贷;(3)办理国际银行间贷款,组织或参加国际、国内银团贷款;(4)提供出口信贷担保、进出口保险和保付代理业务;(5)在境内发行金融债券和在境外发行有价证券;(6)经营批准的外汇业务;(7)参加国际进出口银行组织及政策性金融保险组织;(8)为进出口业务进行咨询和项目评审,为对外经济技术合作和贸易提供服务;(9)办理经批准的其他业务。

### 四、中国政策性银行立法的完善

三家政策性银行成立十多年来在落实国家产业政策、推动经济结构调整,特别是支持瓶颈行业的资金投入、出口创汇、企业出口贸易发展中起到了很大作用。然而,在政策性银行发展过程中出现了一系列的问题,如银行体系不完整,财政支持不到位和市场定位不准等。具体表现为:(1)业务涵盖了"两基一柱"、外贸、农业等领域,但另外一些领域,如中小企业、高科技领域信贷投入不足。(2)对政策性银行的财政支持不到位,政策性银行缺乏与财政有效的衔接制度。资本金缺口导致银行资本充足率较低、抵御风险能力减弱。(3)政策性银行市场定位不准,与商业银行业务领域存在交叉,形成竞争局面。

出现这些问题的首要原因是立法严重滞后,政策性银行运转多年一直没有相关法律来对其进行规范。我国政策性银行运作基础主要是1993年颁布的《国务院关于金融体制改革的决定》以及1994年国务院颁布和批准的一系列组建通知、组建方案和章程,这些文件对3家政策性银行的设立宗旨、经营原则、法律组织形式、主要业务、机构设置、财务制度、资金来源及人事任命等做了规定。2006年底得以尘埃落定:政策性银行未来的发展方向定位于"商业性银行",转型工作已经展开。

## 第6节　外资银行法

2006年11月8日国务院公布了《中华人民共和国外资银行管理条例》(以下简称《外资银行管理条例》),2014年7月29日和2014年11月27日分两次修订。

### 一、概念

外资银行是指依照中华人民共和国有关法律、法规,经批准在中华人民共和国境内设立的下列机构:(1)1家外国银行单独出资或者1家外国银行与其他外国金融机构共同出资设立的外商独资银行;(2)外国金融机构与中国的公司、企业共同出资设立的中外合资银行;(3)外国银行分行;(三者统称"外资银行营业性机构")(4)外国银行代表处。

外国金融机构是指在中华人民共和国境外注册并经所在国家或者地区金融监管当局批准或者许可的金融机构。

外国银行是指在中华人民共和国境外注册并经所在国家或者地区金融监管当局批准或者许可的商业银行。

外资银行必须遵守中华人民共和国法律、法规,不得损害中华人民共和国的国家利益、社会公共利益。外资银行的正当活动和合法权益受中华人民共和国法律保护。

国务院银行业监督管理机构及其派出机构(以下统称银行业监督管理机构)负责对外资银行及其活动实施监督管理。法律、行政法规规定其他监督管理部门或者机构对外资银行及其活动实施监督管理的,依照其规定。国务院银行业监督管理机构根据国家区域经济发展战略及相关政策制定有关鼓励和引导的措施,报国务院批准后实施。

### 二、外资银行的设立

(一)外资银行的设立条件

**1. 资本要求**

外商独资银行、中外合资银行的注册资本最低限额为10亿元人民币或者等值的自由兑换货币。注册资本应当是实缴资本。

外商独资银行、中外合资银行在中华人民共和国境内设立的分行,应当由其总行无偿拨给不少于 1 亿元人民币或者等值的自由兑换货币的营运资金。外商独资银行、中外合资银行拨给各分支机构营运资金的总和,不得超过总行资本金总额的60%。外国银行分行应当由其总行无偿拨给不少于 2 亿元人民币或者等值的自由兑换货币的营运资金。

国务院银行业监督管理机构根据外资银行营业性机构的业务范围和审慎监管的需要,可以提高注册资本或者营运资金的最低限额,并规定其中的人民币份额。

**2. 股东条件**

拟设外商独资银行、中外合资银行的股东或者拟设分行、代表处的外国银行应当具备下列条件:(1)具有持续盈利能力,信誉良好,无重大违法违规记录;(2)拟设外商独资银行的股东、中外合资银行的外方股东或者拟设分行、代表处的外国银行具有从事国际金融活动的经验;(3)具有有效的反洗钱制度;(4)拟设外商独资银行的股东、中外合资银行的外方股东或者拟设分行、代表处的外国银行受到所在国家或者地区金融监管当局的有效监管,并且其申请经所在国家或者地区金融监管当局同意;(5)国务院银行业监督管理机构规定的其他审慎性条件。

拟设外商独资银行的股东、中外合资银行的外方股东或者拟设分行、代表处的外国银行所在国家或者地区应当具有完善的金融监督管理制度,并且其金融监管当局已经与国务院银行业监督管理机构建立良好的监督管理合作机制。

拟设外商独资银行的股东应当为金融机构,除应当具备上述股东一般条件外,其中唯一或者控股股东还应当具备下列条件:(1)为商业银行;(2)提出设立申请前一年年末总资产不少于 100 亿美元;(3)资本充足率符合所在国家或者地区金融监管当局以及国务院银行业监督管理机构的规定。

拟设分行的外国银行除应当具备上述股东一般条件外,还应当具备下列条件:(1)提出设立申请前一年年末总资产不少于 200 亿美元;(2)资本充足率符合所在国家或者地区金融监管当局以及国务院银行业监督管理机构的规定;(3)初次设立分行的,在中华人民共和国境内已经设立代表处 2 年以上。

(二)外资银行的设立程序

**1. 外资银行营业性机构设立程序**

设立外资银行营业性机构,依法必须经过以下四个步骤:

(1)申请人提出筹建申请,拟设机构所在地的银行业监督管理机构初步审核后报送银监会审查批准。银监会应当自收到完整的申请资料之日起 6 个月内作出批准或者不批准筹建的决定,并书面通知申请人。决定不被批准的,应当说明理由。特殊情况下,可以适当延长审查期限,并书面通知申请人,但延长期限不得超过 3 个月。

(2)申请人自获准筹建之日起 6 个月内完成筹建工作,并提出开业申请。拟设机构所在地的银行业监督管理机构初步审核后报送银监会审查批准。银监会应当自收到完整的开业申请资料之日起 2 个月内作出批准或者不批准开业的决定,并书面通知申请人。决定不被批准的,应当说明理由。

(3) 银监会批准,颁发金融许可证。设立外资银行及其分支机构,应当经银监会审查批准。银监会决定批准的,应当颁发金融许可证。

(4) 经批准设立的外资银行营业性机构,应当凭金融许可证向工商行政管理机关办理登记,领取营业执照。

**2. 外国银行代表处设立程序**

(1) 申请。设立外国银行代表处,应当将申请书、可行性研究报告等申请资料报送拟设代表处所在地的银行业监督管理机构,拟设代表处所在地的银行业监督管理机构应当将申请资料连同审核意见,及时报送国务院银行业监督管理机构。

(2) 批准。国务院银行业监督管理机构应当自收到设立外国银行代表处完整的申请资料之日起 6 个月内作出批准或者不批准设立的决定,并书面通知申请人。决定不批准的,应当说明理由。

(3) 工商登记。经批准设立的外国银行代表处,应当凭批准文件向工商行政管理机关办理登记,领取工商登记证。

## 三、外资银行的业务范围

外商独资银行、中外合资银行按照国务院银行业监督管理机构批准的业务范围,可以经营下列部分或者全部外汇业务和人民币业务:(1)吸收公众存款;(2)发放短期、中期和长期贷款;(3)办理票据承兑与贴现;(4)买卖政府债券、金融债券,买卖股票以外的其他外币有价证券;(5)提供信用证服务及担保;(6)办理国内外结算;(7)买卖、代理买卖外汇;(8)代理保险;(9)从事同业拆借;(10)从事银行卡业务;(11)提供保管箱服务;(12)提供资信调查咨询服务;(13)经国务院银行业监督管理机构批准的其他业务。外商独资银行、中外合资银行经中国人民银行批准,可以经营结汇、售汇业务。

外国银行分行从事的上述人民币业务不得以中国境内公民为客户,但可以吸收中国境内公民每笔不少于 100 万元人民币的定期存款。

外国银行代表处可以从事与其代表的外国银行业务相关的联络、市场调查、咨询等非经营性活动。

## 四、外资银行的监督管理

**1. 建立、健全风险管理和内部控制制度**

外资银行营业性机构应当按照有关规定,制定本行的业务规则,建立、健全风险管理和内部控制制度,并遵照执行。外商独资银行、中外合资银行应当设置独立的内部控制系统、风险管理系统、财务会计系统、计算机信息管理系统。

外商独资银行、中外合资银行应当遵守国务院银行业监督管理机构有关公司治理的规定。外商独资银行、中外合资银行应当遵守国务院银行业监督管理机构有关关联交易的规定。外国银行对其在中华人民共和国境内设立的外商独资银行与从事外汇批发业务的外国银行分行之间的资金交易，应当提供全额担保。

**2. 信息披露要求**

外资银行营业性机构应当遵守国家统一的会计制度和国务院银行业监督管理机构有关信息披露的规定。

**3. 具体业务监管**

（1）外资银行营业性机构应当按照有关规定举借外债，确定存款、贷款利率及各种手续费率。

（2）外资银行营业性机构经营存款业务，应当按照中国人民银行的规定交存存款准备金。

（3）外商独资银行、中外合资银行应当遵守《中华人民共和国商业银行法》关于资产负债比例管理的规定。国务院银行业监督管理机构可以要求风险较高、风险管理能力较弱的外商独资银行、中外合资银行提高资本充足率。

（4）外资银行营业性机构应当按照规定计提呆账准备金。

（5）外国银行分行营运资金的30％应当以国务院银行业监督管理机构指定的生息资产形式存在。

（6）外国银行分行营运资金加准备金等项之和中的人民币份额与其人民币风险资产的比例不得低于8％。国务院银行业监督管理机构可以要求风险较高、风险管理能力较弱的外国银行分行提高前款规定的比例。

（7）外国银行分行应当确保其资产的流动性。流动性资产余额与流动性负债余额的比例不得低于25％。

（8）外国银行分行境内本外币资产余额不得低于境内本外币负债余额。

（9）在中华人民共和国境内设立2家及2家以上分行的外国银行，应当授权其中1家分行对其他分行实施统一管理。国务院银行业监督管理机构对外国银行在中华人民共和国境内设立的分行实行合并监管。

（10）外资银行营业性机构应当按照国务院银行业监督管理机构的有关规定，向其所在地的银行业监督管理机构报告跨境大额资金流动和资产转移情况。

（11）国务院银行业监督管理机构根据外资银行营业性机构的风险状况，可以依法采取责令暂停部分业务、责令撤换高级管理人员等特别监管措施。

**4. 人员监管**

外国银行在中华人民共和国境内设立的外商独资银行的董事长、高级管理人员和从事外汇批发业务的外国银行分行的高级管理人员不得相互兼职。外国银行代表处及其工作人员，不得从事任何形式的经营性活动。

## 五、外资银行的终止与清算

外资银行营业性机构自行终止业务活动的,应当在终止业务活动30日前以书面形式向国务院银行业监督管理机构提出申请,经审查批准予以解散或者关闭并进行清算。外国银行代表处自行终止活动的,应当经国务院银行业监督管理机构批准予以关闭,并在法定期限内向原登记机关办理注销登记。

外资银行营业性机构无力清偿到期债务的,国务院银行业监督管理机构可以责令其停业,限期清理。在清理期限内,已恢复偿付能力、需要复业的,应当向国务院银行业监督管理机构提出复业申请;超过清理期限,仍未恢复偿付能力的,应当进行清算。

外资银行营业性机构因解散、关闭、依法被撤销或者宣告破产而终止的,其清算的具体事宜,依照中华人民共和国有关法律、法规的规定办理。外资银行营业性机构清算终结,应当在法定期限内向原登记机关办理注销登记。

## 六、法律责任

《外资银行监管条例》根据不同情况对相关主题及其行为应负的法律责任进行了规定:

(1)擅自设立外资银行或者非法从事银行业金融机构的业务活动。由国务院银行业监督管理机构予以取缔,自被取缔之日起5年内,国务院银行业监督管理机构不受理该当事人设立外资银行的申请;构成犯罪的,依法追究刑事责任;尚不构成犯罪的,由国务院银行业监督管理机构没收违法所得,并处罚款。

(2)外资银行营业性机构有下列情形之一的,责令改正,没收违法所得,并处罚款;情节特别严重或者逾期不改正的,可以责令停业整顿或者吊销其金融许可证;构成犯罪的,依法追究刑事责任:①未经批准设立分支机构的;②未经批准变更、终止的;③违反规定从事未经批准的业务活动的;④违反规定提高或者降低存款利率、贷款利率的。

(3)外资银行有下列情形之一的,责令改正,处以罚款;情节特别严重或者逾期不改正的,可以责令停业整顿、吊销其金融许可证、撤销代表处;构成犯罪的,依法追究刑事责任:①未按照有关规定进行信息披露的;②拒绝或者阻碍银行业监督管理机构依法进行的监督检查的;③提供虚假的或者隐瞒重要事实的财务会计报告、报表或者有关资料的;④隐匿、损毁监督检查所需的文件、证件、账簿、电子数据或者其他资料的;⑤未经任职资格核准任命董事、高级管理人员、首席代表的;⑥拒绝执行《外资银行监管条例》第50条规定的特别监管措施的。

(4)外资银行营业性机构未按期报送财务会计报告、报表或者有关资料,或者未按照规定制定有关业务规则、建立健全有关管理制度。责令限期改正;逾期不改正的,处以罚款。

（5）外资银行营业性机构违反《外资银行监管条例》第四章的有关规定从事经营或者严重违反其他审慎经营规则的，由国务院银行业监督管理机构责令改正，处以罚款；情节特别严重或者逾期不改正的，可以责令停业整顿或者吊销其金融许可证。

（6）外资银行营业性机构违反《外资银行监管条例》规定，国务院银行业监督管理机构还可以区别不同情形，采取下列措施：

① 责令外资银行营业性机构撤换直接负责的董事、高级管理人员和其他直接责任人员；

② 外资银行营业性机构的行为尚不构成犯罪的，对直接负责的董事、高级管理人员和其他直接责任人员给予警告，并处 5 万元以上 50 万元以下罚款；

③ 取消直接负责的董事、高级管理人员一定期限直至终身在中华人民共和国境内的任职资格，禁止直接负责的董事、高级管理人员和其他直接责任人员一定期限直至终身在中华人民共和国境内从事银行业工作。

（7）外国银行代表处违条例从事经营性活动的，责令改正，给予警告，没收违法所得，并处罚款；情节严重的，予以撤销；构成犯罪的，依法追究刑事责任。

（8）外国银行代表处有下列情形之一的，责令改正，给予警告，并处罚款；情节严重的，取消首席代表一定期限在中华人民共和国境内的任职资格或者要求其代表的外国银行撤换首席代表；情节特别严重的，予以撤销：①未经批准变更办公场所的；②未按照规定向国务院银行业监督管理机构报送资料的；③违反本条例或者国务院银行业监督管理机构的其他规定的。

外资银行违反中华人民共和国其他法律、法规的，由有关主管机关依法处理。

**复习思考题**

1. 什么是中央银行？中央银行的主要职能有哪些？
2. 银监会的监管措施有哪些？
3. 简述商业银行的设立条件。
4. 什么是政策性银行？我国政策性银行有哪些？
5. 简述外资银行设立的资本条件。
6. 简述商业银行的业务范围。

**推荐阅读书目**

1. 汪鑫：《金融法学》，中国政法大学出版社，2007 年版。
2. 徐孟洲：《金融法》，高等教育出版社，2012 年版。
3. 吴志攀：《金融法概论》（第五版），北京大学出版社，2011 年版。
4. 朱崇实：《金融法教程》（第三版），法律出版社，2011 年版。
5. 倪受彬、赵静：《银行法理论与实务》，经济管理出版社，2012 年版。

# 第17章 会计审计法

**本章导读**

会计是为了加强经济管理而进行的核算和分析,是经济活动主体对经济活动过程的记录、计算、反映和自我监督。审计包括国家审计、内部审计和社会审计,是运用会计以及更多的方法和手段对经济活动、政治活动和社会活动过程进行考察、调查、分析、检验的内外部独立性监督,基本职能包括监督、评价和鉴证等,具有提升国家治理体系和治理能力水平的宏观制度价值。尽管会计和审计两者在性质、对象、方法、程序、职能和作用等方面存在不同,但会计审计活动的合法有序进行为经济、政治和社会的健康有序发展所必需。

**关键术语**

会计监督　审计监督　国家治理

# 第1节　会　计　法

## 一、会计与会计法概述

### (一) 会计与会计法的概念

会计是以货币作为主要计量单位,运用一系列专门方法,对企事业单位经济活动进行连续、系统、全面和综合的核算和监督并在此基础上对经济活动进行分析、预测和控制以提高经济效益的一种管理活动。会计的基本工作任务是会计核算和会计监督。

会计法是调整会计关系的法律规范的总称。所谓会计关系,是指会计机构、会计人员办理会计事务过程中发生的社会关系以及国家对会计工作进行监督管理过程中发生的社会关系。现行《中华人民共和国会计法》是 2017 年 11 月 5 日起施行的。

### (二) 会计法确定的会计原则

会计法确定的会计原则是指导会计核算和会计监督等具体会计活动的基本原则。《会计法》规定的会计原则有:

### 1. 合法性原则

我国《会计法》第 2 条规定:"国家机关、社会团体、公司、企业、事业单位和其他组织必须依照本法办理会计事务。"第 5 条规定："会计机构、会计人员依照本法规定进行会计核算,实行会计监督。"可见,从事会计工作、进行会计核算和会计监督必须依照法律的要求。

### 2. 真实性原则

真实、准确、完整是会计工作的基本要求,会计活动必须真实反映单位的经济活动状况。《会计法》规定各单位必须依法设置会计账簿,并保证其真实、完整;单位负责人对本单位的会计工作和会计资料的真实性、完整性负责。

### 3. 统一领导、分级管理原则

我国会计管理实行统一主管分级管理体制,国务院财政部门主管全国的会计工作,县级以上地方各级人民政府财政部门管理本行政区域内的会计工作。

### 4. 统一性原则

《会计法》第 8 条规定了我国实行统一的会计制度。国家统一的会计制度由国务院财政部门根据《会计法》制定并公布。国务院有关部门可以依照《会计法》和国家统一的会计制度制定对会计核算和会计监督有特殊要求的行业实施国家统一的会计制度的具体办法或者补充规定,报国务院财政部门审核批准。中国人民解放军总后勤部可以依照《会计法》和国家统一的会计制度制定军队实施国家统一的会计制度的具体办法,报国务院财政部门备案。

## 二、会计核算

会计核算是以货币为计量单位,运用会计方法,对经济活动进行连续、系统、全面的记录、审核和计算的全部活动。

### (一) 会计核算的内容

根据我国《会计法》规定,各单位必须根据实际发生的经济业务事项进行会计核算,填制会计凭证,登记会计账簿,编制财务会计报告。任何单位不得以虚假的经济业务事项或者资料进行会计核算。下列经济业务事项,应当办理会计手续,进行会计核算:(1)款项和有价证券的收付;(2)财物的收发、增减和使用;(3)债权债务的发生和结算;(4)资本、基金的增减;(5)收入、支出、费用、成本的计算;(6)财务成果的计算和处理;(7)需要办理会计手续、进行会计核算的其他事项。

### (二) 会计核算要求

### 1. 会计年度

我国会计年度采用公历制,会计年度自公历 1 月 1 日起至 12 月 31 日止。

### 2. 记账单位

会计核算以人民币为记账本位币,业务收支以人民币以外的货币为主的单位,可以选定其中一种货币作为记账本位币,但是编报的财务会计报告应当折算为人民币。

**3. 记账文字**

会计记录的文字应当使用中文。在民族自治地方,会计记录可以同时使用当地通用的一种民族文字。在中华人民共和国境内的外商投资企业、外国企业和其他外国组织的会计记录可以同时使用一种外国文字。

**4. 会计处理方法**

《会计法》要求各单位采用的会计处理方法前后各期应当一致,不得随意变更;确有必要变更的,应当按照国家统一的会计制度的规定变更,并将变更的原因、情况及影响在财务会计报告中予以说明。

(三)会计核算的程序和方法

会计核算必须严格按照《会计法》规定的程序和要求:

**1. 填制和取得原始凭证**

但凡应当进行会计核算的事项,必须填制或者取得原始凭证并及时送交会计机构。会计机构、会计人员必须按照国家统一的会计制度的规定对原始凭证进行审核,对不真实、不合法的原始凭证有权不予接受,并向单位负责人报告;对记载不准确、不完整的原始凭证予以退回,并要求按照国家统一的会计制度的规定更正、补充。原始凭证记载的各项内容均不得涂改;原始凭证有错误的,应当由出具单位重开或者更正,更正处应当加盖出具单位印章。原始凭证金额有错误的,应当由出具单位重开,不得在原始凭证上更正。

**2. 编制记账凭证**

记账凭证应当根据经过审核的原始凭证及有关资料编制。

**3. 编制会计账簿**

会计账簿登记,必须以经过审核的会计凭证为依据,并符合有关法律、行政法规和国家统一的会计制度的规定。会计账簿包括总账、明细账、日记账和其他辅助性账簿。各单位发生的各项经济业务事项应当在依法设置的会计账簿上统一登记、核算,不得违反本法和国家统一的会计制度的规定私设会计账簿登记、核算。会计账簿应当按照连续编号的页码顺序登记。会计账簿记录发生错误或者隔页、缺号、跳行的,应当按照国家统一的会计制度规定的方法更正,并由会计人员和会计机构负责人(会计主管人员)在更正处盖章。使用电子计算机进行会计核算的,其会计账簿的登记、更正,应当符合国家统一的会计制度的规定。

**4. 核查**

各单位应当定期将会计账簿记录与实物、款项及有关资料相互核对,保证会计账簿记录与实物及款项的实有数额相符、会计账簿记录与会计凭证的有关内容相符、会计账簿之间相对应的记录相符、会计账簿记录与会计报表的有关内容相符。

**5. 编制财务会计报告**

财务会计报告应当根据经过审核的会计账簿记录和有关资料编制,并符合本法和国家统一的会计制度关于财务会计报告的编制要求、提供对象和提供期限的规定；其他法律、行政法规另有规定的,从其规定。财务会计报告由会计报表、会计报表附注和财务情况说明书组成。向不同的会计资料使用者提供的财务会计报告,其编制依据应当一致。有关法律、行政法规规定会计报表、会计报表附注和财务情况说明书须经注册会计师审计的,注册会计师及其所在的会计师事务所出具的审计报告应当随同财务会计报告一并提供。财务会计报告应当由单位负责人和主管会计工作的负责人、会计机构负责人、会计主管人员签名并盖章。设置总会计师的单位,还须由总会计师签名并盖章。单位负责人应当保证财务会计报告真实、完整。

**6. 建立会计档案**

各单位对会计凭证、会计账簿、财务会计报告和其他会计资料应当建立档案,妥善保管。会计档案的保管期限和销毁办法,由国务院财政部门会同有关部门制定。

（四）公司、企业会计核算的特别规定

公司、企业必须根据实际发生的经济业务事项,按照国家统一的会计制度的规定确认、计量和记录资产、负债、所有者权益、收入、费用、成本和利润。

公司、企业进行会计核算不得有下列行为：(1)随意改变资产、负债、所有者权益的确认标准或者计量方法,虚列、多列、不列或者少列资产、负债、所有者权益；(2)虚列或者隐瞒收入,推迟或者提前确认收入；(3)随意改变费用、成本的确认标准或者计量方法,虚列、多列、不列或者少列费用、成本；(4)随意调整利润的计算；分配方法,编造虚假利润或者隐瞒利润；(5)违反国家统一的会计制度规定的其他行为。

## 三、会计监督

会计监督是指会计机构和人员通过记录、分析和检查,依法对各单位经济活动的合法性、合理性、有效性进行的监督活动。会计监督包括单位内部的监督、社会监督和政府有关部门的监督检查。

（一）内部监督

《会计法》规定,各单位应当建立、健全本单位内部会计监督制度。单位内部会计监督制度应当符合下列要求：(1)记账人员与经济业务事项和会计事项的审批人员、经办人员、财物保管人员的职责权限应当明确,并相互分离、相互制约；(2)重大对外投资、资产处置、资金调度和其他重要经济业务事项的决策和执行的相互监督、相互制约程序应当明确；(3)财产清查的范围、期限和组织程序应当明确；(4)对会计资料定期进行内部审计的办法和程序应当明确。

单位负责人应当保证会计机构、会计人员依法履行职责,不得授意、指使、强令会计机构、会计人员违法办理会计事项。会计机构、会计人员对违反本法和国家统一的会计制度规定的会计事项,有权拒绝办理或者按照职权予以纠正。会计机构、会计人员发现会计账簿记录与实物、款项及有关资料不相符的,按照国家统一的会计制度的规定有权自行处理的,应当及时处理;无权处理的,应当立即向单位负责人报告,请求查明原因,作出处理。

(二)社会监督

会计工作的社会监督是指社会公众和单位外部的其他机构对单位会计工作的监督。包括:

**1. 社会公众对违法行为的检举**

《会计法》规定,任何单位和个人对违反本法和国家统一的会计制度规定的行为,有权检举。收到检举的部门有权处理的,应当依法按照职责分工及时处理;无处理的,应当及时移送有权处理的部门处理。

**2. 注册会计师的监督**

有关法律、行政法规规定,须经注册会计师进行审计的单位,应当向受委托的会计师事务所如实提供会计凭证、会计账簿、财务会计报告和其他会计资料以及有关情况。

(三)政府监督

《会计法规定》财政部门有权对会计师事务所出具审计报告的程序和内容进行监督。同时,财政部门有权对各单位的下列情况实施监督:(1)是否依法设置会计账簿;(2)会计凭证、会计账簿、财务会计报告和其他会计资料是否真实、完整;(3)会计核算是否符合本法和国家统一的会计制度的规定;(4)从事会计工作的人员是否具备从业资格。在对上述第(2)项所列事项实施监督,发现重大违法嫌疑时,国务院财政部门及其派出机构可以向与被监督单位有经济业务往来的单位和被监督单位开立账户的金融机构查询有关情况,有关单位和金融机构应当给予支持。

财政、审计、税务、人民银行、证券监管、保险监管等部门有权依照有关法律、行政法规规定的职责,对有关单位的会计资料实施监督检查。各单位有接受国家有关部门会计监督的义务。

## 四、会计机构和人员

(一)会计机构和人员的设置

**1. 会计机构的设置**

《会计法》规定,各单位应当根据会计业务的需要,设置会计机构,或者在有关机构中设置会计人员并指定会计主管人员;不具备设置条件的,应当委托经批准设立从事会计代理记账业务的中介机构代理记账。

**2. 会计人员的设置**

(1)总会计师的设置。《会计法》规定,国有的和国有资产占控股地位或者主导地位的大、中型企业必须设置总会计师。总会计师的任职资格、任免程序、职责权限由国务院规定。

(2)一般会计人员的设置。设置会计机构的单位应当配备与其会计工作相应的、具有会计从业资格的会计人员。会计人员应当合理分工,会计机构内部应当建立稽核制度,出纳人员不得兼任稽核、会计档案保管和收入、支出、费用、债权债务账目的登记工作。

（二）会计人员的资格

**1. 一般会计人员**

《会计法》规定,从事会计工作的人员,必须具备从事会计工作所需要的专业能力。下列人员不能取得或重新取得会计从业资格证书:(1)因有提供虚假财务会计报告,做假账,隐匿或者故意销毁会计凭证、会计账簿、财务会计报告,贪污,挪用公款,职务侵占等与会计职务有关的违法行为被依法追究刑事责任的人员;(2)因违法违纪行为被吊销会计从业资格证书的人员,自被吊销会计从业资格证书之日起 5 年内,不得重新取得会计从业资格证书。

**2. 会计主管人员**

《会计法》规定,担任单位会计机构负责人(会计主管人员)的,除取得会计从业资格证书外,还应当具备会计师以上专业技术职务资格或者从事会计工作 3 年以上经历。

（三）会计人员的工作交接

由于会计活动的连续性、及时性,会计人员在离开会计工作岗位时必须在有关人员的监督下与接替自己工作的人员办理好交接手续。一般会计人员办理交接手续,由会计机构负责人(会计主管人员)监交;会计机构负责人(会计主管人员)办理交接手续,由单位负责人监交,必要时主管单位可以派人会同监交。

## 五、法律责任

《会计法》还具体规定了会计工作相应的行政责任和刑事责任。

案例 20

# 第 2 节　审　计　法

## 一、审计与审计法概述

（一）审计的概念及类型

审计是由专门机构或人员接受委托或根据授权,对国家行政、企事业单位及其他经济组织的会计资料和其他资料及其所反映的经济活动进行审查并发表意见的行为。目前我国的审计包括国家审计、社会审计和内部审计。国家审计包括财政、财务收支审计和经济责任审计(领导干部自然资源资产离任审计)。

（二）审计法的概念与功能

审计法是调整审计主体与被审计主体之间因审计工作而发生的社会关系的法律

规范的总称。我国现行审计法是 1994 年 8 月 31 日第八届全国人大常委会第九次会议审议通过、2006 年 2 月 28 日第十届全国人大常委会第二十次会议审议修改的《中华人民共和国审计法》。国务院于 1997 年 10 月 21 日颁布了《中华人民共和国审计法实施条例》，并于 2010 年 2 月 2 日修订。除了上述法律和行政法规之外，我国还专门针对经济责任审计制定了《中央企业经济责任审计管理暂行办法》《关于党政领导干部任期经济责任审计若干问题的指导意见》《县级以下党政领导干部任期经济责任审计暂行规定》等。

### (三) 审计法的原则

中国社会发展发展步入了一个新时代：以往专注于微观经济监督的审计，扩展为综合性范畴，国家不断完善审计制度，保障依法独立行使审计监督权。对公共资金、国有资产、国有资源和领导干部履行经济责任情况实行审计全覆盖。审计活动主体由单一扩展至多元，审计监督已经延伸到经济、政治、文化、社会、生态文明和党的建设各个领域，上升至国家治理层面，审计法已经成为关于治国理政的学问。

审计法的基本原则是审计机关和审计工作人员在审计活动中应当遵循的基本行为准则。根据《审计法》和其他相关法律、法规、规章的规定，审计活动应当遵循以下基本原则：

#### 1. 依法审计原则

审计机关和审计人员应当依照法律规定行使审计监督权，开展各项审计活动。审计机关开展审计活动所依据的法律主要有三类：一是《审计法》及其实施条例和其他有关审计监督的法律、法规；二是有关财政、财务收支和经济管理方面的法律、法规；三是解决审计争议的法律、法规。

#### 2. 独立性原则

独立性是审计的灵魂，独立性原则主要包括以下几方面的内容：第一，审计机构和人员上的独立性。审计机构必须单独设置，与被审计单位和部门应当没有组织上的隶属关系；审计人员也应当独立于被审计单位和部门，没有行政上的隶属关系。第二，工作上的独立性。审计机关和审计人员依法独立开展审计工作，客观公正地作出审计判断、制作审计报告、出具审计意见、作出审计决定，不受其他行政机关、社会团体和个人的干涉。第三，经费上的独立性。审计机构和人员进行审计工作所需的经费应当单独列入预算。

#### 3. 客观公正原则

由于审计监督的特殊性，审计机关和审计人员在审计工作中应当遵守法律法规的规定，具有高度的职业操守，客观公正地进行审计判断和作出审计决定，遇有利害关系的审计项目应主动回避，避免主观臆断。

#### 4. 保密原则

审计机关和审计人员办理审计事项时，对于所知悉的国家机密、商业秘密、个人隐私等,应当予以保密。

## 二、国家审计

（一）审计机关和人员

### 1. 审计机关的设置和管理体制

国务院设立审计署,在国务院总理领导下,主管全国的审计工作。省、自治区、直辖市、设区的市、自治州、县、自治县、不设区的市、市辖区的人民政府的审计机关,分别在省长、自治区主席、市长、州长、县长、区长和上一级审计机关的领导下,负责本行政区域内的审计工作。地方各级审计机关对本级人民政府和上一级审计机关负责并报告工作,审计业务以上级审计机关领导为主。审计机关根据工作需要,可以在其审计管辖范围内派出审计特派员。审计特派员根据审计机关的授权,依法进行审计工作。审计机关履行职责所必需的经费,应当列入财政预算,由本级人民政府予以保证。

国务院和县级以上地方人民政府应当每年向本级人民代表大会常务委员会提出审计机关对预算执行和其他财政收支的审计工作报告。审计工作报告应当重点报告对预算执行的审计情况。必要时,人民代表大会常务委员会可以对审计工作报告作出决议。国务院和县级以上地方人民政府应当将审计工作报告中指出的问题的纠正情况和处理结果向本级人民代表大会常务委员会报告。

### 2. 审计人员的条件和职责

审计人员应当具备与其从事的审计工作相适应的专业知识和业务能力。审计人员办理审计事项,与被审计单位或者审计事项有利害关系的,应当回避。审计机关负责人依照法定程序任免。审计机关负责人没有违法失职或者其他不符合任职条件的情况的,不得随意撤换。

（二）审计机关的职责

审计机关依法对审计对象的财政收支、财务收支的真实性、合法性和效益性进行审计监督。经济责任审计(领导干部自然资源资产离任审计)对干部履责情况进行监督。

### 1. 对财政收支的审计监督

审计机关对本级各部门(含直属单位)和下级政府预算的执行情况和决算以及其他财政收支情况,进行审计监督。审计署在国务院总理领导下,对中央预算执行情况和其他财政收支情况进行审计监督,向国务院总理提出审计结果报告。地方各级审计机关分别在省长、自治区主席、市长、州长、县长、区长和上一级审计机关的领导下,对本级预算执行情况和其他财政收支情况进行审计监督,向本级人民政府和上一级审计机关提出审计结果报告。

审计机关有权对与国家财政收支有关的特定事项,向有关地方、部门、单位进行专项审计调查,并向本级人民政府和上一级审计机关报告审计调查结果。

**2. 对财务收支的审计监督**

审计署对中央银行的财务收支进行监督。审计机关对国有金融机构的资产、负债、损益、国家的事业组织和使用财政资金的其他事业组织的财务收支、国有企业的资产、负债、损益,进行审计监督。对国有资本占控股地位或者主导地位的企业、金融机构的审计监督,由国务院规定。审计机关对政府部门管理的和其他单位受政府委托管理的社会保障基金、社会捐赠资金以及其他有关基金、资金的财务收支,进行审计监督。审计机关对国际组织和外国政府援助、贷款项目的财务收支,进行审计监督。

**3. 对国有建设项目的审计监督**

审计机关对政府投资和以政府投资为主的建设项目的预算执行情况和决算,进行审计监督。

**4. 经济责任审计监督**

审计机关按照国家有关规定,对国家机关和依法属于审计机关审计监督对象的其他单位的主要负责人,在任职期间对本地区、本部门或者本单位的财政收支、财务收支以及有关经济活动应负经济责任的履行情况,进行审计监督。依据中共中央办公厅、国务院办公厅 2017 年 11 月印发《领导干部自然资源资产离任审计规定(试行)》开展领导干部自然资源资产离任审计。

**5. 重大政策落实跟踪审计**

依据审计法实施条例和经济责任审计的有关规定,实施重大政策落实跟踪审计。

**6. 对内部审计和社会审计进行指导和监督**

依据《审计署关于内部审计工作的规定》中华人民共和国审计署令第 11 号,2018 年 3 月 1 日施行审计机关依法对属于审计机关审计监督对象的单位(以下统称"单位")的内部审计工作,以及审计机关对单位内部审计工作的业务指导和监督。

**7. 其他监督事项**

除本法规定的审计事项外,审计机关对其他法律、行政法规规定应当由审计机关进行审计的事项,依照本法和有关法律、行政法规的规定进行审计监督。

(三)审计机关的权限

为了保证审计机关顺利地履行审计监督职责,《审计法》规定审计机关在审计监督过程中享有以下权限:

**1. 资料获取权**

审计机关有权要求被审计单位按照审计机关的规定提供预算或者财务收支计划、预算执行情况、决算、财务会计报告,运用电子计算机储存、处理的财政收支、财务收支电子数据和必要的电子计算机技术文档,在金融机构开立账户的情况,社会审计机构出具的审计报告,以及其他与财政收支或者财务收支有关的资料,被审计单位不得拒绝、拖延、谎报。

### 2. 检查权

审计机关进行审计时,有权检查被审计单位的会计凭证、会计账簿、财务会计报告和运用电子计算机管理财政收支、财务收支电子数据的系统以及其他与财政收支、财务收支有关的资料和资产,被审计单位不得拒绝。

### 3. 调查取证权

审计机关进行审计时,有权就审计事项的有关问题向有关单位和个人进行调查,并取得有关证明材料。有关单位和个人应当支持、协助审计机关工作,如实向审计机关反映情况,提供有关证明材料。

审计机关经县级以上人民政府审计机关负责人批准,有权查询被审计单位在金融机构的账户。审计机关有证据证明被审计单位以个人名义存储公款的,经县级以上人民政府审计机关主要负责人批准,有权查询被审计单位以个人名义在金融机构的存款。

### 4. 证据保全权

审计机关进行审计时,对于被审计单位转移、隐匿、篡改、毁弃会计凭证、会计账簿、财务会计报告以及其他与财政收支或者财务收支有关的资料的行为,以及被审计单位转移、隐匿所持有的违反国家规定取得的资产的行为,有权予以制止;必要时,经县级以上人民政府审计机关负责人批准,有权封存有关资料和违反国家规定取得的资产;对其中在金融机构的有关存款需要予以冻结的,应当向人民法院提出申请。审计机关采取前述措施不得影响被审计单位合法的业务活动和生产经营活动。

### 5. 违法行为制止权、处理权

审计机关对被审计单位正在进行的违反国家规定的财政收支、财务收支行为,有权予以制止;制止无效的,经县级以上人民政府审计机关负责人批准,通知财政部门和有关主管部门暂停拨付与违反国家规定的财政收支、财务收支行为直接有关的款项,已经拨付的,暂停使用。审计机关采取前述措施不得影响被审计单位合法的业务活动和生产经营活动。

审计机关认为被审计单位所执行的上级主管部门有关财政收支、财务收支的规定与法律、行政法规相抵触的,应当建议有关主管部门纠正;有关主管部门不予纠正的,审计机关应当提请有权处理的机关依法处理。

### 6. 审计结果公布权

审计机关可以向政府有关部门通报或者向社会公布审计结果。审计机关通报或者公布审计结果,应当依法保守国家秘密和被审计单位的商业秘密,遵守国务院的有关规定。

### 7. 提请协助权

审计机关履行审计监督职责,可以提请公安、监察、财政、税务、海关、价格、工商行政管理等机关予以协助。

（四）审计程序

审计工作必须依照法定的程序进行，才能保证审计监督的合法性、客观性、有效性，充分发挥审计监督的积极作用。根据《审计法》的规定，审计工作应当遵循以下程序：

**1. 组成审计组**

审计机关根据审计项目计划确定的审计事项组成审计组，并应当在实施审计三日前，向被审计单位送达审计通知书；遇有特殊情况，经本级人民政府批准，审计机关可以直接持审计通知书实施审计。

**2. 派出审计组实施审计**

审计人员通过审查会计凭证、会计账簿、财务会计报告，查阅与审计事项有关的文件、资料，检查现金、实物、有价证券，向有关单位和个人调查等方式进行审计，并取得证明材料。审计人员向有关单位和个人进行调查时，应当出示审计人员的工作证件和审计通知书副本。

**3. 提交审计报告**

审计组对审计事项实施审计后，应当向审计机关提出审计组的审计报告。审计组的审计报告报送审计机关前，应当征求被审计对象的意见。被审计对象应当自接到审计组的审计报告之日起 10 日内，将其书面意见送交审计组。审计组应当将被审计对象的书面意见一并报送审计机关。

**4. 审计机关出具审计意见书及审计决定**

审计机关按照审计署规定的程序对审计组的审计报告进行审议，并对被审计对象对审计组的审计报告提出的意见一并研究后，提出审计机关的审计报告；对违反国家规定的财政收支、财务收支行为，依法应当给予处理、处罚的，在法定职权范围内作出审计决定或者向有关主管机关提出处理、处罚的意见。

**5. 送达**

审计机关应当将审计机关的审计报告和审计决定送达被审计单位和有关主管机关、单位。审计决定自送达之日起生效。

**6. 审计决定的变更或撤销**

上级审计机关认为下级审计机关作出的审计决定违反国家有关规定的，可以责成下级审计机关予以变更或者撤销，必要时也可以直接作出变更或者撤销的决定。

（五）法律责任

**1. 被审计单位及相关责任人员拒不配合审计监督的法律责任**

被审计单位违反本法规定，拒绝或者拖延提供与审计事项有关的资料的，或者提供的资料不真实、不完整的，或者拒绝、阻碍检查的，由审计机关责令改正，可以通报批评，给予警告；拒不改正的，依法追究责任。

被审计单位违反本法规定，转移、隐匿、篡改、毁弃会计凭证、会计账簿、财务会计报告以及其他与财政收支、财务收支有关的资料，或者转移、隐匿所持有的违反国家规定取得的资产，审计机关认为对直接负责的主管人员和其他直接责任人员依法应当给予处分的，应当提出给予处分的建议，被审计单位或者其上级机关、监察机关应当依法及时作出决定，并将结果书面通知审计机关；构成犯罪的，依法追究刑事责任。

### 2. 被审计单位及责任人员违规进行财政、财务收支活动的法律责任

对本级各部门（含直属单位）和下级政府违反预算的行为或者其他违反国家规定的财政收支行为，审计机关、人民政府或者有关主管部门在法定职权范围内，依照法律、行政法规的规定，区别情况采取下列处理措施：(1)责令限期缴纳应当上缴的款项；(2)责令限期退还被侵占的国有资产；(3)责令限期退还违法所得；(4)责令按照国家统一的会计制度的有关规定进行处理；(5)其他处理措施。

对被审计单位违反国家规定的财务收支行为，审计机关、人民政府或者有关主管部门在法定职权范围内，依照法律、行政法规的规定，区别情况采取前条规定的处理措施，并可以依法给予处罚。

被审计单位的财政收支、财务收支违反国家规定，审计机关认为对直接负责的主管人员和其他直接责任人员依法应当给予处分的，应当提出给予处分的建议，被审计单位或者其上级机关、监察机关应当依法及时作出决定，并将结果书面通知审计机关。

被审计单位的财政收支、财务收支违反法律、行政法规的规定，构成犯罪的，依法追究刑事责任。

### 3. 被审计单位拒不执行审计机关命令的法律责任

审计机关依法责令被审计单位上缴应当上缴的款项，被审计单位拒不执行的，审计机关应当通报有关主管部门，有关主管部门应当依照有关法律、行政法规的规定予以扣缴或者采取其他处理措施，并将结果书面通知审计机关。

被审计单位对审计机关作出的有关财务收支的审计决定不服的，可以依法申请行政复议或者提起行政诉讼。被审计单位对审计机关作出的有关财政收支的审计决定不服的，可以提请审计机关的本级人民政府裁决，本级人民政府的裁决为最终决定。

### 4. 报复陷害审计人员的法律责任

报复陷害审计人员的，依法给予处分；构成犯罪的，依法追究刑事责任。

### 5. 审计人员的法律责任

审计人员滥用职权、徇私舞弊、玩忽职守或者泄露所知悉的国家秘密、商业秘密的，依法给予处分；构成犯罪的，依法追究刑事责任。

## 三、社会审计

社会审计是会计师事务所、审计师事务所等社会中介机构受国家机关或企事业

单位委托对被审计单位进行财务审查监督和咨询服务的活动。

（一）我国社会审计的发展

社会审计的产生根源在于财产所有权和管理权的分离。我国社会审计制度早在20世纪初就已经产生，但由于经济环境和社会制度变革等原因，真正发展起来是在20世纪80年代之后，1993年10月31日第八届全国人民代表大会常务委员会第四次会议审议通过《中华人民共和国注册会计师法》是我国社会审计制度走向成熟的重要标志。根据现行《公司法》和《证券法》的相关规定，我国上市公司的年度及中期财务报告都必须由注册会计师进行审计并公告。会计师事务所与注册会计师业已成为规范经济秩序的一支重要力量。

（二）社会审计与国家审计的关系

社会审计作为我国审计体系的组成部分，与国家审计存在如下区别和联系：

**1. 区别**

（1）审计权力来源不同。国家审计是审计机关依法对被审计单位进行的强制审计监督，具有强行性，被审计单位不得拒绝；社会审计一般是被审计单位通过委托合同委托社会审计机构进行审计，是受托审计。

（2）审计目标不同。国家审计的审计目标由法律明确规定；社会审计的审计目标由委托单位和社会审计机构根据具体审计事项确定。

（3）审计依据不同。国家审计主要依据国家有关的法律、法规和部门规章，包括《审计法》《审计法实施条例》等，社会审计监督的依据是国家有关法律、法规和注册会计师职业准则、规则，包括《中华人民共和国注册会计师法》《中国注册会计师独立审计准则》等。

**2. 联系**

（1）国家审计依法对社会审计进行监督。《审计法》规定，社会审计机构审计的单位依法属于审计机关审计监督对象的，审计机关按照国务院的规定，有权对该社会审计机构出具的相关审计报告进行核查。

（2）国家审计可以与社会审计合作。国家审计也可以委托社会审计机构进行审计，同时，国家审计可以借鉴社会审计机构的审计成果。

（三）社会审计机构和人员

我国的社会审计组织是根据有关法律法规的规定，经政府部门审核登记的会计师事务所和审计师事务所，社会审计人员主要是注册会计师。

**1. 注册会计师**

《注册会计师法》规定，取得注册会计师资格必须通过全国统一的注册会计师资格考试，考试成绩合格之后，从事审计业务工作2年以上的，可以向省、自治区、直辖市注册会计师协会申请注册。有下列情形之一的，受理申请的注册会计师协会不予注册：(1)不具有完全民事行为能力的；(2)因受刑事处罚，自刑罚执行完毕之日起至申请注册之日止不满 5 年的；(3)因在财务、会计、审计、企业管理或者其他经济管理工作中犯有严重错误受行政处罚、撤职以上处分，自处罚、处分决定之日起至申请注册之日止不满 2 年的；(4)受吊销注册会计师证书的处罚，自处罚决定之日起至申请注册之日止不满 5 年的；(5)国务院财政部门规定的其他不予注册的情形。已取得注册会计师证书的人员，注册后有下列情形之一的，由准予注册的注册会计师协会撤销注册，收回注册会计师证书：(1)完全丧失民事行为能力的；(2)受刑事处罚的；(3)因在财务、会计、审计、企业管理或者其他经济管理工作中犯有严重错误受行政处罚、撤职以上处分的；(4)自行停止执行注册会计师业务满一年的。

**2. 会计师事务所**

会计师事务所的设立必须经过国务院财政部门或者省、自治区、直辖市人民政府财政部门批准。会计师事务所可以采用合伙制或有限责任制。合伙设立的会计师事务所的债务，由合伙人按照出资比例或者协议的约定，以各自的财产承担责任。合伙人对会计师事务所的债务承担连带责任。会计师事务所符合下列条件的，可以是负有限责任的法人：(1)不少于 30 万元的注册资本；(2)有一定数量的专职从业人员，其中至少有 5 名注册会计师；(3)国务院财政部门规定的业务范围和其他条件。负有限责任的会计师事务所以其全部资产对其债务承担责任。

**(四) 社会审计机构及人员的审计业务范围和规则**

社会审计机构可以接受国家机关或企事业单位委托，从事审计业务，包括审查企业会计报表、办理企业合并、分立、清算事宜中的审计业务等，出具有关的审计报告；同时也可以从事其他会计咨询和服务业务。社会审计机构对本机构人员承办的业务，承担民事责任。

社会审计人员执行业务，可以根据需要查阅委托人的有关会计资料和文件，查看委托人的业务现场和设施，要求委托人提供其他必要的协助。

社会审计人员与委托人有利害关系的，应当回避；委托人有权要求其回避。审计人员对在执行业务中知悉的商业秘密，负有保密义务。

注册会计师执行审计业务，遇有下列情形之一的，应当拒绝出具有关报告：(1)委托人示意其作不实或者不当证明的；(2)委托人故意不提供有关会计资料和文件的；(3)因委托人有其他不合理要求，致使注册会计师出具的报告不能对财务会计的重要事项作出正确表述的。

注册会计师执行审计业务，必须按照执业准则、规则确定的工作程序出具报告。出具报告时，不得有下列行为：(1)明知委托人对重要事项的财务会计处理与国家有关规定相抵触，而不予指明；(2)明知委托人的财务会计处理会直接损害报告使用人或者其他利害关系人的利益，而予以隐瞒或者作不实的报告；(3)明知委托人的财务会计处理会导致报告使用人或者其他利害关系人产生重大误解，而不予指明；(4)明知委托人的会计报表的重要事项有其他不实的内容，而不予指明。对委托人上述行为,注册会计师按照执业准则、规则应当知道的,适用该规定。

注册会计师在执行审计业务时不得有下列行为:(1)在执行审计业务期间,在法律、行政法规规定不得买卖被审计单位的股票、债券或者不得购买被审计单位或者个人的其他财产的期限内,买卖被审计单位的股票、债券或者购买被审计单位或者个人所拥有的其他财产;(2)索取、收受委托合同约定以外的酬金或者其他财物,或者利用执行业务之便,谋取其他不正当的利益;(3)接受委托催收债款;(4)允许他人以本人名义执行业务;(5)同时在两个或者两个以上的会计师事务所执行业务;(6)对其能力进行广告宣传以招揽业务;(7)违反法律、行政法规的其他行为。

(五) 社会审计机构及人员的法律责任

### 1. 违法出具审计报告的责任

会计师事务所违反《注册会计师法》规定的业务规则出具审计报告的,由省级以上人民政府财政部门给予警告,没收违法所得,可以并处违法所得 1 倍以上 5 倍以下的罚款;情节严重的,并可以由省级以上人民政府财政部门暂停其经营业务或者予以撤销。注册会计师违反《注册会计师法》规定的业务规则出具审计报告的,由省级以上人民政府财政部门给予警告;情节严重的,可以由省级以上人民政府财政部门暂停其执行业务或者吊销注册会计师证书。

### 2. 出具虚假审计报告的责任

会计师事务所、注册会计师故意出具虚假的审计报告、验资报告,构成犯罪的,依法追究刑事责任。

### 3. 未经批准从业的责任

对未经批准承办注册会计师业务的单位,由省级以上人民政府财政部门责令其停止违法活动,没收违法所得,可以并处违法所得 1 倍以上 5 倍以下的罚款。

### 4. 民事赔偿责任

会计师事务所违反本法规定,给委托人、其他利害关系人造成损失的,应当依法承担赔偿责任。

## 四、内部审计

(一) 内部审计的定义

国际内部审计师协会对内部审计的概念有过很多次的修改,我国目前还没有专门的内审立法,依据 2018 年 3 月 1 日起施行的《审计署关于内部审计工作的规定》(中华人民共和国审计署令第 11 号),内部审计是指对本单位及所属单位财政财务收支、经济活动、内部控制、风险管理实施独立、客观的监督、评价和建议,以促进单位完善治理、实现目标的活动。

(二) 我国现行内部审计制度

《审计法》第 29 条规定:"依法属于审计机关审计监督对象的单位,应当按照国家有关规定建立健全内部审计制度;其内部审计工作应当接受审计机关的业务指导和监督。"内部审计机构在本单位负责人的直接领导下从事内部审计监督工作,独立行使内部审计职权,对本单位领导机构负责并报告工作。

### 1. 内部审计机构和人员

我国目前依法必须设立内部审计机构的主体包括国务院各部门、地方人民政府各部门、国有的金融机构和企事业单位、上市公司。由于没有统一的内部审计机构设置模式,目前我国政府部门、国有金融机构和事业单位的内部审计机构设置模式包括:独立的审计处、与纪委合署办公的审计监察处、隶属于纪委的审计处等。企业内部审计机构设置更是五花八门:(1)受企业董事会或董事会下设的审计委员会领导模式;(2)受企业最高管理者领导模式;(3)受企业财务部门负责人领导模式等。其中,第一种模式下内部审计机构和人员不受企业经营管理部门的约束,独立性较高。根据ⅡA的《内部审计实务标准(2001)》,为实现必要的独立性,企业内部审计最好的模式:审计执行主管在职能上应向审计委员会或同类部门报告;行政上直接向机构的首席执行官报告。

### 2. 内部审计机构的职责

内部审计机构或者履行内部审计职责的内设机构应当按照国家有关规定和本单位的要求,履行下列职责:(1)对本单位及所属单位贯彻落实国家重大政策措施情况进行审计;(2)对本单位及所属单位发展规划、战略决策、重大措施以及年度业务计划执行情况进行审计;(3)对本单位及所属单位财政财务收支进行审计;(4)对本单位及所属单位固定资产投资项目进行审计;(5)对本单位及所属单位的自然资源资产管理和生态环境保护责任的履行情况进行审计;(6)对本单位及所属单位的境外机构、境外资产和境外经济活动进行审计;(7)对本单位及所属单位经济管理和效益情况进行审计;(8)对本单位及所属单位内部控制及风险管理情况进行审计;(9)对本单位内部管理的领导人员履行经济责任情况进行审计;(10)协助本单位主要负责人督促落实审计发现问题的整改工作;(11)对本单位所属单位的内部审计工作进行指导、监督和管理;(12)国家有关规定和本单位要求办理的其他事项。

### 3. 内部审计机构的权限

内部审计机构或者履行内部审计职责的内设机构应有下列权限:(1)要求被审计单位按时报送发展规划、战略决策、重大措施、内部控制、风险管理、财政财务收支等有关资料(含相关电子数据,下同),以及必要的计算机技术文档;(2)参加单位有关会议,召开与审计事项有关的会议;(3)参与研究制定有关的规章制度,提出制定内部审计规章制度的建议;(4)检查有关财政财务收支、经济活动、内部控制、风险管理的资料、文件和现场勘察实物;(5)检查有关计算机系统及其电子数据和资料;(6)就审计事项中的有关问题,向有关单位和个人开展调查和询问,取得相关证明材料;(7)对正在进行的严重违法违规、严重损失浪费行为及时向单位主要负责人报告，经同意作出临时制止决定；（8）对可能转移、隐匿、篡改、毁弃会计凭证、会计账簿、会计报表以及与经济活动有关的资料，经批准，有权予以暂时封存；（9）提出纠正、处理违法违规行为的意见和改进管理、提高绩效的建议；（10）对违法违规和造成损失浪费的被审计单位和人员，给予通报批评或者提出追究责任的建议；（11）对严格遵守财经法规、经济效益显著、贡献突出的被审计单位和个人，可以向单位党组织、董事会（或者主要负责人）提出表彰建议。

**4. 内部审计中的法律责任追究**

第一，被审计单位有下列情形之一的，由单位党组织、董事会（或者主要负责人）责令改正，并对直接负责的主管人员和其他直接责任人员进行处理：（1）拒绝接受或者不配合内部审计工作的；（2）拒绝、拖延提供与内部审计事项有关的资料，或者提供资料不真实、不完整的；（3）拒不纠正审计发现问题的；（4）整改不力、屡审屡犯的；（5）违反国家规定或者本单位内部规定的其他情形。

第二，内部审计机构或者履行内部审计职责的内设机构和内部审计人员有下列情形之一的，由单位对直接负责的主管人员和其他直接责任人员进行处理；涉嫌犯罪的，移送司法机关依法追究刑事责任：（1）未按有关法律法规、本规定和内部审计职业规范实施审计导致应当发现的问题未被发现并造成严重后果的；（2）隐瞒审计查出的问题或者提供虚假审计报告的；（3）泄露国家秘密或者商业秘密的；（4）利用职权谋取私利的；（5）违反国家规定或者本单位内部规定的其他情形。

第三，内部审计人员因履行职责受到打击、报复、陷害的，单位党组织、董事会（或者主要负责人）应当及时采取保护措施，并对相关责任人员进行处理；涉嫌犯罪的，移送司法机关依法追究刑事责任。

**复习思考题**

1. 简述会计核算的程序和方法。
2. 简述违反会计法的法律责任。
3. 简述国家审计的程序。
4. 简述社会审计机构业务范围及规则。
5. 简述内部审计机构设置及其权限。

**推荐阅读书目**

1. 陈冰：《会计法律责任及案例分析》，中华工商联合出版社，2002年版。
2. 石爱中：《国家审计的政治思维》，审计与经济研究，2003年第6期。
3. 胡智强：《论我国国家审计权的配置》，安徽大学法律评论，2009年第1期。
4. 胡贵安：《国家审计权法律配置的模式选择》，中国时代经济出版社，2010年版。
5. 法律出版社法规出版中心：《审计法及其关联法规》，法律出版社，2003年版。

# 第 18 章　对外贸易法

**本章导读**

　　经济全球化决定了国际贸易在国际经济交往中具有举足轻重的地位,相应,通过法律对该领域进行调整是各国共同的做法,也体现了经济法对市场进行的干预。《对外贸易法》是我国规范和调整对外贸易行为的最为重要的法律之一。本章重点介绍《对外贸易法》的主要内容,包括:对外贸易的原则、对外贸易经营者、货物进出口与技术进出口、国际服务贸易、与贸易有关的知识产权保护、对外贸易秩序的调查与维护、对外贸易救济、对外贸易促进和相关法律责任等。

**关键术语**

　　对外贸易　对外贸易法　对外贸易经营者　货物进出口　技术进出口
服务贸易　贸易救济措施　对外贸易促进

## 第 1 节　对外贸易法概述

### 一、对外贸易和对外贸易法

（一）对外贸易

　　对外贸易又被称为“国际贸易”或“进出口贸易”,是指一个国家(地区)与另一个国家(地区)之间的商品、技术和劳务的交换行为。按贸易的流向,对外贸易可分为进口贸易和出口贸易。按贸易的标的,对外贸易可分为货物贸易、服务贸易和技术贸易。

（二）对外贸易法

　　对外贸易法是国家对对外贸易行为进行管理和控制的法律规范的总称。1994年 5 月通过,2004 年 4 月 6 日修订,2016 年 1 月 7 日予以修正。

（三）适用范围

　　《对外贸易法》称对外贸易,是指货物进出口、技术进出口和国际服务贸易,适用于对外贸易以及与对外贸易有关的知识产权保护。与军品、裂变和聚变物质或者衍生此类物质的物质有关的对外贸易管理以及文化产品的进出口管理,法律、行政法规另有规定的,依照其规定。中华人民共和国的单独关税区不适用《对外贸易法》。

## 二、对外贸易的基本原则

根据《对外贸易法》的规定,在对外贸易中,应当遵循平等互利原则、最惠国待遇原则、国民待遇原则和对等原则。

### (一) 平等互利原则

对外贸易中的平等互利原则包含着两层含义,一是平等;二是互利。平等指的是各国无论大小和经济实力的强弱,在法律上是平等的,均有享受国际贸易自由化的相关权利,也应承担相应的义务。互利指的是贸易各方均可以享受自由贸易的好处,从中获利,达到双赢。因此,在对外贸易中,应当积极促进和发展同其他国家和地区的贸易关系,参加各种国际性或区域性组织,缔结或者参加关税同盟协定、普遍性条约及区域协定。

### (二) 最惠国待遇原则

中国作为世界贸易组织的成员国和诸多贸易协定的参加者,应当根据 WTO 及相关协定的规定,遵守有关的贸易原则,给予其他贸易方相关的待遇。最惠国待遇是世界贸易组织的非歧视原则的具体内容之一,它是指一成员方将在货物贸易、服务贸易和知识产权领域给予任何其他国家(无论是否世界贸易组织成员)的优惠待遇,立即和无条件地给予其他各成员方。最惠国待遇的特点是自动性、同一性、相互性和普遍性,其实质是保护市场竞争机会的均等。当然,最惠国待遇也存在着一定的例外,不适用于关税同盟和自由贸易区、发展中国家的差别和特殊待遇、边境贸易以及知识产权领域的某些情形等。

### (三) 国民待遇原则

国民待遇是世界贸易组织的非歧视原则中的另一个重要内容。根据 WTO 协定,国民待遇原则指对其他成员方的产品、服务或服务提供者及知识产权所有者和持有者所提供的待遇,不低于本国同类产品、服务或服务提供者及知识产权所有者和持有者所享有的待遇。国民待遇原则的目标是旨在达到内外国的相同待遇。当然,具体在货物贸易、服务贸易以及知识产权保护领域,国民待遇表现有所不同。

### (四) 对等原则

虽然自由贸易是一个长远的目标和趋势,并从根本上来说对各国有利。但在实践中,各国出于保护本国眼前利益的目的,经常会违反相关的国际公约,采取各种贸易保护措施,损害他国利益。为了保护我国的正当利益,维护贸易的自由发展,《对外贸易法》规定了对等原则。

该原则规定:任何国家或者地区在贸易方面对中华人民共和国采取歧视性的禁止、限制或者其他类似措施的,中华人民共和国可以根据实际情况对该国家或者该地区采取相应的措施。

# 第 2 节　对外贸易经营者

## 一、对外贸易经营者

1. 对外贸易经营者，对外贸易经营者是指依法办理工商登记或者其他执业手续，依照本法和其他有关法律、行政法规的规定从事对外贸易经营活动的法人、其他组织或者个人。

2. 对外贸易经营者资格管理。我国实行对外贸易经营者备案制度，从事货物进出口或者技术进出口的对外贸易经营者，应当向国务院对外贸易主管部门或者其委托的机构办理备案登记；但是，法律、行政法规和国务院对外贸易主管部门规定不需要备案登记的除外。备案登记的具体办法由国务院对外贸易主管部门规定。对外贸易经营者未按照规定办理备案登记的，海关不予办理进出口货物的报关验放手续。

从事国际服务贸易应当遵守地外贸易法和其他有关法律、行政法规的规定。

从事对外劳务合作的单位应当具备相应的资质。具体办法由国务院规定。

## 二、国营贸易管理

国家可以对部分货物的进出口实行国营贸易管理，实行国营贸易管理货物的进出口业务只能由经授权的企业经营；但是，国家允许部分数量的国营贸易管理货物的进出口业务由非授权企业经营的除外。

实行国营贸易管理的货物和经授权经营企业的目录，由国务院对外贸易主管部门会同国务院其他有关部门确定、调整并公布。擅自进出口实行国营贸易管理的货物的，海关不予放行。

对外贸易经营者可以接受他人的委托，在经营范围内代为办理对外贸易业务。

对外贸易经营者应当按照国务院对外贸易主管部门或者国务院其他有关部门依法作出的规定，向有关部门提交与其对外贸易经营活动有关的文件及资料。有关部门应当为提供者保守商业秘密。

# 第 3 节　货物与技术进出口

## 一、货物与技术进出口自由

### 1. 基本原则

我国对货物与技术的进出口以自由为原则，以管制为例外，国家准许货物与技术的自由进出口。但是,法律、行政法规另有规定的除外。

**2. 自动许可制度**

国务院对外贸易主管部门基于监测进出口情况的需要,可以对部分自由进出口的货物实行进出口自动许可并公布其目录。实行自动许可的进出口货物,收货人、发货人在办理海关报关手续前提出自动许可申请的,国务院对外贸易主管部门或者其委托的机构应当予以许可;未办理自动许可手续的,海关不予放行。进出口属于自由进出口的技术,应当向国务院对外贸易主管部门或者其委托的机构办理合同备案登记。

## 二、货物与技术进出口的限制或禁止

依据国际惯例,在进出口自由的基本立场上,我国货物与技术进出口实行必要的管制,这种管制以管制范围和理由法定并透明为前提。

**1. 货物与技术进出口的限制或禁止**

对国家基于下列原因,可以限制或者禁止有关货物、技术的进口或者出口:(1)为维护国家安全、社会公共利益或者公共道德,需要限制或者禁止进口或者出口的;(2)为保护人的健康或者安全,保护动物、植物的生命或者健康,保护环境,需要限制或者禁止进口或者出口的;(3)为实施与黄金或者白银进出口有关的措施,需要限制或者禁止进口或者出口的;(4)国内供应短缺或者为有效保护可能用竭的自然资源,需要限制或者禁止出口的;(5)输往国家或者地区的市场容量有限,需要限制出口的;(6)出口经营秩序出现严重混乱,需要限制出口的;(7)为建立或者加快建立国内特定产业,需要限制进口的;(8)对任何形式的农业、牧业、渔业产品有必要限制进口的;(9)为保障国家国际金融地位和国际收支平衡,需要限制进口的;(10)依照法律、行政法规的规定,其他需要限制或者禁止进口或者出口的;(11)根据我国缔结或者参加的国际条约、协定的规定,其他需要限制或者禁止进口或者出口的。

国家对与裂变、聚变物质或者衍生此类物质的物质有关的货物、技术进出口,以及与武器、弹药或者其他军用物资有关的进出口,可以采取任何必要的措施,维护国家安全。在战时或者为维护国际和平与安全,国家在货物、技术进出口方面可以采取任何必要的措施。

**2. 货物与技术进出口限制或禁止目录**

国务院对外贸易主管部门会同国务院其他有关部门,制定、调整并公布限制或者禁止进出口的货物、技术目录。国务院对外贸易主管部门或者由其会同国务院其他有关部门,经国务院批准,可以在《对外贸易法》规定的范围内,临时决定限制或者禁止前款规定目录以外的特定货物、技术的进口或者出口。

**3. 货物与技术进出口限制或禁止的管理**

国家对限制进口或者出口的货物,实行配额、许可证等方式管理;对限制进口或者出口的技术,实行许可证管理。实行配额、许可证管理的货物、技术,应当按照国务院规定经国务院对外贸易主管部门或者经其会同国务院其他有关部门许可,方可进口或者出口。国家对部分进口货物可以实行关税配额管理。

进出口货物配额、关税配额,由国务院对外贸易主管部门或者国务院其他有关部门在各自的职责范围内,按照公开、公平、公正和效益的原则进行分配。具体办法由国务院规定。

### 三、货物与技术进出口的管理

#### 1. 商品合格评定制度

国家实行统一的商品合格评定制度,根据有关法律、行政法规的规定,对进出口商品进行认证、检验、检疫。

#### 2. 原产地管理制度

国家对进出口货物进行原产地管理。具体办法由国务院规定。

#### 3. 文物和野生动物、植物及其产品限制

对文物和野生动物、植物及其产品等,其他法律、行政法规有禁止或者限制进出口规定的,依照有关法律、行政法规的规定执行。

## 第 4 节  国际服务贸易

### 一、服务贸易的含义及特点

国际上并没有对服务贸易作出明确、统一的定义,WTO《服务贸易总协定》根据提供服务的方式,将国际服务贸易概括为:自一成员领土向任何其他成员领土提供服务;在一成员领土内向任何其他成员的服务消费者提供服务;一成员的服务提供者通过在任何其他成员领土内的商业存在提供服务;一成员的服务提供者通过在任何其他成员领土内的自然人存在提供服务。因此,国际服务贸易包括跨境交付、境外消费、商业存在和自然人流动四种方式。

服务贸易是一种新型的贸易方式,与传统的货物贸易相比,服务贸易主要有以下特点:(1)无形性和同步性;(2)与国际私人直接投资密切相关;(3)政策问题多于法律问题;(4)政府管制的特殊性。

### 二、服务贸易的市场准入和国民待遇

我国在国际服务贸易方面,根据所缔结或者参加的国际条约、协定中所作的承

诺,给予其他缔约方、参加方市场准入和国民待遇。

国家基于下列原因,可以限制或者禁止有关的国际服务贸易:(一)为维护国家安全、社会公共利益或者公共道德,需要限制或者禁止的;(二)为保护人的健康或者安全,保护动物、植物的生命或者健康,保护环境,需要限制或者禁止的;(三)为建立或者加快建立国内特定服务产业,需要限制的;(四)为保障国家外汇收支平衡,需要限制的;(五)依照法律、行政法规的规定,其他需要限制或者禁止的;(六)根据我国缔结或者参加的国际条约、协定的规定,其他需要限制或者禁止的。

国家对与军事有关的国际服务贸易,以及与裂变、聚变物质或者衍生此类物质的物质有关的国际服务贸易,可以采取任何必要的措施,维护国家安全。在战时或者为维护国际和平与安全,国家在国际服务贸易方面可以采取任何必要的措施。

国务院对外贸易主管部门会同国务院其他有关部门,依法制定、调整并公布国际服务贸易市场准入目录。

# 第 5 节　与对外贸易有关的知识产权保护

## 一、概述

《对外贸易法》中规定了国家对与贸易有关的知识产权的保护。与对外贸易有关的知识产权保护是指针对在货物贸易、技术贸易和服务贸易中侵犯知识产权或者滥用知识产权专有权利,或者对知识产权保护予以歧视性待遇等损害我国对外贸易利益的行为,采取符合 WTO 规则的贸易保护措施。

## 二、对外贸易中知识产权的保护

《对外贸易法》规定,国家依照有关知识产权的法律、行政法规,保护与对外贸易有关的知识产权。进口货物侵犯知识产权,并危害对外贸易秩序的,国务院对外贸易主管部门可以采取在一定期限内禁止侵权人生产、销售的有关货物进口等措施。

知识产权权利人有阻止被许可人对许可合同中的知识产权的有效性提出质疑、进行强制性一揽子许可、在许可合同中规定排他性返授条件等行为之一,并危害对外贸易公平竞争秩序的,国务院对外贸易主管部门可以采取必要的措施消除危害。

## 三、对等原则

其他国家或者地区在知识产权保护方面未给予中华人民共和国的法人、其他组织或者个人国民待遇,或者不能对来源于中华人民共和国的货物、技术或者服务提供充分有效的知识产权保护的,国务院对外贸易主管部门可以依照本法和其他有关法律、行政法规的规定,并根据中华人民共和国缔结或者参加的国际条约、协定,对与该国家或者该地区的贸易采取必要的措施。

# 第 6 节　对外贸易秩序

维护对外贸易秩序是各国政府的基本职责,也是国际通行惯例,国际法对此有明确的规定。我国《对外贸易法》对危害对外贸易秩序的,也规定了同样的规制策略,国务院对外贸易主管部门可以向社会公告。

## 一、反垄断

在对外贸易经营活动中,不得违反有关反垄断的法律、行政法规的规定实施垄断行为。在对外贸易经营活动中实施垄断行为,危害市场公平竞争的,依照有关反垄断的法律、行政法规的规定处理。有前款违法行为,并危害对外贸易秩序的,国务院对外贸易主管部门可以采取必要的措施消除危害。

## 二、反不正当竞争

在对外贸易经营活动中,不得实施以不正当的低价销售商品、串通投标、发布虚假广告、进行商业贿赂等不正当竞争行为。在对外贸易经营活动中实施不正当竞争行为的,依照有关反不正当竞争的法律、行政法规的规定处理。有前款违法行为,并危害对外贸易秩序的,国务院对外贸易主管部门可以采取禁止该经营者有关货物、技术进出口等措施消除危害。

在对外贸易活动中,不得有下列行为:(1)伪造、变造进出口货物原产地标记,伪造、变造或者买卖进出口货物原产地证书、进出口许可证、进出口配额证明或者其他进出口证明文件;(2)骗取出口退税;(3)走私;(4)逃避法律、行政法规规定的认证、检验、检疫;(5)违反法律、行政法规规定的其他行为。

## 三、外汇管理

对外贸易经营者在对外贸易经营活动中,应当遵守国家有关外汇管理的规定。

## 四、对外贸易调查

为了维护对外贸易秩序,国务院对外贸易主管部门可以自行或者会同国务院其他有关部门,依法对下列事项进行调查:(1)货物进出口、技术进出口、国际服务贸易对国内产业及其竞争力的影响；(2)有关国家或者地区的贸易壁垒；(3)为确定是否应当依法采取反倾销、反补贴或者保障措施等对外贸易救济措施，需要调查的事项；(4)规避对外贸易救济措施的行为；(5)对外贸易中有关国家安全利益的事项；(6)为执行本法第7条、第29条第2款、第30条、第31条、第32条第3款、第33条第3款的规定，需要调查的事项；(7)其他影响对外贸易秩序，需要调查的事项。

启动对外贸易调查，由国务院对外贸易主管部门发布公告。调查可以采取书面问卷、召开听证会、实地调查、委托调查等方式进行。国务院对外贸易主管部门根据调查结果，提出调查报告或者作出处理裁定，并发布公告。

有关单位和个人应当对对外贸易调查给予配合、协助。国务院对外贸易主管部门和国务院其他有关部门及其工作人员进行对外贸易调查，对知悉的国家秘密和商业秘密负有保密义务。

## 五、对外贸易救济

国家根据对外贸易调查结果，可以采取适当的对外贸易救济措施。

### 1. 反倾销

其他国家或者地区的产品以低于正常价值的倾销方式进入我国市场，对已建立的国内产业造成实质损害或者产生实质损害威胁，或者对建立国内产业造成实质阻碍的，国家可以采取反倾销措施，消除或者减轻这种损害或者损害的威胁或者阻碍。

其他国家或者地区的产品以低于正常价值出口至第三国市场，对我国已建立的国内产业造成实质损害或者产生实质损害威胁，或者对我国建立国内产业造成实质阻碍的，应国内产业的申请，国务院对外贸易主管部门可以与该第三国政府进行磋商，要求其采取适当的措施。

### 2. 反补贴

进口的产品直接或者间接地接受出口国家或者地区给予的任何形式的专向性补贴，对已建立的国内产业造成实质损害或者产生实质损害威胁，或者对建立国内产业造成实质阻碍的，国家可以采取反补贴措施，消除或者减轻这种损害或者损害的威胁或者阻碍。

### 3. 产业或服务业支持

因进口产品数量大量增加，对生产同类产品或者与其直接竞争的产品的国内产业造成严重损害或者严重损害威胁的，国家可以采取必要的保障措施，消除或者减轻这种损害或者损害的威胁，并可以对该产业提供必要的支持。

因其他国家或者地区的服务提供者向我国提供的服务增加，对提供同类服务或者与其直接竞争的服务的国内产业造成损害或者产生损害威胁的，国家可以采取必要的救济措施，消除或者减轻这种损害或者损害的威胁。

因第三国限制进口而导致某种产品进入我国市场的数量大量增加，对已建立的国内产业造成损害或者产生损害威胁，或者对建立国内产业造成阻碍的，国家可以采取必要的救济措施，限制该产品进口。

**4. 要求国际补偿**

与中华人民共和国缔结或者共同参加经济贸易条约、协定的国家或者地区，违反条约、协定的规定，使中华人民共和国根据该条约、协定享有的利益丧失或者受损，或者阻碍条约、协定目标实现的，中华人民共和国政府有权要求有关国家或者地区政府采取适当的补救措施，并可以根据有关条约、协定中止或者终止履行相关义务。

**5. 国际协商**

国务院对外贸易主管部门依照本法和其他有关法律的规定，进行对外贸易的双边或者多边磋商、谈判和争端的解决。

**6. 预警应急**

国务院对外贸易主管部门和国务院其他有关部门应当建立货物进出口、技术进出口和国际服务贸易的预警应急机制，应对对外贸易中的突发和异常情况，维护国家经济安全。

**7. 反规措施**

国家对规避本法规定的对外贸易救济措施的行为，可以采取必要的反规避措施。

# 第 7 节　对外贸易促进

由于国际贸易的发展对各国均有利，因此各国对外贸易政策中均采取一定的措施促进对外贸易的发展。我国也外贸易发展战略，建立和完善对外贸易促进机制。

## 一、国家的贸易促进方式

1. 国家根据对外贸易发展的需要，建立和完善为对外贸易服务的金融机构，设立对外贸易发展基金、风险基金。

2. 国家通过进出口信贷、出口信用保险、出口退税及其他促进对外贸易的方式，发展对外贸易。

3. 国家建立对外贸易公共信息服务体系，向对外贸易经营者和其他社会公众提供信息服务。

4. 国家采取措施鼓励对外贸易经营者开拓国际市场，采取对外投资、对外工程承包和对外劳务合作等多种形式，发展对外贸易。

5. 国家扶持和促进中小企业开展对外贸易。

6. 国家扶持和促进民族自治地方和经济不发达地区发展对外贸易。

## 二、民间国际贸易促进方式

1. 对外贸易经营者可以依法成立和参加有关协会、商会。

2. 国国际贸易促进组织按照章程开展对外联系，举办展览，提供信息、咨询服务和其他对外贸易促进活动。

## 第 8 节　阻断外国法律与措施不当域外适用

为了促进国际贸易的正常进行，抑制贸易贸易保护主义，为了阻断外国法律与措施不当域外适用对中国的影响，维护国家主权、安全、发展利益，保护中国公民、法人或者其他组织的合法权益，根据《中华人民共和国国家安全法》等有关法律，2021 年 1 月 9 日商务部公布实施了《阻断外国法律与措施不当域外适用办法》（商务部令 2021 年第 1 号）。

### 一、适用

适用于外国法律与措施的域外适用违反国际法和国际关系基本准则，不当禁止或者限制中国公民、法人或者其他组织与第三国（地区）及其公民、法人或者其他组织进行正常的经贸及相关活动的情形。

中国公民、法人或者其他组织遇到外国法律与措施禁止或者限制其与第三国（地区）及其公民、法人或者其他组织正常的经贸及相关活动情形的，应当在 30 日内向国务院商务主管部门如实报告有关情况。报告人要求保密的，国务院商务主管部门及其工作人员应当为其保密。

国家建立由中央国家机关有关部门参加的工作机制（以下简称"工作机制"），负责外国法律与措施不当域外适用的应对工作。工作机制由国务院商务主管部门牵头，具体事宜由国务院商务主管部门、发展改革部门会同其他有关部门负责。

### 二、评估与实施

有关外国法律与措施是否存在不当域外适用情形，由工作机制综合考虑下列因素评估确认：（1）是否违反国际法和国际关系基本准则；（2）对中国国家主权、安全、发展利益可能产生的影响；（3）对中国公民、法人或者其他组织合法权益可能产生的影响；（4）其他应当考虑的因素。

经评估，确认有关外国法律与措施存在不当域外适用情形的，可以决定由国务院商务主管部门发布不得承认、不得执行、不得遵守有关外国法律与措施的禁令（以下简称"禁令")。

工作机制可以根据实际情况,决定中止或者撤销禁令。

中国公民、法人或者其他组织可以向国务院商务主管部门申请豁免遵守禁令。

申请豁免遵守禁令的,申请人应当向国务院商务主管部门提交书面申请,书面申请应当包括申请豁免的理由以及申请豁免的范围等内容。国务院商务主管部门应当自受理申请之日起 30 日内作出是否批准的决定;情况紧急时应当及时作出决定。

当事人遵守禁令范围内的外国法律与措施,侵害中国公民、法人或者其他组织合法权益的,中国公民、法人或者其他组织可以依法向人民法院提起诉讼,要求该当事人赔偿损失;但是,当事人依法获得豁免的除外。

根据禁令范围内的外国法律作出的判决、裁定致使中国公民、法人或者其他组织遭受损失的,中国公民、法人或者其他组织可以依法向人民法院提起诉讼,要求在该判决、裁定中获益的当事人赔偿损失。

当事人拒绝履行人民法院生效的判决、裁定的,中国公民、法人或者其他组织可以依法申请人民法院强制执行。

中国公民、法人或者其他组织根据禁令,未遵守有关外国法律与措施并因此受到重大损失的,政府有关部门可以根据具体情况给予必要的支持。

对外国法律与措施不当域外适用,中国政府可以根据实际情况和需要,采取必要的反制措施。

# 第 9 节　法　律　责　任

《对外贸易法》专章规定了相关主体的违法责任来确保对外贸易法中各项权利和义务的履行。对于几种类型的违法行为,法律依其情节的轻重分别规定了相应的行政责任和刑事责任。

## 一、违反国营贸易经营权的法律责任

对于一些特殊的货物,国家根据相关的法律实施国营贸易。实行国营贸易管理货物的进出口业务只能由经授权的企业经营;只有在特殊情形下,国家例外地允许部分数量的国营贸易管理货物的进出口业务由非授权企业经营。

如果违反相关规定,未经授权擅自进出口实行国营贸易管理的货物的,国务院对外贸易主管部门或者国务院其他有关部门可以处 5 万元以下罚款;情节严重的,可以自行政处罚决定生效之日起 3 年内,不受理违法行为人从事国营贸易管理货物进出口业务的申请,或者撤销已给予其从事其他国营贸易管理货物进出口的授权。

## 二、违反规定从事禁止或限制的国际贸易行为的法律责任

**（一）从事禁止或限制的国际货物贸易行为的法律责任**

进出口属于禁止进出口的货物的，或者未经许可擅自进出口属于限制进出口的货物的，由海关依照有关法律、行政法规的规定处理、处罚；构成犯罪的，依法追究刑事责任。

**（二）从事禁止或限制的国际技术贸易行为的法律责任**

进出口属于禁止进出口的技术的，或者未经许可擅自进出口属于限制进出口的技术的，依照有关法律、行政法规的规定处理、处罚；法律、行政法规没有规定的，由国务院对外贸易主管部门责令改正，没收违法所得，并处违法所得 1 倍以上 5 倍以下罚款，没有违法所得或者违法所得不足 1 万元的，处 1 万元以上 5 万元以下罚款；构成犯罪的，依法追究刑事责任。

此外，对于从事禁止或限制的国际货物和技术贸易的行为，自相关行政处罚决定生效之日或者刑事处罚判决生效之日起，国务院对外贸易主管部门或者国务院其他有关部门可以在 3 年内不受理违法行为人提出的进出口配额或者许可证的申请，或者禁止违法行为人在 1 年以上 3 年以下的期限内从事有关货物或者技术的进出口经营活动。

**（三）从事禁止或限制的国际服务贸易行为的法律责任**

从事属于禁止的国际服务贸易的，或者未经许可擅自从事属于限制的国际服务贸易的，依照有关法律、行政法规的规定处罚；法律、行政法规没有规定的，由国务院对外贸易主管部门责令改正，没收违法所得，并处违法所得 1 倍以上 5 倍以下罚款，没有违法所得或者违法所得不足 1 万元的，处 1 万元以上 5 万元以下罚款；构成犯罪的，依法追究刑事责任。

国务院对外贸易主管部门可以禁止违法行为人自前款规定的行政处罚决定生效之日或者刑事处罚判决生效之日起 1 年以上 3 年以下的期限内从事有关的国际服务贸易经营活动。

## 三、破坏对外贸易秩序行为的法律责任

根据法律的规定，对于在对外贸易活动中存在的破坏对外贸易秩序的行为，如：伪造、变造进出口货物原产地标记，伪造、变造或者买卖进出口货物原产地证书、进出口许可证、进出口配额证明或者其他进出口证明文件；骗取出口退税；走私；逃避法律、行政法规规定的认证、检验、检疫以及违反法律、行政法规规定的其他行为，有关部门依照有关法律、行政法规的规定处罚；构成犯罪的，依法追究刑事责任。国务院对外贸易主管部门可以禁止违法行为人自前款规定的行政处罚决定生效之日或者刑事处罚判决生效之日起 1 年以上 3 年以下的期限内从事有关的对外贸易经营活动。

此外,因从事违反规定从事禁止或限制的国际贸易行为和破坏对外贸易秩序的行为而被禁止从事有关对外贸易经营活动的,在禁止期限内,海关根据国务院对外贸易主管部门依法作出的禁止决定,对该对外贸易经营者的有关进出口货物不予办理报关验放手续,外汇管理部门或者外汇指定银行不予办理有关结汇、售汇手续。

## 四、国家外贸管理人员违反法律规定的责任

除了外贸经营者外,《对外贸易法》还对负责对外贸易管理工作的人员规定了相应的法律责任。具体包括:依照本法负责对外贸易管理工作的部门的工作人员玩忽职守、徇私舞弊或者滥用职权,构成犯罪的,依法追究刑事责任;尚不构成犯罪的,依法给予行政处分;依照本法负责对外贸易管理工作的部门的工作人员利用职务上的便利,索取他人财物,或者非法收受他人财物为他人谋取利益,构成犯罪的,依法追究刑事责任;尚不构成犯罪的,依法给予行政处分。

## 五、其他

### (一) 对行政处罚不服的救济

对于本章中规定的行政处罚行为,《对外贸易法》还专门规定了行政救济程序。对外贸易经营活动当事人对依照本法负责对外贸易管理工作的部门作出的具体行政行为不服的,可以依法申请行政复议或者向人民法院提起行政诉讼。

### (二) 其他法律责任的追究

除《对外贸易法》中规定的法律责任外,对于违反其他法律的行为,将依据国家其他相关法律追究其责任。


**复习思考题**

1. 对外贸易的标的包括哪些?
2. 全国对外贸易工作的主管部门是什么? 对外贸易经营者需要具备哪些条件?
3. 对外贸易的救济措施有哪些?
4. 违反《对外贸易法》的法律责任有哪些?


**推荐阅读书目**

1. 王传丽:《国际贸易法》,法律出版社,2012 年版。
2. 沈四宝、王秉乾:《中国对外贸易法》,法律出版社,2006 年版。
3. 王慧:《国际贸易法原理》,北京大学出版社,2011 年版。

# 参 考 文 献

1. 潘静成、刘文华.经济法(第三版).北京:中国人民大学出版社,2008.

2. 史际春.经济法总论(教学参考书).北京:法律出版社,2000.

3. 史际春.企业和公司法(第 2 版).北京:中国人民大学出版社,2008.

4. 史际春、冯辉.论物权关系的法律调整.《物权法》及其相关条款.经济法学评论第八卷 (2007).北京:中国法制出版社,2008.

5. 杨紫烜.经济法.北京:北京大学出版社、高等教育出版社,2004.

6. 漆多俊.经济法学.北京:高等教育出版社,2010.

7. 李昌麒.经济法.北京:中国人民大学出版社,2011.

8. 许明月. The Role of Law and Legal Institution in China's Economic Development. 北京:法律出版社,2000.

9. 顾功耘.经济法教程.上海:上海人民出版社,2002.

10. 张守文.经济法总论.北京:中国人民大学出版社,2009.

11. 刘少军、王一鹤.经济法学总论.北京:中国政法大学出版社,2015.

12. 李正华.经济法(第四版).北京:中国人民大学出版社,2011.

13. 王利明、崔建远.合同法.北京:北京大学出版社,1999.

14. 谢怀栻.合同法原理.北京:法律出版社,2000.

15. 刘凯湘.民法学.北京:中国法制出版社,2000.

16. 陈乃新、颜运秋.合同法学.长沙:中南大学出版社,2000.

17. 李开国.合同法.北京:法律出版社,2007.

18. 宋连斌.仲裁理论与实务.长沙:湖南大学出版社,2005.

19. 张建华.仲裁新论.北京:中国法制出版社,2002.

20. 常怡.民事诉讼法学.北京:中国政法大学出版社,2008.

21. 宋朝武.民事诉讼法学.厦门:厦门大学出版社,2007.

22. 江伟.民事诉讼法.北京:高等教育出版社、北京大学出版社,2004.

23. 李浩、刘敏.新编民事诉讼法学.北京:中国人民公安大学出版社,2003.

24. 刘剑文.财政税收法(第二版).北京:法律出版社,2001.

25. 杨萍、靳万军、窦清红.财税法新论.北京:法律出版社,2000.

26. 贵立义、林清高.经济法概论(第五版).长春:东北财经大学出版社,2007.

27. 刘剑文、熊伟.税法基础理论.北京:北京大学出版社,2004.

28. 马克和.新编税法.北京:北京大学出版社,2008.

29. 徐杰.经济法概论(第 6 版).北京:首都经济贸易大学出版社,2008.

30. 吴汉东. 知识产权法. 北京：法律出版社，2009.

31. 费安玲. 知识产权法学原理. 北京：中国政法大学出版社，1999.

32. 张俊浩. 民法学原理. 北京：中国政法大学出版社，1997.

33. 屈茂辉. 中国国有资产法研究. 北京：人民法院出版社，2002.

34. 中国注册会计师协会. 经济法. 北京：中国财政经济出版社，2010.

35. 刘瑞复. 中国经济法律百科全书. 北京：中国政法大学出版社，1995.

36. 财政部会计资格评价中心. 中级经济法. 北京：中国财经出版社，2009.

37. 魏振瀛. 民法. 北京：北京大学出版社，高等教育出版社，2007.

38. 王利明、杨立新. 民法学. 北京：法律出版社，2008.

39. 汪鑫. 金融法学. 北京：中国政法大学出版社，2007.

40. 范健、王建文. 证券法. 北京：法律出版社，2010.

41. 叶林. 证券法教程. 北京：法律出版社，2010.

42. 汪鑫. 金融法学. 北京：中国政法大学出版社，2007.

43. 肖冰. 国际经济法学. 南京：南京师范大学出版社，2009.

44. 沈四宝、尚明. 《中华人民共和国对外贸易法》规则解析. 北京：对外经济贸易大学出版社，2004.

45. 经济法总论. http://wenku. baidu. com/view/203d219b51e79b8968022648. html.

46. 顾功耘、刘哲昕. 论经济法的调整对象. http://www. civillaw. com. cn.

47. 非法人组织. http://baike. baidu. com/view/1679255. htm.

48. 刘剑文. 财税法专题研究(第三版). 北京：北京大学出版社，2015.

49. 胡智强. 审计法学. 北京：中国财政经济出版社，2015.

50. 刘大洪. 法经济学视野中的经济法研究. 北京：中国法制出版社，2003.

51. 丹尼尔·F. 史普博. 管制与市场. 上海：上海三联出版社，1999.

52. [美]孙斯坦. 金朝武、胡爱平等译. 自由市场与社会主义. 北京：中国政法大学出版社，2002.

53. 王利明. 中国民法典释评. 北京：中国人民大学出版社，2020.

54. 杨立新. 中华人民共和国民法典条文要义. 北京：中国法制出版社，2020.

55. 郭锋等. 中华人民共和国证券法制度精义与条文评注. 北京：中国法制出版社，2020.

56. 邢会强. 证券法学. 北京：中国人民大学出版社，2019.